敦煌写本禅籍研究

杨富学　张田芳　王书庆　著

文物出版社

图书在版编目（CIP）数据

敦煌写本禅籍研究 / 杨富学, 张田芳, 王书庆著 .
北京：文物出版社, 2025.5. -- ISBN 978-7-5010
-8747-1

Ⅰ. B946.5

中国国家版本馆 CIP 数据核字第 2025U0U186 号

敦煌写本禅籍研究

著　　者：杨富学　张田芳　王书庆

责任编辑：许海意

责任印制：王　芳

出版发行：文物出版社

社　　址：北京市东城区东直门内北小街 2 号楼

邮　　编：100007

网　　址：http://www.wenwu.com

邮　　箱：wenwu1957@126.com

经　　销：新华书店

印　　刷：宝蕾元仁浩（天津）印刷有限公司

开　　本：710mm×1000mm　1/16

印　　张：22

版　　次：2025 年 5 月第 1 版

印　　次：2025 年 5 月第 1 次印刷

书　　号：ISBN 978-7-5010-8747-1

定　　价：98.00 元

序

杜斗城

富学发来两部书稿，一部是《敦煌写本禅籍辑校》，一部是《敦煌写本禅籍研究》，让我写几句话，我应允了。我与富学交往几近四十年，且过往密切，很熟悉他的情况，故不至于说毫无边际的外行话。

富学初涉佛学研究，大体始于20世纪90年代初，直接原因有二：一者，他于1989年自新疆大学毕业后，响应敦煌研究院段文杰院长之号召，奔赴沙漠深处的敦煌莫高窟工作，自然与佛教结缘；二者，1991~1993年受敦煌研究院派遣赴印度德里大学学习佛学，再入英迪拉甘地国立艺术中心交流，同样都离不开佛教与佛教艺术。那时，富学还很年轻，加上其所学专业原本为历史学，后又涉猎新疆地方史、民族史等，所有这些往往涉及佛教的有关问题。由于我虚长富学十余岁，在佛学和石窟艺术方面先行了几步，很自然的，我们就走到了一起。除了平时的生活交流、学术切磋及一同参加学术会议和学术调研外，我们还合作撰写过多篇论文，如《辽鎏金双龙银冠之佛学旨趣——兼论辽与敦煌之历史文化关系》《嵩山与律学高僧》《洛阳出土的几通唐代安定胡氏墓志》等都是。

与杨富学合力完成《敦煌写本禅籍辑校》和《敦煌写本禅籍研究》两书的作者张田芳女士和王书庆先生也都是本人的学友。张田芳乃杨富学的学生，2018年博士毕业后就职敦煌研究院，以研究回鹘佛教见长，性格温良而勤奋好学，学术成绩突出。王书庆毕业于中国佛学院，长期供职于敦煌研究院敦煌文献研究所，主要从事佛学和敦煌文献研究，于敦煌佛教文献颇有心得。

2004年6月，杨富学由北京大学东方学研究院博士后出站，作为引进人才重回敦煌研究院工作，在樊锦诗院长的支持下成立了民族宗教文化研究所，为敦煌研究院的学术研究搭建了新的平台。受季羡林、王邦维等佛学硕儒的影响，杨富学的研究重点也逐步由原来的民族史和回鹘文文献研究转入佛学和晚期敦煌石窟研究，标志性成果就是《敦煌写本禅籍辑校》和《敦煌写本禅籍研究》两书，对晚期敦煌石窟的研究成果期待来日刊行。

2005年，由杨富学牵头、王书庆参加的"敦煌禅史禅法与禅籍研究"被列为敦煌研究院院级重点项目，此后他们二人精诚合作，展开了卓有成效的研究。此前，我曾撰《敦煌本〈历代法宝记〉与蜀地禅宗》等文，对敦煌禅籍有所了解，所以对他们二位的研究也比较感兴趣。蜀地禅宗，过去很少引起学术界的重视，杨富学、王书庆所撰《蜀地禅宗之禅法及其特点——以敦煌写本〈历代法宝记〉为中心》《四川禅派净众与保唐之关系》《〈历代法宝记〉所见达摩祖衣传承考辨》等文，就蜀地禅宗的禅法特点、蜀地禅宗的净众、保唐二派，以及达摩信衣在蜀地由智诜至无住的传承等问题进行研究，提出了不少新见解。另外，他们对道信禅法、东山法门及其对敦煌禅修的影响、《金刚经》与南宗禅的形成，以及敦煌禅窟的发展历程、摩诃衍禅法的顿渐兼修特点及其对吐蕃的影响等问题的考证，发别人所未发，提出了很有见地的观点。

敦煌留存的禅籍写卷计有300余件，分属百余种文献，事关禅宗经典及其注疏、早期禅宗语录、禅宗灯史、禅僧偈颂铭赞等众多内容，《敦煌写本禅籍辑校》撷取其中与禅宗史、禅宗思想研究密切相关的38种重要文献进行辑录和校释。这些文献大多虽早已引起国内外学术界的重视，但由于各种原因，系统的整理刊布尚付之阙如，前有日本学者田中良昭《敦煌禅宗文献的研究》，后有姜宗福《敦煌禅宗文献研究》、黄青萍《禅宗北宗文本的价值及禅法》、韩传强《禅宗北宗敦煌文献录校与研究》等，所收录文献有待丰富，从校勘学上讲，由于照片不清等技术原因或其他原因，鲁鱼亥豕时有所见。就本人的观察所见，《敦煌写本禅籍辑校》不论在文献收录还是在校勘方面，都在前贤的基础上有较大进步，所作录文、校勘等严格遵循文献整理的学术规范，所整理的文献数量远超以往，基本体现了敦煌禅宗文献的整体面貌。

《敦煌写本禅籍研究》共计二十章，分为上、中、下三篇，分别就敦煌禅籍研究史、敦煌禅籍所见早期中国禅史与禅法以及回鹘禅籍、禅史问题进行论述。观其内容，大致有三个特点：其一，作者收集资料基本齐备，而且追踪到最新研究成果，尤其是国外的最新成果，这是非常不容易的；其二，作者对敦煌禅籍、禅宗研究的学术史非常熟悉，善于总揽把握，对纷繁复杂的敦煌禅史禅法与禅籍问题进行了系统梳理；其三，作者并非将前人成果做简单的综述，而是对许多问题加以分析讨论，提出了自己的观点。尤其值得一提的是，本书第一次对敦煌出土的回鹘文禅籍《说心性经》进行系统研究，论证了该文献的渊源，并反映了禅宗对多民族间的文化交流发挥的积极作用，这一工作是由张田芳在杨富学的指导下完成的，解决了困扰学术界多年的老问题，其对回鹘文献与禅宗史的研究来说，是有填补空白意义的。

总之，《敦煌写本禅籍辑校》《敦煌写本禅籍研究》二书以姊妹篇的形式同时推出，不仅为学术界提供了可靠的禅宗文献资料，同时相关研究具有重要的学术价值和现实意义，其无疑会推动禅宗历史文化的进一步研究！

是为序。

自　序

杨富学

今天是 2022 年 5 月 31 日，时值"国际儿童节"来临之前夜，我和张田芳、王书庆合作撰写的《敦煌写本禅籍辑校》和《敦煌写本禅籍研究》两书走完了二十余年的旅程，终于画上了最后一个休止符。今天也是我和文物出版社约定的最后交稿日期，虽自知有诸多未尽意之处，然能够如期交稿，得偿二十年夙愿，大有"如释重负"之感。苏轼言"老夫聊发少年狂"，甚合我当下之心境。惜乎"少年"不存，唯垂垂"老顽童"矣。

本人之所以从事佛教，尤其是敦煌佛教的研究，主要得力于黄心川、杨曾文、杜斗城三位佛学大德的鼓励与支持。本人 1991～1993 年在印度留学时，曾得到著名印度哲学与佛教研究专家黄心川先生的支持与鼓励，此后数十年间，黄老及其哲嗣黄夏年先生对本人的关心、爱护、支持始终不曾间断。黄氏父子不仅精于学术，而且乐于助人，举办了很多学术会议，为各国学术界的联系搭建津梁，我和业内众多学人一样，均颇受其益。遗憾的是，先生不幸于 2021 年 2 月 10 日往生极乐，住世九十三年。哲人其萎，满怀悲思；梁木斯摧，风范犹存。谨以此书敬献黄先生。

杜斗城先生可以算得是本人从事佛学研究的入门老师。杜先生不仅佛学造诣深厚，而且有着宽厚仁慈的佛心，广结善缘，对年轻人特别扶持，对人生的参悟甚深，从他身上学到了很多为人为学的道理，诸如"无事乱翻书""学术贵在思考，与工匠和资料员有别"等等。几十年间，跟随先生几乎走遍了全国各地的佛教遗址与大型寺院，结识了很多高僧大德。对先生特别感念的是，每到一地，每遇友人，先生总是努力地把我推向"前台"。杜先生培养的研究生、博士生之所以出类拔萃者甚众，当与先生诲人不倦、奖掖后学的作风息息相关。我虽然无缘列先生门墙，但所受教诲与所得恩惠一点儿不比别人少，幸运之至。

就在下对敦煌禅籍的研究来说，第一推动力则来自杨曾文先生。杨先生长期致力于佛教历史研究，特别是禅宗及日本佛教研究，可以说是中国禅宗史研究的扛鼎者。先生学术视野开阔，不仅是勤谨治学的楷模，也是扶持后学的良师。自1994年初次受教于克孜尔石窟至今，一直得到先生的关怀。本人之所以会走上敦煌写本禅籍研究之路，即与先生的期许密不可分。杨先生主编《中国禅宗典籍丛刊》，以我在敦煌研究院工作之便，嘱托我对《历代法宝记》《楞伽师资记》和《传法宝纪》三本进行辑录与校注。领命之后，我便全身心地投入这一工作，与同事王书庆先生合力申报了敦煌研究院的院级项目"敦煌禅史禅法与禅籍研究"，并于2008年完成并结项。当时评委提了一些意见与建议，尤其是对日本学术界的信息掌握不够全面，我们自己也觉得确实大有补充修改完善的必要。在修改过程中，个人又认识到敦煌本回鹘文《说心性经》[回鹘文原作 *xin（köngül）tözin uqïttačï nom bitig*]与敦煌汉文禅籍关系密切，应纳入敦煌禅籍研究之中。一来二去，就耽误下来了，而杨曾文先生主持的《中国禅宗典籍丛刊》也已经告一段落。于是，本人对敦煌禅籍的研究也就随之停止，精力转向了我自20世纪80年代以来就一直心心念念的摩尼教研究。

2015年，张田芳考取本人博士研究生，旧话重提，建议她研究《说心性经》，她很感兴趣，于是我便将《说心性经》与禅宗关系问题的研究交付于她。张博士首先和我一起对敦煌汉文禅籍重新进行复核、校注，然后将写本内容与回鹘文《说心性经》的文字一一进行比对，经过数年努力，果然不负所望，不仅证明《说心性经》并非如国际学术界所说的那样是对某部佛经的翻译，而是回鹘人智泉（isön）法师以汉文禅籍《观心论》《修心要论》《般若波罗蜜多心经疏》及禅宗经典《圆觉经》、禅宗灯史《宗镜录》为依据，根据自己的理解和发挥而进行的创作，是现知唯一回鹘文佛学原著。这一发现，大体解决了困扰国际学术界已久的老问题。

至于敦煌发现的古藏文禅宗文献，也应该列入本书的研究范围，无奈我们对藏文一窍不通，不敢置喙，只能付之阙如了。

散藏在世界各国的古代敦煌文献总数在7万件以上，除了数量最大的汉文文书外，尚有一定数量的吐蕃文、回鹘文、粟特文、于阗文、梵文、西夏文、蒙古文、八思巴文等写卷，其中有90%以上的卷子都是佛教文书。拙作辑校、研究的禅籍写本虽仅有300来件，在敦煌写本中占比甚低，但对中国早期禅籍史来说却是填补空白的要籍。

从敦煌遗书纪年题记看，时代最早的佛教卷子是日本中村不折氏旧藏的《譬喻经》（散746），系前秦苻坚甘露元年（359年）之物。其次为S.797《十诵比丘戒本》，写成于西凉李暠建初元年（405年）。时代最晚者为北图藏收字4号《梵网经卢舍那佛说菩萨心地法门戒品》和俄藏《曹宗寿造帙疏》（F. 32A M. 1696），分别为宋至道元年（995年）和咸平五年（1002年）的写本。除了藏经洞（莫高窟第17窟）出土的这些早期文献外，在莫高窟北区的464、465等窟中还发现了一些元代的文献，尤其是20世纪80～90年代，通过对莫高窟北区石窟的清理，又发现了大批元代文献，主要是用回鹘文、西夏文及藏文等写成的佛教典籍，其中多为残片。自前秦至元代，时间跨度达千年之久。

敦煌发现的佛教文献，既有本地的译经、疏释、著录及刻写本，也有大量自外地流入的法物。从一些文献题记即可以看出，敦煌早已有了自己的写经场所，从北魏开始就有了专门的写经生。这些写经生靠给施主抄写佛经谋生。

当地僧众学习用的佛经和注疏、州县学校发给学生用的课本和学生听讲笔记等，也在敦煌有不少留存。中原的帝王将相、世家豪族，不乏崇信佛教者，他们常常做这种"写经功德"，将写经分送到全国各大寺院"供养"。张氏、曹氏归义军时期，每当向中原王朝进贡时，常附带有"请经"任务。而朝廷的回赐物中，也常常有佛经。如S.2140《沙州乞经状》曰："沙州先得帝王恩赐藏教。即今遗失旧本，无可寻觅欠数，却于上都乞求者。"另外，求法的僧侣、东西往来的商人也或多或少地带来了一些佛经。从以上两个来源可以看出，敦煌所出佛教文献既体现出本地特色，同时又可视作4～14世纪敦煌与各地佛教文献交流史的缩影，具有重要的参考价值。

首先看敦煌文献与正统佛教之关系。所谓正统佛教，是一个与世俗佛教相对的概念。正统佛教十分强调并维护佛教经典的正统性，从僧祐《出三藏记集》、费长房《历代法宝记》、道宣《大唐内典录》、明佺等《大周刊定众经目录》、智昇《开元释教录》、圆照《贞元新定释教目录》到赵安仁等《大中祥符法宝录》及吕夷简等《景祐新修法宝录》，大凡南宋以前的佛教经录，一般都主张判教，以甄别正经、疑经和伪经。对正经加以维护，对疑经取不信任态度，对伪经则极力排斥。对偶然混入藏内的疑伪经必加说明，以示剔除；而对社会上流传更广的疑经和伪经采取视而不见的态度，以期达到弘扬并维护正统佛教的目的。

大凡正统佛教所尊奉的正经，在敦煌都有留存，举其要者有《大般若波罗蜜多经》《金刚经》《金光明最胜王经》《妙法莲华经》《维摩诘经》《大般涅槃经》《梵网经》《大方广佛华严经》《药师琉璃光如来本愿功德经》《大日经》《大宝积经》《瑜伽师地论》及"净土三经"等，多则数千号，少则也有数百、数十号。尤为宝贵的是，不少经卷附有题记，如北图藏生字24号和闰字96号《净名经关中释抄》的题记将东汉以来直到唐朝期间六种译本的翻译情况交代得清清楚楚。诸如此类者不少，这些佛教文献对古代中国佛经翻译史及佛经流传过程的研究都极具价值。

再如S.2278《宝雨经》残卷，内容为菩提流支于武则天长寿二年（693年）所译该经的第三个译本，与前两个译本相比，多出了一段武则天为自己称帝而造舆论的所谓"佛授记"，卷末题记中有许多武周新字，由"大白马寺大德沙门怀义监译"。说明这一"授记"的出现与薛怀义有关，体现了唐代佛教与政治间的紧密关系。

敦煌写本中保存有300余件禅宗文献，分属于近百部著作，不少系唐代宗密编纂的禅藏遗存。禅藏编成不久，即遇会昌灭法而在中原失传，仅存于敦煌。其中法海本《六祖坛经》最受学界推重。该经主要记录了六祖惠能的事迹和语录，反映了惠能对习禅者"体认佛性之自身洁净，以树立佛教的宗教世界观"的要求，被奉为禅宗南宗的基本理论书籍。敦煌遗书中保存有该经写本4件，其篇幅比通行的元代宗宝的改编本少很多，且不分章节，言语朴素。经几代学者努力，现已整理出最可靠、最古老的《坛经》读本。由神会述、刘澄集的《神会语录》，记录了开元年间神会与信徒们就禅法、修行等问题进行的问答，并记述了自达摩至惠能禅宗六祖相承的传略等，对禅宗史的研究有重要意义，故自胡适发现并著成《神会和尚遗集》后，数十年间研究不衰，先后出版有石井光雄《燉煌出土神会录》、铃木大拙《敦煌出土荷泽神会禅师语录》、杨曾文《神会和尚禅话录》等多种录校本。此外的禅籍尚有《南阳和上顿教解脱门直了性坛语》《历代法宝记》《楞伽师资记》等，这些文献的发现改变了中国禅宗史研究的基本面貌。

敦煌偏处西北，安史之乱后更孤悬关外，幸运地躲过了会昌法难，一批内地失传的佛典得以保存，如《诸佛名经》《众经别录》等；还有一些敦煌所特有的经典，如8世纪时昙倩于安西译出的《金刚坛广大清净陀罗尼经》、河西佚名氏译《大乘无量寿宗要经》及法成于河西诸地翻译的多部佛经等。这些经译出后未能传入内地，仅流传于西北一隅，并在敦煌得以保留。这是敦煌莫高窟藏经洞经典对中华大藏经的一大贡献。

敦煌还保存有不少未为历代《大藏经》所收的印度高僧的佛教著作，如马鸣的《大庄严经论》、龙树的《中观论》《大智度论》、世亲的《大乘百法明门论》《大乘五蕴论》等。它们的发现，为研究古代印度佛教及其对中国的影响及印度佛学大师的生平、著作及思想影响等提供了新的资料。

这里还应提到敦煌出土的为数众多的佛教经录，其中既有流通全国的各种综合性目录，也有敦煌本地寺院编纂的目录，大都未为历代大藏经所收，对研究古代中国佛教经录弥足珍贵。

其次看敦煌文献与世俗佛教之关系。与正统佛教不同，世俗佛教在对待疑经和伪经的态度上，并未遵循正统佛教只奉受正经的传统，对所谓的正经、疑经和伪经兼收并蓄，一视同仁，不分轻重，同样崇奉。敦煌出土为数众多的此类文献，即如实地反映了这一特殊现象。

敦煌文献中的疑伪经典很多，据笔者粗略统计，无虑数十种，主要的有《佛说无量寿宗要经》《佛说天地八阳神咒经》《佛说父母恩重经》《佛说十王经》《佛说续命经》《救护身命经》《救护身命济人疾病苦厄经》《决罪福经》《大通方广经》《大方广华严十恶品经》《佛说要行舍身经》《佛说赞僧功德经》《新菩萨经》《佛顶心观世音菩萨救难神验经》《佛说因果经》《佛说如来成道经》《佛说消灾除横灌顶延命真言经》《佛说安宅神咒经》《佛说北方大圣毗沙门天王经》《佛说不增不灭经》《大丈夫经》《佛说禅门经》《无量大慈经》《破昏殆法》《劝善经》《七阶佛名》《观世音三昧经》《大辨邪正经》《佛说证明经》《首罗比丘经》《佛说咒魅经》《佛说法句经》《佛说净度三昧经》《最胜妙定经》《佛说证香火本因经》《僧迦和尚欲入涅槃说六度经》等等。这些文献，一般不为历代大藏经所收，故很多久已失传，幸而从敦煌文献中还可以找到若干遗存，堪为研究之资。

这些疑伪经的抄本数量不等，有的仅存一件或数件，有的存数十件乃至上百件，数量最多的当数《大乘无量寿宗要经》，现存写本不下200件。这些经典有的为瓜沙归义军各级政府或官员所有，有的则为寺院及僧侣之藏品，还有更多的当属社会上一般平民之物。由此可见，疑伪经在敦煌地区的流行是相当广泛的，普及于社会的各个阶层。

从敦煌出土的佛教文献看，唐宋时期，敦煌佛教的世俗化倾向越来越明显。

人们将抄经、诵经、供养佛经和塑造、绘制佛像作为积累功德的最大事功，希望以此功德为自己及早已亡故或在世的亲人乃至一切众生消灾除难，同登乐果。

为了向文化水平较低或不识字的信众传扬佛教，人们把深奥的佛经改编成通俗易懂的讲经文、因缘文、变文、押座文、解座文及歌辞、俚曲等，或转化成壁画，或流转于口唱，供信众观赏聆听。这些举措为佛教的传播，开启了多种多样的方便之门。

除上述之外，敦煌发现的与世俗佛教有关的文献还有很多，再现了古代敦煌丰富多彩的寺院生活实景。如邈真赞、高僧行传等寺院史传文书，描述了许多高僧大德的行实；斋会斋文、礼忏文、羯磨文、授戒文、度牒等，则记录了敦煌古代寺院的佛事活动；有关寺院买卖、典押、借贷、雇工诸方面的契约等，则反映了敦煌寺院的经济活动，为敦煌乃至全国的佛教世俗化这一课题的研究提供了丰富而宝贵的例证。

在敦煌出土的佛教文献中，有不少内容都与曾在敦煌活动过的古代少数民族有关，其中与吐蕃相关者为数最为丰富。既有吐蕃文，也有汉文，人们从中发现了许多为现代教规、行政文件、年代纪事所不载的佛教文献。

敦煌文书中的藏文写本计有近万件，多与佛教相关，有经、律、论、真言、经疏及吐蕃人的著述等多方面的内容。众所周知，佛教传入西藏是在7世纪松赞干布执政时，而后来的宗教著作却常把它夸大成是同藏族与生俱来的信仰。敦煌的藏文文献写成于神圣感并不强烈的时代，当时藏族文化发达，思想活跃，宗教文献中表现出的常常是历史的真实，吉光片羽，堪称可贵。

在藏文之外，敦煌所出的汉文写卷中，还有相当丰富的吐蕃佛教史料，其中尤以昙旷《大乘二十二问》、王锡《顿悟大乘正理决》及法成的有关著译最引人注目。

《大乘二十二问》罗列有关大小乘教理、教义、教史方面的问题共二十二个，系昙旷为回答吐蕃赞普关于佛法的垂询而撰，是研究昙旷思想及吐蕃统治时期河西佛教状况的珍贵史料。

王锡所撰《顿悟大乘正理决》则证实了一直被视为传说的吐蕃僧诤的实际存在。藏族史家称来自中原的摩诃衍和尚在争论中失败了，而《正理决》却说他取得了胜利。藏族史料称此后禅宗的教义和活动因受禁止而在西藏消失，但敦煌发现的禅宗文献却使我们得出相反的结论。这一现象表明，发生在西藏腹地（如山南桑耶寺）的佛教故实在敦煌文献中不乏记载，且很有研究价值。

唐代藏族高僧法成的著作在敦煌石窟中留存极多。其中有法成由汉译藏的《金光明最胜王经》《解深密经疏》《楞伽阿跋多罗宝经》《善恶因果经》《贤愚经》等20部，藏译汉者有《般若心经》《诸星母陀罗尼经》《萨婆多宗五事论》等5部，著述有《大乘四法经论及广释开决记》《佛说大乘稻芉经随听手镜记》《叹诸佛如来无染着德赞》等3部，另有法成讲和弟子谈迅、福慧、法镜等人手录的《瑜伽师地论讲议录》等。

敦煌发现的与昙旷、王锡、法成有关及由其撰写的著作，大致反映了汉地禅宗在吐蕃地区的传播、兴盛到衰亡三个阶段的历史。这些对研究古代吐蕃乃至河西地区的佛教无疑是弥足珍贵的资料。

除吐蕃文献外，敦煌发现的回鹘佛教史料也是相当丰富的。著名的回鹘文《阿毗达磨俱舍论安慧实义疏》是今存该经最完整的版本，对研究与复原该经意义重大；回鹘文《说心性经》更是现知唯一的回鹘文佛教哲学原著；由著名畏兀儿佛教徒安藏和必兰纳识里创作的佛教诗歌集更是研究回鹘佛教文学、宗教思想的第一手资料。其他比较重要的文献尚有叙事诗《常啼与法上的故事》、韵文体《观音经相应譬喻》、密宗文献《吉祥轮律仪》及多种佛教经典，如《金光明最胜王经》《阿毗达磨俱舍论》《妙法莲华经玄赞》《佛说十王经》《八十华严》《阿毗达磨顺正理论》等。回鹘文自15世纪以后便在西域被弃用，成为不为人知的"死文字"，唯在河西裕固族中一直行用至1713年，只有劫后余孤残存于敦煌、吐鲁番、酒泉文殊山等地的古代遗址中。敦煌发现的这些文献尽管数量上没有吐鲁番出土者多，但其篇幅一般都比较大，保存相对完好，故对唐宋至蒙元时期回鹘佛教的研究具有特殊的意义。

此外，敦煌还发现有用梵文、粟特文、于阗文、西夏文写成的佛教典籍，数量尽管不多，但其研究价值却是不可低估的。

最后，需要说明的一点是，拙作之所以有缘忝列"2022年度国家古籍整理出版资助项目"，首功当归于方广锠、荣新江两位先生的大力举荐。在拙作付梓之际，杜斗城先生不辞辛劳，百忙之中拨冗赐序，为拙作增辉。在此对诸位大德的无私帮助与支持表示衷心的感谢。

目
录

绪　论

一、敦煌早期禅写本的发现

20世纪初，敦煌遗书的发现，是我国近代文化史上的一件大事。影响所及，我国文化典籍、史学、文学、艺术、语言、文字、宗教等学科的研究皆由此而获得了丰富的新资料，与之相关的学科领域也随之得到拓展与扩充，极大地推动了各学科的创新与发展。

敦煌莫高窟藏经洞开启之时，正值我国国势衰微之际，世界各国探险家、盗宝者、学者等闻讯纷至沓来，其中英国的斯坦因（M. A. Stein）携至伦敦的敦煌文献有13300余件，今藏英国伦敦大英图书馆；法国人伯希和（P. Pelliot）取走7000余件，今藏巴黎法国国立图书馆；俄国的奥登堡（С. Ф. ОльДенбург）等人亦获取18943件。此外，日本、美国及欧洲不少国家都有收藏，而我国所藏仅有1万余件。敦煌遗书的存世量，专家们普遍认为有7万余件。在丰富的敦煌遗书中，约90%都是与佛教有关的文献。在这些佛教文献中，经律论又占去90%左右；剩余的10%左右则主要是寺院经济文书和唐五代佛教发展史的佛事、教义、教理等内容，记载了敦煌乃至中国佛教的发展、变迁与传承，填补了古文献记载的空白，极为珍贵。本书所涉早期禅宗文献，就是其中非常重要的一部分。

禅宗是中国佛教民族化的产物，作为中国佛教八宗之一，深刻地影响了包括中国佛教文化在内的中华文明。遗憾的是，早期禅宗文献存世极稀，故敦煌早期禅宗文献的发现，成为研究早期中国禅史的首要资料。

二、敦煌禅宗文献的主要内容

敦煌禅宗文献有100余种300余件，内容包括灯史、语录、偈颂、杂集等四类。因其多为失传文献，对于认识早期禅宗历史极为重要，故一直是国内外学者研究的热点，研究成果如雨后春笋，层出不穷。依据内容，田中良昭将其分为灯史、语录、偈颂、经疏伪经四类。

1.灯史类文献

主要用于陈述禅宗的历史。其中时代最早者为杜朏713年撰的《传法宝纪》，其次为玄赜弟子净觉在其师《楞伽人法志》基础上扩容而成的《楞伽师资记》，成书于713~716年。两书皆属于北宗禅著作。与北宗灯史对应，南宗为了证明自身的法统，也创作了属于自己的传衣灯史。神会弟子独孤沛将神会于开元二十二年（734年）批判北宗的言论辑成《菩提达摩南宗定是非论》。此外，活跃于四川成都一带同属弘忍门下的净众宗、保唐宗也以达摩正系自居。《历代法宝记》就是在保唐寺无住于774年示寂后不久，由其门人编辑而成的。后来，南宗的传灯说作为正统逐渐确立起来，有《圣胄集》（899年）、《泉州千佛新著诸祖师颂》（952年）、《景德传灯录》（1004年）等。在《六祖坛经》的传法偈中，也就传灯谱系列记载了从达摩到惠能六代祖师的传衣付法。

2.语录类文献

记录的是禅僧的说法和问答，或通过问答形式开示说禅。禅宗标榜"不立文字"，不执着于经论，然而却通过语录的形式传递思想。早期的语录有初祖达摩的《二入四行论》、道信的《入道安心要方便法门》、弘忍的《蕲州忍和上导凡趣圣悟解脱宗修心要论》和冠以达摩之名记述东山法门思想的《达摩禅师论》。随着南北二宗的形成，两派各自的语录也先后出现了。代表北宗思想的语录有《观心论》（又名《破相论》）和《大乘五方便》（又名《大乘无生方便门》）；南宗有《南宗顿教最上大乘摩诃般若波罗蜜经六祖惠能大师于韶州大梵寺施法坛经一卷兼受无相戒弘法弟子法海集记》，即通常所谓的《六祖坛经》，集中体现了六祖惠能的禅法思想。惠能弟子神会的语录则主要有《南阳和上顿教解脱禅门直了性坛语》（略称《坛语》）和《南阳和尚问答杂征义》（通称《神会语录》）。同属南宗禅一系的还有《无心论》。此外，牛头禅的《绝观论》和念佛禅的《南天竺国菩提达摩禅师观门》（略称《观门》）等也属于语录类文献。

3.偈颂类文献

主要以韵文歌颂开悟的境地和修道的喜悦，或表述修行的思想准备和注意事项等。如《南宗赞》《信心铭》《顿悟无生般若颂》《寂和上偈》《卧轮禅师偈》《稠禅师药方疗有漏》《稠禅师解虎赞》等。

4.经疏、伪经类文献

禅僧通过对经典的注释和抄录，或借经典的形式说示自己的思想和禅法。这类文献在敦煌也多有留存，如智诜《般若波罗蜜多心经疏》、净觉《注般若波罗蜜多心经》、智融注《般若波罗蜜多心经》《禅门经》等。

此外，敦煌还出土了禅宗文献的吐蕃文译本。这些文献大多是在吐蕃占领敦煌期间（786~848年）传入吐蕃，并且一部分有相应的汉文译本存世。

在20世纪初敦煌文献被发现之前，中国初期禅宗史研究，依托的主要是道宣撰《续高僧传》、流通本《六祖坛经》及宋人道原撰《景德传灯录》等几部有限的传世资料。众所周知，《续高僧传》并不是禅宗专门的传记，而传世的《六祖坛经》是几经篡改的本子，《景德传灯录》虽为禅宗专史，但距离禅宗的形成已有300年之遥了。正是通过这些传统传世资料，日本学者拉开了近代中国禅宗研究的序幕。而促使这一研究走向巅峰的，却是本文所涉敦煌禅宗写本的发现。

三、研究内容与意义

敦煌早期禅宗文献内容极其丰富，归结起来，大体可归纳为三个方面：其一为敦煌早期禅宗文献的爬梳与整理，其二为敦煌文献对中国早期禅法的反映，其三为禅宗在敦煌地区的传播与影响。此三者既有联系又有区别，是一个不可分割的统一体，无论是对敦煌学还是对中国禅宗史的研究都具有十分重要的意义。概言之，主要体现在以下三端：

其一，敦煌禅宗早期文献的整理与研究可以保存并丰富禅宗北宗的有关历史文献。传世的禅宗文献主要出自唐、五代、宋之后，对于禅宗宗派出现的历史和禅宗南北分宗的述说模糊不清，并且有许多互相矛盾的地方。幸赖敦煌遗书的保存，其中不仅有大量文献与禅宗宗派出现的历史相关，而且从记载来看，当时敦煌地区禅宗信仰非常盛行。禅宗北宗在南北分派的滑台大云寺及洛阳荷泽寺定南宗之后，主要是在敦煌地区流行和发展的，敦煌写卷就保存了北宗在敦煌地区流行的部分资料。

其二，敦煌禅宗北宗文献，可资探讨传统禅宗文献的流变。敦煌禅宗文献中的有关记载不仅可与晚期的相关文献相印证，用以衔接多种禅宗文献的后续发展，还可以为进一步向上追溯提供比较可靠的基点，早期文献可为某类禅宗著述的个案研究提供丰富的资料。而通过这些个案可以更深入地了解禅宗在中国本土发展的基本轨迹。

其三，敦煌禅宗早期文献由于具有传统性与地方性兼容并蓄的特点，从而可据其探讨唐五代敦煌地区的禅宗信仰情况。敦煌禅宗文献对中国佛教史、民间信仰及宗教仪轨等多学科研究都有极高的学术价值，为我们更深入地认识中国古代的禅悟义理提供了更为丰富的资料。

纵观近百年来敦煌禅宗早期文献的研究工作，成绩斐然，但学者们对敦煌禅宗文献的研究，从整体上来看，尚存在三个问题：一是重经典而轻实践；二是研究缺乏系统性与完整性；三是对一些问题的研究尚待深入。

本书之立意即肇源于此，冀求通过对敦煌禅宗文献的全面整理研究，加上敦煌发现的回鹘文禅宗文献《说心性经》，从而更深入、更全面地揭示禅宗在敦煌的发展历史与影响，更进一步揭橥中国早期禅宗思想的形成及发展历史及其对回鹘的影响等问题。

第一章 敦煌禅籍禅史与禅法研究述评

敦煌出土的禅籍文献，汉文中北宗、荷泽宗的数量最多，这些文献极有可能是在吐蕃占领敦煌之前传入的，是研究早期禅宗史与禅宗思想史十分珍贵的资料。这里仅就敦煌禅宗研究内容比较集中的几个方面略做述论。

第一节 敦煌三禅书的发现及研究

《楞伽师资记》《传法宝纪》和《历代法宝记》是早期禅宗史和禅宗北宗的重要文献，具有极高的史料价值，被学界称作"敦煌三禅书"。

《楞伽师资记》是对《楞伽经》的译者南朝宋求那跋陀和提倡以《楞伽经》心性思想指导坐禅的菩提达摩及其后弟子惠可、僧璨、道信、弘忍、神秀等人的简历和禅法的集录。如果把其中涉及的达摩、弘忍及神秀的弟子（包括净觉）都计算在内，共有八代24人。此书早已佚失，无传世本，20世纪20年代其残卷才逐渐被发现，到60年代通过陆续发现和研究才拼成一个完整的本子。①《楞伽师资记》的发现，揭示了早期的一批禅宗史料，对研究楞伽宗的传法谱系、禅学各宗派的历史和思想具有重大意义。

1926年，胡适从伦敦大英博物馆和巴黎法国国立图书馆的敦煌遗书中分别发现此书的三个抄本（S.2054、S.4272、P.3436），但其归国后忙于事务，无暇整理，遂请铃木大拙的学生金九经帮助整理校录刊行。金九经氏于1931在北平刊出《校刊唐写本楞伽师资记》，1935年经修订收入《疆园丛书》。继胡适之后，《楞伽师资记》的写本陆续有新发现。1930年，矢吹庆辉将其发现的S.2054收入《鸣沙余韵》，1932年《大正藏》以此为底本，并校以金九经刊本入藏（No.2837）。1949年，日本京都大学人文科学研究所对《楞伽师资记》进行

---

① 杨曾文著：《唐五代禅宗史》，北京：中国社会科学出版社，1999年，第137～138页。

汇读，对《大藏经》本与金九经本重新加以审定，由篠原寿雄整理后以《楞伽师资记校注》为题发表在1954年出版的《内野台岭先生追悼论文集》中。1962年，田中良昭对其在东洋文库所藏中发现的《楞伽师资记》的两个抄本在《宗学研究》上加以介绍，为此专题研究又提供了一份参考资料，并据王重民所摄P.3294及P.3537照片，作《关于敦煌新出伯希和本楞伽师资记两种》一文。《伯希和劫经录》另著录P.3703及P.4564，一有尾题，一有首题。1962年，商务印书馆出版《敦煌遗书目录索引》，对《楞伽师资记》的两个抄本（P.3703、P.4564）加以介绍。此后，柳田圣山在编写《初期的禅史I》时，将他新校订的汉文本《楞伽师资记》与日译本编在一起，由筑摩书房出版。

我国最早对此文献进行研究的学者是胡适。1931年，胡适受邀为即将出刊的《楞伽师资记》作序，认为净觉的这部书有两大特点：第一，他在当时公认的六代世系之上，加上了那位翻译《楞伽经》的求那跋陀罗，尊为第一代；第二，他有"述学"的野心，于是在每一代祖师的传记之后各造出了很长的语录，如此则又开了后世捏造语录和语诵的恶风气了。① 胡适认为此书不够严谨，有许多不可取之处，但又对此书做了一定的肯定："净觉此书竟是8世纪前期的一部楞伽宗小史，其中虽有很可疑的材料，但他使我们知道8世纪前期已有这种材料，这就是他有大功劳了……在消极的方面，他的记载使我们知道那时候还没有《信心铭》，还没有《北宗五方便法门》，这都是我们应该感谢净觉这部书的。"②

1935年，胡适撰文《楞伽宗考》，对菩提达摩、惠可、楞伽经和头陀经、法师所记楞伽师承、道信与弘忍、神秀、楞伽经被打倒等七个方面做了考证，并得出了四个结论：第一，袈裟传法说完全是神秀捏造出来的假历史；第二，神秀与惠能都做过弘忍的弟子，当日即无袈裟传法的事，也没有"旁""嫡"的分别，"师承是旁"的口号，不过是争法统时一种方便而有力的武器；第三，渐修是楞伽的本意；第四，从达摩至神秀，都是正统的楞伽宗。1989年，陈士强对《楞伽师资记》中所记载的八代楞伽师的承袭关系做了梳理，认为此书两点需要注意：第一，将求那跋陀罗列为禅门楞伽师之祖，而将一直作为禅宗东土初祖的菩提达摩降为第二代，在禅宗系谱中开创了特殊的一例；第二，着重记

---

① 姜义华主编：《胡适学术文集·中国佛学史》，北京：中华书局，1997年，第60页。

② 姜义华主编：《胡适学术文集·中国佛学史》，北京：中华书局，1997年，第60页。

述人物的禅学思想，而将他们的生平行历用寥寥数语带过。① 1994年，韩国闵永珪著、李千石翻译的《楞伽师资记中的头陀行》一文，提到新发现的《楞伽师资记》除了把求那跋陀罗（印度瑜伽行派经典《楞伽经》四卷本的译者）设定为东土初祖这一点外，有关达摩、惠可、僧璨、道信、弘忍和神秀六代师祖的记录和《景德传灯录》以往的记录没有多大差别，并且也没有出现传衣"袈裟"的事。② 同年，日本学者中嶋隆藏通过对《楞伽师资记》中《道信传》的研究，认为《楞伽师资记·道信传》和《坛经》都强调尊重《般若经》的无所得、无所住思想和《维摩经》的净心即道场思想。但是在具体实践上，两者却又不一样：前者特别重视双修理行，先定发慧；后者尤其强调常行直心，定慧一体。他还认为所谓《入道安心要方便法门》不是一次完成的作品，而是至少经过两次完成的著作。③ 2006年，杨曾文根据柳田本将《楞伽师资记》中的道信传记及《入道安心要方便法门》录出，个别字句参考其他校本有所改动，并重做了分段、标点。④ 梁红硕士学位论文《〈楞伽师资记〉校释及研究》中对《楞伽师资记》进行了录文整理及简单校释，对《楞伽师资记》的成书时间、体例、作者及相关人物及其著作做了考证性的研究，对《楞伽师资记》的材料来源及有关师祖传承法统之争等相关问题做了介绍，并对净觉禅师的写作态度做了评价。⑤ 同年，梁红、宫炳成《〈楞伽师资记〉作者净觉禅师考》一文，对净觉禅师的生平做了考证与梳理：唐永淳元年（682年），出生于京兆万年（长安）；大足元年（701年），在东都洛阳遇神秀禅师，从其学习佛法；神龙元年（705年），于太行山出家修道，居此三载，注《金刚般若理镜》一卷；景龙二年（708年），在东都投玄赜门下，从此后随侍玄赜；开元元年至四年（713~716年），于太行山灵泉谷撰《楞伽师资记》一卷；开元十五年（727年）至金州，注《般若波罗蜜多心经》一卷；晚年居于长安大安国寺，有弟子70余人；开元、天宝年间入灭于长安，葬于少陵原赤谷兰若。另外考证出：在江苏苏州西园寺清塑五百罗汉像中第二百五十罗汉名为净菩提尊者，即净觉禅师。⑥ 2007年，黄青萍在博士论文《敦煌北宗文本的价值及其禅法——禅籍的历史性

---

① 陈士强：《禅籍导读之——〈楞伽师资记〉游意》，《法音》1989年第1期，第28～30页。
② （韩）闵永珪著，李千石译：《楞伽宗的头陀行》，《宗教学研究》1994年第Z1期，第36页。
③ （日）中嶋隆藏：《〈楞伽师资记·道信传〉管窥》，《佛学研究》1994年第3期，第193～198页。
④ 杨曾文：《入道安心要方便法门——取自〈楞伽师资记〉》，《法音》2006年第2期，第28～32页。
⑤ 梁红：《〈楞伽师资记〉校释及研究》，兰州大学硕士学位论文，2003年。
⑥ 梁红、宫炳成：《〈楞伽师资记〉作者净觉禅师考》，《敦煌研究》2006年第2期，第58页。

与文本性》中，对此文献有专章论述。张子开于同年发表《是"集""撰"还是"述"唐五代禅宗的著作观念——以敦煌写本〈楞伽师资记〉为考察中心》①。杨曾文《唐五代禅宗史》、徐文明《中土前期禅学思想》对此文献也有涉及，冯焕珍除《从〈楞伽经〉印心到〈金刚经〉印心》这些专门的研究之外，也有文章就《楞伽师资记》的某方面做了研究②，不赘。

这里还需要提及的是，俄罗斯学者孟列夫等编的《亚洲民族研究所藏敦煌汉文写本注记目录》，Дx.1728（M.2686）著录为"景德传灯录（？）"，法人戴密微（Paul Demieville）曾表示怀疑。1991年7月，荣新江走访圣彼得堡东方学研究所看原件，确定《楞伽师资记》净觉序残文与《传灯录》无关，加上以前发现的汉文写卷共计8个，他认为"大约代表着五个抄本系统。比较而言，《楞伽师资记》的抄本较《传法宝纪》为多"；从P.3703号背面所抄文字及《楞伽师资记》大多数抄本的字体已远不如唐人写本，认为"如S.2054、P.3436，应属吐蕃、归义军时期产物无疑。显然，《师资记》盛行的年代，似略晚于《传法宝纪》，所以，成都净众宗的僧人把对北宗的攻击集中在净觉的《师资记》，而不是开元时期更流行的《传法宝纪》，看来不是偶然的"③。

《传法宝纪》是早期禅宗史书之一，记载了从北魏菩提达摩到神秀及其弟子等历代禅师以《楞伽经》为禅法要旨的传承事迹和禅宗北宗的风格，作者杜朏，无传世本，20世纪30年代于敦煌文书中被发现。现有三个写本，均藏于巴黎法国国立图书馆。P.2634仅存序和《达摩》章的一部分，日本学者矢吹庆辉在1930年出版的《鸣沙余韵》④和1933年出版的《鸣沙余韵解说》⑤中都有收录，1932年又收编在他校的《大正藏》第85卷中；P.3858仅存《道信》章的后半及《法如》前半的25行；P.3559最为完整，首尾皆全。1936年被神田喜一郎发现，

① 张子开：《是"集""撰"还是"述"唐五代禅宗的著作观念——以敦煌写本〈楞伽师资记〉为考察中心》，载郑炳林、樊锦诗、杨富学主编《敦煌佛教与禅宗学术讨论会论文集》，西安：三秦出版社，2007年，第335~351页。

② 冯焕珍：《从〈楞伽经〉印心到〈金刚经〉印心》，《中山大学学报（社会科学版）》2014年第5期，第101~109页。

③ 荣新江：《敦煌本禅宗灯史残卷拾遗》，载白化文等编《周绍良先生欣开九秩庆寿文集》，北京：中华书局，1997年，第231~244页。

④ （日）矢吹慶輝『鳴沙餘韻——敦煌出土未傳古逸仏典開寶』東京：岩波書店，1930年。

⑤ （日）矢吹慶輝『鳴沙餘韻解說——敦煌出土未傳古逸仏典開寶』東京：岩波書店，1933年。

1938年将其首部刊于《敦煌秘籍留真》。① 柳田圣山在1967年《初期禅宗史》中将其校订发表，1971年再次进行校订注释并译成日文，收入《初期禅宗史 I》中，由筑摩书房出版。②

国内对《传法宝纪》的介绍集中在1942年以后。1942年《佛学月刊》从第二卷第三期起，连续三期向国内学者介绍敦煌出土的《传法宝纪并序》。在此基础上，香港学者陈祚龙在《海潮音》1981年第11期上发表了《杜胐应该不是胐法师——中华佛教散策之一》一文，开始了中国学术界对杜胐及其《传法宝纪》的研究。③ 继之，陈士强发表《〈历代法宝记〉考原》。④ 1984年和1985年，冉云华先后发表《敦煌卷子中的两份北宗禅书》《北宗禅籍拾遗——记寂和尚偈》二文。⑤ 1993年，杨曾文《敦煌新本六祖坛经附录一〈传法宝纪并序〉》发表。1997年，杨曾文《禅宗北宗及其禅法》编入《佛教与中国传统文化》集。⑥ 姜伯勤的《普寂与北宗禅风西旋敦煌》⑦、伊吹敦《北宗禅的新资料——有关被视为金刚藏菩萨撰的〈观世音经赞〉和〈金刚般若经注〉》《有关〈大乘五方便〉的诸本——从文献的变迁看北宗思想的展开》《〈顿悟真宗金刚般若修行达彼岸法门要诀〉和荷泽神会》《关于〈顿悟真宗金刚般若修行达彼岸法门要诀〉》《有关〈大乘开心显性顿悟真宗论〉的依用文献》《从〈般若心经慧净疏〉的改变看北宗思想的展开》《有关〈大乘五方便〉的诸本——从文献的变迁看北宗思想的展开》，河合泰弘《北宗禅和五方便》、椎名宏雄《北宗禅的戒律问题》及杨富学、王书庆《〈传法宝纪〉的作者及其禅学思想》等文章，对敦煌禅宗北宗文献及其所反映出的敦煌北宗信仰进行了专题研究。⑧

---

① （日）神田喜一郎「仏蘭西の國民圖書館に藏する敦煌古寫經に就いて」『書苑』1938年第2卷第3期，第2～9页。

② 牛宏：《日本学者对敦煌藏文禅宗文献的研究状况及意义》，载敦煌研究院编《敦煌吐蕃文化学术研讨会论文集》，兰州：甘肃民族出版社，2009年，第478页。

③ 陈祚龙：《杜胐应该不是胐法师——中华佛教散策之一》，《海潮音》1981年第62卷第11期。

④ 陈士强：《〈历代法宝记〉考原》，《法音》1989年第9期，第28～30页。

⑤ 冉云华：《敦煌卷子中的两份北宗禅书》，《敦煌学》1984年第8辑，第1~9页；氏著：《北宗禅籍拾遗——记寂和尚偈》，《敦煌学》第10辑，1985年，第1~8页。

⑥ 杨曾文：《禅宗北宗及其禅法》，载王尧主编《佛教与中国传统文化》，北京：宗教文化出版社，1997年，第431～466页。

⑦ 姜伯勤：《普寂与北宗禅风西旋敦煌》，载王尧主编《佛教与中国传统文化》，北京：宗教文化出版社，1997年，第467～493页。

⑧ 黄青萍：《敦煌北宗文本的价值及其禅法——禅籍的历史性与文本性》，台湾师范大学博士学位论文，2007年，第30～59页。

《历代法宝记·弘忍传》的相关研究有杨富学的《敦煌本〈历代法宝记·弘忍传〉考论》，此文对《弘忍传》研究之后发现：《弘忍传》通过篡改玄赜的原话，以惠能替代玄赜的位置，而未详审弘忍遗言的背景，遂陷入言称十人而列出者仅有九人的自相矛盾之中。在另一处将义方列入十人之中，若加上惠能，变成了十一人，又与弘忍原意不合。质言之，弘忍亲承付嘱的十大弟子应为神秀、玄赜、智诜、刘主簿、惠藏、玄约、老安、法如、惠能、智德。而《历代法宝记》的叙述，与弘忍原意方枘圆凿，不相契合，含有强烈的宗派因素，在有意贬低北宗神秀的同时，极力提高南宗惠能与剑南禅智诜的地位。《历代法宝记》之撰写，是在吸收《楞伽师资记》和《传法宝纪》两部书史料的基础上用保唐禅派的观点撰成的，但对弘忍卒日的记载却相差年余。①

这篇对考论，尽管只是针对弘忍，但是给我们提供了研究敦煌禅籍的思路：在利用这些敦煌所出文献时切不可盲目，一方面要看到它们对中国禅宗史研究的重要意义，另一方面要厘清文献的来龙去脉，以免误判。

还有荣新江《有关敦煌本〈历代法宝记〉的新资料——积翠轩文库旧藏"略出本"校录》②，屈大成《〈历代法宝记〉的二十九祖说与菩提达摩多罗》③。

此外，冉云华除对僧稠禅法及《稠禅师意》做专题研究外，还研究了敦煌出土的《南宗赞》《禅源诸诠集都序》等文献，而释依昱则研究了昙旷与敦煌写本《大乘百法明门论开宗义记》，陈祚龙研究了敦煌古抄《顿悟大乘秘密心契禅门法》的偈子及新校重订的敦煌古抄本《澄心论》。这些研究不仅拓展了敦煌禅宗文献研究的范围，而且使研究不断深入。

《历代法宝记》又名《师资血脉记》《定是非摧邪显正破坏一切心传》或《最上乘顿悟法门》，旨在宣传以唐代兴盛于四川剑南净众寺和保唐寺的这一派禅宗为正统，是保唐寺无住于大历九年（774年）去世后由其弟子编纂而成。无传世本，敦煌写本现存8件。此文献对四川禅宗史、中国禅宗史、中国佛教史、汉藏佛教交流史、汉藏民族交流史及中国与朝鲜佛教交流史研究都具有相

---

① 杨富学：《敦煌本〈历代法宝记·弘忍传〉考论》，载《华林（第一卷）》，北京：中华书局，2001年，第177～182页。

② 荣新江：《有关敦煌本〈历代法宝记〉的新资料——积翠轩文库旧藏"略出本"校录》，载戒幢佛学研究所编《戒幢佛学·第二卷》，长沙：岳麓书社，2002年，第94～105页。

③ 屈大成：《〈历代法宝记〉的二十九祖说与菩提达摩多罗》，载《国学研究·第十九卷》，北京：北京大学出版社，2007年，第135～156页。

当的价值，因此，《历代法宝记》自发现以来，备受国内外学者的关注。

对敦煌发现的《历代法宝记》最早进行研究的也是日本学者。柳田圣山所编辑的《讲座敦煌 8 敦煌の佛典与禅》一书，辟有专章对此文献进行研究。我国学者对《历代法宝记》的研究最早主要有胡适和吕澂，是从研究早期禅宗史开始的。胡适对《历代法宝记》的研究在前文已述，此不赘述。1961 年，吕澂接受中国科学院哲学社会科学部委托，在南京开办一个为期五年的佛学班，后来将他所授课程整理成《中国佛学源流略讲》《印度佛学源流略讲》《因明入正论讲解》等书，在《中国佛学源流略讲》第九讲中，利用《历代法宝记》的资料并参照其他的禅籍对禅宗的世系和传衣做了研究。1981 年，张广达《唐代禅宗的传入吐蕃及有关的敦煌文书》[①]认为，这是大陆地区关于早期禅宗传入吐蕃方面最见功力的研究成果。[②]1989 年，黄心川发表《隋唐时期中国与朝鲜佛教的交流——新罗来华佛教僧侣考》，其中关于无相主要事迹的考察，则利用了敦煌本《历代法宝记》。[③]同年，陈士强依《大正藏》本，对《历代法宝记》的内容做了简要的介绍和辨正，认为保唐寺派虽然属于南宗法脉，但他的禅法与北宗有相同之处。[④]他又在《佛典精解》中对前述文字稍做修正。1989 年，黄燕生发表长文《唐代净众——保唐禅派概述》，在简要地介绍《历代法宝记》四个写本及研究情况后，比较深入地论述了净众——保唐禅派的历史、禅法思想及来源、祖传袈裟说与权贵的关系和其他教派的关系、历史地位和意义。[⑤]1992 年，黄燕生又在《禅学研究》第 1 辑上刊出《读〈历代法宝记〉》，主要阐述保唐禅派何以敢反对荷泽神会的理由：其时南、北两宗仅仅形成对峙局面而已，神会无论在教义禅法上还是在政治上都不敌北宗。保唐与神会之争的实质，是政治上的夺嫡之争。[⑥]1991 年，荣新江发现了仅存有书名《历代法宝记》的 S.11014 号残纸，并于 1997 年发表《敦煌本禅宗灯史残卷拾遗》一文，对《传法宝纪》《楞

① 张广达：《唐代禅宗的传入吐蕃及有关的敦煌文书》，载《学林漫录·三集》，北京：中华书局，1981 年，第 36～58 页。

② 张子开：《敦煌写本〈历代法宝记〉研究述评》，《中国史研究动态》2002 年第 2 期，第 11 页。

③ 黄心川：《隋唐时期中国与朝鲜佛教的交流——新罗来华佛教僧侣考》，《世界宗教研究》1989 年第 1 期。

④ 陈士强：《〈历代法宝记〉考原》，《法音》1989 年第 9 期，第 28～30 页。

⑤ 黄燕生：《唐代净众——保唐禅派概述》，《世界宗教研究》1989 年第 4 期，第 66～80 页。

⑥ 黄燕生：《读〈历代法宝记〉》，载《禅学研究（第一辑）》，南京：江苏古籍出版社，1992 年，第 173～175 页。

伽师资记》和《历代法宝记》的研究历史做了回顾，并考释了此前被学者所遗漏的内容。①

　　1993年，杜斗城发表《敦煌本〈历代法宝记〉与蜀地禅宗》一文，运用传世历史文献与敦煌发现的《历代法宝记》相印证，梳理了禅宗保唐宗在蜀地的传播历史与影响，认为《法宝记》所记蜀地禅宗人物的很多情况均有据可查，故应为研究蜀地禅宗的珍贵资料，但其记载的蜀地禅宗的谱系，即"智诜—处寂—无相—无住"，却是有不少疑问的，换言之，这个谱系可能是无住的门人杜撰的。蜀地这支禅宗之所以有影响，是因为杜鸿渐、崔宁这些政治人物在背后的支持，才使得这支禅宗有了相应的地位，影响超出了蜀地，成为中国禅宗别具一格的一支。杜先生在另一篇文章《敦煌本〈历代法宝记〉的传衣说及其价值》中探讨了保唐宗的传衣说及其所反映的禅宗在蜀地的传播情形，认为《法宝记》中所说的"智诜—处寂—无相—无住"的传承，即人们通常所说的"净众—保唐"一系的传承，除"处寂—无相"可能有传承关系外，余皆是有问题的。②因此，他提出在引用这些敦煌文献的过程中要小心求证，尤其是对蜀地禅宗的谱系问题。杜斗城的研究开启了《历代法宝记》研究的先河，也为以后禅学界研究蜀地禅宗提供了一条新思路与新线索。在杜斗城之后，学术界对此文献的研究日益深入。

　　1999年，张子开利用敦煌写本《历代法宝记》，撰文《唐代成都府净众寺历史沿革》。③同年，徐文明依据独孤及《舒州山谷寺觉寂塔隋故镜智禅师碑铭》、李华《故左溪大师碑》《故中岳越禅师塔记》、权德舆《唐故东京安国寺契微和尚塔铭》和《历代法宝记》及敦煌发现的《第七祖大照和尚寂灭日斋文》等资料对禅宗第八代弘正的影响与贡献进行了初步的探讨，并提出"五方便"为弘正所创的假说，对弘正一系衰落的原因也进行了解释，旨在进一步阐释禅宗北宗自普寂之后的历史。④2000年，张子开根据佛教典籍《历代法宝记》来考证岑参诗中的人名和他在成都时的行止。与以往的研究不同，此文从佛经中发

---

①　荣新江：《敦煌本禅宗灯史残卷拾遗》，载白化文等编《周绍良先生欣开九秩庆寿文集》，北京：中华书局，1997年，第231～244页。

②　杜斗城：《敦煌本〈历代法宝记〉的传衣说及其价值》，《社科纵横》1993年第5期，第17页。

③　张子开：《唐代成都府净众寺历史沿革考》，《新国学》1999年第1期，第289～312页。

④　徐文明：《禅宗第八代北宗弘正大师》，《敦煌学辑刊》1999年第2期，第32～39页。

现了大量与文学史相关的材料，并将佛经与文学史联系起来，给研究者提供了一种新的思路。[①] 陈铁民在张子开研究的基础上，对这一问题进行了更加深入的探讨，发表了《〈敦煌写本《历代法宝记》所见岑参事迹考〉求疵》一文，对张文中岑诗中人名的考证、因官制不明而造成的诗意之误、所考岑诗中的人名有未必尽是者和《历代法宝记》成书等问题做了深入的研究。[②] 陶敏也从这一角度出发，发表了《〈历代法宝记〉、杜诗及其他》。[③]

2001年，杨富学通过对弘忍事迹的考证，质疑弘忍传的真实性，认为其中传文作者有误将道信大师的事迹窜入弘忍传中的嫌疑。[④] 2006年，杨富学、王书庆根据《历代法宝记》对达摩祖衣嫡传到惠能以后的传承记载，对四川保唐净众寺诸法师未敢轻易在全国佛教界、宗教界称"祖"问题做了研究，指出其原因是智诜所受法衣不符合禅宗传承信衣和秘传心印的程序。[⑤] 美国斯坦福大学 Adamek Wendi Leigh 博士论文《从历代法宝记看中国佛教观念的传播》通过对《历代法宝记》内容的考释，分别从《历代法宝记》与蜀地禅宗、蜀地禅宗与岑参和杜甫的关系、蜀地禅宗的思想及其在蜀地的传播等方面进行探讨，从而使此专题的研究逐渐向纵深发展。[⑥] 对于21世纪以来敦煌本《历代法宝记》的研究有翟兴龙《21世纪我国内地敦煌本〈历代法宝记〉研究综述》一文，对《历代法宝记》的研究从文本校录、人物传记、达摩祖衣研究、巴蜀对外佛教交流等方面做了细致的归纳研究[⑦]，兹不复赘。

---

① 张子开：《敦煌写本〈历代法宝记〉所见岑参事迹考》，《文学遗产》2000年第6期，第107～109页。

② 陈铁民：《敦煌写本〈历代法宝记〉所见岑参事迹考求疵》，《文学遗产》2001年第2期，第119～122页。

③ 陶敏：《〈历代法宝记〉、杜诗及其他》，《文学遗产》2001年第2期，第123～126页。

④ 杨富学：《敦煌本〈历代法宝记·弘忍传〉考论》，载《华林（第一卷）》，北京：中华书局，2001年，第177～182页。

⑤ 王书庆、杨富学：《〈历代法宝记〉所见达摩祖衣传承考辨》，《敦煌学辑刊》2006年第3期，第158～164页。

⑥ Adamek Wendi Leigh, *Issues in Chinese Buddhist transmission as seen through the "Lidaifabaoji"* (*Record of the Dharma-Jewel through the Age*), Ph. D., 1998.

⑦ 翟兴龙：《21世纪我国内地敦煌本〈历代法宝记〉研究综述》，《西南石油大学学报》2015年第6期，第94～98页。

第二节　学界对神秀及北宗禅的研究

神秀是北宗著名的禅师，地位尊崇，被尊为"三帝国师，两京法主"，是北宗禅的创始人，和惠能同为五祖弘忍的弟子，是"禅宗六祖"颇有争论的人物之一，在中国禅宗史、佛教史乃至思想史上有着极为重要的地位。敦煌文献被发现以后，对禅宗祖师的研究已成为禅宗研究的热门话题，神秀及其北宗的文献受到学界的追捧。经过多年的研究，已取得了丰硕的成果。20世纪以来，学者围绕《观心论》《大乘无生方便门》《秀禅师七礼》《秀和尚劝善文》《圆明论》《楞伽师资记》和《宗镜录》中的神秀语录及《六祖坛经》《景德传灯录》中所记神秀的诗偈等进行了研究。

1.《观心论》

《观心论》，全称《达摩大师观心论》，或《达摩大师破相论》，或《达摩和尚观心破相论》一卷，相传为菩提达摩之语录。但慧琳《一切经音义》卷一百记载"观心论，大通神秀作"[1]，因此另有神秀撰之说。

敦煌遗书中发现有8件写本，即P.4745v、S.646、S.2595、S.5532、P.2460v、P.2657v、P.4646及龙谷122，此外有朝鲜《禅门撮要》本（1908年刊）、安心寺别行本、日本金泽文库所藏镰仓时期抄写本、日本流通本及龙谷大学藏传世本等，计有10余种。在敦煌发现的诸写本中，以S.2595发现最早，被收在《大正藏》第85册《古逸部》中。1936年，日本学者铃木大拙以S.2595为底本，与龙谷122、金泽文库本、朝鲜版本、日本流通本互校，撰成《达摩观心论（破相论）互校》一文。[2]

在敦煌发现的《观心论》诸写本中，P.4646首尾俱全，S.646首尾俱残，S.5532、S.2595、P.2460v首残尾全。龙谷122基本完整，唯无最后的偈语部分，其文字与底本多不相同，有些段落彼此互有出入，当是与底本不同来源的本子。对于《观心论》的著述问题及性质问题，学界至今没有定论，大致有三种观点。

第一种，认为不是神秀所作。持此观点的主要有日本学者铃木大拙、印顺、杜继文、魏道儒、吕澂等。铃木认为，虽然无法证实《观心论》为达摩所

---

① ［唐］慧琳撰：《一切经音义》，《大正藏》第54卷，No.2128，第932页a。

② （日）铃木大拙「達摩觀心論『破相論』互校」『校栞少室逸書解說附錄』大阪：安宅佛教文庫，1936年，第166～232頁。

作，但至少可以否定"大通神秀作"说法。①西口芳男的观点和铃木有相似之处，认为"《观心论》注重'断三毒'，并不是神秀所传，看心出妄想的禅法"，又因"九份文献连写的龙谷122《西天竺国沙门菩提达摩禅师观门法大乘法论》在《观心论》后有'西国梵音唐言此论翻译。达摩禅师第一祖梁武帝'，因此认为《观心论》可能真的是达摩所作"。②印顺法师认为，"不是神秀所作，而是弟子所记述或补充的，或是弟子们所撰的"。③杜继文、魏道儒认为，"早期文献都说，神秀奉行'不出文记'的原则，不可能有书面的东西留下来，传说有《达摩观心论》（一名《破相论》）和《北宗五方便门》是神秀所撰，都不甚可信"。④吕澂云："据传记中说，神秀虽然学兼儒道，颇有根机，但仍能保持东山一系的朴素禅风，他在弘忍门下学法时，平日都是禅灯默照，言语道断，心行处灭，'不出文记'。这都是弘忍以来一贯遵循的作风，后世传说他写《观心论》一卷，这不甚可信。"⑤

第二种，是神秀所述，由其弟子记录整理而成。持此观点的主要有杨曾文、洪修平、吴立民、潘桂明等。杨曾文云："可以认为，《观心论》是神秀的弟子对神秀传授的禅法所做的记录整理而成的，说《观心论》是神秀所述是可信的。"⑥洪修平云："但近代新发现的敦煌经卷中有几个本子，一般认为是神秀所述，而由弟子记录整理，可以代表神秀北宗的禅法。"⑦吴立民云："如《大乘无生方便门》《大乘北宗论》等及一向在日本流传的神秀《观心论》可以看作是神秀北宗禅法的记录。"⑧潘桂明云："但实际上，神秀弟子众多，度人无数，即使他本人如同众多楞伽师那样没有著作，他的弟子们也会将他的传授加以整理成书。"⑨

第三种，是神秀所作。持此观点的主要有日本学者宇井伯寿、篠原寿雄、

---

① （日）铃木大拙「『達摩觀心論』『破相論』四本對校」『鈴木大拙全集・第32卷』東京：岩波書店，2005年，第137～207頁。

② （日）西口芳男「敦煌寫本七種對照『觀心論』校注」『禪學研究』第74卷，日本：禪學研究會，1996年，第123～170頁。

③ 印顺著：《中国禅宗史》，南昌：江西人民出版社，1999年，第104～105页。

④ 杜继文、魏道儒著：《中国禅宗通史》，南京：江苏古籍出版社，1993年，第107页。

⑤ 吕澂著：《中国佛学源流略讲》，北京：中华书局，1979年，第215页。

⑥ 杨曾文著：《唐五代禅宗史》，北京：中国社会科学出版社，1999年，第116页。

⑦ 洪修平著：《中国禅学思想史》，北京：中国人民大学出版社，2007年，第137页。

⑧ 吴立民主编：《禅宗宗派源流》，北京：中国社会科学出版社，1998年，第99页。

⑨ 潘桂明著：《中国禅宗思想历程》，北京：今日中国出版社，1992年，第76页。

田中良昭和美国学者马克瑞（John R. McRae）等。宇井伯寿《禅宗史研究》、篠原寿雄《敦煌佛典与禅》、田中良昭《敦煌禅宗文献研究》均认为《观心论》为神秀所作。马克瑞认为《观心论》是神秀在玉泉寺的作品。马克瑞的观点获得余威德的认同。余威德云："依《一切经音义》的记载，及考察《观心论》的思想内容后，可知为神秀所作；又依《观心论》文末所议'妄营像塔'等事，可推知《观心论》可能是神秀作于入京前，处玉泉寺之时。"①

关于《观心论》的作者和性质的问题，学界至今依然是众说纷纭，各执一词。黄青萍博士认为："《观心论》的三界唯识与直接的禅法的确有禅宗色彩，尤其他引用《十地经》与'金刚佛性'部分，与《修心要论》《楞伽师资记》《顿悟真宗要诀》相同。但是引用《十地经》'金刚佛性'只能证明《观心论》出自东山门下，不能证明《观心论》是神秀著（述）。尤其是《观心论》以'观心—制三毒'较为接近南宗直接的禅法，虽然我们并不能完全否认《观心论》有可能是神秀弟子的著作，但在禅宗思想史的研究中，不宜再以《观心论》为神秀的代表之作。"②

2.《大乘无生方便门》

《大乘无生方便门》（S.2503）与《大乘北宗论》（S.2581）是矢吹庆辉在1916年发现的写本，分别收录在《鸣沙余韵》与《大正藏》第85册。《大乘北宗论》是首，内容十分简单，以"我和尚不起□□心，何况□□心"句型反复吟诵"我和尚不起布施心，何况吝贪心。我和尚不起持戒心，何况触犯心……"等二十句。

S.2503长卷共有三份文献，虽然都是"五方便门"，但内容却有所差异。第一份文献S.2503(1)首却无题。从文末的"总述五门"来看，即"无方便门"。第二份文献S.2503(2)十分简短，附《赞禅门诗》一首。第三份文献S.2503(3)提名为"大乘无生方便门"而尾残。这三份文献都是"五方便门"，但内容却又不同。因此《大藏经》收录的《大乘无生方便门》与《无题附〈赞禅门诗〉》是最简陋的校订本。

1916年，矢吹庆辉发现S.2503，并将其录入《鸣沙余韵》中，1937年，久

---

① 余威德：《唐代北宗禅发展研究——以双泉寺神秀为主》，台北慈济大学宗教与文化研究所硕士论文，2004年，第29页。

② 黄青萍：《敦煌北宗文本的价值及其禅法——禅籍的历史性与文本性》，台湾师范大学博士学位论文，2007年，第87页。

野芳隆找到了 P.2058、P.2270，这两个卷子与 P.2503(1) 颇为相似，但在内容上多出了许多。1939 年，宇井伯寿在《禅宗史研究》一书中，对这些文献依据原题目做了编号。

第六篇：《大乘无生方便门》(3)；

第七篇甲：《大乘五方便北宗》（ P.2058、P.2270）；

第八篇乙：首残《无题》S.250(1)；

第九篇：《无题附〈赞禅门诗〉》，S.2503(2)。

其中"第七篇甲"有点凌乱，因为敦煌"五方便门"写本的合抄本不是只有 S.2503，乍看之下一体成形的 P.2270 其实拼凑了两份不同的"五方便门"。①1968 年，铃木大拙在遗稿《禅思想史研究三》对这些文献再次做了分类，并将文献按时间的先后顺序排列。

第 1 号本 S.2503(2)（宇井第九篇，《大正藏》第 85 册《无题附〈赞禅门诗〉》）；

第 2 号本 S.2503(3)（宇井第六篇，《大正藏》第 85 册《大乘无生方便门》）；

第 3 号本第 1 部 P.2058、P.2270(1)（宇井第七篇，《大乘无方便北宗》）；

第 3 号本第 2 部 P.2270(2)（宇井第七篇）；

第 4 号本 S.2503(1)（宇井第八篇）。②

1991 年，伊吹敦在铃木的基础上对《大乘无生方便门》做了深入的研究，又整理出 S.182、S.735、S.7961v、S.1002 和生 24 背。③1993 年，河合泰弘在其《〈北宗五方便〉とその周边》一文中认为敦煌所出的《北宗五方便》共有 12 份写本，以内容区分为 8 个系统，12 份写本中只有《大乘无生方便门》《通一切经

---

① 黄青萍：《敦煌北宗文本的价值及其禅法——禅籍的历史性与文本性》，台湾师范大学博士学位论文，2007 年，第 108 页。

② 黄青萍：《敦煌北宗文本的价值及其禅法——禅籍的历史性与文本性》，台湾师范大学博士学位论文，2007 年，第 109 页。

③ （日）伊吹敦：「『北宗五方便』の諸本につて——文献の變遷に見る北宗思想の發展」『南都佛教』第 65 號，1991 年，第 71～102 頁。

要义集》与《大乘五方便北宗》三篇明确标题，其余均为无题的残卷。①

对于《大乘无生方便门》是否体现神秀系的北宗思想，学界争议很大。

第一种观点认为是神秀的著述。高令印云："反映神秀思想的主要文献，是其《观心论》（亦名《破相论》）和《大乘无生方便门》（亦名《大乘五方便门》），这两部书为近代在敦煌发现，传为神秀的著述。"②

第二种观点认为是神秀弟子的记述。杨曾文、印顺、洪修平等都持这种观点。杨曾文认为："《大乘五方便》，也称《大乘无生方便门》，是唐代相当流行的北宗禅法著作。"③又说"一般认为是神秀弟子的一记述"。④印顺云："有关北宗的作品，主要是神秀的'五方便'，据《楞伽师资记》：神秀'不出文记'，所以这都不是神秀所作，而是弟子所记述或补充的，或是弟子们所撰的。"⑤洪修平认为："近代新发现的敦煌经卷中有几个本子，一般认为是神秀所述，而由弟子记录整理，可以代表神秀北宗的禅法。它们是：1.《大乘无生方便门》；2.《大乘五方便北宗》，亦名《北宗五方便门》；3.《无题》（一），此与《大乘五方便门（北宗）》为同一种资料，在文字和内容上互相有增补；4.《无题》（二），附《赞禅门诗》一首，以上四种资料叙述的都是'五方便法'法门。"⑥

第三种观点认为可以代表神秀、神秀北宗的思想，是神秀系禅法的重要参考文献。潘杜明、吴立民、余威德等的看法一致。潘桂明称："目前，多数学者认为，《观心论》和《大乘无生方便门》代表了神秀的思想。"⑦吴立民认为："晚近在敦煌卷子中发现了几个本子，如《大乘无生方便门》《大乘北宗论》等，可以看作是神秀北宗禅法的记录。"⑧余威德云："《五方便》虽不是神秀所亲说，但为神秀弟子普寂承继东山法门的五事禅法发展而成，故仍可视为神秀系禅法的重要参考文献。"⑨

---

① （日）河合泰弘：「『北宗五方便』とその周邊」『駒澤大學佛教學部論集』第24號，1993年，第261～278頁。

② 高令印著：《中国禅学通史》，北京：宗教文化出版社，2007年，第208页。

③ 杨曾文著：《唐五代禅宗史》，北京：中国社会科学出版社，1999年，第123页。

④ 杨曾文著：《唐五代禅宗史》，北京：中国社会科学出版社，1999年，第111页。

⑤ 印顺著：《中国禅宗史》，南昌：江西人民出版社，1999年，第104～105页。

⑥ 洪修平著：《中国禅学思想史》，北京：中国人民大学出版社，2007年，第137页。

⑦ 潘桂明著：《中国禅宗思想历程》，北京：今日中国出版社，1992年，第76页。

⑧ 吴立民主编：《禅宗宗派源流》，北京：中国社会科学出版社，1998，第99页。

⑨ 余威德：《唐代北宗禅发展研究——以玉泉寺神秀为主》，台北慈济大学宗教与文化研究所硕士学位论文，2004年，第32页。

而胡适、杜继文、魏道儒等人均认为，《大乘无生方便门》不是神秀弟子所作。胡适云："后来宗密（圆寂于841年）在《圆觉大疏钞》（卷三下）里述神秀的禅学，提起《北宗五方便法门》一书，巴黎所藏敦煌写本中有《北宗五方便法门》两本，即此书，大概是8世纪中叶以后的作品，不是神秀所作。"① 魏道儒云："传说有《达摩观心论》（一名《破相论》）和《北宗五方便门》是神秀所撰，都不甚可信。宋之问《表》中提到，神秀晚年在玉泉寺所开'五门'禅法，当是《楞伽师资记》所言'观心事佛'的'五事'，至宗密解释此'五门'为'方便通经'中的'五门方便'，实际上是将神秀门徒们的禅学加到了神秀身上，至于南宗方面，一贯把神秀当作抨击的对象，所述神秀禅法，距离事实更远。"②

3.《秀和尚劝善文》

《秀和尚劝善文》在敦煌写卷中一共有两个写本，S.5702v和P.3521v。在这两份写卷中，S.5702v首全、尾残，首题《秀禅师劝善文》，仅存10行起于"努力善护菩萨戒"，止于"妄见空中染阿赖"。《秀禅师劝善文》的"秀"字上部，稍有残损，但字迹可辨，后有"丁未十二月寅卯八日"的字样。P.3521v是粟特文，卷背首题《秀和尚劝善文一本》，首尾俱全，共24行，尾有题记"乙巳年后五月十六日抄记"。日本学者川崎ミチコ认为"是神秀的菩萨戒的七言二句的诗"③。P.3521v的校本有张锡厚本④、陈祚龙本⑤和朱凤玉本⑥。张锡厚校本主要以S.5702v为底本而校录，陈祚龙本是以P.3521v为底本而校录，朱凤玉本是对S.5702v、P.3521v两者进行合校。项楚在陈祚龙录文的基础上做了补校。⑦ 杨富学、张田芳结合前贤诸本对该文献做了补校，并对该文献中神秀禅法进行了研究。⑧

① 姜义华主编：《胡适学术文集·中国佛学史》，北京：中华书局，1997年，第125页。

② 杜继文、魏道儒著：《中国禅宗通史》，南京：江苏古籍出版社，1993年，第107页。

③ （日）川崎ミチコ：「通俗詩韻·雑詩文類」，（日）篠原壽雄、田中良昭『講座敦煌8敦煌佛典と禅』東京：大東出版社，1980年，第329页。

④ 张锡厚主编：《全敦煌诗》，北京：作家出版社，2005年，第5848～5849页。

⑤ 陈祚龙：《敦煌古抄中世诗歌一续》，载王寿南、陈水逢主编《敦煌学海探珠》，台北：台湾商务印书馆，1979年，第169～171页。

⑥ 朱凤玉：《敦煌文献中的佛教劝善诗》，载白化文主编《周绍良先生纪念文集》，北京：北京图书馆出版社，2006年，第511页。

⑦ 项楚著：《敦煌诗歌导论》，成都：巴蜀书社，2001年，第105页。

⑧ 杨富学、张田芳：《敦煌本〈秀禅师劝善文〉考释》，《世界宗教文化》2017年第2期，第104～109页。

4.《圆明论》

敦煌文献中属于《圆明论》的文献有 S.6184、P.3559、P.3664、北京本（服六）、石井光雄旧藏本。最早研究北京本（服六）《圆明论》的为著名学者陈垣。铃木大拙、古田绍钦校订《绝观论》中"解题"涉及"圆明论"。P.3559、P.3664，由神田喜一郎博士在《关于传法宝纪的书籍》里指出。柳田圣山著《传法宝纪与作者，围绕 P.3559 文楷的北宗禅研究（第一）》涉及了有关"圆明论"的问题。1967 年，柳田圣山又在《初期禅宗史书の研究》中刊发了 P.3559 的全卷插图。田中对 S.6184 和北京本的《圆明论》进行了研究，将五种敦煌本的《圆明论》的目次进行了编序。石井光雄旧藏本的《圆明论》，到目前为止，尚未有专文研究。柳田圣山、冈部和雄认为《圆明论》为禅宗北宗系著作。美国学者麦可瑞则认为《圆明论》是神秀的著作。[1] 余威德针对义天的《新编诸宗教藏总录》卷一中的"大华严经疏三十卷，神秀述"和"妙理圆成观三卷，神秀述"等字样，以及延寿的《宗镜录》卷九十八记录的神秀语录，进行了研究，否定了《圆明论》为大通神秀所作的可能。[2]

第三节　法如与《修心要论》及其相关文献的研究

1.《修心要论》

《修心要论》一卷，又名《最上乘论》《蕲州忍和尚导凡趣圣悟解脱宗修心要论》或《一乘显自心论》，弘忍述。本书主要是继承、发展四祖道信所主张的"守一"禅法，强调修持佛法以"守心"为要。全书采用问答的形式揭示行圣道了悟真实宗教的修心要诀，可说是东山法门的纲要书。有多种版本，如明隆庆四年（1570 年）朝鲜安心寺刊行本，李氏朝鲜隆熙元年（1907）及二年（1908年）朝鲜刊行"禅门撮要"本，以及日本正德六年（1716 年）本、宝历十三年（1763 年）本四种，这些均以"最上乘论"为名。

在敦煌文献中，属于《修心要论》的卷子有北宇 004（北 8391）、裳 75（北 8390）、S.2973、S.6958、S.2669v、S.3558、S.4064、P.3434、P.3559+P.3664、P.3777

---

① John R. McRae, *The Northern School and the Formation of Early Chan Buddhism*, Honolulu: University of Hawaii Press, 1986, pp.240-241.

② 余威德：《唐代北宗禅发展研究——以玉泉寺神秀为主》，台湾：慈济大学宗教与文化研究所，硕士论文，2004 年，第 34 页。

号、日本龙谷大学本122和俄藏M 1227（Дх.00649），M 2641（Дх.1996B +2006B）等13种。在这些卷号中，S.2669v、S.4064、P.3434都是单独的完整本，其余均与其他文献连写的，其中以P.3559+P.3664最为清晰。

早在敦煌文献出土前，已保留有朝鲜的古刊本，篇名为《最上乘论》，陈垣于1931年在《敦煌劫余录》中介绍了北宇004（北8391），但仅能依卷末之"此论显一乘为宗"暂疑作"一乘显自心论"。直到1934年才被铃木大拙确名为《修心要论》。1936年，铃木在《校勘少室逸书及解说》中根据北宇004（北8391）、龙骨122、朝鲜《禅门最要》本发表《〈修心要论〉三本校对》一文。1951年铃木于《禅宗思想史二》中加上S.2669v、S.3558、S.4064三本校录，并以此撰写弘忍禅部分。但是对《修行要论》是否为弘忍的著作，学界是有争议的。

出土《修心要论》写本几乎都记载此文为"蕲州和尚"或"五祖弘忍大师"。但在《楞伽师资记》中却有不同的观点：

> 其弘忍大师萧然静坐，不出文记。口说玄理，默授与人。在人间有禅法一本，云是忍禅师说者，谬言也。[1]

对于这个问题，1966年，柳田圣山《初期禅宗史书的研究》一书提出了新看法。他认为，《楞伽师资记弘忍传》中的"云是忍禅师说者"的"禅法一本"，正是敦煌出土的《修心要论》。只是这份文献是出自法如系的记录，《楞伽师资记》的否认透露出神秀过世后，"弘忍—玄赜—净觉系"企图争夺"弘忍—法如神秀—普寂系"的传法正统。[2]

1954年，柳田圣山《灯史系谱——顿悟思想史》进一步阐释《唐中岳沙门释法如行状》与《皇唐嵩岳少林寺碑》两份金石文献。他又从鹫尾顺敬编的《菩提达摩嵩山史迹大观》中找到了《法如行状》，是法如圆寂（689年）后撰写的墓志铭，出现了比《传法宝纪》《楞伽师资记》更早的传法系统。[3]这些材料的发现使得柳田圣山将禅宗形成史上溯至永昌元年（689年）。如此一来，神会的

---

① （日）柳田聖山『初期の禪史Ⅰ–禪の語錄2–楞伽師資記、傳法寶記』東京：築摩書房，1971年，第49頁。

② （日）柳田聖山『初期禪宗史書の研究』京都：法藏館，1967年，第81頁。

③ （日）柳田聖山「燈史系譜——頓悟思想史」『日本佛教學協會年報』1954年，第19頁。又見柳田聖山『禪佛教研究』，第583～628頁。

"西天二十八祖"确定是"取经"于东山门下法如系的说法，而非其创举。[①]

1960年，柳田圣山在P.3559中发现了新的文献证据，于是提出了"弘忍—法如/神秀—普寂系"与"弘忍—玄赜—净觉系"对立之说。P.3559是一份长卷，一共抄了《圆明论》《蕲州忍和尚导凡趣圣悟解脱宗修心要论》《秀和尚传》《道凡趣圣心诀》《夜坐号》与《传法宝纪并序》等早期的禅宗文献。柳田在这些敦煌出土的文献中，发现了在早期禅宗史的系谱中多出了"法如禅师"。《传法宝纪》和《法如行状》都在抬高法如的地位，以使其与神秀平起平坐，这种现象说明早在"神会滑台无遮大会"争法统前，东山法门的正统争夺战早就暗流汹涌。[②]

1965年，池田温根据《敦煌郡敦煌县差科簿》发现P.3559号使用的纸是天宝十年（751年）的公文。将废弃物用作抄写佛教文献，可能是在760~770年。包括P.3559号在内，与P.3559号同一卷号的P.3664《圆明论》（尾残）、P.3081《二入四行论》（尾残）及P.2657v《观心论》，这四份写卷是目前判断出来最早的敦煌禅宗文献。[③] 1984年，冉云华校订P.3559《道凡趣圣心》《夜坐号》，再一次肯定了柳田圣山的说法。1986年，John R. McRae 在《The northern school and the formation of Early Chan Buddhism》附录最新《修心要论》校本，除了前人诸本外，又加入了P.3434、P.3559和P.3777。1989年，小川隆发表《初期禅宗形成史の一侧面——普寂と嵩山法门》一文，认为少林寺系、嵩岳寺系与楞伽派是对立的。[④]

1991年，李尚全在《敦煌本〈修心要论〉刍议》一文中对《修心要论》流传的年代、成书的时间等做了研究，认为《修心要论》流传于670~716年的唐代社会，在净觉写出《楞伽师资记》（716年）前的46年很流行，随后在中国被《坛经》所取代，收藏于敦煌石窟，直到1900年敦煌遗书被发现。并且认为，《修心要论》是在咸亨初年（670年）法会上"神秀上座"（惠能语）提出问题，弘忍一一做了回答，后惠能暗中记录成书。[⑤]

---

① 黄青萍：《敦煌北宗文本的价值及其禅法——禅籍的历史性与文本性》，台湾师范大学博士学位论文，2007年，第63页。

② （日）柳田聖山『初期禪宗史書の研究』京都：法藏館，1967年，第33～97頁。

③ （日）上山大峻「禪文獻の諸層」『敦煌仏教の研究』京都：法藏館，1990年，第403～404頁；（日）石井公成「『二入四行論』の再探討」『平井俊榮博士古稀紀念論集　三論教學和佛教諸思想』東京：春秋社，2000年。

④ （日）小川隆「初期禪宗形成史の一側面——普寂と嵩山法門」『駒澤大學佛教部論文』第20號，1989年，第310～319頁。

⑤ 李尚全：《敦煌本〈修心要论〉刍议》，《兰州学刊》1991年第3期，第89～93页。

关于弘忍的传记只有宋代赞宁《宋高僧传》卷八、宋道原《景德传灯录》卷三等禅宗南宗的史书的记载，然而其中多有难以凭信的成分。在敦煌遗书问世以后，从中发现早期禅宗史书《楞伽师资记》《传法宝纪》及《历代法宝记》，又发现记述其禅法的《修心要论》，为比较全面客观地研究弘忍的经历和禅法思想提供了珍贵的资料。对此，杨曾文《弘忍及记述其禅法的〈修心要论〉》一文依据铃木大拙的校勘本，并参照马克瑞的校本，对《修心要论》的禅法思想做了详细的介绍。2007年，黄青萍在其博士论文《敦煌北宗文本的价值及其禅法——禅籍的历史性与文本性》中对《修心要论》的各个版本做了详尽的梳理。2014年，李尚全《敦煌本〈修心要论〉禅宗创立的文献依据》认为，四祖道信和五祖弘忍师徒在湖北黄梅创立的禅法，顿悟与渐修合一，是由发菩提心、藉教悟宗、打坐实修和事上磨炼四大环节组成的修学体系，并把儒家"内圣外王"理论佛教化，标志着禅宗的创立。[1]

2.《导凡趣圣心决》和《夜坐号》

《导凡趣圣心决》在敦煌存写卷有 P.3559、P.3664 和 Дx.00649（M.1227）。其中 P.3664 首尾俱全；Дx.00649 首缺，仅存尾部几行；写卷 P.3664 所存《导凡趣圣心决》全文共37行，1400余字。冉云华和袁德领曾对《导凡趣圣心决》进行过录校。[2]

《夜坐号》一首是抄于 P.3664/P.3559 写卷中的一份禅书，在整个卷号中位于《导凡趣圣心决》之后，后接《传法宝纪》。另外，俄藏敦煌文献中的 Дx.00649（M.1227）有《夜坐号》的一部分（止于"随心逐入止长安"），但不是残本，最多只是漏抄。[3] 冉云华曾在《敦煌卷子中的两份北宗禅书》一文中以 P.3559 为底本对其进行过校录，袁德领也曾对此文进行过较为细致的整理。[4]

P.3559 号写本是神田喜一郎于1936年发现的，首次发表于1938年的《敦煌禅籍留真》。1960年，柳田圣山在神田的帮助下发现了这份文献，此后将其发

① 李尚全：《敦煌本〈修心要论〉：禅宗创立的文献根据》，《南京晓庄学院学报》2014年第1期，第117页。

② 冉云华：《敦煌卷子中的两份北宗禅书》，《敦煌学》第8辑，1984年，第1~9页；袁德领：《敦煌本〈导凡趣圣心决〉录文及作者略考》，《禅》2000年第3期，第37~50页。

③ 俄罗斯科学院东方研究所圣彼得堡分所、俄罗斯科学出版社东方文学部、上海古籍出版社编：《俄藏敦煌文献（圣彼得堡分所藏）》第7册，上海：上海古籍出版社，1996年，第31~32页。

④ 冉云华：《敦煌卷子中的两份北宗禅书》，载《敦煌学》第8辑，1984年，第1~9页；袁德领：《敦煌本〈导凡趣圣心决〉录文及作者略考》，《禅》2000年第3期，第37~50页。

表于1967年出版的《初期禪宗史書の研究》一书中。嗣后，篠原寿雄对它做了简单的介绍，并认为《导凡趣圣心决》是《修心要论》的别名，与《秀和尚传》可视为《修心要论》的附记。①冉云华认为，P.3559号《修心要论》《秀和尚传》《导凡趣圣心决》《夜坐号》《传法宝纪》文献之间似乎有传承，很可能是法如门下转到神秀门下的弟子所传，属于北宗的一支，②在初期禅宗史中有很大的影响。这不仅在于它抄了《修心要论》③之后，更在于它所列的传法谱系与《法如行状》及《传法宝纪》极其相似。④袁德领认为，《导凡趣圣心决》是法如根据弘忍的说法记录整理而成，然后由其弟子带给神秀。法如才是北宗禅的开山鼻祖，法如与神秀的关系非并列弘忍门下，而是法如传神秀。神会掀起的六祖大战实因法如未能嘱咐传人，因而引起神会与惠能的不满。⑤黄青萍博士认为：对于袁德领的这种观点应有所保留，因为所谓"法如传神秀"可能是误写，其他文献并没有相同的说法，即使是同卷，也是记载法如圆寂之前交代门人"从今以后，当往荆州玉泉寺秀禅师下咨禀"。⑥

　　围绕这些文献，对神秀思想及禅宗北宗的发展、流变和思想研究方面涌现出大批成果，如：温玉成《禅宗北宗初探》⑦《禅宗北宗续探》⑧，杨曾文《禅宗北宗及其禅法》⑨《神秀所著〈观心论〉及其禅法思想》⑩，任继愈《神秀北宗禅法》⑪，姜伯勤《普寂与北宗禅风西旋敦煌》⑫，宗性《敦煌写本〈观心论〉

　　① （日）篠原壽雄「北宗禪與南宗禪」，篠原壽雄、田中良昭『講座敦煌8敦煌佛典と禪』東京：大東出版社，1980年，第176～177頁。

　　② （日）伊吹敦「法如派について」『印度學仏教學研究』第40卷1號，1991年，第109～113頁。

　　③ 黄永武编：《敦煌宝藏》第129卷，台北：新文丰出版社，1985年，第516页。

　　④ 黄永武编：《敦煌宝藏》第129卷，台北：新文丰出版社，1985年，第516页。

　　⑤ 袁德领：《敦煌本〈导凡趣圣心决〉录文及作者略考》，《禅》2000年第3期，第37～50页。

　　⑥ 黄青萍：《敦煌北宗文本的价值及其禅法——禅籍的历史性与文本性》，台湾师范大学博士学位论文，2007年，第73～74页。

　　⑦ 温玉成：《禅宗北宗初探》，《世界宗教研究》1983年第2期，第23～36页。

　　⑧ 温玉成：《禅宗北宗续探》，《世界宗教研究》1985年第2期，第33～47页。

　　⑨ 杨曾文：《禅宗北宗及其禅法》，载王尧主编《佛教与中国传统文化》，北京：宗教文化出版社，1997年，第431～466页。

　　⑩ 杨曾文：《神秀所著〈观心论〉及其禅法思想》，载隋唐佛教学术讨论会编《隋唐佛教研究论文集》，三秦出版社，1990年，第68～83页。

　　⑪ 任继愈：《神秀北宗禅法》，《中国社会科学》1990年第2期，第109～118页。

　　⑫ 姜伯勤：《普寂与北宗禅风西旋敦煌》，载王尧主编《佛教与中国传统文化》，北京：宗教文化出版社，1997年），第467～493页。

校勘》①，徐文明《禅宗第八代北宗弘正大师》②《禅宗北宗与密教关系研究》③，袁德领《法如神秀与北宗禅的肇始》④，杨维中《从南宗与北宗心性思想的差别看禅宗的正式形成》⑤，日本学者伊吹敦、斋藤智宽《禅宗的出现与社会反应——〈净土慈悲集〉所见北宗禅活动》⑥，刘楚华《神秀和尚示语试释》⑦，王振江《论中国神秀与朝鲜知讷佛教思想的特点及其关联》⑧，李帮儒《禅宗北宗所奉佛经考述》⑨《二十世纪以来神秀研究述略》⑩，韩传强《走近北宗——以北宗的概念、传承及禅法为考察中心》⑪等。

第四节　惠能及《坛经》研究

一、惠能及《坛经》的研究

1923年，日本学者矢吹庆辉在伦敦大英博物馆从斯坦因藏本中发现了一个新的《坛经》写本。矢吹校勘后，载入《大正藏》第四十八册。这是第一份对敦煌本《坛经》的整理，现在阅读它，虽然很粗糙，但是矢吹庆辉的功劳不可磨灭，正是因为他的发现才引发了胡适去巴黎、伦敦寻找神会资料的兴趣。在矢吹庆辉本发现十多年后，铃木大拙与公田连太郎合作，根据日本兴圣寺本即宋刊惠昕本《坛经》，对敦煌斯坦因本进行校订，称作《敦煌出土六祖坛经》，此即《坛经》的铃木校本。此后日本学者柳田圣山又编有《六祖坛经诸本集

① 宗性：《敦煌写本〈观心论〉校勘》，《法源·中国佛学院学报》第17期，1999年，第101～111页。

② 徐文明：《禅宗第八代北宗弘正大师》，《敦煌学辑刊》1999年第2期，第32～39页。

③ 徐文明：《禅宗北宗与密教关系研究》，《社会科学研究》2013年第4期，第125～132页。

④ 袁德领：《法如神秀与北宗禅的肇始》，《敦煌研究》2001年第1期，第72～76+188页。

⑤ 杨维中：《从南宗与北宗心性思想的差别看禅宗的正式形成》，《中国禅学》第1卷，北京：中华书局，2002年，第115～126页。

⑥ （日）伊吹敦、斋藤智宽：《禅宗的出现与社会反应——〈净土慈悲集〉所见北宗禅活动》，《佛学研究》第11期，2002年，第97～108页。

⑦ 刘楚华：《神秀和尚示语试释》，《敦煌学》第25辑，2004年，第493～514。

⑧ 王振江：《论中国神秀与朝鲜知讷佛教思想的特点及其关联》，《东疆学刊》2008年第2期，第30～35页。

⑨ 李帮儒：《禅宗北宗所奉佛经考述》，《殷都学刊》2011年第3期，第150～152页。

⑩ 李帮儒：《二十世纪以来神秀研究述略》，《宗教学研究》2014年第1期，第132～136页。

⑪ 韩传强：《走近北宗——以北宗的概念、传承及禅法为考察中心》，《佛学研究》2011年，第277～292页。

成》，共收录各种《坛经》版本11种。田中良昭的《敦煌本〈六祖坛经〉诸本之研究》则对中国国家图书馆藏的冈字48号进行了整理与研究。除日本学者外，美国人阎波尔斯基（Philip B. Yampolsky）也对敦煌本《坛经》做了整理工作，写成《敦煌写本六祖坛经译注》，①还有韩国学者金知见整理的《校注敦煌六祖坛经》，法国学者凯瑟琳·杜撒莉（Cathrine Toulsaly）整理的《六祖坛经》。

受这些国外研究成果的影响，1930年，胡适利用巴黎、伦敦发现的敦煌禅宗文献研究禅宗，发表了《坛经考》，认为"敦煌写本《坛经》，此是《坛经》最古之本、其成书于神会或神会一派之手笔"②，引起了中国学术界对敦煌本《坛经》及其思想与作者等问题的讨论。除胡适与印顺法师的研究外，许多学者从不同角度对此问题发表了自己的看法，其中最著名的有陈寅恪、钱穆、罗香林、彭楚珩等人。1936年，李嘉言《六祖坛经德异刊本之我见》一文阐释了德异本，认为现行本《坛经》前面有德异的序，后面有宗宝的跋，德异与宗宝虽是同时人，但非两人同编《坛经》，而是各有各的版本，德异本远非现行本面目，德异本甚近于兴圣寺本。③罗香林和钱穆先后撰文对胡适的神会造《坛经》一说进行批驳。④1953年，胡适发表《禅宗史的一个新看法》⑤的讲演，引起了台湾曹洞宗传人东初法师的注意，东初法师以"般若"的笔名，在自创佛教杂志《人生》中发表《评胡适先生博士〈禅宗史〉的一个新看法》，从而引发了中国学者对胡适禅学研究的反思⑥。

1968年，高永霄《〈六祖坛经〉研究略见》⑦对敦煌本、契嵩本、宗宝本、正统本做了简单的介绍。1968年，钱穆受台北善导寺的邀请，发表了题为《〈六祖坛经〉大义——惠能真修真悟的故事》的讲演，肯定了惠能在中国禅学上的伟大贡献。这原本是一场通俗性讲演，未料却在台湾引发了一场有关《坛

① Philip B. Yampolsky, *The Platform Sutra of the Sixth Patriarch*: *The Text of the Tun-Huang Manuscript*. New York: Columbia University Press, 2012.

② 胡适：《胡适校敦煌唐写本神会和尚遗集》，台北：胡适纪念馆，1982年，第221~399页。

③ 李嘉言：《六祖坛经德异刊本之我见》，《清华学报》第10卷第2期，1936年，第483~490页。

④ 罗香林：《〈坛经〉之笔受问题》，载氏著《唐代文化史研究》，上海：商务印书馆，1933年，第47~52页；钱穆：《神会与坛经》，《东方杂志》第41卷第14号，1945年，第23~32页。

⑤ 胡适：《中国禅宗史的一个新看法》，《胡适文集》12《胡适讲演集》，北京：北京大学出版社，1998年，第385页。

⑥ 江腾灿：《战后台湾禅宗史研究的争辩与发展——从胡适博士到印顺导师》，明生主编《六祖慧能研究汇编四》，上海：上海古籍出版社，2022年，第248-249页。

⑦ 《香港佛教》第92期。

经》作者的争论。1969年是对《坛经》真伪的辩论最为激烈的一年。钱穆的讲演记录连载于1969年3月13~15号的《"中央日报"副刊》上，王礼卿随即投稿指出钱穆文中引用的《六祖偈》的问题，3月18日钱穆回信承认口误。1969年5月1日，杨鸿飞投稿《"中央日报"》以《坛经》系神会所作，质疑钱穆过度推崇惠能。钱穆也随即以《略述有关六祖坛经之真伪问题》登报答辩，反对杨鸿飞所持的胡适观点。在一来二往的反复争论中，东初老人、瞻思（张曼涛）、蔡念生、华严观主也相继投稿《"中央日报"》发表意见。①继这场辩论之后，罗香林、彭楚珩分别从《坛经》的笔受及神会生卒年代改定两方面对胡适十分推崇的神会及《坛经》进行研究，罗香林在《〈坛经〉之笔受者问题》②一文中认为《坛经》是神会言行的结集，记录者应该不止一人，文字多寡应该不一，法海记录《坛经》之外，应该还有记录者。现在通行本《坛经》应是法海记录无疑，神会是否曾经记录《坛经》，现在无法判断，但神会确实是禅宗南派的弘法大师。彭楚珩在《关于神会和尚生卒年代的改定》③一文中认为神会的卒年是唐肃宗无年号的那一年（762年）的五月，世寿93岁。此后，中国学者关于神会的讨论仍在继续。1971年，印顺法师针对这场辩论发表了《神会与坛经——评胡适禅宗史的一个重要问题》，肯定胡适对神会研究所用的历史考据的方法，但不认同他的观点。④

　　20世纪80年代，学者们除了对《坛经》诸多版本的研究之外，还透过《坛经》以探讨惠能的思想及其源流。主要的著作如下：1982年，拾文发表《〈敦煌写本坛经〉是"最初"的〈坛经〉吗？》，认为敦煌本《坛经》不是最古、最初的《坛经》，在敦煌本《坛经》之前就有古《坛经》存在，不能一味地迷信敦煌本《坛经》。⑤任继愈通过对敦煌本《坛经》与其他版本《坛经》分歧较大的惠能的"传法偈"研究后认为：敦煌本《坛经》足以说明禅宗势力已远及河西

　　①　黄青萍：《敦煌北宗文本的价值及其禅法——禅籍的历史性与文本性》，台湾师范大学博士学位论文，2007年，第41~42页。

　　②　罗香林：《〈坛经〉之笔受问题》，载氏著《唐代文化史研究》，上海：商务印书馆，1933年，第47~52页。

　　③　彭楚珩：《关于神会和尚生卒年代的改定》，《新时代杂志》1961年第1卷第6期。

　　④　印顺：《神会与坛经——评胡适禅宗史的一个重要问题》，载张曼涛主编《六祖坛经研究论集》，台北：大乘文化出版社，1976年，第109~142页（收入氏著《妙云集》下编之七，新竹：正闻出版社，2000年，第36~58页）。

　　⑤　拾文：《〈敦煌写本坛经〉是"最初"的〈坛经〉吗？》，《法音》1982年第2期，第43~47页。

走廊，中原地区流行的其他版本和说法还不能由此一个版本就做出判断，而认为其他版本都是伪造的。① 而对《坛经》各个版本的归纳整理研究的大作要数柳田圣山，他主编的《六祖坛经诸本集成》，所列版本共11种，即敦煌本、兴圣寺本、金山天宁寺本、大乘寺本、高丽传本、明版南藏本、明版正统本、清代真朴重朴本、曹溪原本、流布本、金陵刻经处本，此外尚有西夏文断片、金泽文库本断片及手抄本《曹溪大师传》。② 罗义俊《当代关于〈坛经〉作者的一场争论——兼评胡适禅宗研究方法上的若干失误》认为，研究《坛经》不能忽视的一个问题就是惠能的思想及其源流。③ 针对学界所普遍认为惠能的思想是主观唯心主义思想或客观唯心主义思想，陈福维、刘兆桢撰文《试析惠能〈坛经〉的哲学思想》，提出惠能的思想既不是主观唯心主义，也不是客观唯心主义，而是二元论的本体论思想。④ 李昌颐以敦煌本《坛经》为主探讨坛经的思想源流，认为坛经中"自性本来清净，在自性中求解脱"的观点，是楞伽血脉一贯的主张，也是属于如来藏系统的思想。其"无相修行"的观念，则源于《楞伽经》的"行空"或"无行空"，与达摩祖师的"称法行"，复经"起信论"赋予理论基础，而达于成熟。六祖会缘于此，兼采"起信论""维摩诘经""金刚经"的类同观念，建立其独特的修行方式，又辅以其中的"无念""无相""无住"的思想，定为一门宗旨。把玄奥的"理"落实于日常的生活中，这是一种大乘精神的阐扬，他要人坦然面对生活或生命的情境，以之作为真正的生命超越的基础与终点。⑤ 随着敦煌所出《坛经》不同版本的出现，敦博本的出现，使人重新考虑同种《坛经》流传范围和流行时间。杨曾文先后在1988年、1990年撰文对敦博本《坛经》《南宗定是非论》等文献的价值做了研究，认为敦博本的发现推翻了英藏敦煌本乃"天下孤本"的结论，将两本互校，将有助于对惠能和禅宗

---

① 任继愈：《敦煌〈坛经〉写本跋》，载《1983年全国敦煌学术讨论会文集（文史·遗书编）》，兰州：甘肃人民出版社，1987年，第363～370页。

② （日）柳田圣山著，杨曾文译：《〈六祖坛经诸本集成〉解题》，《世界宗教研究》1984年第2期，第19～25页。

③ 罗义俊：《当代关于〈坛经〉作者的一场争论——兼评胡适禅宗研究方法上的若干失误》，《世界宗教研究》1986年第4期，第138～145页。

④ 陈福维、刘兆桢：《试析惠能〈坛经〉的哲学思想》，《韶关学院学报》1982年第3期，第37～46页。

⑤ 李昌颐：《坛经思想的源流》，《华冈佛学学报》1983年第6期，第453～476页。

做进一步的研究。①对《坛经》的校注还有郭朋《坛经校释》②。

20世纪90年代开始，学界对《坛经》研究的局面全面打开，成果丰硕。从胡适提出敦煌本《坛经》为神会伪造之后，学界对这一问题的讨论从未停止。20世纪90年代初，潘重规依然是从这个角度，来探讨敦煌本《坛经》的问题，认为无论是否有神会伪造或后人篡改的《坛经》，它都与伦敦藏敦煌石窟的《坛经》没有关系，因为敦煌本《坛经》是六祖弟子上座法海所集记，交由他的同学、门人传抄保存的他们珍护信守，作为修持的凭依，不但自己不敢篡改，更不会容许别人篡改。③黄德远认为，契嵩校改《坛经》固属事实，但据《曹溪大师别传》而大改《坛经》之说则缺乏根据。比较契嵩本和宗宝本可知，明刻本比宗宝本简单，所以假如明藏本对原契嵩本没有太大改动而郎简序又比较可信的话，那么一个可能的推测就是今曹溪古本（即明藏契嵩本）和敦煌本相异的内容，绝大部分在契嵩所得的"曹溪古本"中都已有，契嵩因胡适的缘故，落下一个乱改《坛经》的恶名，实在太过冤枉了。④并以此否定了胡适的说法。吴平认为敦煌本《坛经》显然是经过了神会一派弟子的整理。⑤周绍良认为敦煌本应是惠能《坛经》原本。⑥日本学者松本文三郎指出，《坛经》似为继承曹溪惠能法系的南宗祖师作为印可证明而授予弟子的传授本。⑦方广锠在整理北图敦煌遗书时，从尚未定名的遗书中鉴定出一件《坛经》残片，即第五号敦煌《坛经》写本，该遗书编号为北敦8958，仅一张纸，首被剪断，尾断，17厘米×25.3厘米，有乌丝栏，共1行。但仅有前5行抄有经文，每行17字。⑧洪修

---

①　杨曾文：《中日的敦煌禅籍研究和敦博本〈坛经〉〈南宗定是非论〉等文献的学术价值》，《世界宗教研究》1988年第1期，第43～47页；杨曾文：《敦博本〈坛经〉及其学术价值》，载《佛光山国际禅学会议实录》，高雄：佛光出版社，1990年，第157～158页。

②　郭朋校释：《坛经校释》，北京：中华书局，1983年。

③　潘重规：《敦煌六祖坛经读后管见》，《敦煌学》第19辑，1992年，第1～13页．

④　黄德远：《"〈坛经〉考"质疑——读胡适〈坛经考之一〉》，《中国人民大学学报》1993年第2期，第61～66页。

⑤　黄德远：《"〈坛经〉考"质疑——读胡适〈坛经考之一〉》，《中国人民大学学报》1993年第2期，第61～66页。

⑥　周绍良：《敦煌本〈六祖坛经〉是惠能的原本——〈敦煌本禅籍校录〉序》，载香港中华文化促进会等编《敦煌吐鲁番研究》第1卷，北京：北京大学出版社，1996年，第301～311页。

⑦　（日）松本文三郎著，许洋主译：《六祖坛经之研究》，载《一九八〇年佛学研究论文集》，高雄：佛出版社，1994年，第321～400页。

⑧　方廣錩撰，神野恭行譯「敦煌『壇經』新出殘片跋」『禪學研究』第76號，日本：禪學研究會，1998年，第49～55頁。

平针对学界对《坛经》作者、真伪等问题的争论，在《关于〈坛经〉若干问题的研究》一文中对《坛经》的各个版本的流变做了梳理。① 敦煌本《坛经》比其他版本出现得早，但由于其字迹错误较多，依然没有被学界所重视，故周绍良撰文《原本〈坛经〉之考定》，通过大量的例证，认为完全可以肯定敦煌本《坛经》是法海集记的原本，这应是毋庸置疑的。② 饶宗颐对此持怀疑态度。而印顺法师《精校敦煌本坛经〈敦煌本坛经校戡记〉》③、潘重规《敦煌坛经新书》《敦煌坛经新书附册》④、邓文宽《六祖坛经——敦煌〈坛经〉读本》⑤等著作，不仅对敦煌所发现的五种《坛经》进行了整理与研究，而且还将部分资料公之于众，这为以后《坛经》的专题研究提供了宝贵的藏外资料。另外还有武守志《漫说〈坛经〉——丝路佛教文化现象研究之五》⑥，吴平《〈坛经〉成书是与非——作者与版本》⑦，《敦煌〈坛经〉随想录——反省与展望》⑧，李申《三部敦煌〈坛经〉校本读后》⑨，张勇《敦煌写本〈六祖坛经〉校读琐记》⑩，张子开《敦煌写本〈六祖坛经〉校读拾零》⑪等。

二、《坛经》与惠能的关系、初期禅法及思想的研究

20世纪90年代，杨曾文、黄德远、饶宗颐、湛如、向群等学者围绕《坛经》对惠能禅法思想做了研究。1992年，杨曾文通过对《坛经》祖本、敦煌原本、惠昕本、契嵩本、德异本、曹溪本和宗宝本等经典源流的考证，论述了惠

---

① 洪修平：《关于〈坛经〉若干问题的研究》，《世界宗教研究》1999年第2期，第75~88页。

② 周绍良：《原本〈坛经〉之考定》，载《六祖惠能思想研究》，北京：学术研究杂志社，1997年，第239~255页。

③ 印顺撰：《精校敦煌本坛经〈敦煌本坛经校戡记〉》，新竹：正闻出版社，1993年。

④ 潘重规：《敦煌坛经新书》，载氏校定《敦煌坛经新书附册》，台北：佛陀教育基金会，1994、1995年。

⑤ [唐]惠能撰，邓文宽校注：《六祖坛经——敦煌〈坛经〉读本》，沈阳：辽宁教育出版社，2005年。

⑥ 武守志：《漫说〈坛经〉——丝路佛教文化现象研究之五》，《西北师大学报》1993年第3期，第55~63页

⑦ 吴平：《〈坛经〉成书是与非——作者与版本》，载《禅宗祖师——惠能》，南昌：江西人民出版社，1995年，第105~120页。

⑧ （韩）金知见著，金宽宏译：《敦煌〈坛经〉随想录——反省与展望》，载《禅与东方文化》，北京：商务印书馆，1996年，第393~416页。

⑨ 李申：《三部敦煌〈坛经〉校本读后》，《禅学研究》第3辑，1998年，第36~55页。

⑩ 张勇：《敦煌写本〈六祖坛经〉校读琐记》，载《六祖惠能思想研究"惠能与岭南文化"国际会议论文集》，澳门：学术研究杂志社，1997年，第298~304页。

⑪ 张子开：《敦煌写本〈六祖坛经〉校读拾零》，《四川大学学报》1998年第1期，第65~71页。

能的无相戒、顿教法门、无念为宗及不二法门等禅法思想。① 1997年，饶宗颐撰文提到学界一直关注的四个问题。第一，惠能的学识问题。通过对历代到过六祖家乡的人的笔记文献考证，他认为惠能不应是如《坛经》等禅籍所描述的那样目不识丁，而是一个地方官的后代，应该有良好的家庭教育，否则何以能听懂金刚经、涅槃经，这是不可想象的。六祖的伟大在于他非常韬晦，素来不愿自我表现，因而后人的描述往往带有很强的传奇色彩。第二，惠能的弟子。他认为从六祖学生的生源籍贯来看，各地都有，广东籍的就有3个，这充分显示惠能的影响力远不限于岭南。第三，宗密的传袭图是否可信。他认为，宗密的传袭图过去包括胡适之等认为是不可靠的，而实际上应是可信的。第四，依然是敦博本《坛经》的传本问题，他认为证据不足，因而还很难对敦博本下定论。② 对敦煌本《坛经》中所反映的岭南气息，早在1989年，饶宗颐在其《谈六祖惠能出生地（新州）及其传法偈》一文中即已谈到，③ 后姜伯勤在该文启示下，撰文《敦煌本〈坛经〉所见惠能在新州的说法》，认为敦煌本《坛经》所载新州说法中的南方风格，十分值得注意。敦煌本《坛经》写本从岭南一带流传到西北的敦煌，也成为古代沿海与内陆文化交流的佳话。④ 潘重规在《敦煌坛经新书》中说，敦煌所出《坛经》，"是一个很质朴，很接近原本的早期抄本"。又谓："可见早期的写本坛经，是同门间彼此研习的讲义教材。"⑤ 1997年，湛如撰《简论〈六祖坛经〉的无相忏悔——兼谈唐代禅宗忏法体系的形成》，通过《六祖坛经》中无相忏悔及禅宗空观思想，对禅宗的忏法与唐代其他宗派的忏法进行比较研究，由此观察禅宗忏法观念的演变到禅宗忏法体系形成的历史脉络。⑥ 向群认为惠能对中国思想史的贡献在于他把自印度传来的佛教般若实相与涅槃佛性，参照中国固有之文化精神、思维方式与中国人的精神需求进行重新整合

---

① 杨曾文：《〈六祖坛经〉诸本的演变和惠能的禅法思想》，《中国文化》1992年第6期，第24~37页。

② 饶宗颐：《惠能及〈六祖坛经〉的一些问题》，载《六祖惠能思想研究》，北京：学术研究杂志社，1997年，第233~238页。

③ 饶宗颐：《谈六祖惠能出生地（新州）及其传法偈》，载北京大学中古史研究中心编《纪念陈寅恪先生诞辰百年学术论文集》，北京：北京大学出版社，1989年，第49~52页。

④ 姜伯勤：《敦煌本〈坛经〉所见惠能在新州的说法》，载《六祖惠能思想研究》，北京：学术研究杂志社，1997年，第256~265页。

⑤ 潘重规校定：《敦煌坛经新书附册》，台北：财团法人佛陀基金会，2001年，第17、23页。

⑥ 湛如：《简论〈六祖坛经〉的无相忏悔——兼谈唐代禅宗忏法体系的形成》，《六祖惠能思想研究》，北京：学术研究杂志社，1997年，第266~283页。

融会，创造出简易的、易于为中国人更广泛接受的顿悟禅，从而开启了中国思想史上"心性论"的时代。① 王学成认为，惠能把体用二分对立之超越运用到他的禅学理论与实践上，在认识论上，以心性融摄法性，把对万法本身的认识发展为纯粹的主体自心自性的认识；在心性论上，以"本觉"为心之性，以"觉"摄"寂"，把众生现实心本体化，从而超越了心、性之别；在解脱论上，把生佛之差别归结为迷、悟之别，使得解脱和"客尘烦恼"主体化为认识问题；在修行观上，以悟为修，悟即是修；在定慧观上，以慧摄定，定慧一体，慧即是定；在禅定问题上，把禅定由一种实践性冥想发展为一种以般若知为主要内容的实践性智慧。也就是说，在心性论上实现了心与性不二，心体与心用不二，真心与妄心不二，性寂与性觉不二，所有这些就形成了惠能禅学理论独有的特色。②

对于敦煌本《坛经》语言、修辞、句式等方面的研究也是学界比较重视的一个课题，因为毕竟敦煌本《坛经》"抄本甚为草率，似非深于禅学研究者所录，因之中间错落衍误，举目皆是……文字鄙俚繁杂，遂各自加工整理，形成各式各样的定本"③。又因敦煌本《六祖坛经》距今最少已经1000多年了，禅宗以"不立文字、教外别传、直指人心和见性成佛"为宗旨，《坛经》又是禅宗的早期文献，这一特点更加明显，所以对于敦煌本《坛经》语言、修辞的研究也具有非常重要的意义。敦煌本《坛经》中含有大量的假借字，"而在运用'敦煌学'方法时，确认通借字从而进行校理又是解决问题的关键"④。邓文宽对敦煌本《坛经》中的13处通借字进行了详细的考证。通过对这13处通借字的认识，我们对敦煌本《坛经》的研究更加容易，在一定的程度上弥补了那种佶屈聱牙的缺陷。关于敦煌本《坛经》的语法成分研究，高增良《六祖坛经中所见的语法成分》一文，考证和梳理了写本中所见的"介词、副词、助词、连词及其句式，具体包括'是'字判断句、'被'字被动句、动补句式"。⑤ 邓文宽还发现了敦煌本《坛经》中的河西方言，并指出了在书写

① 向群：《敦煌本〈坛经〉中若干名相试探》，载《六祖惠能思想研究》，北京：学术研究杂志社，1997年，第327～332页。
② 王学成：《惠能〈坛经〉心性思想略论》，《禅学研究（第三辑）》，南京：江苏古籍出版社，1998年，第269～274页。
③ 黄连忠：《敦博本〈六祖坛经〉文字校正与白话译释的方法论》，《敦煌学辑刊》2007年第4期，第98页。
④ 邓文宽：《英藏敦煌本〈六祖坛经〉通借字刍议》，《敦煌研究》1994年第1期，第79页。
⑤ 高增良：《六祖坛经中所见的语法成分》，《语文研究》1990年第4期，第33～38页。

过程中出现止摄和虞（鱼）摄混通，声母端，定互注、声母以审住心、韵母清、其互注的特点。① 他还从敦煌本《六祖坛经》书写形式和符号发微对其进行了研究。这些文章为专家研究敦煌本《坛经》提供了极大的帮助，更有利于此后的研究慎重对待敦煌本《坛经》，从而突出敦煌本《坛经》的真正价值所在。

这一时期的著作，除了上述提到的之外还有一批优秀的成果，如：释圣严《六祖坛经的思想》②，韩昇《〈坛经〉管窥》③，李玉梅《〈坛经〉与现象学》④，游祥洲《论印顺法师对坛经之研究》⑤，方广锠《大梵寺音——敦煌莫高窟〈坛经〉读本（评介）》⑥，魏德东、黄德远《法衣与〈坛经〉——从传宗形式的演变看禅宗的中国化历程》⑦ 等。

21世纪后，对惠能与《坛经》的研究可谓是百花齐放，对惠能的生平事迹、禅法思想的研究不断深入，无论是佛教界还是学术界都有了更大的突破，并且这一时段最大的特点就是与《坛经》相关的博士、硕士学位论文不断涌现。这些专著的出现，使得新时代对《坛经》的研究势不可当。对敦煌本《坛经》整理研究尤为重要的成果包括方广锠《敦煌本〈坛经〉》⑧ 及《敦煌本〈坛经〉首章校释疏义》⑨，这两篇文章在以往研究的基础上，对敦煌本《坛经》进行精校，为此后的研究提供了极大的便利。李富华和张子开分别从《坛经》的书名、版本、内容及它的题名等方面对敦煌本《坛经》做了研究。2003年，邓文宽在

① 邓文宽：《英藏敦煌本〈六祖坛经〉的河西特色——以方音通假为依据的探索》，载氏著《敦煌吐鲁番学耕耘录》，台北：新文丰出版公司，1996年，第181～202页。

② 释圣严：《六祖坛经的思想》，《中华佛学学报》第3期，1990年，第149～163页。

③ 韩昇：《〈坛经〉管窥》，载《六祖惠能思想研究"惠能与岭南文化"国际会议论文集》，澳门：学术研究杂志社，1997年，第284～297页。

④ 李玉梅：《〈坛经〉与现象学》，载《六祖惠能思想研究"惠能与岭南文化"国际会议论文集》，澳门：学术研究杂志社，1997年，第347～361页。

⑤ 游祥洲：《论印顺法师对坛经之研究》，载《佛光山国际禅学会议实录》，台北：佛光出版社，1993年，第190～205页。

⑥ 方广锠：《大梵寺音——敦煌莫高窟〈坛经〉读本（评介）》，《敦煌研究》1998年第1期，第182～185页。

⑦ 魏德东、黄德远：《法衣与〈坛经〉——从传宗形式的演变看禅宗的中国化历程》，《云南民族学院学报》1993年第3期，第65～68页。

⑧ 方广锠：《敦煌本〈坛经〉》，载《敦煌文献论集——纪念敦煌藏经洞发现一百周年国际学术研讨会论文集》，辽宁：辽宁人民出版社，2001年，第481～499页。

⑨ 方广锠：《敦煌本〈坛经〉首章校释疏义》，载吴言生主编《中国禅学（第一卷）》，北京：中华书局，2002年，第98～114页。

《敦煌本〈六祖坛经〉的整理与研究》①一文中对现今发现的五个敦煌写本中较为完整的三个做了考证。2006年，马德著《敦煌册子本〈坛经〉之性质及抄写年代试探》，注意到敦博本《坛经》与曹元深的关系，认为敦博本的抄写应该早于旅博本，认同邓文宽的观点，此乃《坛经》的原本。② 2003年，何照清《〈坛经〉研究方法的反省与拓展——从〈坛经〉的版本考证谈起》③和2007年黄连忠《敦博本〈六祖坛经〉文字校正与白话译释的方法论》④《敦煌写本〈六祖坛经〉的发现与文字校对方法刍议》⑤这三篇文章可谓是对20世纪以来《坛经》研究方法的总结，通过对前人研究得失的总结，颇具承上启下的意义。2008年，方广锠在《藏外佛教文献》第11、12辑中发表了《敦煌本〈坛经〉校释疏义》的第三到八章；2011年，方广锠在同系列第16辑上发表了第九到十二章。2012年，明生主编《六祖坛经研究集成》，全面回顾和深入反思近百年来《六祖坛经》研究的路线、方法、结论的基础和条件，总结研究的成果和教训，促使人们更加理性地看待学术研究的方法和成果，更好地推进《六祖坛经》的研究，贡献更多有价值的研究成果。除上述外，还有付义《〈坛经〉版本管窥》⑥、蒋宗福《敦煌本〈坛经〉相关问题考辨》⑦、翁彪《敦煌写本校理臆说——以敦煌本〈坛经〉为例》⑧、哈磊《德异本〈坛经〉增补材料之文献溯源考证》⑨、白光《〈六祖坛经〉版本及其注解研究概述》⑩。

在20世纪90年代研究的基础上，对敦煌本《坛经》修辞、语法、书写特征

---

① 邓文宽：《敦煌本〈六祖坛经〉的整理与研究》，载《敦煌与丝路文化学术讲座（第1辑）》北京：北京图书馆出版社，2003年，第438～466。

② 马德：《敦煌册子本〈坛经〉之性质及抄写年代试探》，载《敦煌吐鲁番研究·第九卷》，北京：中华书局，2006年，第57～62页。

③ 何照清：《〈坛经〉研究方法的反省与拓展——从〈坛经〉的版本考证谈起》，载吴言生主编《中国禅学（第二卷）》，北京：中华书局，2003年，第1～27页。

④ 黄连忠：《敦博本〈六祖坛经〉文字校正与白话译释的方法论》，《敦煌学辑刊》2007年第4期，第97～113页。

⑤ 黄连忠：《敦煌写本〈六祖坛经〉的发现与文字校对方法刍议》，《法鼓佛学学报》2007年第1期，第71～102页。

⑥ 付义：《〈坛经〉版本管窥》，《宗教学研究》2005年第1期，第144～146页。

⑦ 蒋宗福：《敦煌本〈坛经〉相关问题考辨》，《宗教学研究》2007年第4期，第83～91页。

⑧ 翁彪：《敦煌写本校理臆说——以敦煌本〈坛经〉为例》，载《百年敦煌文献整理研究国际学术讨论会论文集（下册）》，杭州：浙江大学古籍出版社，2010年，第535～542页。

⑨ 哈磊：《德异本〈坛经〉增补材料之文献溯源考证》，《宗教学研究》2015年第4期，第104～114页。

⑩ 白光：《六祖坛经〉版本及其注解研究概述》，《中国社会科学报》2015年12月23日。

的研究成果逐渐增多。陈年高《敦博本〈坛经〉的人称代词》指出："对于敦博本《坛经》中的'吾'与'汝'的配词使用弄清了敦博本《坛经》语言在时间或者地域上的特点，这将有助于廓清敦煌写本《坛经》的性质问题。"① 张子开《敦煌本〈六祖坛经〉的修辞》详细探讨了敦煌写本《坛经》的修辞方式省略、引用、比喻等，另外还探讨了写本中所使用的积极的修辞方式和消极的修辞方式，认为消极的修辞手法更能体现出早期禅宗的特点——"直指人心，见性成佛"，不刻意追求文字效果，尤其是南禅更注重的是顿悟，文字只是辅助，并不是结果，这种状况直到宋代才有所改变。② 另外，对于敦煌本《坛经》中被动句的研究，有陈年高的《敦博本〈坛经〉的被动句》一文，详细讨论了敦煌本《坛经》中所使用的被动句式，认为"写本多使用施动主语，谓语动词前后皆附加成分，能被否定词修饰"。③ 吴士田对敦煌本《坛经》符号进行研究后发现"敦煌写本《坛经》的书写符号形式繁芜，对之进行的系统的研究为我们理解原文、删疑补漏、辨别俗字提供了帮助"，并对敦煌本《坛经》中的"篇名符号、间隔号、重复号、换位号、卜删号、勾框删除号、墨删除号"等进行了详细的讨论。④ 以上学者的成果，使得佶屈聱牙、古本文繁的敦煌本《坛经》更容易被研究者理解，也在一定程度上还原了敦煌本《坛经》的本来面目。对敦煌本《坛经》中"獦獠"一词，谭世宝《"獦獠"的音义形考辨》⑤有所研究。

　　《坛经》所反映的惠能思想从何而来，杨曾文对此做了研究，认为敦煌本《坛经》中标明经题引述的佛经有《摩诃般若波罗蜜经》（《摩诃般若经》）、《金刚般若波罗蜜经》、《维摩诘经》（《净名经》）、《妙法莲华经》，皆为后秦鸠摩罗什译，另外还有《菩萨戒经》（《梵网经》），据传也是鸠摩罗什译。这些佛典对惠能的思想影响很大，直心与一行三昧、无念、自性、本性、自心、本心与佛性等思想都是来自这些佛典。⑥ 对惠能"不二"思想的研究，麻天祥认为："'不

　　① 陈年高：《敦博本〈坛经〉的人称代词》，《淮阴师范学院学报》2001年第2期，第269页。

　　② 张子开：《敦煌本〈六祖坛经〉的修辞》，《敦煌研究》2003年第1期，第59～60页。

　　③ 陈年高：《敦博本〈坛经〉的被动句》，《淮阴师范学院学报》2010年第6期，第784页。

　　④ 吴士田：《敦煌写本〈坛经〉中的书写符号》，《河北青年管理干部学院学报》2009年第2期，第47～50页。

　　⑤ 谭世宝：《"獦獠"的音义形考辨》，《敦煌研究》2013年第6期，第50～59页。

　　⑥ 杨曾文：《敦煌本〈坛经〉的佛经引述及其在惠能禅法中的意义》，载戒幢佛学研究所编《戒幢佛学·第二卷》，长沙：岳麓书社，2002年，第30～43页（收入白化文主编《周绍良先生纪念文集》，北京：北京图书馆出版社，2006年，第453～464页）。

二'思想的研究有它力图通过这种思维的渠道，去揭示对象事物、逻辑概念中存在着的矛盾或二律背反，从而实现跨越一切二元对立的超越精神，由本体而强固不折不扣的自我意识。"① 伍先林对于敦煌本《坛经》的"不二"思想进行了仔细的研究，认为敦煌本《坛经》中的"不二"思想主要包括三个方面，即"本体的不二，方法的不二，境界的不二"。② 把《坛经》所代表的禅宗与其他宗派进行对比研究者首推吕建福，他认为《坛经》的净土说被后人妄认作"自性弥陀，唯心净土"。③ 日本学者小畠岱山从《六祖坛经》与华严思想的关系来论述敦煌本《坛经》的无相戒与妄尽还源观。韩国学者郑茂焕（性本）撰文《敦煌本六祖坛经与心地法门》，认为在敦煌本《六祖坛经》中，惠能创造了一个"心地法门"，依此法门而开展的禅思想，并未见于先前的北宗典籍或神会的作品，它纯粹是敦煌本《坛经》的独创，也彰显了新南宗六祖惠能的顿教法。不仅如此，祖师禅的马祖系，也把心地法门当作达摩的"传一心之法"和传承正法眼藏的基础。事实上，就是借着这个法门，才将整个祖师禅系统贯穿起来。④

对于惠能及《坛经》中反映的其他思想，兰州大学赵世金在2015年发表的《敦煌本〈六祖坛经〉近百年研究述评》一文中早有论述，兹不赘述。

这一时期还出现了一批优秀的博士、硕士论文，主要有王学斌《〈坛经〉思想研究》⑤、金敏镐《〈坛经〉思想及其在后世的演变与影响研究》⑥、阮氏美仙《〈坛经〉心理道路研究》⑦、李林杰《〈坛经〉心性论及其研究方法与湘赣农禅之心境并建》⑧、余梅《〈坛经〉偏正结构研究》⑨、李靖《敦煌本〈坛经〉语言研究》⑩、王震《敦煌本〈坛经〉为"传宗简本"考》⑪等。

---

① 麻天祥著：《中国禅宗思想发展史》，武汉：武汉大学出版社，2007年，第30页。

② 伍先林：《试论惠能〈坛经〉的不二思想》，《佛学研究》2010年第19期，第243~247页。

③ 吕建福：《〈六祖坛经〉"净土说"辨析》，《法音》2004年12月期，第29~33页。

④ （韩）郑茂焕（性本）：《敦煌本六祖坛经与心地法门》，《普门学报》2003年第13期，第41~76页。

⑤ 王学斌：《〈坛经〉思想研究》，华东师范大学博士论文，2009年。

⑥ 金敏镐（Kim Myung ~ Ho）：《〈坛经〉思想及其在后世的演变与影响研究》，南京大学博士论文，2011年。

⑦ 阮氏美仙（NGUYEN THI MYTIEN）：《〈坛经〉心理道路研究》，华中师范大学博士学位论文，2014年。

⑧ 李林杰：《〈坛经〉心性论及其研究方法与湘赣农禅之心境并建》，湖南大学博士学位论文，2012年。

⑨ 余梅：《〈坛经〉偏正结构研究》，西南大学博士学位论文，2010年。

⑩ 李靖：《敦煌本〈坛经〉语言研究》，上海师范大学博士学位论文，2010年。

⑪ 王震：《敦煌本〈坛经〉为"传宗简本"考》，兰州大学博士学位论文，2015年。

此外，台湾学者黄连忠在多年潜心研究敦煌本《六祖坛经》的基础上，2021年撰成《敦煌三本六祖坛经校释》①一书，该书以敦博本为底本，英博本和旅博本为校本，进行互校，同时与国图本、国有本、向达抄本、兴圣本、天宁本、大乘本、高丽传本、宗宝本、契嵩本等20余本参校。与以往敦煌本《六祖坛经》的校本相比，该书最大的特点是将敦博本、英博本、旅博本三个版本原文图版和录文上下对照，清晰明了。除了校录的古文外，还对其进行白话翻译以符合现代人阅读的习惯。此外在每一段校录的经文后都附有一些问题，引人深思，不失为新世纪一部敦煌本《六祖坛经》校释佳作。

第五节　关于神会和尚的研究

1926年胡适发现《神会禅话录》并对其进行研究以来，神会便成为学界关注的焦点之一。1930年，胡适将所搜寻到的材料以《神会和尚遗集序》②为名出版，并著有长篇《荷泽大师传》③，阐述其对早期禅宗史的新看法。对于自己的这一发现，胡适直到晚年还相当满意，认为："在中国思想史的研究工作上，我在1930年也还有一桩原始性的贡献。那就是我对中古时期，我认为是中国禅宗佛教的真正开山宗师神会和尚的四部手抄本的收集。"④胡适的这一贡献也为学术界所公认，但是胡适的观点也遭到许多学者的批评，先是日本学者铃木大拙，后有印顺法师等。尽管胡适的观点遭到种种质疑，但是他对近代禅宗史研究的贡献是有目共睹的。胡适对神会的研究成果还有《新校定的敦煌写本神会和尚遗著两种》⑤《禅宗史的一个新看法》⑥《神会和尚语录的第三个敦煌写本〈南阳

---

①　黄连忠撰：《敦煌三本六祖坛经校释》，台北：万卷楼图书股份有限公司，2021年。

②　胡适：《神会和尚遗集序》，载（日）柳田圣山主编《胡适校敦煌写本神会和尚遗集》，上海：亚东图书馆，1930年［收入（日）柳田圣山主编《胡适禅学案》，台北：正中书局，1990年，第144～152页］。

③　胡适：《荷泽大师神会传》，载（日）柳田圣山主编《胡适校敦煌写本神会和尚遗集》，上海：亚东图书馆，1930年［收入（日）柳田圣山主编《胡适禅学案》，台北：正中书局，1990年，第99～142页］。

④　胡适：《胡适的自传》，载陈金淦编《胡适研究资料》，北京：北京十月文艺出版社，1989年，第285页。

⑤　胡适：《新校定的敦煌写本神会和尚遗著两种》，载《"中研院"历史语言研究所集刊》第29本，台北："中研院"历史语言研究所，1958年，第827～882页。

⑥　胡适：《禅宗史的一个新看法》，《"中央日报"》1953年1月12日（收入潘平、明立志编《胡适说禅》，北京：东方出版社，1993年）。

和尚杂征义：刘澄集〉》①《荷泽神会大师语》②《神会语录第二残卷——菩提达摩南宗定是非论〈巴黎藏敦煌写本〉》③《神会语录第三残卷〈巴黎藏敦煌写本〉》④《神会语录第一残卷〈巴黎藏敦煌写本〉》⑤《禅学古史考》⑥等。1932年、1935年日本铃木大拙有《神会录》（东京）及《少室逸书》（京都）影印本解说之印布，1929年宇井伯寿教授发表《禅宗史研究》于东京。法国谢和耐（Jacques Gernet）教授有《荷泽神会禅师传（Biographiedu Maitre de Dhyana Chen-houei du Ho-tso）》，发表于1951年巴黎《亚洲学报（Journal Asiatique）》。日本山崎宏氏亦有《荷泽禅师考》（《东洋史学论集》第1卷，东京，1954年）。1961年法国戴密微（P. Demieville）发表《禅宗敦煌写本二卷研究（Deux documents de Touen-houang sur le Dhyana chinois）》（《塚本博士颂寿纪念佛教史学论集》，京都）。1969年铃木哲雄氏有《荷泽神会论》（《佛教史学》第14卷4号，京都）。1971年印顺和尚发表《中国禅宗史》于台北。

1961年，彭楚珩撰文《关于神会和尚生卒年代的改定》，受到胡适《新校定的敦煌写本神会和尚遗著两种》校写后记第三篇的启示，《附记神会和尚生卒年的考正》文尾说："所以，我提议改定神会和尚是死在唐肃宗新改的'元年'的'建午月十三日'，即是宝应元年（762年）的五月十三日，年九十三岁。倒推上去，他应该是生在唐高宗咸亨元年（670年），而不是生在唐高宗总章元年（668年）。谨按胡适这次提议，其立论论据，是极其充分的；但以其尚为一人之提议，没有附议人或连署者，也还没经过讨论的程序，终究还是一个悬案；所以笔者便写了本文，予以附议，希望使这个历史公案，从今以后，成为定

---

①　胡适：《神会和尚语录的第三个敦煌写本〈南阳和尚杂征义·刘澄集〉》，载《"中研院"历史语言研究所集刊》（外篇）第4卷上，1960年（收入《胡适校敦煌唐写本神会和尚遗集》，台北：胡适纪念馆，1982年，第400~500页）。

②　胡适：《荷泽神会大师语》，载《胡适校敦煌唐写本神会和尚遗集》，台北：胡适纪念馆，1982年，第209~220页。

③　胡适：《神会语录第二残卷——菩提达摩南宗定是非论（巴黎藏敦煌写本）》，载《胡适校敦煌唐写本神会和尚遗集》，台北：胡适纪念馆，1982年，第159~174页。

④　胡适：《神会语录第三残卷（巴黎藏敦煌写本）》，载《胡适校敦煌唐写本神会和尚遗集》，台北：胡适纪念馆，1982年，第175~192页。

⑤　胡适：《神会语录第一残卷（巴黎藏敦煌写本）》，载《胡适校敦煌唐写本神会和尚遗集》，台北：胡适纪念馆，1982年，第91~158页。

⑥　胡适：《禅学古史考》，载张曼涛主编《禅宗史实考辨》，台北：大乘文化出版社，1977年，第1~21页。

案。"在文章的末尾他认为胡适的提议是正确的。[1]

1964年，饶宗颐《神会门下摩诃衍之入藏兼论禅门南北宗之调和问题》对摩诃衍入藏问题做了研究。关于神会的生卒年，郭朋、杨曾文、温玉成诸先生根据1983年新出土的《神会塔铭》所记载的史实，都认为神会的生卒年月应该以宗密的684~758年为最可靠。1984年，温玉成《记新出土的荷泽大师神会塔铭》对1983年出土的神会塔铭做了研究，此碑的出现为神会的研究提供了更为丰富的材料，因为此塔铭与宗密的《圆觉经大疏钞》内容相同，所以将神会的生卒年龄定在嗣圣元年（684年）至乾元元年（758年）的看法得到了广泛的认可。[2] 吴其昱《荷泽神会传研究》（《附录：李常小传及〈宋僧传〉神会弟子名录》）一文对新出土神会塔铭做了考释，并将其内容与其他的文献进行对比研究，绘制了神会年谱，认为神会的生卒是武后光宅元年甲申（684年）至贞元十二年丙子（796年）。小川隆氏在《荷泽神会的人与思想》（禅史研究，第69号，1999年）一文中对此做了简明扼要的总结。2000年，聂清《神会与宗密》，从神会和宗密对"知"的理解、"顿悟渐修"以及"如来藏与般若"关系等方面论证了两者的差异，认为出现差异的原因有二：其一，宗密深受中国哲学思维模式的影响，认为虚幻现象产生于本原的佛性，这在神会思想中是绝不许可的；其二，宗密深受华严宗思想的影响，其佛性论含有很重的"真如缘起"色彩，而生灭现象与真如的统一更是他关注的重点。这两点直接导致了他在顿悟思想和如来藏思想上与神会的差异。[3]

2002年，陈盛港在《从〈六祖能禅师碑铭〉的观点再论荷泽神会》一文中对《六祖能禅师碑铭》的撰写方式和成书时间做了推测，通过对碑铭的内容进行分析，认为《六祖能禅师碑铭》撰写人王维（699~761年）在其从未与惠能谋面的情况下，有关惠能资料自然是由神会所提供，因此所谓神会授意（或托）王维撰写该碑铭之推论应属恰当；推测该碑铭可能写在753年年初或年中，此时王维在西京长安，而神会仍在东都洛阳；还认为此碑铭是惠能的主要徒弟神会在描述其师六祖之教法与一生的历程——自幼年、成长、求法、得法、南遁、弘法、受诏到寂灭之征候等，为后人研究惠能提供了除《坛经》

---

① 彭楚珩：《关于神会和尚生卒年代的改定》，《新时代杂志》第1卷第6期，1961年（收入《六祖坛经研究论集》，台北：大乘文化出版社，1976年，第75~80页）。

② 温玉成：《记新出土的荷泽大师神会塔铭》，《世界宗教研究》1984年第2期，第78~79页。

③ 聂清：《神会与宗密》，《中国哲学史》2000年第3期，第111~117页。

外另一个不可忽略的资料。另外，还从碑铭文词间接、感性之表达方式的角度，寻找神会为何要力辩"师承傍正，法门渐顿"的"人性化"原因。依史料来看，惠能的"六祖"地位可说亦因神会用生命争取而来；其一者教导，另一者弘扬，二者实一体，理无分高下。① 同年，日本学者石井修道《荷泽神会以降敦煌禅宗史文献之性质》一文指出宗密认为洪州宗顿悟不彻底，渐修又不存在，而荷泽宗两者都有，由此断定宗密是荷泽宗必然的继承人，但他的禅法也存在问题，观点与神会又有所不同，只是勉强将洪州宗和荷泽宗区别评价，使他自身的观点存在矛盾而不能自圆其说。② 除了对神会生平事迹的研究外，神会的禅法也是值得关注的问题。刘元春《神会及其"荷泽宗"禅法评析》对神会在滑台的辩论做了较为详细的论述，并对神会自传心印、定其宗旨；无念为宗、备修万行；般若波罗蜜者，即一行三昧；顿见佛性、渐修因缘等禅法做了评述。③ 张国一《荷泽神会的心性思想》针对学界对神会思想偏向"寂灭"（印顺法师）或"知解宗徒"（钱穆）的观点，提出了"自性起用"禅法，重"起用"在神会禅法中的重要性。④

日本学者中岛志郎在2006年和2007年分别撰写《神会与宗密—顿悟渐修说なめぐつ—》⑤和《神会与宗密—思想史的方法の試み—》，论述了神会与宗密的禅学思想，并指出神会虽然自称"渐修因缘"，但与宗密的顿悟（解悟）渐修（习定）说不同。虽然荷泽宗和宗密的顿悟渐修说并未成为唐代禅宗的主流，但宗密的悟修、顿渐理论为后世理解禅宗思想提供了基本框架。⑥2018年，刘军峰《荷泽神会"无念"禅法思想之探讨》，认为荷泽神会在建构其"无念"禅法思想时，以佛性论作为重要的理论基础，并以般若空宗思想加以融汇，对惠能禅学思想进行了积极的承袭、重构与发微。惠能与神会师徒二人，对于无念禅法

---

① 陈盛港：《从〈六祖能禅师碑铭〉的观点再论荷泽神会》，《中华佛学研究》2002年第6期，第173～204页。

② 石井修道：《荷泽神会以降敦煌禅宗史文献之性质》，载戒幢佛学研究所编《戒幢佛学·第二卷》，长沙：岳麓书社，2002年，第164～173页。

③ 刘元春：《神会及其"荷泽宗"禅法评析》，载《觉群·学术论文集》（第2辑），北京：商务印书馆，2002年，第99～118页。

④ 张国一：《荷泽神会的心性思想》，《圆光佛学学报》2002年第7期，第49～77页。

⑤ （日）中岛志郎「神會與宗密—頓悟漸修說なめぐつ—」『2006年韓國仏教學結集大會論文』，第1110～1131頁。

⑥ （日）中岛志郎「神會與宗密—思想史的方法の試み—」『禪學研究』第85號，日本：禪學研究會，2007年，第69～94頁。

的侧重点有所不同，惠能的"无念"侧重于顿悟本体上的"无念"之用，神会禅法中的"无念"侧重于"空寂之体"。神会通过"无念"来突出本体空寂的特点。在对待如何能达到自在解脱最高境界的问题上，神会将"无念"看作自心的"存在"，使之成为自性本体"常空寂"的内在"证物"。①2019年，通然《神会的开法活动及其影响——以南阳龙兴寺时期和洛阳荷泽寺时期为中心》，认为荷泽神会不仅打破了禅宗"一元化"的局面，形成"南北二宗"的对立，更引发了五祖弘忍门下各系统的"宗派自觉性"，牛头宗、净众宗、保唐宗、洪州宗、石头宗等初期禅宗各派相继成立。②2021年，兰甲云、周银《唐代神会和尚教授法及其影响》，认为神会承惠能之法，与士大夫广泛来往，大力弘扬顿教禅法；为接引大众，神会在破执方式、教授主体、教授对象、语言形式等方面大兴方便之门，对禅宗的发展影响巨大。③

此外，对神会研究总结性的著作也开始出现。《敦煌唐写本神会著述综录》④和《神会研究与敦煌遗书〈附录：神会研究著作目录〉》对20世纪以来的神会研究的所有著作进行归纳分类，极大地便利了后来学者对神会的研究。⑤与此同时还涌现出部分博士、硕士论文，有的以专题的形式研究神会思想，有的则以专章研究神会，如刘军峰《神会禅学思想研究》⑥、苏少瑞《敦煌本神会语录〈菩提达摩南宗定是非论〉语言研究》⑦、康庄《唐五代禅宗非言语行为研究》⑧、王聪《唐宋禅宗语录是非问句研究》⑨、陈杨《略论胡适禅宗史研究》⑩等。

---

① 刘军峰：《荷泽神会"无念"禅法思想之探讨》，《中国佛学》2018年第2期，第225～242页。

② 通然：《神会的开法活动及其影响——以南阳龙兴寺时期和洛阳荷泽寺时期为中心》，《佛学研究》2019年第2期，第234～249页。

③ 兰甲云、周银：《唐代神会和尚教授法及其影响》，《船山学刊》2021年第3期，第109～112页。

④ 商志䃋：《敦煌唐写本神会著述综录》，载叶万松主编《洛阳考古四十年——1992年洛阳考古学术研讨会论文集》，北京：科学出版社，1996年，第333～338页。

⑤ （日）田中良昭著，程正译：《神会研究与敦煌遗书》，载吴言生主编《中国禅学（第二卷）》，北京：中华书局，2003年，第112～133页。

⑥ 刘军峰：《神会禅学思想研究》，南昌大学硕士学位论文，2008年。

⑦ 苏少瑞：《敦煌本神会语录〈菩提达摩南宗定是非论〉语言研究》，上海师范大学硕士学位论文，2010年。

⑧ 康庄：《唐五代禅宗非言语行为研究》，西北大学博士学位论文，2010年。

⑨ 王聪：《唐宋禅宗语录是非问句研究》，吉林大学硕士学位论文，2016年。

⑩ 陈杨：《略论胡适禅宗史研究》，黑龙江大学硕士学位论文，2019年。

第六节　对道信、弘忍与东山法门的研究

　　四祖道信和五祖弘忍是禅宗形成至关重要的人物。道信和弘忍的禅法，东山法门的兴起、流变等是研究早期禅宗脉络的关键。随着对敦煌禅籍研究的不断深入，这一领域也取得了喜人的成果。1994年，中国佛教文化研究所、武汉大学、中国文化书院、《禅学研究》编辑部等单位联合发起召开了以"禅宗与中国文化"为主题的"首届禅宗与中国文化国际学术研讨会"。这次学术活动以"东山法门"为切入点，对禅理、禅法、禅风、禅史、禅文化及禅学研究方法、禅宗思想在中国文化史上的地位等问题进行了多层面的学术探讨，会议成果经整理后出版，名为《"东山法门"与禅宗》。①吴立民在《禅宗史上的南北之争及当今禅宗复兴之管见》一文中充分肯定宗密会通佛教各宗、调和禅宗南北之争在历史上所起的积极作用。②关于禅宗的创立问题，洪修平、徐长安认为道信和弘忍的东山法门已初步具有佛教宗派的特征。道信是中国禅宗的实际创始人，奠定了禅宗的思想理论基础。弘忍进一步在修行实践上创立宗风，使完整意义上的禅宗得以形成。发展到神秀，则为禅宗北宗。而惠能则在继承道信、弘忍传统的同时，又受江南牛头禅法的影响，从而形成了区别于北宗的新禅法，被称为南宗。③任继愈认为弘忍的禅法有三个特点：一是弘忍继承了道信的禅修方法；二是弘忍认为坐禅以外还有其他途径同样能体现佛道"四仪（行、住、坐、卧）皆是道场三业（身、口、意）咸为佛事"；三是贯彻般若大乘空宗扫除名相的宗旨即神秀向武则天介绍他老师弘忍依据"文殊说般若一行三昧"。④熊安余则认为五祖弘忍是中国禅宗的创始人。⑤此外还有吕有祥《道信及其禅法》⑥、曹

---

　　① 杨建文：《喜读〈"东山法门"与禅宗〉》，《佛教文化》1996年第6期，第47页。

　　② 吴立民：《禅宗史上的南北之争及当今禅学复兴之管见》，载萧萐父、黄钊主编《"东山法门"与禅宗》，武汉出版社，1996年，第151～164页。

　　③ 洪修平、徐长安：《东山法门与禅宗初创》，载萧萐父、黄钊主编《"东山法门"与禅宗》，武汉：武汉出版社，1996年，第7～16页。

　　④ 任继愈：《弘忍与禅宗》，《佛学研究》1994年第3期，第36～39页（收入萧萐父、黄钊主编《"东山法门"与禅宗》，武汉：武汉出版社，1996年，第1～6页）。

　　⑤ 熊安余：《五祖弘忍是中国禅宗的创始人》，载萧萐父、黄钊主编《"东山法门"与禅宗》，武汉：武汉出版社，1996年，第47～56页。

　　⑥ 吕有祥：《道信及其禅法》，载《"东山法门"与禅宗》，武汉：武汉出版社，1996年，第36～46页。

荫棠《弘忍提出新论，发展禅学——读〈最上乘论〉》①等。这是国内首次集中论述"东山法门"在禅宗史上的历史贡献，确立了"东山法门"在中国禅宗史乃至于中国佛学史上的历史地位，从而有了新的突破。②1996年，王邦维对禅宗所传祖师世系与印度佛教付法藏的传说之间的关系做了研究。③马格侠利用敦煌本《付法藏因缘传》文献对"西天二十八祖"的问题做了探讨。④刘方《弘忍大师生平与思想考辨》一文根据传世资料和出土文献考证禅宗五祖大师弘忍的生卒、弟子及对"东山法门"做了研究。⑤

宗舜法师对道信的不著文字、一行三昧、菩萨戒法、念佛安心等禅法做了研究。四祖道信禅法对后来北宗和南宗的影响颇大，无论是神秀还是惠能都继承了道信的禅法，⑥从现有的史料无法确切知道道信所传的"顿渐之旨"的具体内容，但通过对他的嫡传法孙惠能及神秀思想的剖析，便可窥见其要领一斑。⑦从敦煌发现的关于东山法门的文献反映出，唐朝初年，由于受东山法门禅法及由之演化而来的南顿北渐思想的影响，居窟坐禅苦修被道信的见性成佛禅法及专念阿弥陀佛名号的禅法所取代，见性成佛成为唐以后敦煌地区最流行的禅法。在禅宗诸派中，敦煌僧人独尊东山法门，学用南能北秀，以观心为主。概言之，东山法门的兴起取代了达摩禅法，为中国禅宗的发展树立了新的里程碑，同时也对敦煌禅法从内容到形式的发展变化起到了举足轻重的作用。⑧

洪修平《"一行三昧"与东山法门》一文认为道信住黄梅三十余载，形成了以"一行三昧"为核心的独特禅风，影响日广。道信付法于弘忍，弘忍进一步发展了"一行三昧"的禅法并完成了"东山法门"的建立。道信开创、弘忍

① 曹荫棠：《弘忍提出新论，发展禅学——读〈最上乘论〉》，载《"东山法门"与禅宗》，武汉：武汉出版社，1996年，第81～82页。

② 杨建文：《喜读〈"东山法门"与禅宗〉》，《佛教文化》1996年第6期，第47页。

③ 王邦维：《禅宗所传祖师世系与印度佛教付法藏的传说》，载《学人·第10辑》，南京：江苏文艺出版社，1996年，第351～365页。

④ 马格侠：《敦煌〈付法藏传〉与禅宗祖师信仰》，《敦煌学辑刊》2007年第3期，第119～126页。

⑤ 刘方：《弘忍大师生平与思想考辨》，《自贡师专学报》，1998年第2期，第36～40页。

⑥ 文正义：《略论道信及其禅宗思想》，载觉醒主编《觉群·学术论文集》，北京：商务印书馆，2001年，第39～50页。

⑦ 杨富学、王书庆：《从敦煌文献看道信禅法》，载《敦煌学与中国史研究论集——纪念孙修身先生逝世一周年》，兰州：甘肃文化出版社，2001年，第413～417页。

⑧ 杨富学、王书庆：《东山法门及其对敦煌修禅的影响》，载吴言生主编《中国禅学（第二卷）》，北京：中华书局，2003年，第67～76页。

完成东山法门的建立，是中国禅宗正式形成的重要标志。[①]

伍先林《东山法门的禅法思想特征》认为，东山法门将在达摩禅学中居于首要位置的佛性本体归结为自心本性，并且试图以"守一"和"守心"的方便形式为普通一般根器的学人提供一种可以普遍遵循且能贯彻始终的修习模式。东山法门是以"守一"或"守心"的方便形式来贯通本来清净的心性本体与扫相离妄的般若空观的方法和精神的。后来，惠能继承了东山法门"即心是佛"的心性本体思想，同时非常强调自性本有般若之智，以佛性本体与般若方法在当前一念心上的直接合一，扬弃了"看心看净"的方便模式，基本上完成和构筑了中国禅宗"直指人心，见性成佛"的理论和实践特征。[②]

白冰《隋唐高僧道信"一行三昧"思想论析》认为，四祖道信已经将净土的念佛法门融入禅修当中，这一修法称为"一行三昧"，所依佛经为《文殊说般若经》，强调通过念佛而见净土，这正是"唯心净土"思想的体现。"唯心净土"的思想是净土宗与禅宗融合的教理依据。南北朝时期大乘如来藏经典传入中国，其心性思想与禅法思想、念佛思想相融合后产生了具有中国特色的佛教宗派，道信"一行三昧"中所蕴含的禅净合流思想正是在这一思潮背景下形成的。[③]关于道信及弘忍禅法、东山法门对中国禅宗的影响这类的文章，这里就不再一一论述。

第七节　对敦煌本其他禅籍的研究

敦煌禅宗研究涉及的文献，除上述所提及的之外，较多的还有敦煌出土的《心经》及其注释。上述净觉除撰《楞伽师资记》外，尚有《注般若波罗蜜多心经》，原书早佚。敦煌文献中现有两个写卷：一是 S.4556，卷首残，序（据敦博本序为李知非撰）后题"般若波罗蜜多心经　沙门释净觉注"，尾题"般若波罗蜜多心经卷"（据敦博本，"卷"下或脱"终"字）；一为敦博77号第5种禅籍，首尾完全，卷首题"注般若波罗蜜多心经　皇四徒伯中散大夫行金州长史李知非略序"，尾题"注般若波罗蜜多心经卷终"，后有比丘光范跋文，尾残。《注心经》是禅宗北宗的文献，其主要学术价值是李知非序对于"南宗"的解释，以及对净觉生平和五祖弘忍禅法的记载。

---

① 洪修平：《"一行三昧"与东山法门》，《河北学刊》2015年第4期，第1页。
② 伍先林：《东山法门的禅法思想特征》，《佛学研究》2015年第1期，第325～337页。
③ 白冰：《隋唐高僧道信"一行三昧"思想论析》，《宗教学研究》2015年第4期，第119页。

智诜撰《般若波罗蜜多心经疏》一卷，无传世本，仅见于敦煌遗书，署名"资州诜禅师撰"，应即五祖弘忍十大弟子之一的智诜。《历代法宝记》谓其"初事玄奘法师学经疏，后闻双峰山忍大师，便辞去玄奘法师，舍经纶，遂于冯茂山投忍大师"，"后归资州德纯寺，化道众生，造《虚融观》三卷，《缘起》一卷，《般若心经疏》一卷"。据方广锠研究，智诜疏多采自慧浮疏，但亦有不少智诜发挥的内容，可能是"智诜看到了《慧浮疏》，觉得不错，但又有若干不满，于是以《慧浮疏》为基础，自己开合增删，另搞了一本自己觉得比较满意的《心经疏》以传徒弘法"。①因智诜为保唐、净众一派初祖，有别于惠能、神秀南北两宗，故其疏仍有一定的学术价值。日本学者柳田圣山最早发现并整理智诜疏，记有五个写卷，后来方广锠又发现了两个敦煌窟本亦智疏诜抄本，在柳田校本的基础上重新校订补录，收入《般若心经译注集成》。对心经的研究主要有：陈寅恪《敦煌本唐梵对字音般若波罗密多心经跋》，吕澂《敦煌写本唐释净觉［注］般若波罗蜜多心经（附说明）》，日本学者福井文雅撰、郭自得与郭长城译《般若心经观在中国的变迁》，方广锠《敦煌遗书中的〈般若心经〉译注》等，从不同角度对敦煌所出土的《般若波罗蜜多心经》及其注疏进行了研究。除了汉文禅籍《心经》研究外，我国学者对藏文禅籍《心经》的研究，尤当注意褚俊杰和才让的研究成果。②

《心海集》是禅宗诗集，在敦煌发现的写本有 S.2295 和 S.3016 两种，是"敦煌禅宗诗偈中，篇幅最为浩繁的首推《心海集》"③。《心海集》文献失载，唐宋以来公私书目均未著录，④幸有敦煌本，才使此诗集能再次显现，成为研究禅宗思想不可多得的资料。对《心海集》关注较早的可能是向达，他在《伦敦所藏敦煌卷子经眼目录》著录2295背面云："心海集等（六四）。""六四"指写卷存64行；著录 S.3016 背面云："纸背：心海集（存迷执、解悟、勤苦、至道、菩提，一〇五）。"⑤《斯坦因劫经录》著录 S.2295(2)："心海集。说明：残存菩提

① 方广锠：《般若心经译注集成·前言》，上海：上海古籍出版社，1994年，第11页。

② 褚俊杰：《敦煌古藏文本〈般若心经〉研究——同藏文大藏经本、梵文本和汉文本的语词比较》，载中国民族古文字研究会编《中国民族古文字研究·第3集》，天津：天津古籍出版社，1991年，第28～53页；才让：《法藏敦煌藏文本 P.T. 449 号〈般若心经〉研究》，《敦煌学辑刊》2012年第2期，第23～35页。

③ 项楚著：《敦煌诗歌导论》，成都：巴蜀书社，2001年，第138页。

④ 徐俊纂辑：《敦煌诗集残卷辑考》，北京：中华书局，2000年，第591页。

⑤ 向达著：《唐代长安与西域文明》，北京：生活·读书·新知三联书店，1957年，第213～218页。

篇、至道篇。"又S.2295(3)："修道貌法戒禅之三。"著录S.3016(2)："心海集。说明：存执迷篇、解悟篇、勤苦篇、至道篇、菩提篇。有五言，有七言，各篇不同，且各篇多寡不同，如执迷篇只七首，菩提篇原注四十二首（本卷存十五首）。"对《心海集》的性质未做更多说明。其中《敦煌歌词总编》卷四第1222页以下九首题"易易歌"，项楚云"此词九首发挥禅宗思想"，如"观身自见心成佛，明知极乐没弥陀"，"是心是佛没弥陀，是心作佛然别佛"，"显然然南宗禅的思想"；[①]至于"易易歌"者，"易易"语出《礼记·乡饮酒义》："孔子曰：'吾观于乡，而知王道之易易也。'孔颖达疏：'不直云易，而云易易者，取其简易之义，故重言易易。'是故'解悟成佛易易歌'者，谓成佛业不难，一旦解悟，立地成佛，此即禅宗顿悟成佛之义。"[②]徐俊说陈柞龙曾举"文字语言诠不得"，"为达摩东来单传心印，开示迷途，不立文字，直指人心，见性成佛，教外别传"的修禅法阴之注释，另外遗有"是心是佛没弥陀""是心作佛无别佛""无端无依无处所""一念无依百种足""悟人人里证"等，显然是惠能、神秀后俊的禅宗南宗思想。[③]徐俊将明确题"心海集"及"修道貌法戒禅之三"两卷合讲校缘，谓"《心海集》至少应有一七四首，现存一五五首（其中四首残）"。[④]伏俊琏、龚心怡《敦煌佛教诗偈〈心海集〉孤本研究综述》，对《心海集》写本情况、内容及历年的研究做了全面论述，[⑤]兹不复赘。

第八节　简单的结论与研究展望

20世纪初以来，经过百年的研究，对敦煌禅宗文献的研究可谓硕果累累。总体来说，20世纪30年代，主要是从历史学和文献学的角度来研究禅宗，对敦煌出土的禅宗文献搜集归纳，典型代表就是胡适。他的《楞伽宗考》《荷泽神会大师传》就是从历史学和文献学的角度审视禅宗，自成一体，开创了禅学研究之风，这种影响一直扩散到日本，在很长时间里影响着禅宗研究的方向。50年代之后，研究的视角发生了变化，开始用哲学的方法论研究禅宗历史、思

---

① 项楚著：《敦煌歌词总编匡补》，成都：巴蜀书社，2000年，第174页。

② 项楚著：《敦煌诗歌导论》，成都：巴蜀书社，2001年，第139~140页。

③ 徐俊纂辑：《敦煌诗集残卷辑考》，北京：中华书局，2000年，第591页。

④ 徐俊纂辑：《敦煌诗集残卷辑考》，北京：中华书局，2000年，第592页。

⑤ 伏俊琏、龚心怡：《敦煌佛教诗偈〈心海集〉孤本研究综述》，《法音》2020年第5期，第45~49页。

想，侧重于揭示禅宗的思想价值。这一时期的代表作有柳田圣山的《初期禅宗史书之研究》（法藏馆，2000年），印顺法师《中国禅宗史》（江西人民出版社，1999年）等，成果明显增多，20世纪七八十年代后，进入多方位的研究阶段，这一阶段，在汉文禅籍研究的基础上，对敦煌藏文禅籍的研究也进入全新的阶段。采用文献学的研究方式依然是这一时期研究的方法之一，这一时期的代表作有柳田圣山的《初期禅宗史书之研究》①、印顺法师《中国禅宗史》②等，成果明显增多，20世纪七八十年代后，进入多方位的研究阶段，这一阶段，在汉文禅籍研究的基础上，对敦煌藏文禅籍的研究也进入全新的阶段。采用文献学的研究方式依然是这一时期研究的方法之一，如郭朋《坛经校释》③，杨曾文《敦煌新本六祖坛经》④《神会和尚话录》⑤，周绍良《敦煌写本坛经原本》⑥，李绅、方广锠《敦煌坛经合校简注》⑦等。采用思想史方法进行研究的，如葛兆光《中国禅宗思想》⑧、杨曾文《唐五代禅宗史》⑨等。此外，采用对比分析的方法，对禅宗与文学的研究，比如对敦煌禅宗诗的研究，主要有项楚、徐俊等人。

　　21世纪后，对敦煌禅籍的研究在禅宗史、禅籍、禅法及《坛经》研究方面有了较大的突破，除了一些单篇的研究论文外，出现了一大批的博士、硕士学位论文。这些论文信息量大，研究深入细致，使得21世纪的敦煌禅籍研究向纵深发展，一些总结性的论著、论文集不断增多，方便了学者们对资料的查阅。尽管敦煌禅籍研究所取得的成绩令人振奋，但是，依然存在许多的问题。首先是敦煌禅籍本身的真伪问题。柳田圣山对敦煌禅籍的发展演变研究颇深，最后决定放弃研究，很重要的原因就是禅籍本身的问题，不同的宗派根据自己的需要编写自己的历史，这给研究者带来了极大的困惑，在运用中稍有不慎，就会被文献本身带入误区，即使是胡适这样的大学者也在所难免，所以，要写出一部让世人皆服的禅宗史，绝非易事。其次，研究者本身的素养问题。随着电子

---

① （日）柳田圣山「初期禅宗史书之研究」京都：法藏館，2000年。
② 印顺著：《中国禅宗史》，南昌：江西人民出版社，1999年。
③ 郭朋校释：《坛经校释》，北京：中华书局，1983年。
④ 杨曾文：《敦煌新本六祖坛经》，上海：上海古籍出版社，1993年。
⑤ 杨曾文编校：《神会和尚话录》，北京：中华书局，1996年。
⑥ 周绍良编著：《敦煌写本坛经原本》，北京：文物出版社，1997年。
⑦ 李绅、方广锠：《敦煌坛经合校简注》，太原：山西古籍出版社，1999年。
⑧ 葛兆光著：《中国禅宗思想》，北京：北京大学出版社，1995年。
⑨ 杨曾文著：《唐五代禅宗史》，北京：中国社会科学出版社，1999年。

信息技术的发展，学者们对资料的搜寻要比以前方便得多，这一方面促进了敦煌禅籍的研究，但另一方面却使得一些投机分子在网上复制、粘贴制造垃圾论文，这给学者们在进行研究时如何筛选造成了很大的困难，研究者单一地根据自身研究的需要筛选资料，这势必会影响研究者的判断。最后，在敦煌禅籍的研究中，成果虽多，但都是一些零散的、个案的研究，集大成的研究较少。从20世纪30年代以来敦煌的禅籍研究初兴一直到今天，许多的问题学界还无法达成共识，这是敦煌禅籍文献本身的性质决定的，所以很难出现集大成的著作，我们期待在21世纪能有更多优秀的研究成果问世。

第二章　禅思想在中国的孕育与发展

第一节　早期中国禅学及其特点

一、早期中国禅学的孕育

中国禅宗文献中都把菩提达摩作为中土的禅宗初祖，但在菩提达摩来华之前，中土确实有禅僧存在。据《高僧传》《续高僧传》记载，当时中土从事禅经翻译和禅法修持、传授的僧人就有70多人。最早来华传译禅经的可以上溯到东汉末年的安世高，他在汉桓帝建和二年（148年）来到洛阳，到汉灵帝建宁年间（168~172年），二十余年间共译出佛典34部，多属小乘经典，其中现存禅经有《安般守意经》一卷、《阴持入经》一卷、《禅行三十七品经》一卷、《禅行法想经》一卷、《修行道地经》一卷等，其中以前两部经最具代表性。此外还有大小《十二门经》各一卷等，都已佚失。[①] 安世高的禅法，最明显的特征是"善开禅数"，[②] 即善于把禅法与数法结合起来，是属于上座部的小乘禅法。小乘禅，特别是上座部系最讲究"禅数"，他们认为在戒定慧三学中，戒是根本，定、慧是实践。定指"禅"，慧指"数"。所谓"数"，就是"数法"，指毗昙而言。毗昙即阿毗达磨，有种种翻译法，一般译为"对法"，也可以译为"数法"。之所以称之"数法"，原因有以下三端。

其一为释经的名数分别。经中的法相繁多，名目不一，要将它整理分类，一般就以数为分类的标准，把相关联的法分成一类，然后依照序数的次第排列为一法、二法、三法等。这种分类法叫作"增一"，在毗昙（小成论藏的总称）

① ［梁］释僧祐撰，苏晋仁、萧炼子点校：《出三藏记集》卷二，北京：中华书局，1995年，第23~26，99页。

② ［梁］释僧祐撰，苏晋仁、萧炼子点校：《出三藏记集》卷六，北京：中华书局，1995年，第253页。

中占着极为重要的位置。

其二指对佛法诸门理解的分别。某一法，既归于此类，又可归入彼类，如地水火风，既在四大中讲，也在六界中讲。对某法在此处讲，又在彼处讲，即称"数数分别"，也与数相关。总之，凡阿毗达磨都与数有关系，所以叫"数法"。① 安世高所翻译的佛经，除了讲"数"之外就是讲"禅"。禅，又名禅那，是梵语 Dhyāna 的音译，鸠摩罗什意译为思维修；玄奘译为静虑，也有译为冥想的，其意一也，均指思维真谛、静息念虑、心住一境，也就是所谓的定（止）、慧（观）双举，音（禅那）、意（定慧）兼用。唐代高僧宗密在《禅源诸诠集都序》中对此含义有进一步论述：

> 禅是天竺之语，具云禅那，中华翻为思惟修，亦名静虑，皆定慧之通称也。源者是一切众生本觉真性，亦名佛性，亦名心地。悟之名慧，修之名定，定慧通称为禅那。此性是禅之本源，故云禅源，亦名禅那理行者……今时有但目真性为禅者，是不达理行之旨，又不辨华竺之音也。然亦非离真性别有禅体。但众生迷真合尘，即名散乱，背尘合真，方名禅定……然禅定一行最为神妙，能发起性上无漏智慧，一切妙用，万德万行，乃至神通光明，皆从定发。故三乘学人，欲求圣道，必须修禅，离此无门，离此无路。至于念佛求生净土，亦须修十六禅观，及念佛三昧、般舟三昧。②

禅定是佛教各派最基本的修行方式，为各宗所共有。由禅定而引发智慧，定慧结合，从而达到成佛目的。

其三为数息观，即默数呼吸的出入，以制止思维散乱的观法，为五停心观之一。传此法者为东汉末僧人安世高。安世高志业聪敏，刻意好学，外国典籍及七曜五行、医方异术，无所不通。而于佛教，博晓经藏，尤精阿毗昙学，讽持禅经，备尽其妙，于建和二年（148年）从西域来到洛阳译经，先后译出经论30余部，其中现存者有《大安般守意经》（二卷）、《禅行法想经》（一卷）、《修行道地经》（一卷）三经，而以《大安般守意经》对修习禅定特别重要，是

---

① 吕澂著：《中国佛学源流略讲》，北京：中华书局，1979年，第28～29页。
② ［唐］宗密撰，邱高兴校释：《禅源诸诠集都序》卷上之一，郑州：中州古籍出版社，2008年，第13～14页。

专讲数息观的经典。安般是梵文安那般那（Anapanasmrti）之略写，意为"念出息入息"，意译为"持息念""数息观"。具体做法是坐禅时专心计数呼吸（出入息）次数，使杂念不生而精神专注，进入禅定境界。数息观法包括"六事"：数息、相随、止、观、还、净，这"六事"后被唐代的天台宗智凯智者大师改造为"六妙门"。由于该法寄托于呼吸，而中国道家也讲究吐纳、食气等养生术，它很适合中国人的口味，因此广为当时学佛者习练。

所谓"禅数"，是把禅与对法结合起来说的。在坐禅修行中要修十六观禅。所谓的十六观禅，是指在禅定中观想日、水、地、宝树、八功德水、总、华座、像、佛真身、观世音、大势至、普、杂、上辈上生、中辈中生、下辈下生等想。此外还要修念佛三昧、般舟三昧。所谓的念佛三昧有两层含义，一是指默想佛的法身或默念佛的名号，被称为因行念佛三昧；二是通过上述修行而达到心入禅定或见佛身呈现的效果，被称为果成念佛三昧。而般舟三昧的修行一般需要90天左右，在这90天内，需要修行者无休止地实践，使行、声、意等都集中于阿弥陀佛。禅为定慧、止观的结合，定、止到一定程度后，就出现了慧、观的境界，以至于成佛。

二、早期中国禅学的特点

早期中国习禅者所修习的禅法与菩提达摩之后的禅法有明显不同，根据《高僧传》《续高僧传》与敦煌文献的记载，他们的共同特点主要有以下六点。

1. 以坐禅为主要禅修方式

梁慧皎的《高僧传》、唐道宣的《续高僧传》所记载的菩提达摩之前（或与其同时）的70多位禅僧中，明确以坐禅为主要禅修方式的就有49位之多，他们或"每一入禅，累日不起"[1]，"有时在树下坐禅，或经日不起"[2]，或"常谓非禅不智，于是专志禅那"[3]，或"常在嵩高山头陀坐禅"[4]，或"独处一房，不立眷属，习靖业禅，善入出住"[5]，或"常独处山泽，坐禅习诵"[6]。这些僧人的禅

---

① ［梁］释慧皎撰，汤用彤校注：《高僧传》卷一一《昙超传》，北京：中华书局，1992年，第424页。
② ［梁］释慧皎撰，汤用彤校注：《高僧传》卷一一《法悟传》，北京：中华书局，1992年，第422页。
③ ［梁］释慧皎撰，汤用彤校注：《高僧传》卷一一《僧审传》，北京：中华书局，1992年，第423页。
④ ［梁］释慧皎撰，汤用彤校注：《高僧传》卷一一《僧周传》，北京：中华书局，1992年，第414页。
⑤ ［梁］释慧皎撰，汤用彤校注：《高僧传》卷一一《普恒传》，北京：中华书局，1992年，第421页。
⑥ ［梁］释慧皎撰，汤用彤校注：《高僧传》卷一一《净度传》，北京：中华书局，1992年，第416页。

修都以入禅、坐禅为主要方式，禅修的地方要么是深山，要么是独处一房，要么是在大树下，总之都是安静场所。因为"缘法察境，唯寂乃明"。[①] 人只有在寂静之中才能集中注意力，在思维中才会想到别人想不到的事物，因此禅僧在修行地点的选择上绝大多数为取在寂静之所。除了禅修地有讲究外，在这些禅僧修行时，每一入定，往往要经历很长时间，再加上注意力的高度集中，所以经常感觉不到饥饿与野兽的威胁。比如僧稠："钻仰积序，节食鞭心，九旬一食，米唯四升。但敷石上不觉晨霄，布缕入肉，挽而不脱。或煮食未熟，摄心入定，动移晷漏，前食为禽兽所唉。"[②] 他们在坐禅的同时也读诵佛经，主要经典有《楞伽经》《法华经》《维摩诘经》《金光明经》等。此外，有些僧人也难免沾染上当时佛教在传习过程中固有的一些烙印，如用神咒来吸引百姓习禅、推广禅法等。

2.兼习禅律

这些僧人在习禅的同时，很多都兼习禅律，有人甚至不惜生命也要保护戒律的尊严。有的"常习禅定为业，又善于律行，纤毫无犯"[③]；有的"受戒以后，专精禅律"[④]。他们将禅修的基本方法与戒律相结合，严格遵守戒律，以提高禅僧在广大信徒中的威信，使这些禅僧与当时守戒不严格的其他僧侣比较起来独享盛誉。

3.禅气兼修，不食五谷

很多禅僧在修习过程中将数息观（默数呼吸的出入，以停止心想散乱的观法，为五停心观之一）与道家的调气、不食五谷的吐纳术结合起来，彰显出小乘佛教坐禅与中国道家吐纳食气的修行法相互融合的痕迹。在《高僧传》所收的21位修禅僧人中，明确记载在禅修过程中禅气兼修的有两位。一为僧从，"学兼内外，精修五门，不服五谷，唯饵枣栗，年垂百岁，而气力休强，礼诵

---

① ［梁］释慧皎撰，汤用彤校注：《高僧传》卷一一《习禅总论》，北京：中华书局，1992年，第426页。

② ［唐］道宣撰，郭绍林点校：《续高僧传》卷一六《僧稠传》，北京：中华书局，2014年，第574页。

③ ［梁］释慧皎撰，汤用彤校注：《高僧传》卷一一《贤护传》，北京：中华书局，1992年，第407页。

④ ［梁］释慧皎撰，汤用彤校注：《高僧传》卷一一《玄高传》，北京：中华书局，1992年，第409页。

无辍。与隐士褚伯玉为林下之交"。^① 二为法成,"不饵五谷,唯食松脂,隐居岩穴,习禅为务"。^② 从文献对上述两人坐禅的叙述可以看出,当时人把不食五谷而以植物果实充饥的僧人当作奇人看待,把掌握吐纳之术的僧人视为高僧。他们可以食气强身健体,并能与当时的隐士交好,这从侧面反映出当时社会对道士不食五谷的推崇与模仿。这样禅僧的出现,很符合当时人们对道家不食五谷的推崇心理,因此,这样的禅僧就被看作与中国人所熟知的不食五谷、擅长调气的道士一样的奇人被记载下来。反映出佛教在中国流播过程中对道家文化的吸收,也折射出这些禅僧在修习定慧之时对道家传统吐纳术的利用。由于这些吐纳术为中国人所熟悉,所以在他们修禅和传播禅法的过程中,更容易为中国知识分子和一般大众所接受,这就为禅修方法在中国的传播奠定了文化和社会基础,也增强了社会对他们的认同感。

4.特重安般(数息观,即数出息入息镇定身心的观法)与不净观二门

禅僧在修行过程中特别注重修安般法门与不净观。不净观和数息观被称为是入道者的二甘露门。不净观为五停心观之一,即观想肉体的肮脏、醒龊以克服贪欲烦恼的观法。不净观主要需克服人在现实社会中的贪恋之情。佛教认为,人在现实社会中之所以有贪恋之情,主要是因为人生活在欲、色两界之中,对这两者的贪恋,是阻碍人们成佛的关键,为了达到成佛的目的,人必须首先修不净观,以克服欲念。佛教认为人的肉体随着时间的流逝而变化为丑形,因此在佛教的各种经典中有多种不净观法,希望通过观人身不净来克服人心的欲念。最基本的不净观法有两种,一种为观自身不净,一种为观他身不净。观自身不净,有九种观法,即作九种想:一死想、二胀想、三青瘀想、四脓烂想、五坏想、六血涂想、七虫唼想、八分散想、九白骨想。在敦煌壁画与文献中,就有反映九观想的画面与记载,如在敦煌文献 P.3892、S.6631 和上海博物馆藏48号中,皆有九首《九想观诗》,依次吟唱婴孩相/初生想、童子相/想、盛年相/想、衰老相/想、病患相/病苦想、死相/想、胞胀相/想、烂坏相/想、白骨相/想,这九观想的内容虽然与传统文献介绍的有所不同,但也说明九观想也是当时敦煌禅僧修习禅法的主要内容之一。

---

① [梁]释慧皎撰,汤用彤校注:《高僧传》卷一一《僧从传》,北京:中华书局,1992年,第417页。

② [梁]释慧皎撰,汤用彤校注:《高僧传》卷一一《法成传》,北京:中华书局,1992年,第417页。

5.颇重神通

这与当时中国道家神仙方术的盛行是分别开的。时人认为禅业的最高境界是"内逾喜乐，外折妖祥。摈鬼魅于重岩，睹神僧于绝石"[①]，认为"禅用为显，属在神通"[②]。他们通过修行可以达到五神通（天耳通、天眼通、神足通、他心通、宿命通）。《高僧传》记载的具有神通的高僧为数众多，既有让群虎与凶蛇退避的晋初丰赤城高僧竺昙猷，又有让山神让室的晋剡、隐岳。当时许多僧人都具有神通，如冥知齐宣武帝将要加害自己的僧稠，有能遥感江南某个寺庙将要坍塌的僧人僧实。而那些能够预知自己将要不久于人世，而做好准备的僧人就更多了，玄高甚至能够使拓跋焘祖先降梦来化解一场废太子的阴谋。他的弟子玄绍就更为奇妙，不仅能够手指出水，供玄高洗漱，而且能够蝉蜕而逝。然而，僧人的神通还不限于此。法聪能够入水火定，在他入定时，他所住的山谷中是水火洞天。至于说降龙伏虎、苦旱求雨，就有点与中国传统道家的神仙方术相似。还有人利用医术来宣扬禅宗。在中国禅学开始创立的过程中，禅僧们往往需要借助这些神通来吸引信徒，扩大影响。当时的一般群众对这些神通的兴趣更胜于对他们所习禅法的兴趣，也更容易扩大他们的影响。

6."心"的地位突出

在中国禅学的发展过程中，"心"的地位日显突出。禅僧在修持数观的过程中，并不以"摄心入定"作为终极目的。通过坐禅来"修心"，始终为中国禅学家们所重视。在这个过程中，从康僧会的"明心"，到菩提达摩的"安心"、那禅师的"知心"、僧稠的"鞭心"、僧实的"掉心"，无不强调"修心"的意旨，透露出禅学向"心宗"发展的方向。此时的敦煌禅僧也以修心炼心为修行的目标之一。只是这时的禅修活动还没有完全摆脱烦琐的数息观、思念处、九次第等方法的限制，而将修心与这些修持方法混为一谈。

禅僧们在修习实践中急需一种理论来指导，而此时菩提达摩"二入四行"禅法的输入为中国禅学的修习活动提供了理论依据，也为禅学在中国的传播与发展奠定了理论基础。

---

① ［梁］释慧皎撰，汤用彤校注：《高僧传》卷一一《习禅总论》，北京：中华书局，1992年，第426页。

② ［梁］释慧皎撰，汤用彤校注：《高僧传》卷一一《习禅总论》，北京：中华书局，1992年，第427页。

第二节 僧稠及其禅法

一、僧稠其人

世人论及中土禅宗，无不从菩提达摩始。然在6世纪前、中期的北朝佛教乃至隋唐佛教中，僧稠都是具有重要影响的禅师。对于僧稠及其禅法的研究，主要依据唐代释道宣《续高僧传》、敦煌藏经洞发现的与僧稠禅师相关的P.3559号中的《大乘心行论》《稠禅师药方疗有漏》《稠禅师意》及P.4597、P.3490《稠禅师解虎赞》等文献。此外，与僧稠相关的刻经题记、石窟遗迹和考古资料也是研究僧稠禅法不可或缺的证据。

僧稠（480~560年），俗姓孙，昌黎人（今河北昌黎），后移居巨鹿瘿陶（今河北省隆尧县北、柏乡县西）。自幼"勤学世典，备通经史。征为太学博士，讲解坟索，声盖朝廷"。却因"道机潜扣，欻厌世烦，一览佛经，涣然神解"。[1] 28岁时投巨鹿景寺名僧寔法师出家，后又师从西域跋陀禅师之高足道房禅师，受行止观。五年后，在赵州嶂洪山遇道明禅师，受十六特胜法。证得深定后，上少林寺拜见祖师跋陀，呈己所证，跋陀称赞其"自葱岭已东，禅学之最"，并亲自教化他，传授其禅法秘要。之后在嵩岳寺、西王屋山、青罗山、马头山等地修行。跋陀之后，他成为少林寺第二任寺主。

僧稠禅师生前备受统治者尊崇，先后受北魏孝明帝、北魏孝武帝及北齐文宣帝的邀请。北魏孝明帝曾三次诏令其入京，不至后，为其"就山送供"；北魏孝武帝为其在尚书谷中"立禅室，集徒供养"。天保二年（552年），北齐文宣帝高洋为了请古稀之年的僧稠赴京师邺城，亲自出郊相迎，入城之后，"帝扶接入内，为论正理"[2]，礼节至隆，空前绝后。第二年，又在邺城西南80里龙山之阳，为其构建精舍，名云门寺，并兼石窟大寺主。文宣帝高洋也归从受菩萨戒，甚至将国库一分为三，以其中一份供养三宝。此举在历史上绝无仅有。传记中特别标明，黄门侍郎李奖与诸大德请出禅要，僧稠有《止观法两卷》问世，是僧稠禅法的精粹，遗憾的是这一著作至今不存。乾明元年（560年），僧稠于

---

① ［唐］道宣撰，郭绍林点校：《续高僧传》卷一六《僧稠传》，北京：中华书局，2014年，第573~574页。

② ［唐］道宣撰，郭绍林点校：《续高僧传》卷一六《僧稠传》，北京：中华书局，2014年，第576页。

寺中端坐而逝，终年81岁。僧稠出生年代不详，但根据其卒年可知其生年为480年。小南海石窟中窟外北齐《刻经题记》亦有同样的记载："暨乾明元年，岁次庚辰，于云门帝寺奄从迁化。"[①]唐代高僧道宣（596~667年）在《续高僧传》中论及中国中古习禅一门时，首先提出的不是达摩，而是僧稠。《续高僧传》云：

> 高齐河北独盛僧稠，周氏关中尊登僧实。宝重之冠，方驾澄、安，神道所通，制伏强御。致令宣帝担负，倾府藏于云门，冢宰降阶，展归心于福寺，诚有图矣，故使中原定范，剖开纲领。唯此二贤，接踵传灯，流化靡歇。[②]

其中"澄安"指佛图澄和释道安，是中古时期佛教界最具影响力的两个人。"中古世纪的中国佛门人士把他们的成就和影响，认作是释家的光荣"。[③]道宣说稠、实两僧在高齐和北周朝廷的地位可以和澄、安二公所得的尊敬并驾齐驱，足见道宣对这两位禅师的尊重与推崇。由于他们的成就和影响力，"中原禅苑"才能"剖开纲领"。他们的开创之功，是至伟的。他们二人的禅法系统，在道宣生时"接踵传灯，流化靡歇"，[④]直至隋初，僧稠禅法仍在皇室中受到尊崇。仁寿二年（602年），隋文帝下令建立禅定寺。下敕曰："自稠师灭后，禅门不开，虽戒慧乃弘，而行仪攸阙。今所立寺既名禅定，望嗣前尘"。[⑤]"僧稠在北齐时的影响和声势，绝对不是同时代的达摩、惠可一系可比拟的。……大约在六世纪中叶到七世纪初，也就是'达摩一系'的禅宗渐渐崛起的关键时刻，其实真正笼罩性的禅门是僧稠系和僧实系，僧稠的弟子相当多，气势也相当盛，他的后人中著名者有释智瞬、昙询、释僧邕等，继续笼罩着北方佛教世界。"[⑥]

---

① 罗炤：《小南海及香泉寺石窟刻经与僧稠学行——"南朝重义理，北朝重修行"论驳议兼及净土宗祖师》，载孙英明主编《石窟寺研究·第8辑》，北京：科学出版社，2018年，第109页。

② ［唐］道宣撰，郭绍林点校：《续高僧传》卷二一《习禅六》，北京：中华书局，2014年，第811页。

③ 冉云华：《敦煌文献与僧稠的禅法》，载《中国禅学研究论集》，台北：东初出版社，1990年，第76页。

④ 冉云华：《敦煌文献与僧稠的禅法》，载《中国禅学研究论集》，台北：东初出版社，1990年，第75页。

⑤ ［唐］道宣撰，郭绍林点校：《续高僧传》卷一八《昙迁传》，北京：中华书局，2014年，第666页。

⑥ 葛兆光：《记忆、神话以及历史的消失——以北齐僧稠禅师的资料为例》，《东岳论坛》2005年第4期，第23页。

二、僧稠禅法

从《续高僧传》、敦煌文献、小南海石窟及香泉寺刻经题记等可以看出，僧稠禅法最主要的特点是四念处和十六特胜法，即以定、静、止、息为特征的禅法。四念处依《涅槃经》的圣行，十六特胜法学自道明禅师。从《续高僧传》所描述的修死想来看，僧稠还修"五门禅"，并撰有《止观法》两卷，现将僧稠禅法的特点总结如下。

1.五停四念

僧稠初从师僧寔，后跟跋陀的弟子道房禅师，受行止观。从他所修禅法之内容看，"止观法门"是以五停心观为止，四念处引慧，从而达到禅定，即依据五停心观修行防止人心散乱，依据四念处修行启发人的观慧。僧稠的弟子慧远和僧邕对都曾修习"五停心观"，又称"五停十八境"。"五停"又称"五观"，即能使五种过失停止于心的观法，亦即声闻乘人在入道之初所应修习的五种观法。有不净观，观察一切根身器界皆属不净，以停止贪欲；慈悲观，观察一切众生痛苦可怜之相，以停止嗔恚；因缘观，观察一切法皆从因缘生，前因后果，历历分明，以停止愚痴；念佛观，观察佛身相好，功德庄严，以停止业障；数息观，观察呼吸出入之相，每一出入，皆暗数自一至十，以停止散乱。敦煌所出 P.3559《稠禅师意》，又名《稠禅师意问大乘安心入道之法云何》，也提到僧稠禅师的"五亭十八境"，云：

> 问曰："云何名禅？"
> 答曰："禅者，定也。由坐得定，故名为禅。"
> 问曰："禅名定者，心定身定？"
> 答曰："结跏身定，摄心心定。"
> 问曰："心无形状，云何看摄？"
> 答曰："如风形无，动物即知。心亦无形，缘物即知。摄心无缘，即名为定。"
> 问曰："五亭十八境，见物乃名为定。眼须见色，心须见境，云何名定？"①

---

① 上海古籍出版社、法国国家图书馆编：《法藏敦煌西域文献（第25册）》，上海：上海古籍出版社，2002年，第285页。

僧稠的弟子僧邕就曾学习过这一禅法。《续高僧传》卷十九《僧邕传》云：

> （僧邕）年有十三，违亲入道，于邺西云门寺依止僧稠而出家焉。稠公禅慧通灵，戒行标异，即授禅法，数日便诣，稠抚邕谓诸门人曰：“五停四念，将尽此生矣！”①

《大般涅槃经·圣行品》的四念处法是僧稠禅法的主要依据。四念处，又称四念住，指观身、受、心、法等四念处，在早期佛教中声闻乘的修道要门，同样也是菩萨乘的修道要门。“五停四念”相互配合，达到禅定，是僧稠禅法的主要特点。

2. 十六特胜法

僧稠在赵州遇道明禅师，跟他习十六特胜法，即十六种禅观行法，为十六种法门，是佛教禅法中一种古老的禅法。早期禅籍，无论是大小乘禅法对其都有记载。如小乘经典《大安般守意经》《杂阿含经》《增一阿含经》《成实论》等都记载着这种禅法。大乘经典如《坐禅三昧经》《瑜伽师地论》等也有类似的描写。所谓十六特胜法都是关于“数息心观法”。竺法护所译《修行地道经》卷五云：

> 数息长则知，息短亦知。息动身则知，息和释即知。遭喜悦则知，遇安则知。心所趣即知，心柔和则知。心所觉即知，心欢喜则知。心伏即知，心解脱即知。见无常则知，若无欲则知。观寂然即知，见道趣即知，是为数息十六特胜。②

冉云华认为僧稠所学之十六特胜法，很可能来自《修行地道经》。因为只有《修行地道经》才把这种禅法称为“十六特胜”，别的经典则把这种禅法只称为“十六行”。③ 僧稠学习此法后，他“钻仰积序，节食鞭心”，以“九食一旬……不觉晨宵”的钻研精神，进而“摄心入定，动移晷漏”，使他的禅法达到“内定湛然，外缘不动”的境界，因此受到跋陀禅师极高的赞誉。与僧稠关系密切的

---

① ［唐］道宣撰，郭绍林点校：《续高僧传》卷一九《僧邕传》，北京：中华书局，2014年，第714页。

② ［西晋］竺法护译：《修行地道经》卷五《神足品》，《大正藏》第15册，No. 606，第216页a。

③ 冉云华：《敦煌文献与僧稠的禅法》，载《中国禅学研究论集》，台北：东初出版社，1990年，第81页。

净影寺高僧慧远曾向僧稠问此法，《续高僧传》卷八《慧远传》云：

> 忆昔林虑巡历名山，见诸禅府，备蒙传法，随学数息，止心于境，克意寻绎，经于半月，便觉渐差，少得眠息，方知对治之良验也。因一夏学定，甚得静乐，身心怡悦。即以己证，用问僧稠。稠云："此心住利根之境界也！若善调摄，堪为观行。"[①]

"十六特胜法"也就是"五停心观"中数息观的内容。安阳小南海石窟中窟崖面右侧，刻有《华严经偈赞》和《大般涅槃经·四念处法》。碑文中的"观法"和"四念处法"与《续高僧传》中所记载的僧稠禅法相吻合。[②]除了传世资料，从石窟刻经题记反映出僧稠禅师不仅注重禅修，还注重义理。《续高僧传》言其出家前"勤学世典，备通经史。征为太学博士，讲解坟索，声盖朝廷"。[③]这为他出家后"便寻经论"、修习禅法奠定了坚实的理论基础。小南海石窟中窟和香泉寺石窟刻经题不同程度地反映出僧稠与《大般涅槃经》和《华严经》的关系。小南海石窟中窟开凿于北齐天保元年（550年），天保六年僧稠进一步修整完善，"重莹修成，相好斯备"。乾明元年（560年），僧稠圆寂之后，徒众为了追念先师业绩而在此窟外壁镌刻石经云：

> 大齐天保元年，灵山寺僧方法师、故云阳公子林等，率诸邑人刊此岩窟，仿像真容。至六年中，国师大德稠禅师重莹修成，相好斯备，方欲刊记金言，光流末季，但运感将移，暨乾明元年岁次庚辰，于云门帝寺奄从迁化。众等仰惟先师，依准观法，遂镂石班经，传之不朽。[④]

该窟外壁右方不仅镌刻《大般涅槃经·圣行品》（节文）及《梵行品》的偈赞，在《圣行品》前还刊刻《华严经偈赞》。其内容来自东晋佛陀跋陀罗（Buddhabhadra）所译60卷本《华严经》卷七《佛升须弥顶品》和卷六《贤首

① ［唐］道宣撰，郭绍林点校：《续高僧传》卷八《慧远传》，北京：中华书局，2014年，第286页。
② 罗炤：《小南海及香泉寺石窟刻经与僧稠学行——"南朝重义理，北朝重修行"论驳议兼及净土宗祖师》，载孙英民编《石窟寺研究·第8辑》，2018年，第126页。
③ ［唐］道宣撰，郭绍林点校：《续高僧传》卷一六《僧稠传》，北京：中华书局，2014年，第573页。
④ 河南省古代建筑保护研究所《河南安阳灵泉寺石窟及小南海石窟》，《文物》1988年4期12页；河南省古代建筑保护研究所编：《宝山灵泉寺》，郑州：河南人民出版社，1991年19页。

菩萨品》的"偈赞"，其中最后四句"卢舍那佛惠无碍，诸吉祥中最无上，彼佛曾来入此室，是故此地最吉祥"，特意将《佛升须弥顶品》中的"拘那牟尼"改为"卢舍那佛"，以着力表现僧稠师徒对60卷本《华严经》的主佛卢舍那佛的信仰和崇拜。[①] 小南海石窟中窟刻经虽是僧稠禅师圆寂后其弟子为追念先师而刻的，但明确指出所刻经文是"依准先师观"。与僧稠有关的另一处石窟，卫辉香泉寺亦刻有大幅的《华严经》，可见僧稠对60卷本《华严经》是相当熟悉的，敦煌文献P.3559+P.3664中署名为"稠禅师"的《大乘心行论》开篇云"心外无法"，强调"三界虚妄，但一心作，好自看心"，无不体现出华严思想。很好地"将小南海石窟中窟和香泉寺石窟刻经题记反映出的僧稠崇奉《华严经》、通晓华严义理的事实，引进更加深入的层次，依据《华严经》首创的核心哲理'三界唯心'，对禅学理论最精要的问题做出明晰的剖判，进一步补充了《僧稠传》等有关僧稠的权威记录所缺载的重要史实"。[②]

第三节　菩提达摩及其禅法

一、达摩其人

禅宗各种史籍中对于菩提达摩的描述多少都带有一些神秘色彩，但通过对这些现存史料的分析，我们发现菩提达摩确实是一个真实可信的历史人物，他被后代奉为禅宗初祖是有根据的，他所提倡的"二入四行"禅法曾经在其追随者中十分流行，并被后代禅家所继承。对于菩提达摩的考察，我们依据的史料主要是唐代释道宣的《续高僧传》、敦煌发现的唐人净觉的《楞伽师资记》《历代法宝记》、杜胐的《传法宝纪》、宋代道原的《景德传灯录》及敦煌发现的标题为菩提达摩所作的经卷、最近发现的菩提达摩及其追随者的碑铭等。

菩提达摩，或作菩提达磨，"大婆罗门种，南天竺国王第三子"[③]，曾师事

---

① 罗炤：《小南海及香泉寺石窟刻经与僧稠学行——"南朝重义理，北朝重修行"论驳议兼及净土宗祖师》，载孙英民编《石窟寺研究·第8辑》，北京：科学出版社，2018年，第126页。

② 罗炤：《小南海及香泉寺石窟刻经与僧稠学行——"南朝重义理，北朝重修行"论驳议兼及净土宗祖师》，载孙英民编《石窟寺研究·第8辑》，北京：科学出版社，2018年，第126页。

③ P.3559+P.3664《传法宝纪并序》，载上海古籍出版社、法国国家图书馆《法藏敦煌西域文献（第25册）》，上海：上海古籍出版社，2002年第281页。

印度禅者般若多罗。梁普通年中（520~526年）乘船抵达广州，不久来到建业（今南京），因与梁武帝机缘不投，渡江到洛阳、嵩山等地传法，并在嵩山少林寺面壁九年。"沙门道育、惠可奉事五年"①，以四卷《楞伽经》教育弟子，其禅法中心是"大乘安心方便四行"②。传世作品有弟子昙林作序的《达摩论》。该书"略辨大乘，入道四行"，由达摩禅师亲说，弟子昙林记录而成。同时，菩提达摩禅师又为坐禅信众讲解《楞伽要义》一卷，有十二三纸，亦名《［达］摩论》。"此两本论，文理圆净，天下流通。自外更有人嘱造《达摩论》三卷，文繁理散，不堪行用。"③

根据净觉的记载，达摩禅师流传下来的作品中有三种《达摩论》：一种为达摩大师亲说，其他两种，一为弟子昙林记其言行辑录而成的一卷本《达摩论》，另一为菩提达摩为坐禅众解释《楞伽要义》的一卷本《达摩论》，有十二三纸。此外还有他人伪造的三卷本《达摩论》。相对来说，一卷本《达摩论》"文理圆通"较为可靠。对此记载，唐人释道宣在《续高僧传》中也加以证实："磨以此法开化魏土，识真之士从奉归悟，录其言诰，卷流于世。"④可见达摩确实有作品传世。但唐人杜朏在P.3559+P.3664《传法宝纪并序》中却说：

> 自达摩之后，师资开道，皆善以方便，取证于心，随所发言，略无系说。今人间或有文字称《达摩论》者，盖是当时学人，随自得语，以为真论，书而宝之，亦多谬也。若夫超悟相承者，既得之于心，则无所容声矣。何言语文字措其间哉！夫不见至极者，宜指小以明大，假若世法，有炼真丹，以白日升天者，必须得仙人身手传法，真丹乃成。若依碧字环书，终溃浪茫矣……⑤

---

① P.3436净觉《楞伽师资记》，载上海古籍出版社、法国国家图书馆《法藏敦煌西域文献（第24册）》，上海：上海古籍出版社，2002年，第196页。

② P.3436净觉《楞伽师资记》，载上海古籍出版社、法国国家图书馆《法藏敦煌西域文献（第24册）》，上海：上海古籍出版社，2002年，第196页。

③ P.3436净觉《楞伽师资记》，载上海古籍出版社、法国国家图书馆《法藏敦煌西域文献（第24册）》，上海：上海古籍出版社，2002年，第196页。

④ ［唐］道宣撰，郭绍林点校：《续高僧传》卷一六《菩提达摩传》，北京：中华书局，2014年，第566页。

⑤ 上海古籍出版社，法国国家图书馆编：《法藏敦煌西域文献（第25册）》，上海：上海古籍出版社，2002年，第281页。

这好像是说唐代所流传的《达摩论》，是由当时学人自己加以记录而成，并非达摩禅师亲说。但从整段话可以看出，在杜朏生活的唐代，确实有《达摩论》在流行，至于是不是达摩禅师亲说另当别论，但至少说明这时还是有达摩禅师的作品在社会上流行的。由于杜朏不同意对文字过分执着，认为那样是不符合菩提达摩心法相传，以方便取证于心的宗旨的，所以对菩提达摩禅法的具体介绍，都是由达摩的俗家弟子昙林来完成的。

二、达摩禅法

达摩禅法，不仅包括对坐禅修行方法的规定，而且也包括对禅学的见解及其所依据的佛教理论。归结起来，大致应包括以下四个方面。

1. 以《楞伽经》为中心

《传法宝纪》载，达摩以《楞伽经》授惠可："我观汉地化道（导）者，唯与此经相应。"达摩祖师根据中土汉民的思想及文化传统，教导他的弟子惠可应以《楞伽经》为禅要，化导汉地众生，形成了影响后世巨大的"楞伽禅"。史载：

> 达摩禅师以四卷《楞伽》授可，曰："我观汉地，唯有此经，仁者依行，自得度世。"①

此记载与《传法宝纪》所云略同，他的后世嗣法弟子们以《楞伽经》思想为宗旨创建了楞伽宗。《楞伽经》共有三个译本。先是南朝求那跋陀罗译《楞伽阿跋多罗宝经》四卷，达摩授惠可的《楞伽经》应该是此种译本，此译本文字简古，被人认为是接近现存的梵文本；再是北魏菩提流支译《入楞伽经》十卷；最后是唐实叉难陀译《大乘入楞伽经》七卷。前两个译本对中国佛教影响甚大，其中宋译本的研习者在南北朝时被称为"楞伽师"，是禅宗的先驱。它们的思想体系是一致的，始终贯穿"五法，三种自性，八识，二种无我"，一切佛法悉在其中，用五、三、八、二来概括佛法全貌，并通过对它的理解，达到特定的禅定思维。心为人们洞察世间一切行为的本源，人们要达到解脱，超离世俗，就应该在心上下功夫，认清心的实体。心的自性是清净的如来藏，是众生本来具有的清净佛性。在现实的世俗生活中，清净识（阿赖耶识）受到无明烦恼的污

---

① ［唐］道宣撰，郭绍林点校：《续高僧传》卷一六《僧可传》，北京：中华书局，2014年，第568页。

染，由此引起种种妄识和烦恼，从而导致清净佛性不能显现，使众生永远沉溺于生死轮回的长河之中，通过禅定思维，使受到污染的心识得到转变，回归到本来清净寂静的心体，就可得到解脱。清净的真如法性，不是通过语言文字可以表达的，只有通过禅定思维，修如来禅，才能体会到最终的甘味。《入楞伽经》曰："若得善知五法体相，二种无我差别者，修行是法次弟，入于一切诸地，入诸佛法者，乃至能入如来自身内证智地。"[①] 当即此意。

据早期禅宗史料记载，自初祖菩提达摩至六祖神秀，传法皆宗奉求那跋陀罗译四卷本《楞伽经》。"（菩提达摩）以四卷《楞伽》授可，曰：'我观汉地，唯有此经，仁者依行，自得度世。'"[②] 二祖惠可"使那、满等师常赍四卷《楞伽》以为心要，随说随行，不爽遗委"。[③] 四祖道信"承粲禅师后……制《入道安心要方便法门》，为有缘根熟者，说我此法要，依《楞伽经》'诸佛心第一'"。[④] 五祖弘忍云："《楞伽》义云：此经唯心证了知，非文疏能解……我与神秀论《楞伽经》，玄理通快，必多利益。"[⑤] 六祖神秀亦"持奉《楞伽》，递为心要"。[⑥] 由此可见，四卷本《楞伽经》对禅宗，尤其是对后来北宗禅的形成与发展具有至关重要的作用。

2. 壁观及二入四行

《传法宝纪》中云："壁观及四行者，盖是当时权化，一隅之说。"此中的"一隅之说"，是相对于三千大千世界而言之，华夏为三千大千世界之一隅，说明当时修习壁观及二入四行在华夏十分流行。P.3436《楞伽师资记》中云：

> 夫入道多途，要而言之，不出二种；一是理入，二是行入。理入者，谓藉教悟宗，深信含生凡圣同一真性，但为客尘妄覆，不能显了。若也舍

---

① ［三国魏］菩提留支译：《入楞伽经》卷七《五法门品》，《大正藏》第16册，No. 671，第557页a。

② ［唐］道宣撰，郭绍林点校：《续高僧传》卷一六《僧可传》，北京：中华书局，2014年，第568页。

③ ［唐］道宣撰，郭绍林点校：《续高僧传》卷一六《僧可传》，北京：中华书局，2014年，第569页。

④ P.3436净觉《楞伽师资记》，载上海古籍出版社、法国国家图书馆编《法藏敦煌西域文献（第24册）》，上海：上海古籍出版社，2002年，第196页。

⑤ P.3436净觉《楞伽师资记》，载上海古籍出版社、法国国家图书馆编《法藏敦煌西域文献（第24册）》，上海：上海古籍出版社，2002年，第196页。

⑥ 张说：《唐玉泉寺大通禅师碑铭并序》，《全唐文》二三一卷，北京：中华书局，1987年，第2335页。

妄归真，凝注壁观，无自他，凡圣等一，坚住不移，更不随于言教，此即与真理冥状，无有分别，寂然无名，名之理入。行入者，所谓四行，其余诸行，悉入此行中。何等为四行？一者报怨行，二者随缘行，三者无所求行，四者称法行。

由此可以看出，"壁观"与"二入四行"是达摩的重要禅法。

所谓"壁观"有两种含义。一是坐禅时面对墙壁，像《景德传灯录·达摩传》中所说"面壁而坐""端坐面墙"。[①] 墙上一无所有，代表空无，使自己身心处于空无的状态，容易使人进入禅定。二是如同唐宗密《禅源诸诠集都序》卷二所解释的"达摩以壁观教人安心，外止诸缘，内心无喘，心如墙壁，可以入道"，[②] 就是说达摩以壁观的方式教人安心，自己生活中及社会上的诸种外缘统统止息，自己心平气和，使自己的心性如同眼前的墙壁那样，什么都不懂，什么都空无，使自己本生具足的清净心性寂然不动，这样便可达到开悟见佛的境界。正如胡适所云："道宣在'习禅'门后有总论，其中论达摩一宗云：'属有菩提达摩者，神化居宗，阐导江洛。大乘壁观，功业最高。在世学流，归仰如市。'"[③]《续高僧传》记达摩教义的总纲云：

> 如是安心，谓壁观也；如是发行，谓四法也；如是顺物，教护讥嫌；如是方便，教令不著。然则入道多途，要唯二种，谓理行也。[④]

达摩的"凝注壁观"，是从"理入"走向"安心"的路。他的禅法特点在于"藉教悟宗"，从而加深人们对于"含生同一真性""无自无他，凡圣等一"的理解，即启发坐禅时不离圣教的标准，指导习禅的人"不随于文教"。达摩禅法以"壁观"法门为中心，以理入为主，以行入为辅，从而构成了达摩禅法的完整思

---

① ［宋］释道元著，妙音、文雄点校：《景德传灯录》卷三，成都：成都古籍书店，2000年，第34～35页。

② ［唐］宗密撰，邱高兴校释：《禅源诸诠集都序》卷上之二，郑州：中州古籍出版社，2008年，第43页。

③ 胡适：《书〈菩提达摩考〉后》，载姜义华主编《胡适学术文集·中国佛学史》，北京：中华书局，1997年，第279页。

④ ［唐］道宣撰，郭绍林点校：《续高僧传》卷一六《菩提达摩传》，北京：中华书局，2014年，第565～566页。

想体系。理入是纲，行入是目，纲举目张，二者相辅相成。以"凝注壁观"为安心的目的，安心属于"理"，发行属于"行"。何谓理入，北图宿99号《二入四行论》说：

> 藉教悟宗，深信含生同一真性。客尘障故（《楞伽师资记》作"但为客尘妄覆，不能显了"）。若也舍伪归真，凝注壁观，无自无他，凡圣等一，坚注不移，更不随于文教（《楞伽师资记》作"更不随于言教"），此即与理冥符，无有分别，寂然无为，名之理入。

此则是说含生凡圣，同一真如佛性。真如佛性被客尘诸缘所妄覆即为凡，真如佛性在凝注壁观安心的情况下不为客尘诸缘所妄覆则为圣。要想使自己清净的真如佛性现前，只有通过凝心坐禅壁观，在内心断除一切外界诸缘，使自己的认识与真如佛性之理相契合，达到寂然无为的解脱境界，名之为理入。何谓行入？"行"相对于"理"而言之，这里不单指坐禅修行，也包括僧人的日常生活，思想状况，社会交往诸方面。《楞伽师资记》中行入者有四：一报怨行，二随缘行，三无所求行，四称法行。此四行皆是头陀行，万行同摄。在纲举目张修禅法时，通过修此四行达到安心的效果。

综上所述，当人遇到烦恼痛苦时，应该认识到这是今生及前生所作的诸恶业造成的，报应在当世，不应怨天尤人，只有自己的心识达到本来的清净安寂的状态，才能"与理相应，体怨进道"。体怨进道是讲，今生今世的肉体带着往昔无数劫中积累的业障怨憎进入到真如佛性，不再流浪于生死轮回之中。世间的一切都是因所生，要随顺因缘，世界万物没有不变的主体，我们日常生活中所碰到的苦乐荣辱诸事，是由过去的宿因及现在的内因外缘所决定的，缘分一尽，便化为乌有。身心不应遇到喜事而高兴，遇到坏事而苦恼，使身心处于安静的状态，心无增减，这便是与真如佛性冥顺、契合。世人长久处于执迷不悟，处处贪着，岂不知万有缘空，在三界火宅之中有身皆苦，有求皆苦，只有懂得了这个道理，便会息灭贪求之心，只有无所求，才为真道行。"称法行"中的"称"字，可理解为"随法行"或"如法行"，俗语中的"称心如意"的"称"字与此处的"称"字意同。它可以概括以上各行，性净之理，名之为法，亦即真如、佛性，此处的"法"与"理入"的"理"是一致的。所有习禅人的行为准则应该与真如佛性如法而行。为达到安心，消除妄想，就必须修行"六度"——布施、持戒、忍辱、精进、禅定、般若,这是自利利他的菩萨之行。只有修行"六度",才能如法而行。此"二入""四行"从理论到实践都为习禅人指明了禅修的方向,与其说它是达摩禅法的修习捷径,倒不如说是达摩禅的清规戒律。

3. 不立文字

《历代法宝记》载,菩提达摩泛海来至梁朝,梁武帝出城躬迎,问达摩将何教法带来,达摩答:"不将一字教来。"这说明达摩自中土传法之始就不是以传授语言文字的,反对执着语言文字,以心传心,不立文字,回绝言思,直显心性,实修实证,见性成佛。不立文字,不假语言,妙锋至上,顿悟自心。达摩传法不教语言文字,其原因是认为众生本性,本来清净,原无烦恼,无漏智性,本自具足,此心即佛心。之所以众生执着烦恼,是因为本来清净的自性被业障所覆盖,通过禅修,不执着任何事情,找回自性的本来面目。

4. 本无烦恼,原是菩提

《历代法宝记》曰:

> 大师云:唐国有三人得我法。一人得我髓,一人得我骨,一人得我肉。得我髓者惠可,得我骨者道育,得我肉者尼总持也。

达摩认为惠可、道育、总持皆是他的得法人,其他弟子如昙林、僧副等并没有领会达摩禅的精神实质,学习的只是些皮毛的东西。据宗密的《中华传心地禅门师资承袭图》、唐智炬《宝林卷》卷二及《景德传灯录》卷三等文字资料,对达摩的髓、肉、骨的观点有较为明确的阐释。"偏头副"不执不离文字,为道所用,达摩称"得我皮";尼总持,"断烦恼,得菩提",达摩称"得我肉";道育"迷即烦恼,悟即菩提",达摩称"得我骨";惠可则"本无烦恼,元(原)是菩提",达摩称"得我髓"。如果说达摩禅法以《楞伽经》思想为中心不执着语言文字、壁观、二入四行等为中心思想的话,则达摩的皮肉骨髓说(即不执着文字,断烦恼得菩提,迷即烦恼,悟即菩提,及本无烦恼,即菩提)是达摩禅法的实质所在,其中惠可的"本无烦恼,元(原)是菩提"说最被达摩印可,认为他得到了禅法的实质所在,遂将如来付嘱迦叶之正法眼辗转传到惠可,惠可从而成了达摩之后禅法的合法继承人,被中土禅界立为二祖。

第四节 惠可禅法

惠可大师（487~593年），一名僧可，是中国禅宗的第二祖。俗姓姬，虎牢人（今河南荥阳）。他少为儒生时，博览群书，通达老庄易学。出家以后，精研三藏内典。年约40岁时，遇天竺沙门菩提达摩在嵩洛（今河南嵩山、洛阳）游化，即礼他为师。《传法宝纪》载：惠可从达摩学了六年，精究一乘的宗。一日，"大师当从容问曰：'尔能为法舍身命不？'惠可因断其臂，以验诚恳。"《历代法宝记》亦载："奉事大师六年，先名神光，初事大师前立，其夜大雪，至腰不移。大师曰：'夫求法不贪躯命。'遂截一臂，乃流白乳，大师默传心契，付袈裟一领。"《楞伽师资记》载："吾本发心时，截一臂，从初夜雪中立，直至三更，不觉雪过于膝，以求无上道。"惠可以身求法之事在《历代法宝记》中还有另一记载：剑南成都府净众寺无相禅师的季妹，"遂乃削发辞亲，浮海西渡。乃至唐国。寻师访道，周游涉历。乃到资州德纯寺，礼唐和上，唐和上有疾，遂不出见，便燃一指为灯，供养唐和上"。"为法舍身"在佛教史书中多有记载：割肉贸鸽、舍身饲虎、身燃千灯、身钉千钉等，广被教界所传唱。智炬《宝林传》卷八载唐法琳所撰《惠可碑》文，记载惠可向达摩求法时，达摩对他说，求法的人，不以身为身，不以命为命。于是惠可乃立雪断臂，表示他对法的赤诚，这样才从达摩处获得了安心的法门。因此，"雪中断臂"就成为禅宗一个有名的求法安心故事而广为流传。唐道宣《续高僧传》卷一六《惠可传》说惠可"遭贼砍臂，以法御心，不觉痛苦"，[1] 未提到求法一事。因而，此说是门户派系之偏见，抑或还有其他原因，值得探究。但后来的禅宗史书《历代法宝记》、净觉《楞伽师资记》、杜朏《传法宝纪》、道原《景德传灯录》卷三、契嵩的《传法正宗记》卷六等，都否定道宣之说，从而惠可的"雪中断臂求法"故事成为禅家的千古绝唱。惠可是一个意志坚强的禅师。无论世人对其禅法如何不理解，其理论不仅被视为"魔法"，而且还遭到菩提流支、光统律师党徒的陷害，他都能矢志不改，志求佛法。

达摩寂后，他在黄河岸边韬光晦迹。但因其早年已名驰京畿，许多道俗前

---

① ［唐］道宣撰，郭绍林点校：《续高僧传》卷一六《菩提达摩传》，北京：中华书局，2014年，第568页。

往访道，请为师范。于是，他随时为众开示心要，因而道誉甚广。惠可之禅学思想均来自达摩，特别是达摩传授给他的《楞伽经》四卷。该经重视念慧，而不在语言，其根本主旨在于以"忘言忘念、无得正观"为宗。这一思想经过惠可的弘扬，对后世禅学产生了较大的影响。归结起来，惠可之禅学思想可归纳为以下三点。

1. 以《楞伽经》思想为中心弘法

《传法宝纪》载："临终谓弟子僧璨曰：'吾身法而受传嘱，今以付汝，汝当广劝开济，亦以《楞伽经》与人手传。'"《历代法宝记》称惠可是以《楞伽经》为主导思想进行弘法事业的，其事迹"《楞伽邺都故事》具载"。《楞伽师资记》中载："《楞伽经》云：'牟尼寂净观，是则远离生死，是名为不取，今世后世，十方诸佛若有一人，不因坐禅而成佛者，无有是处。'"惠可之禅宗思想来源于《楞伽经》，究《楞伽经》之主旨，可见其主要思想大致有以下四端：一，世界万有皆由心造；二，众生皆有清净自性；三，反对执着文字，重在内心自证；四，如来禅。

这在某种意义上讲对我们理解惠可的禅法特点能提供一些帮助。一，世界万有皆由心造。本经认为世界上的一切事物，一切法（包括世间法和出世间法）不出五种，亦称之五法（名、相、妄想、如如、正智）。《楞伽经》卷四讲："一切佛法，悉入其中。"所谓的"一切佛法"包括三种自性、八识、二种无我，这一观点提出世界万有皆由心造，即所谓"三界唯心"的结论。此种结论讲明外界诸缘（客观世界）是悟证的干扰，内心（主观世界）才是达到悟证真如佛性的决定所在。《楞伽师资记·惠可传》云："若了心源清净，一切愿足，一切行满，一切皆辨，不受后有……若精诚不内发，三世中纵值恒沙诸佛，无所为是，知众生心识自渡，佛不渡众生。"心不但能改变外缘，而且是自渡的关键所在，若不达到心识的转变，三世之中纵值恒沙诸佛，也没有一点效果，佛不渡众生，重在内心的自证、自悟。二，众生皆有清净自性。清净自性即指佛性，如来法身等。清净自性是先天固有的，后为外界诸缘客尘所染，随有染净之别，染即凡夫、净即如来。由凡转圣的过程实际上就是由染到净的过程，清净自性是常住不灭的，由后天而染上的诸障是可以通过修心的过程逐步转变的。《楞伽经》卷二说："如来藏自性清净，转三十二相，入于众生身中，如大价宝，垢衣所缠。如来之藏常住不变，亦复如此。而阴界入垢衣所缠，贪欲、恚痴、不实、妄想、尘劳所污……"^① 卷四说："若无藏识，名如来藏者，则无生灭……此如来识藏，一切声闻，缘觉心想所见。虽自性净，客尘所覆故，优见不净，非诸如来。"^②《楞伽师资记·惠可传》说："《十地经》云：'众生身中，有金刚佛性，犹如日轮，体明圆满，广大无边。只为五荫，重云覆障，众生不见，若逢智风飘荡，五阴重云灭尽，佛性圆明，焕然明净。'"又说："《华严经》云：'广大如法界，究竟如虚空。亦如瓶内灯光，不能外照。亦如世间云雾，八方俱起，天下阴暗，日光岂得明净。日光不坏，只为云雾覆障。一切众生，清净之性，亦复如是。只为攀缘，妄念诸见，烦恼重云，覆障圣道，不能显了。若妄念不生，默然静坐，大涅槃日，自然明净。'"《续高僧传》说有向居士，幽遁林野，于天保年间（550~559年）与惠可致书通好并讨论佛法的教理，惠可答道：

> 说此真法皆如实，与真幽理竟不殊。
> 本迷摩尼谓瓦砾，豁然自觉是真珠。
> 无明智慧等无异，当知万法即皆如。
> 愍此二见之徒辈，申词措笔作斯书。
> 观身与佛不差别，何须更觅彼无余。^③

惠可用简明的道理来说明众生皆有佛性的真谛，根本意义在于深信一切众生具有同一的清净自性，若能舍妄归真，就是凡圣一等的境界，就能当身为佛。惠可指出的众生皆有清净自性与佛无差别的道理，则直显达摩的正传心法。

2. 反对执着语言文字，重在内心自证

《楞伽经》曰："大乘诸度门，诸佛心第一。"^④ 重视探究心识，观察心识活动，促成心识由染到净的转变，从而达到心识的自证，是《楞伽经》思想特色之一。佛言，自成佛直至涅槃，其间"不说一字，亦不已说，当说，不说是佛说"^⑤。佛说："我等及诸菩萨不说一字，不答一字。所以者何？法离文字故，非

---

① ［南朝宋］求那跋陀罗译：《楞伽阿跋多罗宝经》卷二，《大正藏》第16册，No.670，第489页a。
② ［南朝宋］求那跋陀罗译：《楞伽阿跋多罗宝经》卷四，《大正藏》第16册，No.760，第335页a。
③ ［唐］道宣撰，郭绍林点校：《续高僧传》卷一六《惠可传》，北京：中华书局，2014年，第568页。
④ ［南朝宋］求那跋陀罗译：《楞伽阿跋多罗宝经》卷一，《大正藏》第16册，No.670，第480页b。
⑤ ［南朝宋］求那跋陀罗译：《楞伽阿跋多罗宝经》卷三，《大正藏》第16册，No.670，第498页c。

不饶益义说。言说者，众生妄想故。"① 当然，如果说释迦牟尼自于菩提树下成道到最后涅槃，从不说法，则是不合乎历史事实的。现在流行的大量佛经就是他的弟子们通过三次结集而整理的，好多开头的"如是我闻"就足以说明这个问题。之所以说不执着语言文字，为的是强调不去执着、迷信言教，靠语言文字不能表达真正的觉悟境界，《楞伽师资记·惠可传》称："故学人依文字语言为道者，如风中灯，不能破暗，焰焰谢灭。若静坐无事，如密室中灯，则解破暗，照物分明。若了心源清净，一切愿足，一切行满，一切皆辨，不受后有。""又读者暂看，急须并却，若不舍，还同文字，学则何异煎流水以求冰，煮沸汤而觅雪。是故诸佛说，说或说于不说，诸法实践中，无说无不说，解斯举一千从。"所谓"说"是释迦牟尼权教之法，根据众生根机加以开导，对症说法以引导众生把自己的心识由染到净的转变。所谓"不说"，是释迦牟尼的实教之法，称真正佛菩萨所达到的觉悟境界是最高的精神境界。这种境界只能通过心性的转变，在内心真正领会佛心、佛性、真谛的妙境。这种至高境界既不能用言语文字来表述，也不能仅仅通过言说和阅读文字而体悟得到，只有通过内心的自证来完成。

3. 如来禅思想

人们常把达摩依据《楞伽经》为中心思想创造的禅法称之为如来禅。《楞伽经》卷二对如来禅有较为明确的阐释：

> 有四种禅。云何为四？谓愚夫所行禅、观察义禅、攀缘如禅、如来禅。云何愚夫所行禅？谓声闻、缘觉、外道修行者，观人无我性自相，共相骨锁，无常苦，不净相，执着为首。如是相不异观，前后转进，想不除灭，是名愚夫所行禅。云何观察义禅？谓人无我，自相共相，外道自他，俱无性已，观法无我，彼地相义，渐次增进，是名观察义禅。云何攀缘如禅？谓妄想二无我，妄想无实处。不生妄想，是名攀缘如禅。云何如来禅？谓入如来地，行自觉圣智相，三种乐住，成办众生不思议事，是名如来禅。②

《楞伽师资记·惠可传》引用《华严经》卷七，对如来禅的不可思议程度做

---

① ［南朝宋］求那跋陀罗译：《楞伽阿跋多罗宝经》卷四，《大正藏》第16册，No. 670，第506页a。
② ［南朝宋］求那跋陀罗译：《楞伽阿跋多罗宝经》卷二，《大正藏》第16册，No. 670，第492页a。

了进一步的阐释：

> 东方入正受，西方三昧起。西方入正受，东方三昧起。于眼根中入正受，于色法中三昧起。示现色法不思议，一切天人莫能知。于色法中入正受，于眼起定念不乱。观眼无生无自性，说空寂灭无所有，乃至耳鼻舌身意，亦复如是。童子身入正受，于壮年身三昧起。壮年身入正受，于老年身三昧起。老年身入正受，于善女人三昧起。善女人入正受，于善男子三昧起。善男子入正受，于比丘尼身三昧起。比丘尼身入正受，于比丘身三昧起。比丘身入正受，于学无学三昧起。学无学入正受，于缘觉身三昧起。缘觉身入正受，于如来身三昧起。一毛孔中入正受，一切毛孔三昧起。一切毛孔入正受，一切毛端头三昧起。一笔端头入正受，一切毛端三昧起。一切毛端入正受，一微尘中三昧起。一微尘中入正受，一切微尘三昧起。大海水入正受，于大盛火三昧起。一身能作无量身，以无量身作一身。解斯举一千从，万物皆然也。

如来禅法是体悟自心内证境界的最高级禅法，其中"一身能作无量身，以无量身作一身"等许多道理，这是愚夫所行禅、观察义禅、攀缘如禅所无法体验的。觉悟如来禅，六度万行体中圆，顿悟自心本来清净，原无烦恼，此心与佛心本来无异。如来禅亦名清净禅，亦名一行三昧，亦名真如三昧，是一切三昧的根本，惠可的如来禅是继承了达摩的心法，要求达到心识的转变，方能回归本来清净寂静的心体——如来藏，就可以永离生死轮回，达到解脱的目的。佛法的最高精神境界——第一义、真谛、真如、佛性、法性等同一属性，他们不是用言语文字可以表达和把握的，只有通过坐禅修心，才能最后体会到如来禅的最高精神境界。

第五节　僧璨禅法

僧璨（？~606年），出生年月、姓氏、籍贯均不详，仅知其于梁末至隋之乱世时出世。僧璨被尊为中国禅宗三祖，其事迹既未被《续高僧传》撰者道宣所采录，也不见于赞宁的《宋高僧传》，致使文书泯灭，其事难考。《祖堂集》关于僧璨的生平只有简单的几句话，唯《景德传灯录》卷三说得比较详细。据记载，僧璨出家后，隐居在舒州的皖公山（今安徽境内）。北周武帝灭佛后，"往来太湖县司空山，居无常处，积十余载，时人无能知者"。① 在隐居期间，他曾与道友去广东游罗浮山。后又回到舒州。隋大业二年（606年）圆寂。唐玄宗谥为鉴智禅师。然日本学者忽滑谷快天考证认为，此说非确。"谥号为镜智，是代宗所赐"。②

《续高僧传》卷一六《惠可传》中说："末绪，卒无荣嗣。"③ 意思是说惠可无嗣法人。但在同书卷二五《法冲传》中却说："可禅师后，璨禅师。"这一记载使人们怀疑僧璨禅师是否真为惠可的弟子。但是《历代法宝记》《传法宝纪》及《景德传灯录》等文献都明确说惠可传僧璨，僧璨再传道信。

传说僧璨著有一篇阐述禅理的《信心铭》，义理深奥，语言优美，历来被认为是禅宗的要典。学界有一种意见认为，这篇《信心铭》非僧璨所作，而是后人伪托的。近代著名佛学家吕澂把它与惠能的《坛经》相提并论。他说：

> 三祖僧璨有《信心铭》，六祖惠能有口述《坛经》，这些都被后人认为是禅宗要典。其间虽还有是非真伪等问题，可是既为后人所深信，又实际对禅家思想发生过影响，即无妨看为禅家尤其是南宗的根本典据。④

此说颇有见地。因资料缺乏加以年代久远，古代典籍不少都存在真伪难辨的问题，不能以"伪"而一概否认之。《信心铭》既被传为僧璨所作，自然会有一定的依据。退一步说，即使该书真为后人伪托，但对僧璨研究仍有参考价值，因为它至少在一定程度上可以反映僧璨的佛学思想。通过《信心铭》，结合其他文献的记载，可以看出僧璨的禅学思想可总结为以下数端。

1. 以定除魔

《传法宝纪》僧璨事迹曰："在舒州，一名思空山。此山先多猛兽，每损居人。自璨之来，并多出境。"《历代法宝记》载："璨大师亦佯狂市肆，后隐舒州思空山。遭周武帝灭佛法，隐皖公山十余年。此山北多足猛兽，常损居人。

---

① ［宋］释道元著，妙音、文雄点校：《景德传灯录》卷三，成都：成都古籍书店，2000年，第40页。

② （日）忽滑谷快天著，郭敏俊译：《禅学思想史2·中国部1》，台北：大千出版社，2003年，第426页。

③ ［唐］道宣撰，郭绍林点校：《续高僧传》卷一六《惠可传》，北京：中华书局，2014年，第568页。

④ 吕澂著：《中国佛学源流略讲》，北京：中华书局，1979年，第373页。

自璨大师至，并移出境。"璨禅师"萧然静坐"，以禅定力，感通人天护佑，使得多足猛兽移出思空山，给当地人们带来安居乐业的生活环境。魔有两种：一为身外魔，包括各类损人猛兽和排佛势力，排佛势力实指周武帝灭法，由于当时状况，不便明指；二为身内魔，是指执着烦恼等障碍自性清净现前的诸染污法。在深得惠可禅旨明白自性清净的道理情况下，他无法抵制身外魔对他的压力，为继佛传灯慧命，不得不佯狂市肆，佯狂市肆实为不得已而为之。自性清净现前，不被执着烦恼诸障所染，尽管佯狂市肆，以禅定力掣系内心不被外缘所染，与深山坐禅静虑无异。以"佯狂市肆"才躲过了周武灭法的魔劫，从而将惠可所传禅法顺利地交到了道信的手中。

2. 一即一切，一切即一

《楞伽师资记·璨禅师传》记载僧璨："印道信，了了见佛性处，语信曰：'《法华经》云：唯此一事，实无二，亦无三。'"他曾通过为北周慧命的《详玄赋》作注以阐发自己的思想，内云："此明秘密缘起，帝纲法界，一即一切，参而不同。所以然者，相无自实，起必依真。真理自融，相亦无碍。故巨细虽悬，犹镜像之相入。彼此之异，若珠色之交形。一即一切，一切即一。缘起无碍，理理数然也。"《景德传灯录》卷三〇载有《三祖僧璨大师信心铭》，[①] 有人认为是后人的伪作，但被后代禅僧屡屡引用。《信心铭》中对"一即一切，一切即一"的禅法做了较为准确的诠释。"一"即指心、清净佛性、真如等。"一切"即指一切法，包括世间法，出世间法。所有万法统归心摄，则为一法，即心法。正像《信心铭》中所讲"一心不生，万法无咎"。所谓寻求心法，就是说修行者应息绝言语、思虑，既不要执着"二见"，也不必执意守心，方能使自己的心识做到无拘无束清净无为，便可以达到己心与真如相应的"不二"觉悟境界，用"一即一切，一切即一"来思维洞察事物，便能泯灭一切差别观念，看清真如佛性及宇宙万物皆有相融无碍的本来面目及万法归一的真谛道理。

3. 不执着言语文字，直探心源

由于达摩传《楞伽经》与惠可、惠可传僧璨，他们的禅法皆以《楞伽经》中心思想为宗旨，重视内心自悟，反对执着文字。《楞伽师资记·璨禅师传》云："隐思空山，萧然静坐，不出文记，秘不传法……故知圣道幽通，言诠之所

---

① ［宋］释道元著，妙音、文雄点校：《景德传灯录》卷三，成都：成都古籍书店，2000年，第640~641页。

不逮；法身空寂，见闻之所不及。即文字语言，徒劳施设也。"唐代宗大历七年（772年）舒州刺史独孤及撰《舒州山谷寺觉寂塔隋故镜智禅师碑铭并序》[①]、《舒州山谷寺上方禅门第三祖璨大师塔铭》[②]，对僧璨不执着文字、直探心源的禅法思想亦有明确记载。其中，第一通碑铭谓：

> 谓身相非真，故示有疮疾；谓法无我所，故居不择地。以众生病为病，故至必说法度人。以一相不在内外，不在其中间，故足言不以文字。其教大略以"寂照妙用"摄群品，"流注生灭"，观四维上下，不见法，不见身，不见心，乃至心离名字，身等空界，法同梦幻，亦无得无证，然后谓之解脱禅门。

僧璨隐居思空山时"萧然静坐，不出文记，秘不传法"，[③]只收弟子道信一人，用大乘佛教佛性的道理对他进行开示，向他讲述《法华经》："唯此一事，实二无，亦无三"的"会三归一"的教法，提醒他不要执着语言文字，真如佛性不是用语言文字可以表达出来的，只有通过坐禅认识心性的真正意义，才能真正悟解佛的法身，原来却是佛心与己心无疑。正像《历代法宝记》中所载："可大师语曰：'汝大风患人，见我何益？'璨对曰：'身虽有患，患人心与和尚心无别。'可大师知璨是非常人，便附嘱法及信袈裟与僧璨。"此也正说明众生心与佛心无别的道理，佛心与众生心差别在于执着与否，染与净的问题，这正是要通过坐禅修习转变心识的必然所在。

---

① 《全唐文》卷三九〇，上海：上海古籍出版社，1990年，第1758页。朝廷曾降诏赐僧璨"镜智"之谥号，赐塔"觉寂"之额。

② 《全唐文》卷三九二，上海：上海古籍出版社，1990年，第1766页。

③ P.3436净觉《楞伽师资记》。

第三章　四祖道信与中国禅宗的形成

佛法东流中土，为求得生存与发展，不得不适应中国旧有的文化传统，并与之融合，逐步形成了独具特色的中国式佛教，而这种佛教在某种意义上已经偏离了印度原始佛教的特性。印度佛教没有派系，不太注意引导众生的修行。而中国佛教则相反，往往通过建立宗派以扩充自己的势力，于隋唐五代形成了多种宗派。其中，以禅宗的历史发展脉络最为清晰，从印度禅宗诸祖到菩提达摩入华传法，及其以后的诸祖都比较清楚，敦煌文献也多有记载。达摩入华前中原流行的禅法基本上是小乘禅法。达摩入华带来了大乘禅法，随着佛教中国化的进程加快，禅宗也迅速地实现了中国化。其中，禅宗四祖道信（580~651年）在这一过程中有着至关重要的作用。

第一节　道信禅法

关于道信的记载，最早见于《续高僧传》。敦煌文书中，有关道信的记载可信的有《楞伽师资记》《传法宝纪》《历代法宝记》等文献。《景德传灯录》中有关道信的记载，因为蜀地禅宗与南宗曹溪派为了宣传自己的宗旨，其中与道信有关的记载有些不足为信。

禅宗主张不立文字，教外别传。与其他教派不同，没有任何像《法华经》《大日经》《阿弥陀经》之类的权威性经典。[1] 这些经典能体现出某些宗派的核心思想。这种"不立文字"的传统在道信身上即有所反映，观其一生，著述甚少。据《楞伽师资记》载，道信著有《菩萨戒法》和《入道安心要方便法门》，并未发现其他著述。前者讲授菩萨戒的要领，惜早已失传，后者原书同佚，但主要内容幸被保存于其四传弟子净觉所撰《楞伽师资记》（敦煌遗书S.2054和

---

① （日）关口真大『達磨の研究』東京：岩波書店，1967年，"序言"。

P.3436）中，主要讲述的是"诸佛心第一""一行三昧""念佛即是念心，求心即是求佛""守一"和"看心"等内容。①

综观道信禅的诸法门，归根到底可归于"心"与"佛"上，佛存在于心中，人心具有清净和污染两重性。人们只要不使原本清净的心受到熏染（即追逐名利及诸杂念），正常的心即具备了佛性，亦即当身是佛，当即是佛。真正使本来清净之心不产生诸杂念非为易事，身处五浊娑婆世界，七情六欲俱全，要想使原本清净佛性常现，不被诸熏染所恼，不产生邪念，就须坐禅。唐人杜朏撰《传法宝纪·道信传》如是言：

> 每劝诸门人曰："努力勤坐，坐为根本。能作（坐）三五年，得一口食塞饥疮，即闭门坐。莫读经，莫共人语。能如此者，久久堪用，如猕猴取栗中肉吃，坐取研，此人难有。"

道信主张戒禅并传，要求门人"努力坐禅"，而无须诵读佛经，不与人往来，以求清净之心不被污染。同时讲求农禅并重。

专心坐禅当然不是无所思虑，而是要"守一""看心""念佛"，心即佛，佛即心，心佛一体，这样自身本来清净的佛性就不会被诸杂乱所扰动，清净之性自然常现。佛教各宗皆讲见性成佛，唯有禅宗见性成佛的方法最简单，最直观，最彻底。道信禅师的各种修禅法门无一不是围绕着心与佛这个问题展开的，所开各种法门会因人而异，根据因缘根机及悟彻的程度相机而行。

"诸佛心第一"之意义，杨曾文曾做过深刻而准确的解释：

> 意为在大乘的各种引导众生解脱的法门中，只有观悟如来藏自性清净心（本有佛性）的法门才是最重要的。众生之心从根本上说等同于诸佛之心，但只有在众生通过观悟自己本有佛性，断除掩覆于本有佛性之上的烦恼情欲之后，才能使清净的佛性显现，从而达到解脱。②

佛本虚幻，佛心更是如此，人心即佛心。心即佛，佛即心。这里所言佛心

---

① 释惠敏：《道信禅师的禅法与东山门下的流变——以〈入道安心要方便〉为中心》，载《中华佛学研究所论丛（一）》，台北：东初出版社，1989年，第1～25页。

② 杨曾文著：《唐五代禅宗史》，北京：中国社会科学出版社，1999年，第74页。

指众生本具有的清净之心，保持清净之心永不受污染，认识自己的本性，也就具足了佛心第一了，也就具足心佛一体了。

"一行三昧"，亦作"一相三昧"，指专心坐禅，静心入定，专心观想并称念想一佛的庄严及名号，念念相续，永不间断，就能由一佛看见无量劫以来过去、现在、未来诸佛，把自身与法界联系起来观想，诸佛法身和法界平等无二，诸佛法身与己清净之心平等无二，从而达到即心、即身、即佛。

"念佛即是念心，求心即是求佛"，更为直接地阐述了心佛互为一体的道理，离心求佛犹如水中捞月。他在引证了《大品般若经》的"无所念者，是名念佛"之后说："即念佛心，名无所念；离心无别有佛，离佛无别有心，念佛即是念心，求心即是求佛。"[①]把己心作佛，把佛作己心，只有达到这样的境界，才能求得真解脱。

"守一"和"看心"两种法门是相辅相成的。"一"即"一如"，亦即本来清净的佛性，坚守一如永不丢失，是成佛的关键。"看心"具有双重性，充分认识心的属性，即先天具有的清净之心和后天受世俗所染，容易产生的染污之心，只要守住先天具有清净之心不受染污，也就找到了佛法的真谛。概括道信禅师诸法门，可归结如下：明心见性，佛在自身，别无所求，皆为虚妄。

道信如同历代禅师一样，对禅法的传承，注重心法，坐禅修道，明心见性，而很少著书立说，故后人不易了解其思想及修持的法门。今天对他的研究，除上述少量存世的道信著作外，特别要注意其法嗣的行为及著述。只有这样，才能对道信禅法了解得更为全面。道信禅师在圆寂前确定弘忍为他的传灯继承人，说明弘忍对道信禅法的理解与接受有独到之处。敦煌文献中所存P.3777弘忍著《蕲州忍和尚导凡趣圣悟解脱宗修心要论》，内容相当丰富，对认识弘忍的思想及其与道信禅法的传承关系，具有积极意义，但尚未引起禅宗史研究者应有的注意，故不厌其长，节录如下：

> 《蕲州忍和尚导凡趣圣悟解脱宗修心要论》一卷
> 夫言修道之体，自识当身，本来清净，不生不灭，无有分别，自性圆满，清净之心，此是本师，乃胜念十方诸佛。
> 问曰："如何知自心本来清净？"

---

① 杨曾文著：《唐五代禅宗史》，北京：中国社会科学出版社，1999年，第75页。

答曰："《十地论》云，众生身中，有金刚佛性，犹如日轮，体明圆满，广大无边，只为五荫重云所覆，如瓶内灯光，不能照外。又以即日为喻，譬如世间云雾，八方俱起，天下阴暗……"

问曰："如何知自心本来清净不生不灭？"

答曰："《维摩经》云：如无有生，如无有灭。如者谓真如佛性，自性清净，心源真如本有，不从缘生。又云：一切众生皆如也，众圣贤亦如也，一切众生者，即我等是也，众圣贤者，即诸佛是也，言名相虽别，身心真如，法体并同，不生不灭，故言皆如也，故知自心本来，不生不灭……"

问曰："云何凡心得胜佛心？"

答曰："常念他佛，不勉生死；守我本心，得到彼岸。故《金刚般若经》云：'若以色见我，以音声求我，是人行邪道，不能见如来。'故知守真心，胜念他佛。又言：'胜者，只是约行，劝人之语，其实究竟果体，平等无二……'"

问曰："何知守心是入道之要门？"

答曰："乃至举一手爪甲画佛像，或造恒沙功德者，只是佛为教导无智慧众生，作当来之因，缘报业，乃是见佛之因。若愿自身，早成佛者，会是无为，守自守心，三世诸佛，无量无边。若有一人，不守真心，得成佛者，无有是处。故经云：正心一处，无事不辨。故知守真心，是入道之要门……"

问曰："云何是无记心？"

答曰："诸摄心人为缘外境，粗心少息，内缚真心，心未净时，于行住坐卧中，恒征意看心，犹未能得，了了清净，独照心源，是名无记；亦是漏心。犹不免生死大病。况复总不知守心者，是人沉没生死苦海，何日得出。可怜！努力！经云：'众生若不精诚，不内发者，于世三界中，纵值恒沙诸佛，无所能为。'经云：'众生识心自度，佛不能度众生者。'若佛渡众生者，过去诸佛，恒沙无量，何故我等不成佛也？只是精诚不内发，是故沉没苦海，努力！过去身不知己过，悔亦不及。今身现在，有遇得闻，分明相语，快解此语，了知守心是第一道，不肯发至心，求愿成佛，受无量自在快乐，仍始轰轰随俗，贪求名利，当来坠地狱中，受种种苦恼……"

问曰："此论从首至末，皆题自心是道，未知果行二门，是何门而摄？"

答曰："此论显一乘为宗，然其至意，道迷趣解，自免生死，乃能度人，直言自利，不说利他，约行门摄。若有人依文行者，即在前成佛。若我诳汝，当来堕十八地狱，指天地为誓。若不信我，世世被虎狼所食。"

敦煌文献中所存弘忍《蕲州忍和尚导凡趣圣悟解脱宗修心要论》共有13篇，其卷号分别为北宇004（北8391）、裳75（北8390）、S.2973、S.6958、S.2669v、S.3558、S.4064、P.3434、P.3559+P.3664、P.3777、日本龙谷大学本122、俄藏 M 1227（Дх.00649）、M 2641（Дх.1996B + 2006B）。全卷共十四个问答，分别为弟子们在修行中遇到的难题，请五祖弘忍禅师逐一回答。这十四个回答可视作弘忍禅修的十四种法门，依次为：一自心本来清净；二自心清静不生不灭；三心是本师；四凡心得胜佛心；五佛心与众心同一；六真如法性同一无二；七守心是涅槃之本；八守心是入道之要门；九守真心是十二部经之宗；十守心是三世诸佛之祖；十一无记心；十二我所心；十三无所攀缘清净心；十四自心是道。

把弘忍的十四种法门与道信的"诸佛心第一""一行三昧""念佛即是念心，求心即是求佛""守一""看心"诸法门相比较，可看出两者之实质本无二致，都立足于对"心"的阐述。众生轮回生死六道，究其源就是迷惑心性，本性被妄相覆盖，犹如明镜落尘，损污明性，揩拭复明，修道亦然。众生的无明心就是贪根，贪根亦同爱本。若欲出离三途，先须割断根本，即见心源，心源不离性源，与真体无二。学道之法必先知根源，求道不如求心，识心之体性，方明道之根本，一了千明，一迷万惑。心无形相，内外不居，境起心生，亡心灭色，色大心广，色小心微，无色无形，无心无想，色相俱息，寂净常安。常在系中，心无可系，身常依幻，离我身幻，欲约其心，心依体有，心不自见，身不自名，心会一空。身依四大，四大无我。念念无心，心我两如，常归实相，心住一切法不动，是名真禅定。法无形不可见，法无相不可见，一切法皆是心作，心不可见，以不可见，是名为见法。知心寂灭，即入空寂法门；知心无系缚，即入解脱法门；知心无相，即入无相法门；觉心无心，即入真如法门；若能知心如是者，即入智慧海法门。弘忍大师深得道信禅修之要义，结合自己修禅的体会，强调识心的重要性，把此十四法门识为成佛解脱的必由之路。不惜以自己将来堕十八地狱作保证，信誓旦旦，证明自己的体会及言语真实不虚，以此来引导众生迈入解脱之捷径。

从道信的《入道安心要方便法门》到弘忍的《蕲州忍和尚导凡趣圣悟解脱宗修心要论》，不但著述形式相似（皆为问答开示），而且中心思想亦基本一致（安心与修心），由此可见，弘忍作为道信的传灯弟子，不仅深得道信法旨，而且忠实地按照道信禅法修行。因此，我们研究道信思想，在资料匮乏的情况下，不妨通过研究弘忍的禅法思想来窥其一斑。他们所讲的安心与修心，名异质同，都讲心是成佛之根本。

第二节　禅宗的形成

《续高僧传》记载，道信"初七岁时经事一师，戒行不纯。信每陈谏，以不见从。从密怀斋检，经于五载而师不知"。可见道信最先修习的是秘密斋戒。经过五年秘密斋戒后，后来听说皖公山（在今安徽潜山西北）有两位禅师在静修禅业，便去皈依僧璨与他的同学定禅师。道信在僧璨处学禅八九年，僧璨要去南方的罗浮山，对道信说"汝住，当大弘益"。大概此时道信开始到各地游历，教化百姓。隋大业年间（605~617年），被正式批准出家，"配住吉州（今江西吉安）寺"。当时曾发生过这样一件事：

> 被贼围城，七十余日，城中乏水，人皆困弊，信从外入，井水还复。刺史叩头，问贼何时散。信曰："但念般若。"乃令合城同时合声。须史，外贼见城四角大人力士威猛绝伦，思欲得见，刺史告曰："欲见大人，可自入城。"群贼即散。[1]

这段记载虽含神异之说，是否真实姑且不论，但从中可见当时道信修习般若禅之一斑。隋末，道信到庐山大林寺居住，后到蕲州黄梅双峰山传法"三十余年"，从20到40岁，道信在南方游学。

道信在吉州教大众念般若波罗蜜退贼的传说隐藏了一个重要信息，就是道信在南方游学时，曾受到"般若波罗蜜"法门的深刻影响。从汉末到南北朝的大约400年间，般若理论同当时流行的魏晋玄学相互助长，风靡一时。支娄迦谶所翻译的《道行般若》被称为《小品般若》，鸠摩罗什翻译的《摩诃般若波罗

---

① ［唐］道宣撰，郭绍林点校：《续高僧传》卷二一《道信传》，北京：中华书局，2014年，第807页。

蜜经》被称为《大品般若》，其中以十卷本的《小品般若》最为流行。经过梁武帝的提倡后，南朝陈时，三论宗盛行于长江下游地区。南岳慧思在光州（今河南省潢川县）发愿造"金字摩诃般若波罗蜜经"全部，并作《立誓愿文》。弟子智首也重视般若经，论及《中论》。佛教的修习方法很多，大乘佛教归结为布施、持戒、忍辱、精进、禅定、般若等六种教人解脱的方法。在这六种方法中，般若的智慧是核心。因为般若波罗蜜是造就菩萨、得道成佛的指导思想，是统帅其他各种功德的修习方法的灵魂。般若法门，不但重视"一切法皆无自性，无性故空，空故无相，无相故无愿，无愿故无生，无生故无灭。是故诸法本来寂静，自性涅槃"[1]的证悟，而且更重视通过听闻、受持、读、诵、书写、供养等方式以闻思方便达到证悟。般若波罗蜜的读诵受持，修证有现世的种种功德，如《摩诃般若波罗蜜经》卷八中所说：

> 是般若波罗蜜，若听、受持、亲近、读、诵、为他说、正忆念，不离萨婆若心，诸天子！是人魔若魔民不能得其便……人非人不能得其便……终不横死……若在空舍，若在旷野，若人住处，终不怖畏……我等（诸天）常守护……得如是今世功德。[2]

可见，只要读诵和受持"摩诃般若波罗蜜"，人们就可以受到诸天神和诸佛的保佑，而般若波罗蜜自身也有威力，它可以击退任何邪恶的伤害。所以帝释说，般若波罗蜜能消诸恶，自在所作，无有与等者。佛说般若波罗蜜学者、持者、诵者或当巨难之中，终不恐不怖。所以，《般若波罗蜜经》在印度最为普及，成为大乘佛教中兴的主要经典。《摩诃般若波罗蜜经》卷九，有"外道异学梵志"及"恶魔化作四种兵"来侵扰佛的记载，而佛是依靠"诵念般若波罗蜜"而使外道与魔军退散。道信劝吉州全城百姓"诵念般若"而使"群贼退散"的传说，说明道信对"般若波罗蜜"法门的内容是有着深刻的理解与接受的。

"路次江州，道俗留止庐山大林寺……又经十年。"[3] 大林寺是庐山名寺，为三论宗弟子智锴所建。智锴曾向天台智头禅师修习禅法，因此道信禅法可能通过智锴而受产生多方面影响。总之，道信在南方游学时，与三论宗、天台宗法

---

① ［唐］玄奘译：《大般若波罗蜜多经》卷三九四，《大正藏》第6册，No.220，第38页a。
② ［后秦］鸠摩罗什译：《摩诃般若波罗蜜经》卷八，《大正藏》第8册，No.223，第280页a-c。
③ ［唐］道宣撰，郭绍林点校：《续高僧传》卷二一《道信传》，北京：中华书局，2014年，第807页。

门多有接触，这对道信禅法发展至关重要。

武德七年（624年），"蕲州道俗请度江北黄梅县，众造寺，依然山行，遂见双峰有好泉石，即住终志……自入山来三十余载，诸州学道，无远不至"①。道信在黄梅双峰山生活了30余年，这是道信宣传与传播禅法的重要阶段。《传法宝纪》明确记载："居卅年，宣明大法。"② 道信在双峰山定居下来，诸州学道者无远不至。其中著名的弟子有荆州法显、常州善伏、荆州玄爽及为道信在山侧造龛的弟子元一等，山中门徒最多时达到500多人，而其中最著名的弟子是弘忍。永徽二年（651年）八月，其命弟子在山侧造龛："门人知将化毕，遂谈究锋起，争希法嗣。及问将传付，信喟然久之曰：'弘忍差可耳。'因诫嘱，再明旨颐。"③ 关于道信临终付嘱，《续高僧传》说："众人曰：'和尚可不付嘱耶？'曰：'生来付嘱不少。'"④ 这里就出现了矛盾，一说付嘱不少，一说付嘱弘忍。这一说法的不同，是因为存在着对"付嘱"的不同见解。

禅宗重《楞伽经》，最初的楞伽师修头陀（Dhūta）行都遵守一种严格的戒律。头陀行共有十二种戒，其中特别规定不许在一地久留，以免产生留恋，所以他们是居无定所的。尽管他们也都随方传教，却不能形成一种团体。这种状况到道信时才发生了巨变。他先在庐山大林寺住了10年，后又在黄梅双林寺定居了30年，并且聚徒500人，这就与楞伽师的做法完全不同了。⑤ 具有明显的中国佛教特色，标志着具有中国特色的禅宗的形成。

第三节 道信顿渐思想与南北宗之分野

弘忍在道信处受学时，道信不但以安心坐禅开示弘忍，还以顿渐之理教弘忍入门。宋人赞宁记曰：

> 时年七岁也。至双峰，习乎僧业，不遑艰辛。夜则敛容而坐，恬澹自

---

① ［唐］道宣撰，郭绍林点校：《续高僧传》卷二一《道信传》，北京：中华书局，2014年，第807页。

② 杨曾文校写：《敦煌新本六祖坛经》附录一《传法宝纪并序》，上海：上海古籍出版社，1993年，第166页。

③ 杨曾文校写：《敦煌新本六祖坛经》附录一《传法宝纪并序》，上海：上海古籍出版社，1993年，第166页。

④ ［唐］道宣撰，郭绍林点校：《续高僧传》卷二一《道信传》，北京：中华书局，2014年，第807页。

⑤ 吕澂著：《中国佛学源流略讲》，北京：中华书局，1979年，第206页。

居。泊受形俱，戒检精厉。信每以顿渐之旨，日省月试之。忍闻言察理，触事忘情，痖正受尘渴方饮水如也。①

可知弘忍曾在道信指导下如饥似渴地修习顿悟和渐悟法门，深得顿渐之主旨。弘忍把此二法门又传给弟子惠能和神秀，但两人各偏执一法门，从而形成了南宗与北宗，"南顿北渐"之说由此而兴，并迅速影响全国，禅宗中国化臻至巅峰。P.2045《菩提达摩南宗定是非论》云：

> 远法师问曰："何故不许普寂禅师称为南宗？"
> 秀和尚答："为神秀和上在日，天下学道者号此二大师为南能北秀，天下知闻，因此号遂有南北两宗。"

敦煌地处西北边陲，南北禅宗的思想在敦煌都有影响，并指导着敦煌禅僧的修学。在敦煌文献中保存着不少关于南北宗的思想史料，其中有些早已失传，成为判定南北宗及其思想演变的弥足珍贵的资料。现略举数端。

《大乘五方便》（又称《大乘无生方便门》）：北生 24v、S.2503、S.7961、P.2058、P.2270、S.2561、S.735、P.2836、S.1002；

《大乘北宗论》：散 1477、S.2581；

《大乘开心显性顿悟真宗论》：P.2162、S.4286；

《南天竺国菩提达摩禅师观门》：S.2669、S.2583、S.6985

《北宗五方便门》：S.2400；

《南阳和上顿教解脱禅门真了性坛语》：北寒 81、S.2492、S.6977、P.2045 等；

《南宗定邪正五更转》：P.2045、露 6v、咸 18、S.2679、S.6083；

《菩提达摩南宗定是非论》：P.3047、P.3488、P.2045、S.7907、敦博 77。②

惠能与神秀同为弘忍门下大弟子，但对禅的看法不同，遂分为南北二宗。北宗禅法多弘扬于北方贵族阶层，南宗初行于岭南一带。南宗主张顿悟，北宗

---

① ［宋］赞宁：《唐蕲州东山弘忍传》，载《宋高僧传》卷八，北京：中华书局，1987 年，第 171～172 页。

② （日）篠原寿雄、田中良昭（编）『講座敦煌 8 敦煌佛典と禅』東京：大東出版社，1980 年；（日）田中良昭『敦煌禅宗文献の研究』東京：大東出版社，1983 年。

主张渐修，各执一词，①后由惠能弟子神会相继于开元十八年（730年）之洛阳、开元二十年之滑台（也称白马，在今河南省滑县东）定南北宗是非大会上，批评北宗禅"师承是傍，法门是渐"，指出惠能才是达摩以来的禅宗正统。②

道信所传顿渐法门，原意在于因人施教，善巧方便，而没想到会引起门户之争。从敦煌文献《大乘北宗论》《大乘五方便》诸卷内容中，即可清楚地看出神秀对道信以来禅法的发展。"体用"二字可以作为理解神秀禅法的纲领，他的《观心论》（S.646、S.2595、S.5532、P.2074、P.2732、P.1885、P.2460、P.4646、P.2657v、龙谷122）是通过对心之体用和理解以强调观心、守心的必要性，其"五方便"则是"体用不二"说在修禅实践中的具体贯彻。神秀的禅法由于立足于"自性清净心"而注重"息妄"的渐修，因而显示出与南宗的差异。"拂尘看净，方便通经"是北宗渐修法的重要标志，"凝心入定，住心看净，心起外照，摄心内证"，则概括了北宗禅法的主要特征。

由于惠能为不识字的樵夫，读诵佛经，理解佛旨经典有先天障碍，于是便宣扬"即心是佛"的观点，识己心为佛心，只要不使自己本来清净之心受熏染，便可以当身为佛，时时成佛。这一观点为钝根者的向佛趋佛指明了道路，故受到修学之人的推崇和赞美。南北二宗的禅学思想有很多相通的地方，如因果报应说、累世修行与向外求寻等，都没有偏离四祖道信的禅法思想。

相异的地方主要体现在如下两个方面：

一是佛性与烦恼的关系。南宗侧重于真心与妄心的一体，认为两者并不截然对立；北宗侧重于佛性与无明的不同功能，认为两者绝对不同。见解的差异导致二宗在禅法修行上对是否排除妄念（通常的意识活动）提出不同的主张。

二是真心与佛性的关系。北宗把对心性的抑制当作佛性显现；南宗把心性活动排除自觉控制条件下自发的直觉当作佛性。南北二宗在成佛方法和如何修行上主张不同。北宗主张"离念"，即慢慢地完全转变妄念为清净觉悟，如同把坏人变为好人需要的过程一样；南宗主张"无念"，即发现真心就意味着除去妄

---

① 冉云华：《敦煌遗书与中国禅宗历史研究》，《中国唐代学会会刊》（台北）1993年第4期，第54～61页；Yanagida Seizan, The Li-tai fa-bao chi and the Ch'an Doctrine of Sudden Awakenning, Whalen Lai and Lewis Lancaster（ed.），*Early Ch'an in China and Tibet*, Berkeley: Asian Humanities Press, 1983, pp.13-50；屈大成著：《中国佛教思想史中的顿渐观念》，台北：文津出版社，2000年，第372～403页。

② 胡适：《荷泽大师神会传》，载潘平、明立志编《胡适说禅》，北京：东方出版社，1993年，第113～117页；杨曾文编校：《神会和尚禅话录》，北京：中华书局，1996年，第169～186页。

念，如拭镜面浮尘一样。①这些体现的都是该宗一念成佛的主张。北宗主张定慧为修行的两个步骤；南宗则认为定慧是一个事物的两个方面。北宗修行成佛主张循序渐进，顿悟是整个修行中的一环；南宗则主张顿悟成佛，只要明心即无须准备，由突发的精神境界一念之间实现佛的觉悟。北宗追求外在的目标并遵循外在的仪式与方法；南宗则抛弃外在的目标与仪式，而直接获得内心的体认。南北二宗对修行成佛的认识及方法存在着差异，其渊源同出自道信的顿渐之法。道信始传顿渐之法于弘忍，弘忍又传之于弟子惠能和神秀，并由此而得以发扬光大。所以说，南北二宗其实并不存在对立和敌视，它们只不过是道信门下的一门二法罢了。

从现有史料无法确知道信所传"顿渐之旨"的具体内容，但通过对他的嫡系法孙惠能及神秀思想的剖析，可窥见其要领之一斑。

弘忍圆寂后，其门下"堪为人师"的十大弟子皆分头弘化，在把东山法门传向全国的同时，弟子们又各立门户，逐渐形成了不同的禅宗派系。其中对后世影响较大的有法如系、神秀系、惠能系、智诜系。这四系在敦煌文献中均有记载，有些甚至是研究禅宗发展史独一无二的历史资料。从禅法上看，法如保持了早期禅宗的朴素禅风，他的禅法与惠能很相似。玄赜、老安的禅法中有许多与南宗相似，将其归入神秀的北宗禅并不合适。在四川弘化的智诜门下净众系与保唐系所传的禅法，既不同于神秀的北宗，也有异于惠能的南宗。该派虽在义理上追随南宗，但仍然属于南北宗之外独立的一个支派。

仅用"南能北秀"一语是不能概括东山法门之禅法思想的。我们研究道信，不能仅就其个人而言之，因为禅法不立文字，直指心源，我们需要对道信、弘忍及弟子们的禅法思想都进行深入细致的研究，继而加以综合考察与具体分析，才能对道信的禅法有一个较全面的了解。

---

① 冉云华：《敦煌文献中的无念思想》，《敦煌学》第9辑，1985年，第1～13页（收入氏著《中国禅学研究论集》，台北：东初出版社，1990年，第138～159页）。

第四章　东山法门及其敦煌禅修的影响

第一节　弘忍其人其事

弘忍（602~675年）是唐代著名习禅高僧，他与其师四祖道信共同缔造的东山法门在中国禅宗史上居于极为重要的地位，被禅宗尊为五祖。宋人赞宁《宋高僧传》卷八、道原《景德传灯录》卷三及敦煌发现的早期禅宗史书净觉撰《楞伽师资记》（S.2054、S.4272、P.3294、P.3436、P.3537、P.3703、P.4564、Дx.1728 / M.2686、Дx.5464、Дx.5466、Дx.8300、Дx.18947）、杜朏撰《传法宝纪》（P.2364、P.3858、P.3559+P.3664）和佚名氏撰《历代法宝记》（S.516、S.1611、S.1776、S.5916、P.2125、P.3717、P.3727、Ф.216及日本石井光雄藏精编本）等都列有专传，而且敦煌还发现有记述其禅法的《蕲州忍和尚导凡趣圣悟解脱宗修心要论》[北宇004（北8391）、裳75（北8390）、S.2973、S.6958、S.2669v、S.3558、S.4064、P.3434、P.3559+P.3664、P.3777号、日本龙谷大学本122和俄藏 M 1227（Дx.00649），M 2641（Дx.1996B + 2006B）]，为弘忍禅法及其生平事迹的研究提供了丰富而珍贵的资料。其中，《历代法宝记·弘忍传》（以下简称《弘忍传》）内容丰富，史实与传说杂陈。

《历代法宝记》，又名《师资血脉记》《定是非摧邪显正破坏一切心传》或《最上乘顿悟法门》，旨在宣传以唐成都保唐寺为中心的禅系为正统禅宗，是保唐寺无住于大历九年（774年）去世后由其弟子编纂而成的。历代大藏经未收，久已失传。幸敦煌存其写本9件，其中S.516和P.2125见录于《大正藏》第51册。各个抄本之间互有差异，兹以P.2125为底本，参以他本（部分写本缺《弘忍传》），择善而从，校录如下：

> 唐朝第五祖，弘忍禅师，俗姓周，黄梅人也。七岁事信大师，年十三入道披衣。其性木讷沉厚，同学轻戏，默然无对。常勤作务，以礼下人。

昼则混迹驱给，夜便坐摄至晓，未常懈倦。卅年不离信大师左右。身长八尺，容貌与常人绝殊。得付法袈裟，居冯茂山，在双峰山东，相去不遥。时人号为东山法门，即为冯茂山也，非嵩山是也。

时有狂贼可达寒、奴戮等，围绕州城数匝，无有路入，飞鸟不通。大师遥见，来彼城，群贼退散。递相言："无量金刚执杵趁（瞋）我，怒目切齿，我遂奔散。"忍大师却归冯茂山。

显庆五年，大帝敕使黄梅冯茂山，请忍大师。大师不赴所请。又敕使再请，不来，敕赐衣药，就冯茂山供养。后卅余年，接引道俗，四方龙像，归依奔凑。大师付嘱惠能法及袈裟。后至咸亨五年，命弟子玄赜师与吾起塔，至二月十四日，问："塔成否？"答言："功毕。"大师云："不可同佛二月十五日入般涅槃。"又云："吾一生教人无数，除惠能，余有十尔。神秀师、智诜师、义方师、智德师、玄赜师、老安师、法如师、惠藏师、玄约师、刘主簿。虽不离吾左右，汝各一方师也。"后至上元二年二月十一日，奄然坐化。忍大师时年七十四也。弟子唯惠能传衣得法承后。学士闾丘均撰碑文。①

该传虽然文字不多，但值得探讨之处却不少，如作者对南、北禅及剑南禅的态度；弘忍十大弟子，尤其是惠能、神秀、玄赜、智诜地位的变迁；弘忍的卒年；弘忍吉州退敌故事的真伪；唐高宗是否曾召请过弘忍等，都是禅宗史上不可忽略的问题。

《历代法宝记》撰著者不详，但从行文不难看出，作者是南宗禅的信徒。这在《弘忍传》中不无反映。

众所周知，禅宗之最终形成，大致在7世纪的中叶，真正的创始人应为四祖道信和五祖弘忍。他们都讲求禅修的顿、渐法门，②意在因人施教，善巧方便，后因弟子们对禅的看法不同而引起门户之争。在弘忍的弟子中，以神秀和惠能最为著名。

道信、弘忍之东山法门继承的是达摩以来重视《楞伽经》的传统，把通过

---

① 《宋高僧传·弘忍传》记载："开元中，太子文学闾丘均为塔碑焉。"唐代任唐山主簿的刘澄编纂有《南阳和尚问答杂徵义》（敦煌写卷S.6557、P.3047及日本石井光雄收藏本），文中亦曰："闾丘均造碑文，其碑见在黄梅。"碑原立湖北黄梅五祖寺，今已荡然无存。

② ［宋］赞宁：《唐蕲州东山弘忍传》，载《宋高僧传》卷八，北京：中华书局，1993年，第171页。

禅观修行达到心识的转变作为对修行者的基本要求。因为神秀在这方面有卓越的表现而得到了弘忍的赞许。① 唐高宗仪凤初年，神秀受朝廷指派入当阳（今湖北当阳）玉泉寺建道场，着手兴建大通禅寺，讲授"东山法门"禅法，累24年之久，集僧数千，声势与影响极大，深得武则天、唐中宗、唐睿宗的崇敬。

久视元年（700年），武则天遣使请神秀入东京洛阳传法，封为国师，享受特殊礼遇，并与帝并肩而殿，武则天及群臣经常向他跪请问法。其禅法在以长安、洛阳为中心的北方广大地区产生了越来越大的影响。神秀也被北方禅宗信徒尊为六祖。就在神秀声名大振之际，惠能也以韶州宝林寺、大梵寺为中心，于岭南一带进行传法，规模宏大，皈依者颇众。由此，惠能便被南方地区的禅宗信徒尊为六祖。

与道信、弘忍禅法相较，不难看出，惠能禅法已有重大革新，与神秀的禅法迥然有别，于是，禅宗分成了南北二宗。除此之外，还有四川成都的净众派、保唐派和江苏南京的牛头宗等。南宗主张顿悟，北宗主张渐修，两者各执一词，只是惠能在世时，南宗禅的影响远没有北宗禅大。二宗一南一北，并行传播，直到唐开元以前，一直没有发生过公开的激烈争论。②

唐玄宗开元二十年（732年），惠能的弟子神会在洛阳附近的滑台（也称白马，在今河南省滑县东）与以普寂（651~739年）为首的北宗僧人展开辩论，批评北宗禅"师承是傍，法门是渐"。③ 宣称北宗没有祖传袈裟，而南宗惠能曾从弘忍受祖传袈裟，才是达摩以来的禅宗正统，禅法主顿。④

经过神会的努力，北宗禅在两京地区的统治地位逐步发生了动摇，南宗禅一度在洛阳一带开始兴盛。但由于北宗禅在北方势力过大，根深蒂固，神会不久便受到诬陷而被流放外地。直到安史之乱后，由于神会主持戒坛度僧筹款支

---

① ［唐］张说《唐玉泉寺大通禅师碑铭并序》载，弘忍曾赞叹曰："东山之法尽在秀矣。"见［清］董浩等编《全唐文》卷二三一，上海：上海古籍出版社，1990年，第1030~1031页。

② 冉云华：《敦煌遗书与中国禅宗历史研究》，《中国唐代学会会刊》（台北）1993年第4期，第54~61页；Yanagida Seizan, The Li-tai fa-bao chi and the Ch'an Doctrine of Sudden Awakening, Whalen Lai and Lewis Lancaster（ed.），*Early Ch'an in China and Tibet*, Berkeley: Asian Humanities Press, 1983, pp.13-50.

③ 宗密：《中华传心地禅门师资承袭图》，载任继愈主编《中国佛教丛书·禅宗编》第1册，南京：江苏古籍出版社，1993年，第286页。

④ 胡适：《荷泽大师神会传》，载潘平、明立志编《胡适说禅》，北京：东方出版社，1993年，第113~117页；吕澂著：《中国佛学源流略讲》，北京：中华书局，1979年，第226~227页；杨曾文编校：《神会和尚禅话录》，北京：中华书局，1996年，第169~186页。

持军需有功，受到朝廷的支持，南宗的正统地位才逐渐得到朝廷的确认。此后南宗发展成为禅宗的主流，北宗逐渐衰微。惠能遂取代神秀而成为禅宗的第六祖。

《历代法宝记·弘忍传》称："弟子唯惠能传衣得法承后。"显然是站在南宗立场上说的。不仅如此，《弘忍传》还对北宗隐含攻击之词，如文中称："东山法门，即为冯茂山也，非嵩山是也。"名义上讲的是冯茂山与嵩山非为一山，实际目的却在说明以神秀、普寂为代表的禅宗与道信、弘忍禅宗不是同一法门，以山代表法，借此来否认北宗禅的正统地位。

我们知道，嵩山长期充当着北宗禅的根据地。神秀应诏入东都后，主要活动地点就在嵩山一带。他力荐普寂正式受度为僧，接着于长安年间（701~705年）遣普寂驻嵩山南麓的嵩岳寺，在此修行。普寂在这里广为传授神秀的禅法，逐渐出名。在神龙二年（706年）神秀去世后，普寂继承了他的法位，"统领徒众"。[1] 神秀的另两位大弟子义福与景贤，在神秀去世后，亦都驻锡于嵩山。前者居嵩岳寺，在唐中宗时应邀入长安传布禅法，前来求法者甚众。[2] 后者居会善寺，在唐中宗时应诏在洛阳传法。"化自南国，被乎东京，向风靡然，一变于代。"[3] 于是，嵩山便成了北宗禅的代表。《弘忍传》遂借山以言禅法。

这种重南宗而抑北宗的思想，在《历代法宝记》对弘忍弟子的排列上体现得更为明显。该书之《弘忍传》曾引弘忍言，称其大弟子除惠能外，"余有十尔"，但列出的却仅有神秀、智诜、智德、玄赜、老安、法如、惠藏、玄约和刘主簿等九人。前后自相抵牾。且又与同书《惠能传》所记弘忍传法衣于惠能时提到的十大弟子不同。《惠能传》有文曰：

> 忍大师在黄梅冯茂山日，广开法门，接引群品。当此之时，学道者千万余人，其中亲事不离忍大师左右者，惟有十人，并是升堂入室：智诜、神秀、玄赜、义方、智德、惠藏、法如、老安、玄约、刘主簿等，并尽是当官领袖，盖国名僧。

---

① ［唐］李邕：《大照禅师塔铭》，载［清］董诰等编《全唐文》卷二六二，上海：上海古籍出版社，1990年，第1175页。

② ［唐］严挺之：《大智禅师碑铭》，载［清］董诰等编《全唐文》卷二八〇，上海：上海古籍出版社，第1256页。

③ ［唐］羊愉：《嵩山会善寺故景贤大师身塔石记》，载《全唐文》卷三六二，第1626页。

这里，智诜的排名被移到了神秀的前边，说明《历代法宝记》在彰南宗、抑北宗的同时，也在极力提高剑南禅派创始人智诜在禅宗中的地位。与前述记载相较，弘忍的弟子中还多出了义方。

第二节　弘忍事迹辩证

《历代法宝记》对十大弟子的叙述，依据的无疑是玄赜撰《楞伽人法志》所载弘忍临终前对玄赜说的一段话：

> 如吾一生，教人无数，好者并亡，后传吾道者，只可十耳。我与神秀，论《楞伽经》，玄理通快，必多利益；资州智诜、白松山刘主簿，兼有文性；华州惠藏、随州玄约，忆不见之；嵩山老安，深有道行；潞州法如、韶州惠能、扬州高丽僧智德，此并堪为人师，但一方人物；越州义方，仍便讲说。[①]

印顺法师认为，玄赜不在十人之列。作为《楞伽人法志》的作者，玄赜有意不将自己列入，很可能是他不愿与他人同列。因为与他同门的神秀，早在弘忍去世时已是"两京（长安、洛阳）法主，三帝（武则天、唐中宗、唐睿宗）国师"，在京洛地区被公认为六祖。而玄赜在神秀去世后才于景龙二年（708年）被召入京。这个结局是他所不愿接受的，故不愿将自己与神秀及其他弘忍弟子同列。而《楞伽师资记》的作者为抬高玄赜，才加入了义方，使玄赜隐然在十人之外。[②]这一说法影响很大。但笔者却对此不敢苟同。因为这样处理后所得出的结论，明显与弘忍所谓"传吾道者，只可十耳"的说法相矛盾。笔者认为，弘忍这些话是对玄赜讲的，所以在评说各人时未讲玄赜。值得注意的是，弘忍在最后说道："汝之兼行，善自保爱，吾涅槃后，汝与神秀又尊为第一。"说明玄赜不仅应入十人之列，而且以兼行禅、文，与神秀并称第一。这十人"并堪为人师"。至于最后提到的义方，弘忍的评价是"越州义方，仍便讲说。"显然有另眼相看的成分，并未视其为"堪为人师"的禅师。

---

① 《楞伽师资记》（敦煌写本S.2054、S.4272、P.3294、P.3436、P.3537、P.3703、P.4564）引玄赜撰《楞伽人法志》。

② 印顺著：《中国禅宗史》，南昌：江西人民出版社，1999年，第62页。

《弘忍传》的作者通过篡改玄赜的原话，以惠能替代玄赜的位置，而未详审弘忍遗言的背景，遂陷入言称十人，而列出者仅有九人的自相矛盾之中。在另一处将义方列入十人之中，若加上惠能，变成了十一人，又与弘忍原意不合。

总而言之，弘忍亲承付嘱的十大弟子应为神秀、玄赜、智诜、刘主簿、惠藏、玄约、老安、法如、惠能、智德。而《历代法宝记》的叙述，与弘忍原意方枘圆凿，不相契合，含有强烈的宗派因素，在有意贬低北宗神秀的同时，极力提高南宗惠能与剑南净众禅派智诜的地位。

关于弘忍去世的时间，《旧唐书》卷一九一《神秀传附弘忍传》载为咸亨五年（674年）。《楞伽师资记》引《楞伽人法志》更具体至咸亨五年的二月十六日。由于《楞伽人法志》的作者玄赜是弘忍亲信弟子，故其记载被认为是可信的。[1] 但其他禅宗史传都比较一致地称其卒年为上元二年（675年），只是具体月日有异，如《传法宝纪》定为上元二年八月十八日；《宋高僧传》作上元二年十月二十三日；《弘忍传》却谓其卒日为上元二年二月十一日。

《历代法宝记》是在吸收《楞伽师资记》和《传法宝纪》两部书史料的基础上用保唐禅派的观点撰成的，但对弘忍卒日的记载却相差年余。《历代法宝记》虽后出，但其说当应有所本，不完全是空谷来风。敦煌写本《南阳和尚问答杂徵义》（S.6557、P.3047及日本石井光雄收藏本）[2] 对弘忍卒日的记载与其完全相同，可互相印证。我们不敢断言《弘忍传》的记载就是正确的，但至少可备一说。

传中记载显庆五年（660年），唐高宗李治曾两次请弘忍出山，均未能如愿，于是赐衣药就冯茂山供养。此事在《宋高僧传》《楞伽师资记》《传法宝纪》等文献中均不见记载。其真实性有待考证。若此记载不误，则可为弘忍生平提供新的资料。

最后，我们应当提及《弘忍传》对弘忍事迹的叙述，似有与道信事相混之嫌。文中所载狂贼（指农民起义）围攻州城，因惧大师法力而退散的故事与《续高僧传》《景德传灯录》及《传法宝纪》中所载道信事几无二致。敦煌写本P.3664《传法宝纪·道信传》载：

---

① 杨曾文著：《唐五代禅宗史》，北京：中国社会科学出版社，1999年，第83页。

② 杨曾文编校：《神会和尚禅话录》，北京：中华书局，1996年，第108页。

至大业度人，配住吉州寺。属随（隋）季丧乱，群贼围城七十余日，井泉皆竭。信从外来，水复充溢。刺史叩头，问贼退时。［曰］："但念般若，不须为忧。"时贼徒见地四隅，皆有大力士，因即奔骇，城遂获全。

此事发生的时间，按《传法宝纪》，为"隋季丧乱"之际，即隋末；《续高僧传·道信传》未载；《景德传灯录》径言大业十三年（617年）。据史料记载，是年，广东梁尚慧起义军由南向北进入江西，至吉州（今江西省吉安市）时，围城达两个月之久。当时正在庐山大林寺修持的道信，闻讯后立即率徒赶往吉州，以佛教徒特有的方式解了吉州之围。这在乾隆年间修《吉安府志》和光绪年间修《江西通志》中都有详尽记载。这一年弘忍才16岁，恐难当此大任。况且除《弘忍传》之孤证外，其他史籍（包括禅宗史书）均未载其曾经住锡于吉州，更无吉州退敌之说。故我们认为是传文作者误将道信大师事窜入弘忍传中。

总之，敦煌本《弘忍传》对研究禅宗五祖弘忍及唐代的禅宗历史具有重要的史料价值，但又不可盲从，对具体问题要做具体的分析。

第三节　东山法门的形成

东山法门是禅宗真正创始人四祖道信与五祖弘忍创立的，是佛教中国化的典型，在中国佛教史上占有重要地位，其形成的过程经历了漫长的阶段。据载，自菩提达摩入华，以法传惠可，惠可传僧璨，僧璨传道信，道信传弘忍，弘忍又传惠能、神秀、智诜等，代代相袭，并衍生出许多分支，使禅门根深蒂固，枝繁叶茂，日益兴隆。其中，被尊为禅宗四祖的道信禅师，于唐初在湖北黄梅双峰山开设道场，聚徒传法，在禅风、禅理、禅法上开一代新风，故被认为是中国化禅宗的真正创始人。

道信以前的历代禅师，在传法方式上均以"游化为务"。[①]他们随缘而住，不恒其所，行无轨迹，动无彰记，"随其所至，诲以禅寂"[②]，故始终不能形成团体。道信力矫这种游化传统之弊，先在庐山大林寺居住十年，后又在黄梅双林

---

① ［唐］道宣撰，郭绍林点校：《续高僧传》卷一六《菩提达摩传》，北京：中华书局，2014年，第566页。

② ［宋］从义：《止观义例纂要》卷五，《卍续藏》第56册，No. 921，第78页c。

寺定居三十年，"择地开居，营宇立像，存没有迹，旌榜有闻"。^①这种定居的传法方式，对禅宗的形成与发展具有特别重要的意义。因为禅师"不恒其所"是很难发展门徒的，故而从达摩到僧璨，其弟子都是寥寥无几。而道信之举，却可使"诸州学道，无远不至"，以致在双峰山出现聚徒五百人的盛况。一般来说，要形成佛教宗派，除了宗主和自成体系的教义外，还需有一定规模的徒众团体。道信的五百弟子，为禅宗宗派的形成创造了基本条件。纵观道信对达摩禅法的发扬光大，尤其是他在禅宗创立过程中所起的作用，以及在禅宗历史上的地位，可以说道信是中国禅宗的实际创始人，他的禅法奠定了禅宗的思想理论基础。在道信时期，虽没有形成完整意义上的禅宗，但已经初具雏形。

由道信禅师初创的禅宗门风，传至弘忍而有了更进一步的发展，这在弘忍口述而由其弟子记录整理并进一步充实的《蕲州忍和尚导凡趣圣悟解脱宗修心要论》〔北宇004（北8391）、裳75（北8390）、S.2973、S.6958、S.2669v、S.3558、S.4064、P.3434、P.3559+P.3664、P.3777号、日本龙谷大学本122和俄藏M 1227（Дx.00649），M 2641（Дx.1996B + 2006B）〕中多有体现。该文献内容丰富，对认识弘忍禅法及与道信禅法思想的关系颇具意义。兹以P.3559+P.3664为底本，节录如下：

蕲州忍和上《蕲州忍和尚导凡趣圣悟解脱宗修心要论》一卷

夫言修道之体，自识当身，本来清净，不生不灭，无有分别，自性圆满，清净之心，此是本师，乃胜念十方诸佛。

问曰："如何知自心本来清净？"

答曰："《十地论》云，众生身中，有金刚佛性，犹如日轮，体明圆满，广大无边，只为五荫重云所覆，如瓶内灯光，不能照外。又以即日为喻，譬如世间云雾，八方俱起，天下阴暗……"

问曰："如何知自心本来不生不灭？"

答曰："《维摩经》云：如无有生，如无有灭。如者谓真如佛性，自性清净心源，真如本有，不从缘生。又云：一切众生皆如也，众圣贤亦如也。一切众生者，即我等是也，众圣贤者，即诸佛是也。言名相虽别，身心真如，法体并同，不生不灭，故言皆如也，故知自心本来，不生不灭……"

---

① ［唐］杜朏撰：《传法宝纪》，敦煌写本P.2364、P.3858、P.3559+P.3664。

问曰："云何凡心得胜佛心？"

答曰："常念他佛，不免生死；守我本心，得到彼岸。故《金刚般若经》云：'若以色见我，以音声求我，是人行邪道，不能见如来。'故知守自心，胜念他佛。又言：'胜者，只是约行，劝人之语，其实究竟果体，平等无二……'"

问曰："何知守心是入道之要门？"

答曰："乃至举一手爪甲画佛像，或造恒沙功德者，只是佛为教导无智慧众生，作当来之，因缘报业，乃是见佛之因。若愿自身，早成佛者，会是无为，守自真心，三世诸佛，无量无边。若有一人，不守真心，得成佛者，无有是处。故经云：正心一处，无事不辩。故知守真心者，是入道之要门……"

问曰："云何是无记心？"

答曰："诸摄心人，为缘外境，粗心少息，内缚真心，心未净时，于行住坐卧中，恒征意看心，犹未能得，了了清净，独照心源，是名无记。亦是漏心。犹不免生死大病。况复总不知守心者，是人沉没生死苦海，何日得出？可怜，努力！经云：'众生若不精诚，不内发者，于世三界中，纵值恒沙诸佛，无所能为'。经云：'众生识心自度，佛不能度众生者。'若佛度众生者，过去诸佛，恒沙无量，何故我等行不成佛也？只为精诚不内发，是故沉没苦海，努力！过去身不知己过，悔亦不及。今身现在，有遇得闻，分明相语，快解此语，了知守心，是第一道，不肯发至心，求愿成佛，受无量自在快乐，仍始轰轰随俗，贪求名利，当来堕地狱中，受种种苦恼……"

该文共分为十四个问答，以师徒问答的开示形式阐释了弘忍禅修的十四种法门，依次为：一自心本来清净；二自净心不生不灭；三心是本师；四凡心得胜佛心；五佛心与众心同一；六真如法性同一无二；七守心是涅槃之本；八守心是入道之要门；九守真心是十二部经之宗；十守心是三世诸佛之祖；十一无记心；十二我所心；十三无所攀缘清净心；十四自心是道。

把弘忍的十四种法门与道信的"诸佛心第一""一行三昧""念佛即是念心，求心即是求佛""守一""看心"诸法门相比较，可看出两者之实质本无二致，都立足于对"心"的阐述。众生轮回生死六道，究其源就是迷惑心性，本性被妄相遮盖，犹如明镜落尘，损污明性，揩拭复明，修道亦然。众生的无明心就是贪根，贪根亦同爱本，贪爱久习，若欲出离三途，先须割断根本，即见心源，心源不离性源，与真体无二。学道之法必先知根源，求道不如求心，识心之体性方明道之根本，一了千明，一迷万惑。心无形相，内外不居，境起心生，亡心灭色，色大心广，色小心微，无色无形，无心无想，色相俱息，寂净常安。常在系中，心无可系，身常依幻，离我身幻，约其心，心依体有，心不自见，身不自名，心会一空，身依四大，四大无我，念念无心，心我两如，常归实相，心住一切法不动，是名真禅定。法无形不可见，法无相不可见，一切法皆是心作，心不可见，以不可见，是名为见法。知心寂灭，即入空寂法门；知心无系缚，即入解脱法门；知心无相，即入无相法门；觉心无心，即入真如法门；若能知心如是者，即入智慧海法门。弘忍大师深得道信禅修之要义，结合自己修禅的体会，强调识心的重要性，把此十四法门识为成佛解脱的必由之路。这一思想为中国禅宗的发展铺平了道路，同时也为南能北秀宗派体系的形成奠定了理论基础。

弘忍于唐永徽五年（654年）在黄梅东山（冯茂山，以其在双峰山之东而习称东山）创建道场，广弘佛法，故后人将其称作"东山法门"。尽管"东山法门"形成于弘忍，但它的建立却同道信不无关联，"东山法门"的思想体系是由道信、弘忍共同构建的，体现了从道信到弘忍一以贯之的禅门宗旨。

通观达摩以后的禅门发展史，明显可以看出，禅宗的真正发源地不是岭南而是湖北黄梅；禅宗的开山祖既不是达摩，也不是惠能，而是道信、弘忍，具有中国特色的禅宗的正史应当从"东山法门"写起。东山法门的开创，标志着禅宗的正式形成。

弘忍在道信处受学时，道信不但以安心坐禅开示弘忍，还以顿渐之理教弘忍入门。宋人赞宁记曰：

> ［弘忍］时年七岁也。至双峰，习乎僧业，不遑艰辛。夜则敛容而坐，恬澹自居。泊受形俱，戒检精厉。信每以顿渐之旨，日省月试之。忍闻言察理，触事忘情，痘正受尘渴方饮水如也。[1]

---

① ［宋］赞宁：《唐蕲州东山弘忍传》，载《宋高僧传》卷八，北京：中华书局，1987年，第171~172页。

可知弘忍曾在道信指导下如饥似渴地修习顿悟和渐悟法门，深得顿渐之主旨。弘忍把此二法门又传给弟子惠能和神秀，但二人各执一法门，从而形成了南宗与北宗。敦煌遗书《菩提达摩南宗定是非论》（以 P.2045 为底本）云：

> 远法师问曰："何故不许普寂禅师称为南宗？"
>
> 和上答："为秀和上在日，天下学道者，号此二大师为南能北秀，天下知闻。因此号，遂有南北两宗。"

惠能与神秀同为弘忍门下大弟子，但对禅的看法不同，遂分为南北二宗。北宗禅法多弘扬于北方贵族阶层，南宗禅法初行于岭南一带平民之中。前者主张渐修，后者主张顿悟，各执一词，[①] 后由惠能弟子神会相继于开元十八年（730年）之洛阳、开元二十年之滑台（也称白马，在今河南省滑县东）定南北宗是非大会上，批评北宗禅"师承是傍，法门是渐"，指出惠能才是达摩以来的禅宗正统。[②] 道信所传顿渐法门，原意在于因人施教，善巧方便，不意会引起门户之争。从敦煌文献《大乘北宗论》《大乘五方便北宗》诸卷内容中即可清楚地看出神秀对道信以来禅法的发展，"体用"二字可以作为理解神秀禅法的纲领，他的《观心论》（S.646、S.2595、S.5532、P.2460、P.2657v、P.4646 及龙谷122）是通过对心之体用和理解以强调观心、守心的必要性，其"五方便"则是"体用不二"说在修禅实践中的具体贯彻。神秀的禅法由于立足于"自性清净心"而注重"息妄"的渐修，因而显示出与南宗的差异。"拂尘看净，方便通经"是北宗渐修法的重要标志，"凝心入定，住心看净，心起外照，摄心内证"概括了北宗禅法的主要特征。由于惠能为不识字的樵夫，读诵佛经，理解佛旨文献有先天障碍，于是便宣扬"即心是佛"的观点，识己心为佛心，只要不使自己本来清净之心受熏染，便可以当身为佛，时时成佛。这一观点为钝根者之向佛趋悟指明了道路。南北二宗的禅学思想有很多相通的地方，如因果报应说，累世修行与向外求寻等，可以说都没有偏离东山法门的旨趣。

---

① 冉云华：《敦煌遗书与中国禅宗历史研究》，《中国唐代学会会刊》（台北）1993年第4期，第54~61页；Yanagida Seizan, The Li-tai fa-bao chi and the Ch'an Doctrine of Sudden Awakening, Whalen Lai and Lewis Lancaster (ed.), *Early Ch'an in China and Tibet*, Berkeley: Asian Humanities Press, 1983, pp.13-50.

② 胡适：《荷泽大师神会传》，载潘平、明立志编《胡适说禅》，北京：东方出版社，1993年，第113~117页；杨曾文编校：《神会和尚禅话录》，北京：中华书局，1996年，第169~186页。

第四节 东山法门形成前的敦煌禅

敦煌莫高窟的兴建，相传始于二禅僧之手。敦煌遗书 P.2551v《沙州效谷府校尉李君莫高窟佛龛碑并序》载：

> 莫高窟者，厥初秦建元二年，有沙门乐僔，戒行清虚，执心恬静，尝（常）杖锡林野。行至此山，忽见金光，状有千佛。遂架空凿险，造窟一龛。次有法良禅师，从东届此，又于僔师窟侧，更即营建。伽蓝之起，滥觞于二僧。[1]

乐僔其人，不知何方大师，从"执心恬静，尝杖锡林野"句可知系禅僧无疑。他最早驻锡莫高窟，开凿了第一所洞窟。步乐僔之踵，法良禅师亦于此开凿石窟。自此以后，在莫高窟修禅建窟日盛。只是唐以后在莫高窟建窟的目的有所改变，很多成了当地豪门贵族的家窟（也叫功德窟），但它作为禅修之地的基本属性是不曾改变的。敦煌文献多处记载唐五代河西都僧统管辖敦煌十六所寺院及三所禅窟，这三所禅窟指的就是西千佛洞（距敦煌 15 公里）、莫高窟（距敦煌 25 公里）和榆林窟（距安西 35 公里）。它们均处戈壁边缘，远离繁喧，最宜修禅。

S.2165 卷《思大和上坐禅铭》曰：

> 的思忍，秘口言，除内结，息外缘。心欲攀，口莫语，意欲诠，口莫言。除称弃斗，密室净坐，成佛不久。

僧人习禅，是一种思维修法，要进行禅思，就需要有安静的环境。《坐禅三昧经》卷上云："闲静修寂志，结跏坐林间。"[2]《禅秘要法经》亦云："出定之

---

① 宿白：《〈李君莫高窟佛龛碑〉合校》，载姜亮夫、郭在贻等编《敦煌吐鲁番学研究论文集》，上海：上海汉语大词典出版社，1990 年，第 48 页；郑炳林、郑怡楠辑释：《敦煌碑铭赞辑释（增订本）》，上海：上海古籍出版社，2019 年，第 21 页。另，P.3720v《莫高窟记》亦有类似的记载。

② ［后秦］鸠摩罗什译：《坐禅三昧经》卷上，《大正藏》第 15 册，No. 615，第 270 页 b。

时，应于静处，若在冢间，若在树下，若阿练若处。"① 郊外山林静处是禅僧习禅的理想场所。

经文在强调坐禅要山居的同时，又明确指出应在石窟中坐禅。《付法藏因缘传》曰："山岩空谷间，坐禅而念宄定，风寒诸勤苦，悉能忍受之。"② 在莫高窟中，用于坐禅的小僧房在唐代以前是常见的，如285窟南北壁下部的8个小窟、268窟的附属窟267、269、270、271及莫高窟北区数量众多的小禅窟等都是。285窟建于西魏，是唐以前所开最大的洞窟之一，窟内壁画内容丰富，大凡经变、护法、中国传统的神话故事等应有尽有。窟中央有方形中心佛坛，佛坛上的形象虽毁，难以考究，但佛坛底座尚清晰可见，其功用很明显，是禅僧静坐修禅之余进行绕佛念佛活动的场所。僧人以佛坛为中心绕佛，并称颂其名号，以达心境之统一。该窟南北两壁各筑小禅室四个，禅室很小，不足半平方米，仅可容一人打坐，室内亦无色彩粉饰，仅用泥轻抹而已，寓示四大皆空，无所执着，禅师们在此处修道入静自然也就一无所求了。出静则满壁精彩壁画，昭示美妙的极乐世界；入静则面壁皆空，清净佛性彰显。通过鲜明的比照使禅机得到升华。

敦煌禅僧以当地特有的地理环境而选择莫高窟作为理想的修禅场所。但当时禅宗尚未正式形成，禅僧们是依何而修呢？现从梁僧慧皎《高僧传》中撷取几例早期敦煌禅僧史料，以窥当时禅修之一斑：

> 竺昙猷，或云法猷，敦煌人，少苦行，习禅定，后游江左。③
> 释道法，姓曹，敦煌人，弃家入道，专精禅业，亦时行神咒……后入定，见弥勒放斋中光，照三途果报，于是深加笃励，常坐不卧。④
> 释法颖，姓索，敦煌人，十三出家，为法香弟子，住凉州公府寺，与同学法力俱以律藏知名。⑤

---

① [后秦] 鸠摩罗什译：《禅秘要法经》卷中，《大正藏》第15册，No. 613，第251页c。
② [北魏] 吉迦夜、昙曜译：《付法藏因缘传》卷二，《大正藏》第50册，No. 2058，第304页b。
③ [梁] 释慧皎撰，汤用彤校注：《高僧传》卷一一《昙猷传》，北京：中华书局，1992年，第403页
④ [梁] 释慧皎撰，汤用彤校注：《高僧传》卷一一《道法传》，北京：中华书局，1992年，第420页。
⑤ [梁] 释慧皎撰，汤用彤校注：《高僧传》卷一一《法颖传》，北京：中华书局，1992年，第436页。

释慧览，姓成，酒泉人，少与玄高俱以寂观见称。①

释法成，凉州人，十六岁出家，学通经律，不饵五谷，唯食松柏脂，隐居岩穴，习禅为务。②

释贤护，姓孙，凉州人，来此广汉阎兴寺，常习禅定为业，又善于律行。③

慧通……蔬食持咒……初从凉州禅师慧诏咨受禅业，法门观行，多所游刃。④

释法绪，姓混，高昌人，德行清谨，蔬食修禅，后入蜀，于刘师冢间头陀山谷，虎虫不伤，诵《法华》《维摩》《金光明》，常处石室中，且禅且诵。⑤

据此我们可知，唐以前敦煌及河西等地的禅僧修习形式有苦行、咒语、持律、寂观、观行、诵经等多种，比较散乱。当时中国流行的禅法为达摩禅法，主旨讲理入与行入。咒语、寂观（止观）、诵经为理入，苦行、持律、观行（游历）为行入。理入者谓借教悟宗，深信含生同一真性。但真性为尘妄所复，不能显了。修行者若能"舍妄真归，凝住壁观，[无自]无他，凡圣等一，坚住不移，更不随于言教，此即与真理冥符，无有分别，寂然无名，名之理入。行入者，所谓四行。其余诸行悉入此行中"⑥。行入有四种：一报冤行，二随缘行，此两者是观恩冤苦乐都是宿业所招而无动于衷；三无所求行，要安心无为，形虽运转，万有斯空，无所愿乐；四称法行，是称性净之理而起修具行六度而无所行。无所求行是观人空，称法行是观法空。敦煌莫高窟远离繁喧，禅僧于此独居窟室，专心修法，使自性不受污染，是禅修的理想之所。

---

① ［梁］释慧皎撰，汤用彤校注：《高僧传》卷一一《慧览传》，北京：中华书局，1992年，第418页。

② ［梁］释慧皎撰，汤用彤校注：《高僧传》卷一一《法成传》，北京：中华书局，1992年，第417页。

③ ［梁］释慧皎撰，汤用彤校注：《高僧传》卷一一《贤护传》，北京：中华书局，1992年，第407页。

④ ［梁］释慧皎撰，汤用彤校注：《高僧传》卷一一《慧通传》，北京：中华书局，1992年，第416页。

⑤ ［梁］释慧皎撰，汤用彤校注：《高僧传》卷一一《法绪传》，北京：中华书局，1992年，第408页。

⑥ P.3436净觉《楞伽师资记》，载上海古籍出版社、法国国家图书馆编《法藏敦煌西域文献（第24册）》，上海：上海古籍出版社，2002年，第198页。

第五节　东山法门影响下的敦煌禅修

唐初，东山法门形成并迅速向四方传播，地处偏远的敦煌也深受其影响。

东山法门藉由《楞伽经》《般若经》《法华经》之中心思想，结合数息止观，经过发展演变而形成，至智慧禅机顿渐修行方法形成，该法门渐至完善、成熟。道信"数十年中胁不至席"，弘忍亦"专以坐禅为务"，但道信所引入的《文殊般若》"一行三昧"说却并不特别强调坐禅的殊胜意义，而是"但行直心，于一切法上无有执着，名一行三昧"。[①]这些做法本身就包含有后来南宗禅否定早期坐禅的思想种子。弘忍禅法讲求定慧合一，由文字禅到传心方法的转变已形成基本格局。据传他先是破头山中栽松道者，经多年苦修后去拜会道信，却被道信视为老而无用者。于是，他转生为一童子，又去见道信，道信认为这个孩童颇有智根，能够传灯禅法，遂允其出家，并传之衣钵。[②]这个传说的主旨在于述说坐禅不如智根顶用的道理，表明禅修方法的转变应自四祖道信和五祖弘忍始。

值得注意的是，唐代以前习见的用于坐禅的小僧房迨至唐初便销声匿迹了（至少目前尚未发现），而敦煌壁画显示出的却是这样一番景象：自初唐始，敦煌禅发生了明显的变化，由原来专重坐禅演变为专念阿弥陀佛名号。笔者认为，这些变化与东山法门的影响不无关系。

如同云冈石窟、龙门石窟、北响堂山石窟、炳灵寺石窟、天梯山石窟、吐峪沟石窟等众多石窟一样，敦煌禅窟的开凿，始于北魏以前，北魏臻至极盛，历东魏、西魏、北齐、北周，终止于隋。[③]僧人坐禅被观像代替，其中最引人注目的是唐初开始出现的以《观无量寿经》为据画成的变相。《观无量寿经》作为禅宗和净土宗共同推崇的经典，曾先后出现过菩提流支、竺法护和畺良耶舍三种译本，但传世的仅有最后一种。自古及今，多有高僧为其注疏，今知者就有

---

① 杨曾文校写：《敦煌新本六祖坛经》，上海：上海古籍出版社，1993年，第15页；邓文宽、荣新江录校：《敦博本禅籍录校》，南京：江苏古籍出版社，1998年，第254页。

② 戢斗勇：《论黄梅禅风》，载萧萐父、黄钊主编《"东山法门"与禅宗》，武汉：武汉出版社，1996年，第73页。

③ 刘慧达：《北魏石窟与禅》，《考古学报》1978年第3期；敦煌研究院、甘肃省博物馆编：《武威天梯山石窟》，北京：文物出版社，2000年，第152页；贺世哲：《读莫高窟〈难陀出家图〉》，《敦煌研究》1997年第2期，第4页。

十余种。其变相出现频率之高，居敦煌石窟所有变相之首，总数达百铺（幅）之多，其中，莫高窟有84铺，西千佛洞1铺，安西榆林窟4铺，此外敦煌莫高窟藏经洞出土遗画中还有多铺（幅）。就时代而言，初唐为肇端时期，仅有一铺，见于莫高窟第431窟；盛唐为发展期，计有22铺；中唐（吐蕃统治时期）为鼎盛期，有43铺；晚唐有所减少，为12铺；自五代、北宋以后明显减少，仅有11铺。后随着11世纪中叶曹氏归义军政权的覆灭而消失。①

该经中最吸引人的内容是十六观思想，每一观的内容在敦煌莫高窟壁面上都有表现。在窟中入定坐禅观想，变幻觉思维为直觉思维，使禅修显得更切己，更具体化。它教人进入禅定后专念阿弥陀佛名号，专想西方极乐世界的庄严和美好，使心声与阿弥陀佛融为一体，犹如置身于西方极乐世界之中。

《观无量寿经》变相之所以受到敦煌禅僧的喜爱，其原因在于这是一套简便易行的修行方法，只要能够静坐，不胡思乱想，专念阿弥陀佛名号，就能成佛。大乘思想中，以观佛为中心内容的禅法是很多的，但只有观想阿弥陀佛的禅法最为流行。

五祖弘忍以后，禅宗形成南能北秀两大派别。前者主张顿悟，后者倡导渐修，在当时影响都很大，敦煌禅僧以之为准则来指导自己的禅修活动。现转录敦煌发现的晚唐五代时期与之相关的邈真赞资料以资证明。

其一：P.4660《河西都僧统翟和尚邈真赞》

　　南能入室，北秀升堂。戒定慧学，鼎足无伤。②

其二：P.4660《敦煌管内僧政兼勾当三窟曹公邈真赞》：

　　位高心下，唯谨唯恭。禅庭蜜（密）示，直达心通。③

---

① 孙修身：《敦煌石窟中的观无量寿经变相》，载《1987敦煌石窟研究国际讨论会文集（石窟考古编）》，沈阳：辽宁美术出版社，1990年，第215、221页。

② 郑炳林、郑怡楠辑释：《敦煌碑铭赞辑释（增订本）》，上海：上海古籍出版社，2019年，第484页；饶宗颐主编：《敦煌邈真赞校录并研究》，台北：新文丰出版公司，1994年，第163页。

③ 郑炳林、郑怡楠辑释：《敦煌碑铭赞辑释（增订本）》，上海：上海古籍出版社，2019年，第364页；饶宗颐主编：《敦煌邈真赞校录并研究》，台北：新文丰出版公司，1994年，第196页。

其三：P.3792v《释门法律毗尼藏主张和尚生前写真赞并序》：

> 一从秉义，律澄不犯于南宣。静虑修禅，辨决讵殊于北秀。[①]

可以看到当时僧人禅修，既采惠能的顿悟，又融神秀的渐修，而这恰恰符合于道信传弘忍的"顿渐之旨"。

禅宗在晚唐五代宋初臻至极盛，分化出许多门派，如曹洞宗、临济宗、法眼宗等，这些门派少则千人，多则徒众十几万，均有自己的道场和独立的禅法体系。然而从敦煌文献看，这些宗派的修禅方法和思想体系在敦煌地区基本没有产生什么影响。

众所周知，敦煌地处边鄙，地广人稀，出家僧人有限，所以没有像中原地区那样，在晚唐五代时期就形成宗派林立的局面，唯有禅宗之东山法门禅法及由之演化出的南顿北渐思想，始终受到敦煌修禅僧人的青睐。禅僧们以莫高窟、西千佛洞、榆林窟为禅修场所，以东山法门禅法为指导，明心见性。

《景德传灯录》卷四记有四祖道信为法融所说心之法要：

> 夫百千法门，同归方寸；河沙妙德，总在心源。一切戒门、定门、慧门、神通变化，悉自具足，不离汝心。一切烦恼业障，本来空寂；一切因果，皆如梦幻。无三界可出，无菩提可求。人与非人，性相平等。大道虚旷，绝思绝虑。如是之法，汝今已得，更无阙少，与佛何殊？更无别法，汝但任心自在，莫作观行，亦莫澄心，莫起贪、嗔，莫怀愁虑。[②]

道信的见性成佛禅法突破了达摩禅法的旧有模式，从而使禅修更简单、明快。这一方法得到了其徒孙神秀与惠能的继承和发扬光大，二人以道信的理论为基础，分别提出了渐修和顿悟之说。而上引邈真赞即真实地反映出，自唐以后敦煌的禅僧们修习禅观是依道信的见性成佛的禅法而行持的。

我们注意到，在敦煌住三窟修禅的僧人差不多都接受了东山法门禅法及南顿北渐思想，而对惠能、神秀再传弟子建立的宗派及其理论似乎都缺乏兴趣。

---

① 郑炳林、郑怡楠辑释：《敦煌碑铭赞辑释（增订本）》，上海：上海古籍出版社，2019年，第1217页；饶宗颐主编：《敦煌邈真赞校录并研究》，台北：新文丰出版公司，1994年，第319页。

② ［宋］释道元撰，妙音、文雄点校：《景德传灯录》，成都：成都古籍书店，2000年，第48页。

究其原因，大致有两个方面的因素：首先，当这些新宗派形成之际，东山法门禅法已在敦煌有了深厚的群众基础；其次，这些新成立的宗派所主张的禅修方法往往只着眼于局部而忽视了总体，难以吸引敦煌徒众，这应是更深层的原因。在东山法门禅法影响下，敦煌禅僧严持戒律，乐居荒野，不缰名利，顿渐兼修，而不受内地佛教宗派思想的束缚。

相较而言，禅僧生活条件要比其他僧人更苦一些。其他寺院可以拥有庄园、田产、牲畜、奴婢等，而居窟修禅的禅僧们则除"三衣之外，分寸无丝"[①]，全靠供养生活，住窟修禅，以息结灭缘，达澄心见性之目的。

唐五代时期，敦煌社会虽较内地稳定，但与周边民族政权之间也多次发生过战争，为了保卫家园，不少人从戎参战。既是战争，就免不了血雨腥风的征剿和刀光剑影的残杀。敦煌自古佛教兴盛，因果报应思想根深蒂固，故战争过后，许多人都以参加过战争而自认为造业，遂投向佛门深深忏悔。P.4640《住三窟禅师伯沙门法心赞》云：

> 禅伯（法心），即谈广之仲父也。本自轩门，久随篾笫。三秋狝猎，陪太保以南征；万里横戈，执刀铤于瀚海。既平神乌，克复河湟。职业嵩隆，以有悬车之至（志）。数年之后，师乃谓（喟）然叹曰："樊笼人事，久累沉疴。徇日趋名，将无所益。"遂辞旌戟，南入洪源。舍俗出家，俄然落发。[②]

这位法心和尚原本为多次参加张议潮收复河西战争的骁将，曾西征西域，东复神乌（凉州），转战数年，后舍俗出家，返回敦煌行至莫高窟镌龛住窟，诵经参禅。赞文里没有提到他弘扬佛法的功绩，更没有提到他戒定慧三学的成果，津津乐道的只是他在逐蕃复唐战争中的功绩。像法心这样前半生久积沉疴，造诸恶业的赳赳武夫，若以神秀的渐修之法，依三世因果次第修行，恐今生今世、下生下世甚至永生永世，都难以与佛有缘了。而东山法门的自心是佛说和惠能的顿悟说，却能使之放下屠刀，立地成佛。

---

① 敦煌写本 P.4640《禅和尚赞》，载郑炳林、郑怡楠辑释：《敦煌碑铭赞辑释（增订本）》，上海：上海古籍出版社，2019年，第536页；饶宗颐主编：《敦煌邈真赞校录并研究》，台北：新文丰出版公司，1994年，第147页。

② 郑炳林、郑怡楠辑释：《敦煌碑铭赞辑释（增订本）》，上海：上海古籍出版社，2019年，第304页。

结　论

综上所述，敦煌僧人的早期禅修是以理入和行入为主的，发展到唐朝初年，受东山法门禅法及由之演化而来的南顿北渐思想的影响，居窟坐禅苦修被道信的见性成佛禅法及专念阿弥陀佛名号的禅法所取代，见性成佛成为唐以后敦煌地区最流行的禅法。在禅宗诸派中，敦煌僧人独尊东山法门，学用南能北秀，以观心为主。概言之，东山法门的兴起取代了达摩禅法，为中国禅宗的发展树立了新的里程碑，同时也对敦煌禅法从内容到形式的发展变化起到了举足轻重的作用。

第五章　唐五代时期敦煌的禅宗信徒

第一节　禅宗信徒之分布

唐五代时期敦煌地区禅宗流行，敦煌出土的各种禅宗文献相当丰富，从20世纪初开始就不断有人进行专门的研究，涌现出大量的研究成果，极大地填补了中国早期禅宗史研究的空白。[①]但这些成果多以文献整理为主旨，至于唐五代时期禅宗在敦煌的流行特点，则少有论及。敦煌发现的碑铭赞中蕴含有丰富的禅史资料，对中国早期敦煌禅宗史的研究具有重要参考价值。这里以这些碑铭赞文献为基本资料，抄就唐五代敦煌地区禅宗信徒之分布及其信仰内容等略做探讨。

敦煌发现的碑文、墓志铭与邈真赞等人物传记是敦煌文书中的重要文献之一，其中保存大量涉及禅宗流行的文字，从这些文字中我们可以考察禅宗在敦煌地区的传播情况。

在敦煌的世俗人中，信仰禅宗者往往以"顿悟大乘某某"来表明身份。在8~10世纪的敦煌文献中，"顿悟大乘"一般指的就是禅宗，易言之，是指皈依于禅师的出家弟子或俗家弟子。在敦煌文献中，很多禅宗文献都标为"顿悟大乘"或"大乘顿悟""顿悟""顿教"字样，如在敦煌文献中的《大乘开心显性顿悟真宗论》《惠达和上顿悟大乘秘密心契禅门法》《顿悟真宗金刚般若修行达彼岸法门要诀》等论述的就是禅宗道理，属北宗禅文献。可见，敦煌北宗禅也以"顿悟大乘"或"顿悟真宗"相标榜。在四川保唐派门人撰写的《历代法宝记》中，就直接将该书又称为"最上乘顿悟法门"，书后有"大历保唐寺和上传

---

① 举其大者，有：（日）篠原壽雄、田中良昭（编）『講座敦煌 8 敦煌佛典と禪』東京：大東出版社，1980年；（日）田中良昭『敦煌禪宗文献の研究』東京：大東出版社，1983年；邓文宽、荣新江校录：《敦博本禅籍校录》，南京：江苏古籍出版社，1998年；杨曾文著：《唐五代禅宗史》，北京：中国社会科学出版社，1999年等。

顿悟大乘禅门门人写真赞"。从自称"顿悟大乘禅门门人"可以看出,"顿悟大乘"也是保唐派门人的称呼。吐蕃统治时期,前河西观察判官、朝散大夫、殿中侍御史王锡所撰《顿悟大乘正理决》,称禅宗为"顿悟真筌"。以"顿悟""顿教"等命名的还有神会晚年所撰《顿悟无生般若颂》和六祖惠能的《南宗顿教最上乘摩诃般若波罗蜜经六祖惠能大师于韶州大梵寺施法坛经》(《六祖坛经》)。可见,在禅宗初传过程中,"顿悟"是各派的共同目标和共同主张,是禅修者的时尚辞藻。

在敦煌文献中以"顿悟"自称的禅宗信徒不在少数,既有敦煌大姓,也有普通百姓,更有士人与僧侣。

敦煌大姓中以索氏最有代表性。索氏家族中信仰禅宗的有索定国、索义辩、索常振、康如祥等人。在包括索氏在内的敦煌大姓之禅宗信仰中,很多人都称为"顿悟大乘贤者"或"顿悟大成优婆姨"。如在 S.530《大唐沙州释门索法律义辩和尚修功德记碑》载:"多闻龙像(象),继迹繁兴。得道高僧,传灯相次……皇考顿悟大乘贤者某乙,英旄隽彦,早慕幽贞。悟世荣之非坚,了浮生而走电……心印密传。穷七祖之幽宗,示三乘之淳粹。趋庭则半城缁众,近训乃数百俗徒……咸通十年岁次某年某月日,坐终于金光明寺本居禅院……长子僧常振,天资爽悟,道镜逾明;钦念三乘,凝心四谛。"[①]可知索定国是沙州释门都法律义辩之父,卒于元和七年(812年)。索义辩是金光明寺僧人,曾抄写大乘经藏,在家中建立寺庙,是莫高窟晚唐时期修建的第12窟的窟主,建窟未竟而于咸通十年(869年)病故。S.530《大唐沙州释门索法律义辩和尚修功德记碑》、P.2021《金光明寺索法律邈真赞序》、P.3718《索律公邈真赞并序》及P.4660《索义辩和尚邈真赞》都称索义辩"灯传北秀,导引南宗"。"北秀"指北宗神秀一系,"南宗"则指惠能一系的南宗,说明索义辩为禅宗信徒,且南北兼修。但到神会以后,南北宗已逐渐走向调和的道路。[②]8世纪末,应吐蕃赞普之邀赴吐蕃弘扬禅法的摩诃衍禅师,本为神秀的再传弟子,而神秀绍继的是东山法门弘忍的渐修理论。后来又事南宗大师神会修习顿门之法,由此而兼通南

---

① 郑炳林、郑怡楠辑释:《敦煌碑铭赞辑释(增订本)》,上海:上海古籍出版社,2019年,第323-325页。

② 饶宗颐:《神会门下摩诃衍之入藏兼论禅门南北宗之调和问题》,载香港大学中文系编《香港大学五十周年纪念论文集》(上册),香港:香港大学中文系编印,1964年,第174~180页(收入《选堂集林·史林》,香港:中华书局香港分局,1982年,第705~711页)。

北二宗。^①曾经滞留敦煌，倡大乘顿悟学说，其本质是融合南北宗而成。索义辩就是当时敦煌北宗南宗相融摄的代表。索常振是义辩兄之子，"天资爽悟，道镜逾明，钦念三乘，凝心四谛"^②，后出家为僧。在义辩病逝后，继续修完第12窟，并邀都僧统悟真撰写功德记碑文。索氏家族中除男性禅信仰者外，还有女禅徒。在索家所开第144窟甬道南壁有供养人像题名："夫人蕃任五州娣兼法曹参官金银间告身龙大虫皮康公之女修行顿悟优婆姨如佛［弟子］一心供养。"^③优婆姨康如祥"修行顿悟"，皈依的应是禅师，修的应是禅宗。其名出现在索家窟中，表明她已嫁给索氏或者与索氏家族间存在着密切关系。第12窟或为索家专门用于修禅的场所。

与索氏家族关系密切的康姓家族中也有禅宗信徒。在前引康如祥之外尚有康易儿、康知兴等，其名见于莫高窟后唐清泰元年（934年）重修的第387窟中。题记称"故父大乘贤者康易儿一心供养""故父顿悟大乘贤者康知兴一心供养"。^④其中的"顿悟大乘贤者"表明他们应是禅修者，禅宗信仰应系其家族信仰。

禅宗在敦煌各个阶层中都有信徒。在莫高窟盛唐第113窟中有题记"衙前散兵马使承人木顿悟贤者朱三一心供养"。信仰禅宗的朱三系散官御前兵马使。在晚唐第196窟何法师窟中，主室东壁门北侧供养人南向第一身题名为"故父敦煌都……顿悟……何曹□（求）一心供养"，何曹□亦系禅修者。莫高窟宋代第449窟西壁龛下供养人像南起第六身题名："社子顿悟大乘贤者马□□。"社子马□□为普通百姓，也是禅宗信徒。榆林窟宋代第35窟南右壁下第一供养人题记中有"施主悬泉广化寺顿悟大乘贤者□押衙银青光禄大夫……"施主勋位为银青光禄大夫，任押衙。同样，在唐元和六年（811年）七月所写的S.530《顿悟大乘贤者王某转经文抄》中有"厥有施主顿悟大乘贤者王延庆"之谓。王延庆勋位为节度银青光禄大夫、检校、国子祭酒兼，当系一位地方散官。榆林窟唐代第38窟北壁西起第一身供养人题记称："……顿悟大□贤者惠意一心供

---

① 饶宗颐：《王锡〈顿悟大乘政理决〉序说并校记》，载《选堂集林·史林》，香港：中华书局香港分局，1982年，第720页；杨富学、王书庆：《关于摩诃衍禅法的几个问题》，《唐史论丛（第十辑）》，西安：三秦出版社，2008，第233～236页。

② 郑炳林、郑怡楠辑释：《敦煌碑铭赞辑释（增订本）》，上海：上海古籍出版社，2019年，第325页

③ ［法］伯希和著，耿昇译：《伯希和敦煌石窟笔记》，兰州：甘肃人民出版社，2007年，第8页；敦煌研究院编《敦煌莫高窟供养人题记》，北京：文物出版社，1986年，第65页。

④ 徐自强、张永强、陈晶编：《敦煌莫高窟题记汇编》，北京：文物出版社，2014年，143页。

养。"同列第五身供养人题记有："……顿悟大乘贤者赵惠信一心供养。"① 这两人显然也是禅宗信徒。在水口峡宋代张编第4窟西壁左起第二身供养人题记中有"□□大乘贤者李□□一心供养"。这里的李□□很显然是位禅宗在家信徒。在同列的第三身题记中有"□□□乘贤者翕桸子一心供养"。② 就姓名而言，似为契丹人。题记所见惠意、赵惠信、李□□、翕桸子等可能都是敦煌地区的普通老百姓，从事着不同的职业，属于不同的民族，其禅修场所可以在寺庙，也可以在自己家中或其他某一固定场所。但他们的师父应都是住窟修行的禅僧。

在吐蕃占领时期，那些长期生活在敦煌的世家子弟自然会在政治上感到苦闷与压抑，为了寻求精神上的慰藉，他们纷纷投向佛门，投向主张"明心见性，顿悟成佛"、注重个人心灵体验的禅宗。S.1438《状请出家》中说："某使侍昙和尚廿年，论经之门，久承训习，缅唯生死之事，迅若驶流。"昙和尚即昙旷，从敦煌写卷可知他是出生于甘州的河西僧人，是敦煌传布法相宗、唯识宗的重要人物，著有《大乘二十二问》《大乘百法明门论》等。其中，《大乘二十二问》是应吐蕃赞普之命所写的一部阐述禅宗渐顿教义的著作。在吐蕃占领敦煌之前，昙旷的唯识及禅宗学说就已经在敦煌产生了广泛影响，当时的敦煌士大夫中学习昙旷学说的人不在少数。对吐蕃佛教渐顿教义之争深感苦恼的赞普慕昙旷之名，派员召之入藏。昙旷因为"卧病既久，所苦弥深，气力转微，莫能登涉"③ 而未能前往。在昙旷不能入藏的情况下，赞普将疑难问题整理成二十二问端，遣使求解于昙旷。昙旷对于"深问忽临"感到"心神惊骇"，"将欲辞避，恐负力课。疾苦之中，恭答甚深之意；敢中狂简，窃效微诚"。这就是昙旷写《大乘二十二问》的由来。敦煌士人学习经论，久承训习，具有较高的佛学修养，再加上吐蕃占领敦煌后，吐蕃赞普的提倡与推崇，使昙旷所倡顿渐兼修学说在敦煌佛学修养比较高的士大夫中间流传开来。

摩诃衍禅法也在吐蕃赞普的倡导下在吐蕃及敦煌等地流行一时。"戌年正月十五日，大宣诏命曰：'摩诃衍所开禅义，究畅经文，一无差错，从今以后，任道俗依法修习。'"④ 当时敦煌士人修习摩诃衍禅法者不乏其人。S.1438《某舍官

---

① 谢稚柳著：《敦煌艺术叙录》，上海：古典文学出版社，1955年，第493页。

② 谢稚柳著：《敦煌艺术叙录》，上海：古典文学出版社，1955年，第499页。

③ 杨富学、李吉和辑校：《敦煌汉文吐蕃史料辑校·第1辑》，兰州：甘肃人民出版社，1999年，第3页。

④ 杨富学、李吉和辑校：《敦煌汉文吐蕃史料辑校·第1辑》，兰州：甘肃人民出版社，1999年，第39页。

出家并施宅充寺》说："冒死上表，唯愿出家……味法修禅，颇经师训。回宅充寺，誓报国恩。"这位上表者在未出家时就"味法修禅，颇经师训"，即早已在禅师的引导下修习禅法了。他要求出家为僧，沙州当时为吐蕃所占，摩诃衍禅法为吐蕃赞普所提倡，故此人所学禅法内容很可能就是摩诃衍禅法。同样的例证，又见于 S.4268《大乘开宗显性顿悟真宗论》题记："时有居士俗姓李，名惠光，是雍州长安人也。法名大照，不愿荣利，志求菩提。事前安阇梨，后同和尚幸已，亲承口诀，密授教旨。至于妙理，达本穷源，出有入无，圆融自在。"说明李惠光在出家前即已"亲承口诀"而修习禅宗了。由于禅宗非常重视"教外别传"，"密传心印"，故特别重视师承关系。居士李惠光师承安阇梨，由其亲授禅宗教理，并在传授过程中通达妙理，穷本溯源，达到出有入无、圆融自在的境界。

在敦煌文献中有关高僧大德修习禅宗的，如悟真就以禅修著称。P.4660《河西都僧统唐悟真邈真赞并序》称悟真"练心入理，克意修持。寸阴有竟，积雪无亏。三冬教学，百法重晖。讨瑜珈而麟角早就，攻净名而一揽无遗……洞明有相，不住无为"。练心，是指修练心定，目的是治疗由心思维错乱而引起的烦恼，系禅宗禅定的基本内容，也是禅僧修习的基本方法。说明悟真是一位修习心定的禅僧，所修经典主要为《瑜珈师地论》和《净名经》等。其师吴洪辩"知色空而明顿悟，了觉性而住无为"[1]，"一从披削，守戒修禅。志如金石，劲节松坚。久坐林窟，世莫能牵"[2]，也是一位禅僧。洪辩、悟真都来自敦煌灵图寺。在该寺中，曹僧政、宋志贞、恒安、张灵俊、马灵佺和尚、程政信和尚等也都是修习禅法的僧人。这一事实表明，晚唐五代时期的灵图寺应当是一所禅寺，至少以禅修为主。在晚唐五代时期的敦煌，有不少寺院都曾有专供僧徒进行禅修的场所。

除灵图寺以外，龙兴寺有"南能入室，北秀升堂。戒定慧学，鼎足无伤"[3]的禅僧翟法荣；大云寺有"邻亚净名大士。澄心在定，山岳无移；练意修禅，

---

[1]　P.4640《吴僧统碑》，载郑炳林、郑怡楠辑释《敦煌碑铭赞辑释（增订本）》，上海：上海古籍出版社，2019年，第274页。

[2]　P.4660《吴和尚赞》，载郑炳林、郑怡楠辑释《敦煌碑铭赞辑释（增订本）》，上海：上海古籍出版社，2019年，第530页。

[3]　P.4660《河西都僧统故翟和尚邈真赞》，载郑炳林、郑怡楠辑释《敦煌碑铭赞辑释（增订本）》上海：上海古籍出版社，2019年，第484页；姜伯勤、项楚、荣新江：《敦煌邈真赞校录并研究》，台北：新文丰出版公司，1994年，第163页。

海涯驰晓。……师子座上，立教三时。莲花会下，攀望禅枝"①的归义军都僧统氾福高和"可为（谓）缁林硕德，顿悟若空，弃舍嚣尘，住持崿涧"②的前三窟教授法坚。另有"子能顿悟，弃俗悛名"③的住三窟禅师法心。P.3051后周广顺三年（953年）所写的《频婆娑罗王后宫彩女功德意供养塔生天因缘变》题记中有"维大周广顺叁年癸丑岁陆月廿日三界寺禅僧法保自手写讫"。④可见，这位三界寺的僧人法保也是一位禅僧。此外，在莫高窟唐五代的供养人题记中，有很多"住窟禅师""住窟禅僧"和"窟禅"。如盛唐第148窟有"窟禅莲台寺释门法律福遂供养""窟禅……寺法律兴道供养""窟禅圣光寺释门法律……""窟禅显德寺释门法律兴遂供养""窟禅灵图寺法律□存供养""窟禅三界寺释门法律左兴见供养""窟禅龙兴寺释门法律周□□供养""窟禅开元寺法律□□□供养"。⑤曹氏归义军时期第443窟有"住窟禅师三界寺沙门戒昌一心供养""住窟禅师显德寺沙门惠□一心供养""住窟禅师……"⑥等。这些禅师来自敦煌的不同寺院，都是住在窟内，长期修习禅宗的禅僧。可见，在敦煌的众多寺院——如题记所见报恩寺、莲台寺、圣光寺、显德寺、灵图寺、三界寺、龙兴寺、开元寺等都有僧人在修习禅宗。其中"窟禅"二字值得深究，这些"窟禅"僧人来自不同寺院，说明莫高窟作为禅修之地，接纳敦煌各寺的僧人，或禅修，或接受禅修培训。他们不是住窟修行的专业禅僧。在窟修行期间，得到专业住窟禅僧的指导，使自己的学与行都得到升华。这些僧人多以一个寺院为中心，师徒相传，这很符合禅宗的以心印传宗的宗旨。

上文提到的"三窟"，敦煌文献有时又写作"三禅窟"，如S.1947v文书即

① P.3556《都僧统氾福高和尚邈真赞并序》，载郑炳林、郑怡楠辑释《敦煌碑铭赞辑释（增订本）》上海：上海古籍出版社，2019年，第900~901页；《敦煌邈真赞校录并研究》，第221～222页。

② S.2113vc《唐沙州龙兴寺上座俗姓马氏香号德胜宕泉创修功德记》，载郑炳林、郑怡楠辑释《敦煌碑铭赞辑释（增订本）》上海：上海古籍出版社，2019年，第900页。

③ P.4640《住三窟禅师伯沙门法心赞》，载郑炳林、郑怡楠辑释《敦煌碑铭赞辑释（增订本）》上海：上海古籍出版社，2019年，第304页；《敦煌邈真赞校录并研究》，第204页。

④ （日）池田温『中國古代寫本識語集錄』東京：東京大學東洋文化研究所，1990年，第490页。上海古籍出版社、法国国家图书馆编：《法藏敦煌西域文献（第21册）》，上海：上海古籍出版社，2002年0第182页。

⑤ 徐自强、张永强、陈晶编：《敦煌莫高窟题记汇编》，北京：文物出版社，2014年，第167~168页。

⑥ 徐自强、张永强、陈晶编：《敦煌莫高窟题记汇编》，北京：文物出版社，2014年，第167~168页。

称"敦煌管内十六寺及三所禅窟"，指的是晚唐至北宋时期河西释门都僧统管辖下的瓜沙两州境内的三所佛教石窟，亦即沙州敦煌县境内的莫高窟、西千佛洞（西窟）和瓜州常乐县（今甘肃安西南）境内的榆林窟（东窟）。当时，河西都僧统司下设三窟教授之职，管辖三窟修禅事宜。对此学界已多有论述，此不复赘。

第二节　禅宗信仰之基本内容

在敦煌修习禅宗的人群中，以高僧大德最具有代表性。P.4660《河西道沙州释门法律凝公邈真赞》中凝公"律通幽远，禅寂无疆。了知虚幻，深悟浮囊……空留禅室，锡挂垂杨"。凝公深悟禅寂，了知虚空。P.4660《禅和尚赞》中的高僧"戒如白雪，秘法恒施。乐居林窟，车马不骑。三衣之外，分寸无丝……亚相之子，万里寻师。一闻法印，洞晓幽微……"P.4660《吴和尚赞》称吴和尚"一从披削，守戒修禅"，说他以坐禅出名，与禅和尚很可能是同一人。该和尚坐禅时常常居于林窟。禅宗四祖道信主张"努力勤坐，坐为根本"，"莫读经，莫共人语"[1]，讲究一心坐禅，不问其他。这一主张在敦煌曾产生过广泛的影响。[2]

敦煌禅僧多以"三窟"为禅修中心，但在寺院也设有专门的"禅院"，以充僧人修行之所。在师父的引导下进行禅修，禅法内容较为复杂，既有早期小乘安世高般若禅，也有北宗渐悟之学和南宗顿悟之学，更多的则是南北宗兼修或没有明确宗派属性。

与安世高般若禅有关的内容可见于P.4660《勾当福田判官辞弁邈生赞》。文称辞弁："九九乘除，密解数般。先尊镌窟，奇功有残……数部般若，萦乱纷然。"所修内容显然与中国早期所传安世高的般若禅内容相近。

有的禅僧自己明言属于北宗。P.3972《大晋河西敦煌郡释门法律张氏和尚写真赞》说："一从秉义，律澄不犯于南宣。静虑修禅，辩决诇殊于北秀……四禅澄护而冰雪，万法心台龟镜明。"其中的"万法心台"显系神秀偈语"心如明镜台"的引申语，而"辩诀诇殊于北秀"是说张和尚的禅修与北宗神秀相同。

---

① 杨曾文校写：《敦煌新本六祖坛经》附录一《传法宝纪并序》，南京：江苏古籍出版社，1993年，第166页。

② 杨富学、王书庆：《东山法门及其对敦煌禅修的影响》，载吴言生主编《中国禅学（第二卷）》，北京：中华书局，2003年，第67～76页。

可知张和尚是对北宗禅法理论研究颇深的高僧，而且能以此理论团结信徒，弘扬佛法。

专修南宗顿悟思想的高僧见于文献记载的更多。如P.3677《沙州报恩寺刘金霞和尚迁神志铭并序》说："壮年厌文字，依洪和尚处，悟栖神业，舍彼鱼筌，取其心印。千池水月，盖是只轮。万象参罗，皆从方寸。心既不趁，境上偷生。障云豁开，邪山自圻。返求赤水，乃得玄珠。一契于怀，三十余载……一自传灯，万炬孔炽。陟坛讲授，弟子盈门。"可见刘金霞壮年就开始师承洪辩习禅，"舍彼鱼筌，取其心印"，重视禅宗心印的传承，属南宗顿悟之学。P.4640《住三窟禅师伯沙门法心赞》载法心和尚"子能顿悟，弃俗悛名。寻师落发，割爱家城。洪（湟）源受具，飞锡翱形"；P.3630+P.3718《都僧正兼毗尼藏主阁会恩和尚邈真赞并序》载阁会恩和尚能"悟佛教［而］顿舍烦喧，炼一心而投师慕道。……深通妙理，悦意禅池。慈云溥润，法雨恒施"。

南北禅兼修在敦煌禅僧中是很普遍的现象。P.4640悟真撰《翟家碑》称："良由梵汉之称未融，渐顿之宗由滞。"悟真称神秀惠能之属为渐顿之宗，渐指北宗所主张的渐修，顿指南宗所主张的顿悟，表明禅宗在传入敦煌时，南北宗兼修的现象非常普遍，前文所述索法律义辩就是著名的南北宗兼修的禅僧。P.4660《河西都僧统翟和尚邈真赞》说翟和尚法荣生前"南能入室，北秀升堂。戒定慧学，鼎足无伤。俗之襟袖，释侣提纲。传灯暗室，诲喻浮囊。五凉师训，一道医王。名驰帝阙，恩被遐荒"。翟法荣生前曾任河西都僧统，学通"南能""北秀"。翟法荣兼修戒定慧学，成为敦煌佛教界领袖，并以高明的医术治病救人，被誉为当地医王。可能正是因为他这种精湛的医学技术，才使翟僧统在敦煌僧俗中享有崇高的声誉，也为他所尊崇的禅宗在敦煌地区的传播奠定了良好的群众基础。与翟法荣一样，索法律义辩也是"神农本草，八术皆通"的禅僧。在传播佛教禅宗义理的同时，翟法荣、索义辩还在百姓中行医，救疾患，传法理，赢得了百姓的尊崇。

在吐蕃统治敦煌之后，由于"戎王赞普，瞻仰禅墀"，遂于"至戍年正月十五日，大宣诏命曰：'摩诃衍所开禅义，究畅经文，一无差错，从今已后，任道俗依法修习'"，[①] 故而在吐蕃治下的敦煌出现了很多摩诃衍禅宗的信徒。摩

---

① P.4646王锡撰《大乘顿悟正理决》，载杨富学、李吉和辑校《敦煌汉文吐蕃史料辑校·第1辑》，兰州：甘肃人民出版社，1999年，第39页。

诃衍不主张操持修行，提倡无为而直指人心即可明心见性。这种相当于汉地南宗所主张的顿悟说教，在藏文文献中被称为顿门派。[①] 敦煌大禅师摩诃衍应吐蕃赞普赤松德赞之邀，于781~792年到吐蕃传讲汉地禅宗，数年间使吐蕃佛教界及朝野人士、所属人民等大多崇信禅宗。792~794年，摩诃衍回到敦煌，继续宣传其禅宗义理，在他的影响下，敦煌出现了一批顿渐兼修的信徒。吴法成就是其中成就最为卓著者。

吴法成是吐蕃统治河西时期的一位佛教名僧。有人认为他是汉人，而多数学者则认为其为吐蕃人。吴法成学识高深，在吐蕃统治河西时期已负有盛名，译经众多，著述丰富，直到归义军初期，仍是河西地区最具权威的义学高僧。[②] P.4640《吴和尚赞文》中称："戎王赞普，瞻仰禅墀……太保钦奉，荐为国师。"P.4660《大唐沙州译经三藏大德吴和尚邈真赞》也说吴法成曾被吐蕃赞普奉为国师。P.2885《达摩和尚绝观论》有"辛巳年三月六日写记僧法成"[③]，题记系吴法成亲书。[④] 可见吴法成是位禅僧，被信奉摩诃衍禅法的吐蕃赞普奉为国师，说明他所信奉的禅法深受摩诃衍禅法之影响。而如果奉摩诃衍之命写《顿悟大乘正理决》的王锡本身对摩诃衍禅法没有深刻理解的话，那么摩诃衍无论如何也不会把记录自己教义的任务交给他的，由此可见王锡也应是位摩诃衍禅法的忠实信徒。

第三节 禅宗信仰流行的原因

禅宗信仰得以在晚唐五代时期渗透到敦煌社会的各个阶层，受到当地民众的广泛尊崇，原因是多方面的。

其一，自北凉以来，敦煌佛教徒就有禅修的传统。敦煌莫高窟的修建最初就与僧人的坐禅有关。前秦建元二年（366年），禅僧乐僔杖锡林野，行至距离敦煌城东南25公里处的鸣沙山，忽见金光，状有千佛，遂架空凿岩，开凿了莫高窟的第一个洞窟。由此看来，莫高窟的乐僔和尚是禅僧无疑。这里远离闹市，

---

① 张广达：《唐代禅宗的传入吐蕃及有关的敦煌文书》，载中华书局编辑部编《学林漫录·第3集》，北京：中华书局，1981年，第36~58页。

② 王尧：《藏族翻译家管·法成对民族文化交流的贡献》，《文物》1980年第7期，第50~57页。

③ （日）池田温『中國古代寫本識語集録』東京：東京大学東洋文化研究所，1990年，第424頁。

④ 一种意见认为这里的"吴法成"应是两个人，其一是译经僧，其二为禅僧。由于从文献本身很难判断，姑且将其视作一人处理。

人迹罕至，非常适合禅修。随后又有法良禅师在乐僔禅窟旁边重建一窟。此后，在莫高窟开窟禅修的僧人逐渐增多，到北凉时，受内地禅业盛行的影响，敦煌地区出现了单道开、竺昙猷、释道绍、释道法、释法颖、释超辨、释慧远、昙摩蜜多等以修习禅定见称的高僧。时人认为"沙门之体，必须摄心守道，志在禅诵，不干世事，不作有为"。修禅被认为是佛教修习的根本，故而"坐禅苦行"在北魏以后蔚然成风，"京邑比丘悉皆禅诵，不复以讲经为意"[①]。从莫高窟现存最早的一组北凉石窟第267、268、269、270、271、272窟来看，面积都很小，应为习禅静思的禅室无疑，而开凿于西魏大统四年（538年）的莫高窟第285窟中也修建有八个小禅室，"仅可容膝"，而且窟形低小，显然属于敦煌沙门"凿仙窟以居禅"的形象资料。[②]

其二，应归因于敦煌当地政权的支持与世家大族的参与。敦煌历史上虽然有过多次的政权动荡与少数民族的入侵，但自从佛教在该地区兴起之后，很少发生如中原地区那样专门针对佛教势力的灭佛事件。在各族统治者的扶持下，佛教几乎成为敦煌的全民信仰，佛教思想由此成为历代统治者的精神载体。

安史之乱爆发后，吐蕃乘机占领了陇右、河西地区。占领敦煌后，吐蕃大力扶持佛教，藉宗教之力加强统治。通过提高僧人地位，不断向寺院布施财物、田产、水碾及依附人口等措施，当地民众信仰佛教者日益增多，佛教势力迅速膨胀。吐蕃管辖敦煌后期，唐王朝统治的中原地区发生了"会昌法难"，中原佛教遭受了沉重打击。敦煌佛教躲过了这场法难，继续保持着独尊的地位。到张氏归义军时期，归义军统治者亲自参加设斋、造窟等佛事活动，并宣布保护寺院的财产与依附人口，使得佛教寺院利用各种方式继续向社会各阶层发展。曹氏归义军政权继续推行尊崇佛教的政策，不仅把争取佛教势力支持作为稳定社会、巩固政权的重要措施，还试图藉由高度发达的佛教文化来提高归义军政权在西北少数民族中的地位，使敦煌佛教长期保持强势。沙州16所大寺中有僧尼千余，享有较高的社会地位。这些因素为禅宗在敦煌地区的流行培育了适宜的土壤。

其三，是由敦煌禅宗的杂糅性所决定的。敦煌禅宗信仰内容复杂，既有早

---

① ［北魏］杨衒之撰，韩结根注：《洛阳伽蓝记》卷二，济南：山东友谊出版社，2001年，第67~68页。

② 王书庆、杨富学：《敦煌莫高窟禅窟的历史变迁》，载吴言生主编《中国禅学（第四卷）》，北京：中华书局，2006年，第310~318页。

期小乘禅，也有北宗神秀渐修禅和南宗惠能顿悟禅，还有摩诃衍的顿渐渐修禅，而更多的则是宣扬南北兼修、禅教合融、儒释合一等经过改造过的具有敦煌本地佛教杂糅色彩的禅宗。这一现象的存在使敦煌禅僧的禅宗信仰不像中原地区一样，专门钻研高深精妙的禅理，而是把坐禅与顿悟结合起来，既强调通过坐禅观想来去除心中的杂念，渐修成佛，同时又主张顿悟思想。他们在宣传禅宗教理时借助经变画、佛曲、变文、禅诗等老百姓喜闻乐见的形式弘扬佛教精神，非常适合敦煌禅宗信徒的口味。尤其是惠能所宣扬的"即心是佛"的观点，识己心为佛心，只要不使自己本来清净之心受熏染，便可以己身为佛，己心即佛心。这一观点为钝根者之趋佛指明了道路，对于佛教修养不深，文化水平不高的敦煌僧人或普通百姓来说，无疑具有巨大的吸引力。

综上所述，禅宗在敦煌地区有着广泛的群众基础和社会基础，其信仰者遍及敦煌社会的各个层面。当时敦煌人信仰的既有中国早期安世高般若禅，也有北宗的渐悟、南宗的顿悟，而更多的是南北宗兼修、杂糅各种学说的敦煌本地禅学。

第六章　敦煌莫高窟禅窟的历史变迁

敦煌文献在记载晚唐五代宋初敦煌佛教团体时，多次提到敦煌的"十六寺"和"三禅窟"。如S.1947v文书即称："敦煌管内十六寺及三所禅窟。"该文书写于唐咸通四年（863年），系归义军节度使与教团方面共同就敦煌佛教僧团财产进行调查登记而作成的。

所谓十六寺者，是敦煌地区的五所尼寺（大乘寺、普光寺、灵修寺、安国寺、圣光寺）和十一所僧寺（龙兴寺、永安寺、大云寺、灵图寺、开元寺、乾元寺、报恩寺、金光明寺、莲台寺、净土寺、三界寺）的统称，[①] 均为地面建筑，多集中在沙州城及其周围。与之对应的"三禅窟"，指的则是晚唐至北宋时期河西释门都僧统管辖下的瓜沙两州境内的三所佛教石窟，亦即沙州敦煌县境内的莫高窟、西千佛洞（西窟）和瓜州常乐县（今甘肃安西南）境内的榆林窟（东窟）。当时，河西都僧统司下设三窟教授之职，管辖三窟修禅事宜。此外，与禅窟、禅僧有关的称呼还有"三窟教主""三窟院主""检校三窟""知三窟""住窟禅师""窟禅""住窟禅僧"等。[②]

莫高窟、西千佛洞和榆林窟作为敦煌僧人禅修胜地，学界论及者已多，[③]兹不复赘。这里仅就敦煌莫高窟禅窟的历史变迁问题略作述论。

---

① （日）土肥義和「莫高窟千仏洞と大寺と蘭若と」，載（日）池田温（編）『講座敦煌3敦煌の社會』東京：大東出版社，1980年，第347～369頁；李正宇：《敦煌地区古代祠庙寺观简志》，载《敦煌史地新论》，台北：新文丰出版公司，1996年，第76～82页。

② 湛如：《论敦煌佛寺禅窟兰若的组织及其他》，载敦煌研究院编《段文杰敦煌研究五十年纪念文集》，北京：世界图书出版公司，1996年，第98～101页。

③ （日）土肥義和「莫高窟千仏洞と大寺と蘭若と」，載（日）池田温（編）『講座敦煌3敦煌の社會』東京：大東出版社，1980年，第351～355頁；姜伯勤：《论禅宗在敦煌僧俗中的流传》，载氏著《敦煌艺术宗教与礼乐文明》，北京：中国社会科学出版社，1996年，第360～379页；杨富学、王书庆：《东山法门及其对敦煌禅修的影响》，载吴言生主编《中国禅学（第二卷）》，北京：中华书局，2003年，第67～76页。

第一节　禅窟在敦煌的形成

禅修，一般来说需要比较寂静的地点。没有一个寂静的住处，众生无始以来的散乱心就很难调柔静定。众生是俱有我执和我所执的，寂静、无为、安乐就可对治我所执着障。寂静即法无我空，无为即无相空，安乐即无取舍的无愿空。由空、无相、无愿就可以对治我执着相。《大智度论》云：

> 问曰："菩萨法以度一切众生为事，何以故闲坐林泽，静默山间，独善其身，弃舍众生？"
>
> 答曰："菩萨身虽远离众生，心常不舍。静处求定获得实智慧，以度一切。譬如服药，将身权息众务，令力平健，则修业如故。菩萨宴寂，亦复如是，以禅定力，故服智慧药，得神通力，还在众生。或父母妻子，或师徒宗长，或天或人，下至畜生，种种语言，方便开导。"①

常人看来，禅僧似乎不顾及他人，而是只管自己，实则不然。禅僧是要通过禅修，参透佛理，得如来智慧之后，才能方便开导广大众生，从而走共同解脱之路。他们参禅的寂静处，在佛教经论典籍中常称阿练若或阿兰若，汉文译为寂静、无净声、空闲处等，一般来说，距城镇或居民点大约20公里开外处是比较适宜的地点，这样生活上不至于特别困难，同时又避开了世俗诸多烦喧，有利于禅僧的修习定性。莫高窟地处鸣沙山与三危山之间，宕泉河从中缓缓流过，距敦煌市25公里，距较近的农村乡里也有20公里，四处戈壁漫漫，上无飞鸟，下少人烟，非常安静，而且在窟中习禅，冬暖夏凉。以此之故，敦煌莫高窟一带理所当然地成了当地僧人习禅修行的理想场所。

莫高窟开凿于鸣沙山东麓的断崖上，根据洞窟的分布情况，可分为南北二区。在南区中，隋以前的洞窟有36个，其主要作用在于供僧人修禅；在隋以后主要为家窟、功德窟，现有洞窟编号多集中在南区，上下相接，左右比邻，最密集处可达五层。在北区，除个别洞窟衔接南区洞窟的编号外，大多洞窟原无

---

① （印）龙树菩萨造，［后秦］鸠摩罗什译：《大智度论》卷一七，《大正藏》第25册，No. 1509，第180页b。

编号，只是近期为清理之便才予以编号。北区是唐宋以后敦煌禅僧们居窟修禅或居住生活的集中区。

莫高窟的创建肇始于禅僧的开窟活动，敦煌写本 P.2551v《沙州效谷府校尉李君莫高窟佛龛碑并序》有载，知为乐僔和尚所开。步乐僔禅师之踵，法良禅师亦于乐僔师的窟侧开凿石窟用来打坐修禅。那么，乐僔与法良所开两窟安在呢？由于证据不足，目前还难以确定。从现存窟龛看，第267、268、269、270、271这一组窟龛时代最早，被定为北凉时期。这一组窟龛本是以第268窟为主窟，南北两壁各附两个小龛，编号为267、270（南壁）和269、271（北壁）。四个小龛面积"才容膝头"，[①] 是禅室无疑。从第270窟暴露出来的层位关系看，这一组窟龛经过了两次重修，现存第一层是隋画千佛（第268窟西壁未重画）；第二层是北凉时期画的金刚力士和飞天等，与第268窟西壁下的供养人属于同层，北凉画下还有一层白色粉壁，什么也没有画。上述现象证明这一组窟龛在北凉以前是没有壁画的，应为专属禅僧坐禅苦修所用，有可能就是所谓的乐僔窟或法良窟。

除这组北凉窟外，时代较早的还有第272、275窟，亦当为北凉统治敦煌时期所建，大致开凿于420年左右，距乐僔开窟的建元二年（366年）不足百年。由于早期洞窟少，时间跨度短，故而被笼统地归入北朝石窟。其第272、267窟在崖面的同一平面上，南北相连，也有可能为乐僔窟或法良窟。

第二节　敦煌禅窟的历史分期

莫高窟中的北朝石窟大致可分为四个时期：第一期相当于北凉统治敦煌时期，即421~439年前后，现存7个洞窟，分别是第267、268、269、270、271、272、275窟；第二期相当于北魏时期，大约为445~534年，现存洞窟10个，分别是第251、254、257、259、260、263、265、273、441、489窟；第三期相当于西魏时期，即535~556年前后，现存洞窟11个，分别是第246、247、248、249、285、286、288、431、432、435、437窟；第四个时期相当于北周时期，大约为557~580年，现存洞窟16个，分别是第250、290、291、294、296、297、

---

① 道宣称法忍曾在覆舟岩下修行，"自静观理三十余年……所止龛室，才容膝头"。［唐］道宣撰，郭绍林点校：《续高僧传》卷一六《法忍传》，北京：中华书局，2014年，第590页。

298、299、301、428、430、438、439、440、442、461窟。至于北朝敦煌禅僧坐禅的观法，学界已有详论，[①] 这里从略。

莫高窟自366年开始兴建，至北朝石窟第二期结束（500年左右），约150年间共开凿禅窟11个，即平均约14年新建一个禅窟。这样的建窟速度是慢了点，但从现有洞窟题记看，这些洞窟差不多都是僧人自筹自建的，基本没有社会力量参与，其作用都是供禅僧在窟中修习禅定。"禅定"一词来自梵语，由于翻译者不同，加上时代与译语的差异，有时又为了说明诸佛菩萨的所得所证不同，故而在经论里有许多译法，如定慧、寂静、寂照、明净等，确切地说就是止观。"止"是专注一境，即制止精神的散乱而使之澄清；"观"是思维修，观察一切所缘境，运用正智慧观察思维现身所处的所缘境。在北朝一、二期的11个禅窟中，龛中主塑交脚弥勒的禅窟分别为第268、275、254窟。关于此三窟的主尊到底是弥勒还是释迦，前贤有所争论。从禅学角度讲，应该认定为其弥勒菩萨。而其余各窟主尊均塑倚坐释迦牟尼像。主尊为交脚弥勒的洞窟在北朝二期以后实属罕见，一般都是以释迦牟尼坐像为主尊的。故依主尊风格推断，第268、275和254三窟当为早期洞窟无疑。

为什么在北朝一、二期禅窟中的主尊塑交脚弥勒呢？这与早期纯正质朴的禅风有关。《禅秘要法经》卷下云："佛告阿难，若有四众，修系念法……命终之后，必定得坐兜率陀天……于未来世，值遇弥勒，龙华初会，必先闻法，得证解脱。"[②]《付法藏因缘传》亦称："尔时罗汉即入三昧，深谛思维，不能解了，便以神力分身，飞往兜率陀天，至弥勒所，具宣上事，请所决疑。"[③]《解深密经》则曰："尔时慈氏菩萨摩诃萨白佛言：世尊！菩萨何依，何往，于大乘中修奢摩他，毗钵舍那？"[④]慈氏即弥勒的异名，由于自性慈悲，得慈心三昧，故名慈氏。在北朝石窟中，第一、二期当属敦煌禅僧们居窟修禅的质朴纯正时期，未受任何外界因素的干扰，到第三、四期时，这种情况已悄然有所变化，即由原来真正僧人修禅的石窟朝着家族窟、僧俗共建功德窟的形式转化。这一转化促发了莫高窟的营建速度逐步加快，从而不经意地打破了莫高窟的宁静。这一

---

① 刘慧达：《北魏石窟与禅》，《考古学报》1978年第3期，第337~352页；贺世哲：《莫高窟北朝石窟与禅观》，载《敦煌学辑刊》第1集，1980年，第41~52页。

② ［后秦］鸠摩罗什译：《禅秘要法经》卷下，《大正藏》第15册，No. 613，第268页a。

③ ［北魏］吉迦夜、昙曜译：《付法藏因缘传》卷六，《大正藏》第50册，No. 2058，第320页a。

④ ［唐］玄奘译：《解深密经》卷三，《大正藏》第16册，No. 676，第697页c。

转化也使莫高窟的佛教艺术逐渐由萌芽转向成熟，进而于隋唐间达到高潮。从500年前后至隋开皇四年（584年），84年间莫高窟共新建洞窟25个，平均每三年多就要开凿一个洞窟。在北朝第一、二期诸窟中，笔者未发现造窟的供养人题记，当因这些洞窟是禅僧自己所凿，用于自己修禅，故而不存在供养人问题，当然也就无供养人题名。而在第三、四期洞窟中，从供养佛像的题名来看，既有王公贵族、官僚地主，也有僧人及庶民百姓，所修以功德窟为主。即使僧人参加营建的洞窟，也不是专门用于禅修的。莫高窟第285窟北壁上西数第二铺（迦叶佛）下有发愿文称：

夫至极闻旷，正为尘罗所约；圣道归趣，非积垒何能济拔。是以佛弟子比丘辨化仰为七世父母，所生父母，敬造迦叶佛一区（躯）并二菩萨，因此微福，愿亡者神游净土，永离三途。现在居眷，位太（泰）安吉，普及蠕动之类，速登常乐。大代大魏大统四年岁次戊午八月中旬造。

比丘辨化供养时。[①]

学者们的研究证实，莫高窟第285窟是由北魏宗室东阳王元荣亲自主持营造的。[②]前引敦煌写本P.2551v《沙州效谷府校尉李君莫高窟佛龛碑并序》在追述乐僔、法良造窟事迹后又云："复有刺史建平公、东阳王等各修一大窟。"[③]此大窟当即该窟。

由上论述不难看出，北朝修建禅窟的目的前后有所不同。第一、二期所营建的石窟以禅修为目的，第三、四期乃至以后所建的石窟以修功德为主旨。以第二期洞窟和第三期相比较，可以看到两者之间的迥异之处，如在第三期洞窟中普遍出现的清瘦形象、褒衣博带式的服装、面部以色块晕染双颊的中原汉式表现手法，以及体态潇洒、运动感很强的飞天等，在第二期洞窟中都不曾出现。[④]这充

---

① 敦煌研究院编：《敦煌莫高窟供养人题记》，北京：文物出版社，1986年，第114页。

② 贺世哲：《莫高窟第285窟西壁内容考释》，载段文杰主编《1987年敦煌石窟研究国际讨论会文集（石窟考古编）》，沈阳：辽宁美术出版社，1990年，第375～378页。

③ 宿白：《〈李君莫高窟佛龛碑〉合校》，载姜亮夫、郭在贻等编《敦煌吐鲁番学研究论文集》，上海：汉语大词典出版社，1990年，第48页；郑炳林、郑怡楠辑释：《敦煌碑铭赞辑释（增订本）》，上海：上海古籍出版社，2019年，第21页。

④ 樊锦诗、马世长、关友惠：《敦煌莫高窟北朝洞窟的分期》，载敦煌文物研究所编《敦煌研究文集》，兰州：甘肃人民出版社，1982年，第372页。

分说明北朝第三、四期石窟较前一、二期石窟的艺术特征有了本质的变化，逐渐地朝着人们喜闻乐见的艺术形式发展。尽管北朝第三、四期石窟的艺术特色与前期不同，但石窟形制及功用需有一个循序渐进的过程。北朝第三、四期石窟一方面承袭了第一、二期禅窟原有坐禅修习的功能，另一方面又向中原传统文化靠拢，使敦煌佛教文化向着更深的层次发展。以莫高窟第285窟为例，窟内画有诸天外道形象，有日天、月天、摩醯首罗天、鸠摩罗天等，同时又有表现中国传统文化内容的伏羲、女娲、东王公、西王母等。窟中央有方形中心佛坛，佛坛的尊像虽毁，但佛坛底座尚清晰可见，其功用很明显，是供在窟内坐禅的僧人们在久坐之后起身绕像念佛或礼拜的活动场所。禅僧们以佛坛为中心绕佛，并称颂其名号，以达到心、口、意、境的统一。窟南北二壁各营建小禅室四个，面积很小，不足半平方米，仅能容一人打坐，室内亦无色彩粉饰，仅用泥轻抹而已，禅僧们面壁打坐，寓示四大皆空，无所执着。入静一无所求，出静绕佛坛念佛，故满室饰彩壁画，昭示着美妙的极乐世界，通过鲜明的比照使禅机得到进一步升华。①

　　总之，莫高窟是由禅僧创其始的，北朝石窟的前两期是莫高窟禅僧们修禅的黄金时期，前后延续了150年左右，第一、二期到第三、四期石窟的变化有一个循序渐进的过程，一方面保持了第一、二期敦煌禅僧习禅的基本风貌，另一方面由于第三、四期功德窟的出现，使佛教文化内涵及中国传统得到了升华和表现，从而导致莫高窟加快营建的步伐，打破当初专业禅窟的寂静，从而肇始了佛教思想及艺术逐渐向社会化、民间化的靠拢，由此引致莫高窟佛教艺术之成就开始向大乘方向纵深发展。

　　自北朝后期出现功德窟之后，莫高窟随之出现了民间大户营建功德窟的高潮。在隋代短短的37年间即开凿洞窟约93个（尚不含后代因新营建洞窟而毁去的残窟），平均每年有两个新窟建成。按一般情况平均推算，一个洞窟的开凿需要3~5年时间，由此算来，差不多每天就有3~4个洞窟处于施工状态。据有关资料记载，修建一窟一般需要20~80人，较大的洞窟的营建有时需要上百人乃至几百人。隋代所修功德窟多数属大窟范围，按平均50人参加一个新洞窟的营建，那么每天在莫高窟南区施工的平均150~200人。这么多人的喧闹嘈杂，加

①　日本学者须藤弘敏认为285窟中有大量的壁画与雕塑，其目的是用以赞叹禅定思想和禅修高僧的，并非为了现实的禅观修行。（日）须藤弘敏：《禅定比丘图像与敦煌285窟》，载段文杰主编《1987年敦煌石窟研究国际讨论会文集（石窟考古编）》，沈阳：辽宁美术出版社，1990年，第406页。

上施工引发的撞击声，以及由敦煌至莫高窟运送原材料及喂养的驼马嘶鸣声，不难想见当时莫高窟前的热闹场面。隋亡唐继，开凿功德窟的热情有增无减。唐朝在莫高窟无论是开窟数量、质量及艺术成就都达到了石窟营建的巅峰期，高质量的洞窟及娴熟的技艺给后人留下了一笔不小的宝贵财富。[①]

唐朝历史长达289年之久，这一时期营建洞窟最多，艺术风格变化显著，人们把它区分为初唐、盛唐、中唐和晚唐。初唐营建洞窟43个，盛唐营建洞窟80个，中唐营建洞窟44个，晚唐营建洞窟60个，共计227个，平均一年零二个月新营建一所洞窟。其中的第96窟和第130窟，即俗称的北大像和南大像，参加营建的人员之多和时间跨度之久是人们难以想象的。据以上推测，唐代每天在莫高窟前参加营建洞窟人员平均应在百人左右。如此多的人在莫高窟前的峡谷中奔忙，无疑会给禅僧们的修习带来不良影响。

第三节　敦煌禅窟的功能与用途

自隋到唐，新营建的洞窟皆为功德窟，没有一所是禅窟，当时在窟中坐禅修行的禅僧们大多集中在北朝时期开凿的诸禅窟中，以及北区没有任何粉饰的窟内。北朝时期开凿的禅窟恰好在南区的中段，大规模的开窟活动，使僧人习禅所需的寂静环境荡然无存。没有一个寂静的住处，对禅僧，尤其是那些初修者来说是十分不利的。无始以来本自散乱之心，在喧嚣的环境中是很难调柔静定的，所以《佛垂般涅槃略说教诫经》（又作《佛遗教经》）教导弟子们说：

> 汝等比丘，若欲求寂静，无为安乐，当离愦闹，独处闲居。静处之人，帝释诸天所共敬重。是故当舍己众他众，空闲独处，思灭苦本。若乐众者，则受众恼。譬如大树，众鸟集之，则有枯折之患。世间缚着，没于众苦，譬如老象溺泥，不能自出，是名远离。[②]

---

① （日）藤枝晃「敦煌千佛洞の中興」『東方学報』第35册，1964年，第9～139頁；贺世哲：《从供养人题记看莫高窟部分洞窟的营建年代》，载敦煌研究院编《敦煌莫高窟供养人题记》，北京：文物出版社，1986年，第194～236页；马德著：《敦煌莫高窟史研究》，兰州：甘肃教育出版社，1996年，第23～59页。

② ［后秦］鸠摩罗什译：《佛垂般涅槃略说教诫经》，《大正藏》第12册，No.389，第1111页c。

该经要求弟子们在禅修时"当离愦闹，独处闲居"，远离烦喧而住于寂静处。而北朝晚期以后的造窟狂潮，使莫高窟旧有的寂静为终年不断的人声鼎沸和驼马嘶鸣所替代，势必会严重地干扰禅僧们的正常生活及修持。于是，自北朝后期开始，便已有人试图把禅窟转移到相对比较安寂的莫高窟北区。在此之前，这里已有零星的禅窟开凿，考古人员在北区的考古发掘，也证明了北区的营建可追溯至北魏。

莫高窟北区现有石窟248个（含敦煌研究院编号第461~465窟）。依照这些洞窟在崖面的位置，大致以水平方向从上向下划分为6层。第一层位于崖面底部，共有石窟35个；第二层有68个；第三层有42个；第四层有70个；第五层有15个；第六层有18个。这些洞窟中，除无法确定的77个洞窟外，其余171窟被考古人员归纳为六类：一为禅窟，即专供僧人修行习禅的石窟（82个）；二为僧房窟，即供禅僧们日常生活起居的石窟（50个）；三为僧房窟附设禅窟，即指在一个窟中具备日常生活和禅修的两种功能（5个）；四为瘗窟，指瘗埋禅僧遗体、骨灰或遗骨的石窟（25个）；五为礼佛窟，即供禅僧们打坐参禅之余起身向佛礼拜的石窟（7个）；六为廪窟，即专供储藏僧人日用品及粮食的石窟（2个）。[①] 从这些洞窟中还发现了不少历史遗迹，出土了一大批珍贵文物，为我们了解北区数百个石窟的形制特征、性质、功能及时代等提供了珍贵资料。

在北区尚未得到清理以前，面对北区那么多闲置的尚未修好的石窟，不少人都发出这样的疑问：那是干什么用的呢？

有人认为是参加营建莫高窟的工匠或画工的居住之所。在长达数百年乃至上千年的时间里，个别石窟有可能会充作此用，但这绝不会是开凿北区石窟的主旨。

有人认为是因为当时战乱，所以对这些石窟还未来得及精雕细绘便不得不中途放弃。但北区石窟考古得出的结论却告诉我们，在北区石窟中早至北魏，迟至宋元，各个时期均有营建。为什么在南区可以精雕细绘，北区与之毗邻却不能做到呢？这种说法亦难以成立。

还有人认为是北区与南区沙石崖面结构不同所致，即北区不适宜在石壁上彩绘壁画，故开出来的窟未予彩绘。这种说法更是离奇。笔者尽管不懂沙石结

---

① 　彭金章、王建军编：《敦煌莫高窟北区石窟·第1卷》，北京：文物出版社，2000年，第343 ~ 351页。

构崖面之学，但稍加推究就觉得这种说法有点于理不通，因为莫高窟的南区和北区在同一崖面上，仅相隔百米左右，其崖面的沙石构造基本一致，不应有如此大的差异。再说，不宜彩绘的石壁开出一两个，多至三五个即已足矣，人们何至于在长达千年的时间中，不惜耗费巨大的人力物力，在此开出数百个废窟。

还有一种意见，认为北区石窟很可能是一些僧侣居住的小僧房。尽管"僧"与"禅"只有一字之差，但却与实际情况大相径庭。在莫高窟前一直有寺院存在，如早期的崇教寺、晚期的仙岩寺等。每个寺院都有自己的寺规，有固定的礼拜场地和寮房，南区寺院的僧人们不可能到北区石窟中单独居住。且僧人独出外居是触犯清规戒律，为寺规所不容的。但对于在莫高窟专业习禅的僧人而言，在窟中过着亦居亦禅的生活则是合情合理，不受非议的。

考古人员通过对莫高窟北区的清理，发现现存石窟中符合禅窟特点的有82个，实际上远非这个数字，原有北区石窟的主体功用就是供禅僧们在此静修的。由于年代久远，窟内器物缺乏，有的窟甚至连形制已非原貌，故不可能做出准确的统计。在前贤所推定的属于其他内容的石窟中，有一些其实也是禅窟，如比较引人注目的B43窟就是如此。

B43窟南后室发现有二次葬人骨，故被定性为瘗窟。然观其北后室，可以发现又是典型的僧房窟。在共一前室的两个后室中，南后室瘗埋死人，北后室居住活人，这一现象乍看起来有点令人费解。[1] 为了说明这一问题，我们需先看《瑜伽师地论》的有关记载：

> 云何名为住阿练若？谓住空闲山林迥野，受用边际所有卧具，远离一切村邑聚落，是名为住阿练若。云何名为常居树下？谓常期愿，住于树下，依止树根，如是名为常居树下……云何名为常住冢间？为常期愿，住家墓间，诸有命过送尸骸处，如是名为常住冢间。[2]

这段记载说明，"住冢墓间"观死人尸骸是禅修的观法之一。如果说观佛、想西方极乐世界庄严无比是正向思维，那么观白骨想肉体脓血之躯的可恶便是一种逆向思维。观白骨是禅僧们修习止观的重要观法，佛经中早有明训，所以

---

① 彭金章、王建军编：《敦煌莫高窟北区石窟·第1卷》，北京：文物出版社，2000年，第119页。

② ［唐］玄奘译：《瑜伽师地论》卷二五，《大正藏》第30册，No.1579，第422页b。

在禅窟旁或禅窟中存在白骨不足为怪。

与B43窟比邻的B42窟也很特殊，因为窟中有三男二女的人骨。考古人员在砾石台上发现人骨架数具，但排列不整齐，其经后人翻动，造成头骨与颈椎脱离，肋骨亦呈散乱状，甚至有一块人骨散落到砾石台下的地面上。按股骨及髋骨计，人骨分属于五个个体，包括三个成年男性，两个30~35岁的女性。经过对这些人骨的碳十四测定，树轮校正后为664年前后，约为初唐时期。故该窟之开凿时代应稍早于初唐或在初唐时期。① 此窟分为前室和后室，不是一般的小禅室，人骨分散于后室中部的砾石台上，但离后室后壁尚有一定的距离。

如果把此窟理解为瘗窟的话，似乎欠妥。从古代敦煌埋葬习俗讲，罕见有多个男女尸体混葬在一起的佐证。即使这些死者是被屠杀后乱葬的，那也没有理由将尸骸置于象征着清洁圣地的莫高窟禅窟中。从僧人的葬俗讲，这种情况亦不可能，因为比丘和比丘尼死后需分区起塔供养，是不可以葬在一区的。这就是说，在B42窟发现的这一现象显然是有人故意安排的，那么，这种故意安排有何意义呢？我们先看《大智度论》的有关记载：

问曰："行何方便得禅波罗蜜？"
答曰："却五事（五尘），除五法（五盖），行五行（初禅五支）。"
云何却五事？当呵责五欲。哀哉众生，常为五欲所恼，而犹求之不已。此五欲者，得之转剧，如火炙疥。五欲无益，如狗咬骨。五欲增诤，如鸟竟肉。五欲烧人，如逆风执炬。五欲害人，如践恶蛇。五欲无实，如梦所得，五欲不久，如假借须臾。世人愚惑，贪着五欲，至死不舍，为之后世受无量苦……五欲者，名为妙色声香味触，欲求禅定皆应弃之。②

五欲之中的"触"即指有男女接触的淫欲之意。窟中两个30~35岁的女性骨骸，警示习禅之人应远离女色。30~35岁的女人风华正茂，处于一生中的黄金阶段。唯"触"法遍满身识，若取观身不净等三十六种观法，对色相俱佳的女性产生厌恶心，看透本质，如同白骨，自然对女性的欲求也就没有了。③ B42

① 彭金章、王建军编：《敦煌莫高窟北区石窟·第1卷》，北京：文物出版社，2000年，第107页。
② （印）龙树菩萨著，［后秦］鸠摩罗什译：《大智度论》卷一七，《大正藏》第25册，No.1509，第181页a-b。
③ 杨曾文著：《唐五代禅宗史》，北京：中国社会科学出版社，1999年，第16~30页。

窟分前、后两室，在禅窟中档次算是高级别的，从修行呵五欲的观法上说，修行的档次也是较高层次的。一般的禅僧只住小禅窟，面壁正思维，不知禅中深层次的内涵，更无能力得到五具男女骨骸以供自己禅观用。由此可知，能住此窟修禅的人，定是禅中高僧大德，抑或负责北区禅务的僧官。

除上述二窟外，符合禅窟特点的洞窟当还有不少，有待进一步认定。当然，被归入僧房窟附设禅窟的五个石窟其实也可归入禅窟，因为这类石窟的主要功能也是习禅。这样算来，莫高窟北区可以确认为禅窟的应有89个。其他的石窟，如僧房窟、廪窟是专供禅僧起居所用，礼佛窟用于禅僧礼佛，瘗窟则用于瘗埋禅僧遗体、骨灰或遗骨，总之都与禅修活动息息相关。

结　论

敦煌莫高窟的兴建肇始于禅窟，在随后的一百多年间，一直充当着当地禅僧修禅打坐的重要场所。早期的禅窟多位于莫高窟南区的中部，自北朝后期开始，修建功德窟之风大兴，莫高窟的开窟活动进入高潮，程度不同地影响了禅僧的修习，于是，人们便把禅窟转移到相对比较安寂的莫高窟北区，自隋至唐，南区不复重见禅窟的修建。北区现存石窟248个，可确定为禅窟的有89个，还有一些尚待确定，除禅窟之外的其他石窟，也都可视作禅僧在北区坐禅修行的配套设施。可以认为，北区是专供禅僧们修行打坐和日常生活的地方。

第七章　摩诃衍禅法及其在吐蕃 与敦煌的传播与影响

第一节　概说

　　自唐德宗贞元二年（786年）到宣宗大中二年（848年）是吐蕃占领敦煌时期。此62年间，吐蕃征服者将自己的政治、军事制度及文化、习俗等都带到了敦煌，对当地政治、经济、文化的发展产生了重大影响。在佛教信仰方面，吐蕃的影响更是突出，敦煌一带保存的数量丰富的汉文、藏文文献对此有着集中的反映。在这些文献中，《顿悟大乘正理决并序》真实记录了8世纪末中原禅僧摩诃衍应邀由敦煌赴吐蕃传布禅法这一史实，具有弥足珍贵的学术价值。

　　《顿悟大乘正理决并序》现存写本两件，编号分别为P.4646、S.2672，详细记录了8世纪末在吐蕃赞普赤松德赞（Khri srong lde Brtsan，742~797年，755~797年在位）主持下，于拉萨举办了由三位汉僧与三十位印度僧人参加的有关禅法修习的大辩论，为中古禅宗史上的一桩大事。其内容可分为三个部分：其一，王锡撰写的序文，对吐蕃赞普的弘法伟业进行颂扬，着重叙述了8世纪末印度高僧与中原禅僧于拉萨进行辩论的始末；其二，针对印汉僧净的辩论所写的问答记录，包括旧问、新问和又问；其三，摩诃衍本人给赤松德赞赞普所写的三道上奏文。[①]其比较全面地记录了吐蕃占领时期敦煌佛教界的情况及其与吐蕃帝国之间的关系，对摩诃衍禅法之特点及其在吐蕃与敦煌等地的传播有较为全面的反映，同时也折射出8世纪前后藏地佛教的特征。

---

　　①　（日）山口瑞凤「摩訶衍の禪」，载（日）篠原壽雄、田中良昭（編）『講座敦煌8 敦煌仏典と禪』東京：大東出版社，1980年，第383頁。

序文的撰写者王锡为敦煌人，在唐代河西佛教界负有盛名。其初任河西观察使判官，在吐蕃占领河西时期，曾随由内地到敦煌传教的大乘禅师摩诃衍（Mahāyāna）研习佛教禅宗教义。吐蕃占领敦煌以后，应吐蕃赞普赤松德赞之召，摩诃衍远赴吐蕃，在拉萨、昌珠、琼结等地传授禅门，王锡随往。经过摩诃衍师徒的努力，汉地禅宗思想在吐蕃得到迅速发展，影响颇巨。在汉僧与印度僧的大辩论中，王锡又与摩诃衍一道申述了汉地禅宗的见解。返回敦煌后，著成《顿悟大乘正理决并序》，以记其事。此外，敦煌文献中还保存着他撰写的《上吐蕃赞普书》两道（P.3021），[①] 也是研究唐代吐蕃佛教乃至中印佛教早期交流的珍贵资料。

《顿悟大乘正理决并序》以其重要价值，长期受到国内外学术界的重视。如法国学者戴密微（Paul Demiéville）[②] 及日本学者今枝由郎[③] 分别以《顿悟大乘正理决并序》为基本资料，对8世纪的拉萨僧净进行了详细的论述。香港学者饶宗颐对该文献进行了细致的校录，进而论述了摩诃衍及蜀地禅宗的禅法。[④] 日本著名藏学家上山大峻也以该文献为依据，结合敦煌出土藏文禅宗文献及后世藏文史料，对摩诃衍的禅法进行了研究。[⑤]张广达[⑥]、佟德富[⑦]也分别撰文通过对《顿悟大乘正理决并序》的研究，探讨了汉地禅宗在吐蕃中的传播及其影响。这些成果论据充分，考述精湛，富有启发意义。

---

① 唐耕耦、陆宏基编：《敦煌社会经济文献真迹释录·第4辑》，北京：全国图书馆文献缩微复制中心，1990年，第358～360页。

② Paul Demiéville, *Le Concile de Lhasa*, Paris, 1952；（法）戴密微著，耿昇译：《吐蕃僧净记》，兰州：甘肃人民出版社，1984年。

③ Y. Imaeda, Documents tibétains de Touen-houang concernant le Concile de Tibet, *Journal Asiatique*, tome 263, Paris, 1975, pp.125-146.

④ 饶宗颐：《神会门下摩诃衍之入藏兼论禅门南北宗之调和问题》，载香港大学中文系编《香港大学五十周年纪念论文集》，香港：香港大学中文系编印，1964年，第171～181页（收入《选堂集林·史林》，香港：中华书局香港分局，1982年，第697～712页）；饶宗颐：《王锡〈顿悟大乘政理决〉序说并校记》，《崇基学报》第9卷第2期，1970年（收入《选堂集林·史林》，香港：中华书局香港分局，1982年，第713～770页）。

⑤ （日）上山大峻『敦煌仏教の研究』京都：法藏馆，1990年，第247～338页。

⑥ 张广达：《唐代禅宗的传入吐蕃及有关的敦煌文书》，载中华书局编辑部编《学林漫录·第3辑》，北京：中华书局，1981年，第36～58页。

⑦ 佟德富：《试论禅宗在吐蕃社会的传播及其影响》，《内蒙古社会科学》1999年第3期，第63～70页。

第二节　摩诃衍禅法在吐蕃的兴衰

一、摩诃衍禅法在吐蕃的流传

在《顿悟大乘正理决并序》之摩诃衍上奏文中，首先叙述了自己应吐蕃赞普赤松德赞之邀而赴逻娑（拉萨）传播禅法的起因：

> 臣沙门摩诃衍言："当沙州降下之日，奉赞普恩命，远追令开禅门。及至逻娑，众人共问禅法，为未奉进止，罔敢即说。后追到讼割，屡蒙圣主诘讫，却发遣赴逻娑，教令说禅。复于章蹉，及特便（使）逻娑，数月盘诘。又于勃宫漫寻究其源。非是一度。陛下了知臣之所说禅门宗旨是正，方遣与达摩摩祇，同开禅教。然始敕命颁下诸处，令百姓官僚尽知。"①

"当沙州降下之日"一语说明，摩诃衍之入藏是在吐蕃占领沙州不久。至于沙州被吐蕃占领的具体时间，由于直接资料较少，学者们只能通过间接资料和其他有关文献进行研究，推测成分较大，故长期以来未能形成一致的意见，目前具有代表性的说法就有多种，如大历十二年（777年）②、建中二年（781年）③、贞元元年（785年）④、贞元二年（786年）⑤、贞元三年（787年）⑥及贞元四年（788年）⑦等多种说法。其中以贞元二年（786年）说最为可信。⑧故这里采

① 杨富学、李吉和辑校：《敦煌汉文吐蕃史料辑校·第1辑》，兰州：甘肃人民出版社，1999年，第56页。
② 马德：《沙州陷蕃年代再探》，《敦煌研究》1985年第5期，第98～105页。
③ 向达：《罗叔言〈补唐书张议潮传〉补正》，载氏著《唐代长安与西域文明》，北京：生活·读书·新知三联书店，1957年，第418页。
④ 罗振玉：《补唐书张议潮传》，载《罗雪堂合集》，杭州：西泠印社出版社，2004年；苏莹辉：《论唐时敦煌陷蕃的年代》，《大陆杂志》第23卷第11期，1961年，第13～14页；苏莹辉：《再论唐时敦煌陷蕃的年代》，《大陆杂志》1964年第29卷第7期，第8～11页。
⑤ 陈国灿：《唐朝吐蕃陷落沙州城的时间问题》，《敦煌学辑刊》1985年第1期，第1～7页。
⑥ 饶宗颐：《论敦煌陷于吐蕃之年代——依〈顿悟大乘正理决〉考证》，《东方文化》1971年第9卷第1期，第1～12页（收入《选堂集林·史林》，香港：中华书局香港分局，1982年，第672～692页）。
⑦ 安忠义：《吐蕃攻陷沙州城之我见》，《敦煌学辑刊》1992年第1、2期合刊，第21～24页。
⑧ （日）山口瑞凤「吐蕃支配時代」，載（日）榎一雄編『講座敦煌2　敦煌の歴史』東京：大東出版社，1980年，第197～198頁；陈国灿：《唐朝吐蕃陷落沙州城的时间问题》，《敦煌学辑刊》1985年第1期，第1～7页。

纳之。由此推论，摩诃衍入藏布教的时间当在贞元二年或其后不久。当时，摩诃衍已为耄耋之年，他在给吐蕃赞普的上书中言："况臣老耄，心风所说，忘前失后。"[①] 以八九十岁高龄，不远万里入藏弘法，体现了摩诃衍弘法的坚韧精神。从《顿悟大乘正理决并序》看，摩诃衍最初在卫藏地区的传教活动是相当顺利的：

> 皇后没卢氏，一自虔诚，划（豁）然开悟，剃除绀发，披挂缁衣，朗戒珠于情田，洞禅示于定水。虽莲花不染，犹未足为喻也。善能为方便，化诱生灵，常为赞普姨母悉囊南氏及诸大臣夫人卅余人，说大乘法，皆一时出家矣，亦何异波阇波提，为比丘尼之唱首尔。又有僧统大德宝真，俗本姓鴒，禅师律不昧于情田，经论备谈于口海，护持佛法，倍更精修，或支解色身，曾非娆动，并禅习然也。又有僧苏毗王嗣子须伽提，节操精修，戒珠明朗，身披百衲，心契三空。谓我大师曰："恨大师来晚，不得早闻此法耳。"[②]

早在摩诃衍入藏前，汉地已有僧人入藏传教，他们有的是由唐朝政府派遣的，也有的是被吐蕃俘虏的。关于前者，《佛祖统纪》卷四一有载，建中二年（781年）中，"吐蕃遣使乞朝廷赐沙门善讲佛理者。帝令良琇、文素往赴说法教化，岁一更之"。[③] 同样的记载又见于《册府元龟》卷九八〇《外臣部·通好》及《唐会要》卷九七《吐蕃》。在此之后，又有被吐蕃俘虏的汉僧到达了吐蕃，如《旧唐书》载："（建中）三年（782）四月，放先没蕃将士僧尼等八百人归还，报归蕃俘也。"[④] 贞元二年（786年）吐蕃占领敦煌后，与汉地佛教有了更密切的接触，如当时的汉僧昙旷即受到吐蕃赞普的邀请入藏传教，只是由于身患疾病，"气力转微"而不能成行，于是撰《大乘二十二问》以回答吐蕃赞普对有关佛教疑难问题的询问。其时约为786~788年。[⑤] 摩诃衍入藏，同样是这一历

---

① 杨富学、李吉和辑校：《敦煌汉文吐蕃史料辑校·第1辑》，兰州：甘肃人民出版社，1999年，第38页。

② 杨富学、李吉和辑校：《敦煌汉文吐蕃史料辑校·第1辑》，兰州：甘肃人民出版社，1999年，第38页。

③ ［宋］志磐：《佛祖统纪》卷四一，《大正藏》第49册，No.2035，第379页a。

④ 《旧唐书》卷一九六下《吐蕃传》，北京：中华书局，1975年，第5246页。

⑤ （日）上山大峻『敦煌仏教の研究』京都：法藏館，1990年，第43页。

史条件的产物。

随着唐与吐蕃佛教界的接触，蜀地禅宗也传到了吐蕃地区。从现知文献看，最早把汉地禅宗输入吐蕃的是蜀地禅宗第三代传人无相禅师（684~762年），不少晚期的藏文文献对此都有所记载。[①] 其中特别值得注意的是，拔塞囊（sBa gsal snan）所著《拔协（sBa bzde）》（又称《桑耶寺广志》），其中提到，早在弃隶缩赞（即赤德祖赞，Khri lde gtsug Brtsan，704~755年）时期，即派使者到唐朝求法，他们在回吐蕃时路经益州（成都），在益州见到金和尚无相，并住了三个月，跟无相学习佛法。[②] 此事发生时赤松德赞刚刚继位，大约在755年，其时比792~794年赤松德赞主持吐蕃僧诤要早四五十年。如果此说成立，那就说明蜀地禅宗传入吐蕃比敦煌高僧摩诃衍应吐蕃赞普之邀于贞元二年（786年）入藏传教为早。[③] 无相，俗姓金，亦名金和尚，原是新罗王子。蜀地净众派禅宗第二代宗师处寂（665~732年）圆寂后，无相成为处寂的嗣法弟子，得到了由达摩祖师递传下来的信衣袈裟，并且还承袭了处寂禅师修头陀行的禅修方法，居于成都净众寺。[④]

无相于762年圆寂后，无住（714~774年）得其法衣。从敦煌出土藏文文献看，无住之语录曾被译为藏文，其内容在P.t.116之第165、173、187叶及《五部遗教（bkav-thang-sde-lnga）》之《大臣遗教（blon-po-bkavi-thang-yig）》第22卷第23叶中可以看到。在藏文禅宗文献的诸禅师教义论说中，无住的"论说之多，仅次于摩诃衍"。[⑤] 无住的禅法在敦煌及吐蕃诸地都产生了影响，如无住禅师弟子们撰写的《历代法宝记》在敦煌有多卷写本存在，其中所主张的"无忆是戒，无念是定，莫忘是慧"之语，在敦煌藏文写本P.t.116中被译作"无想是戒，无所得为定，无二是慧"。[⑥] 成书于14世纪的《五部遗教·大臣遗教》第12章《渐门渐悟》将其译作"不想是戒，不念是定，不生幻心是慧"，[⑦] 则更接

---

① （日）山口瑞凤「チベット仏教と新羅の金和尚」『新羅仏教研究』東京，1973年，第3~36頁。

② ［唐］拔塞囊著，佟锦华、黄布凡译：《拔协》，成都：四川民族出版社，1990年，第7页。

③ 朱丽霞：《8~9世纪流传于吐蕃的禅宗派别考——兼论宁玛派与禅宗的思想渊源》，《西藏研究》2004年第2期，第74页。

④ 杨富学、王书庆：《蜀地禅宗之禅法及其特点——以敦煌写本〈历代法宝记〉为中心》，载白化文主编《周绍良先生纪念文集》，北京：北京图书馆出版社，2006年，第437~439页。

⑤ （日）木村德隆「敦煌出土のチベット文禅宗文献の性質」，载（日）篠原壽雄、田中良昭（編）『講座敦煌8敦煌仏典と禅』東京：大東出版社，1980年，第446頁。

⑥ 陈践、王尧编注：《敦煌本藏文文献》，成都：四川民族出版社，1983年，第228页。

⑦ 才让：《从〈五部遗教〉看禅宗在吐蕃的传播和影响》，《西藏研究》2002年第1期，第39页。

近于无住的原意。

此前汉地僧人在吐蕃的弘法，为摩诃衍禅法输入藏地奠定了基础。摩诃衍于贞元二年（786年）或此后不久到达拉萨，由于未得到赞普的首肯，故面对问法者的提问，他沉默以对。之后，其奉命到讼割（Zunkar）、章蹉（昌珠寺）和勃宕漫（Brag dmar）等处，接受了赤松德赞有关禅法的问询，得到赞普的认可，才得以与达摩摩祇一起，以超乎前人的规模开始广弘大乘顿悟之法，"善能为方便，化诱生灵"，为吐蕃信徒大开方便之门，受到广大信众的欢迎。五六年间，吐蕃人习禅者蔚然成风。赞普妃没卢氏（hBro bzah）、赞普姨母悉囊南氏（sNa nam mo rgyal）及苏毗王嗣子须伽提等不少显贵即从摩诃衍"剃除绀发，披挂缁衣"，修习禅法。

二、拉萨僧诤及其结果

摩诃衍努力弘扬禅法，影响与日俱增，直接威胁到印度高僧在吐蕃的声望及利益。在摩诃衍入藏前，印度高僧影响很大。赞普赤松德赞迎请印度高僧寂护（Śāntaraksita，705~762年）入藏传教，并聆听其教诲，最终受其教导成为弟子，于亥年（771年）与苯教教徒展开论辩，获得胜利，进一步促进印度后期佛教——密教在藏地的发展。同时，通过寂护，又从印度请来了以擅长咒术闻名的莲花生（Padmasambhava）大士，以威服众人。据藏文史料载，莲花生来藏途中，一路施展种种神奇法术，降伏鬼怪，使吐蕃的苯教徒们自愧弗如，自是具有浓厚密教色彩的印度晚期佛教在吐蕃的传播打开了局面。

莲花生与寂护二人双双进藏，一个精通密咒法术，使苯教徒相形见绌；一个擅长显学与因明之学，注重传播佛教教理。二人长短互补，相得益彰，从而有力推动了佛教在吐蕃的传播。[①] 779年，由寂护与莲花生等人主持修建了藏族历史上第一座完整意义上的佛教寺院——桑耶寺（bsam-yas-gtsug-khang）。该寺建成后，赤松德赞派人从印度请来了十二位根本说一切有部僧人，协助寂护首次剃度了七位吐蕃贵族子弟出家为僧，并由寂护做他们的传戒师。可见在摩诃衍入藏之前，印度高僧在吐蕃享有独尊的地位。

摩诃衍入藏后，法门大启，人们纷纷皈依。布顿·仁钦珠（Buston，1290~1364年）著《布顿佛教史（Buston kyi chos hbyun）》（成书于1323年）载：

---

① 石硕著：《吐蕃政教关系史》，成都：四川人民出版社，2000年，第263页。

"于是汉地和尚摩诃衍的门徒们的势力大了起来……当时西藏人大都喜学和尚之宗。"①当时，只有意希旺波（Ye-shes-dbang-po，8世纪）和年贝扬（gÑan dPal dbyans，8世纪末至9世纪上半叶）等少数僧人还遵循寂护的教法外，绝大部分藏僧都信奉或附和摩诃衍。②这一发展势头从根本上动摇了印度僧人的地位。为了恢复印度佛教的势力，寂护的大弟子意希旺波等建议赤松德赞迎请寂护高足莲花戒（Kamalaśīla）入藏，与摩诃衍等内地禅僧就佛法义理进行论辩。

据《顿悟大乘正理决序》记载，莲花戒进藏后推动印度一方僧人上奏赞普，言称摩诃衍的禅法并非佛法，应该终止其传教。为反击莲花戒，摩诃衍则声称印度僧人所传的佛法不是大乘佛法而是小乘佛法。由于莲花戒与赞普保持着密切关系，摩诃衍处于非常被动的境地，为了保持既有的传法成果，并削弱莲花戒在藏地的影响，摩诃衍在各种压力之下提出要与对方就禅法修习问题进行辩论。由赞普主持，双方在拉萨举行了辩论会，正方为以摩诃衍为首的汉僧，反方为以莲花戒为首的印度僧侣。对此，王锡《顿悟大乘正理决并序》这样记载：

粤我圣赞普，凤植善本，顿悟真筌，愍万性以长迷，演三乘之奥旨。固知真违言说，则乘实非乘，性离有无，信法而非法。盖随世谛，广被根机，不舍声闻，曲存文字，颂传境内，备遣精修。交聘邻邦，大延龙象。于五天竺国，请婆罗门僧等卅人；于大唐国，请汉僧大禅师摩诃衍等三人，会同净域，互说真宗。我大师密授禅门，明标法印。③

关于辩论的时间，《顿悟大乘正理决序》有模糊的记载："首自申年，停废禅义，至戌年正月十五日，诏许重开禅门。"其中"申年"为唐贞元八年（792年），"戌年"为贞元十年。如是，其时则为792~794年。《顿悟大乘正理决序》中的"问答篇"便是摩诃衍在这场辩论中的回答。在莲花戒所著的《修习次第（Bhāvanā-Krama）》之最后部分，则是对摩诃衍禅法的辩驳。④摩诃衍的上奏文中对这一段的记述相当含糊，但可以感觉到他的禅法在藏地的传播受到了很大的

①　布顿著，郭和卿译：《布顿佛教史》（《世界佛学名著译丛》67号），台北：华宇出版社，1988年，第257页。
②　王森著：《西藏佛教发展史略》，北京：中国社会科学出版社，1987年，第14页。
③　杨富学、李吉和辑校：《敦煌汉文吐蕃史料辑校·第1辑》，兰州：甘肃人民出版社，1999年，第38页。
④　（法）戴密微著，耿昇译：《吐蕃僧诤记》，兰州：甘肃人民出版社，1984年，第474~482页。

阻碍。实际上，摩诃衍在僧诤过程中失败了，此后他便离开了拉萨。

摩诃衍离开拉萨后，曾"屡蒙圣主诘问"，似乎表明在僧诤失利后，吐蕃赞普并没有完全忘记他，于是就有了第二次、第三次受赞普之命返回拉萨的"教令说禅"，但这两次的"说禅"似乎并不是传教，而是向赞普本人讲解禅法问题。赞普经过"数月盘诘""寻究其源"后，最终允许摩诃衍在吐蕃弘扬禅宗，这就是上奏文提到的结果"方遣与达摩摩祇同开禅教"，并向吐蕃各处颁令，允许其禅法在藏地传授。其时应在796年左右。①

关于吐蕃僧诤的结局，一般的藏文史书，如《布顿佛教史》《拔协》《贤者喜宴》《土观宗派源流》等都称摩诃衍的禅宗观点以失败而告终。《土观宗派源流》对僧诤的起因与结果有如下简要的记载：

> 到了王（赤松德赞）的晚年，有摩诃衍那和尚从汉地来藏，倡言非但应舍不善分别，即诸善品分别，亦是能缠缚生死，无论铁锁金锁，同属缠缚，只应全不作意，才能求得解脱。倡此邪见，藏众翕然风从，往昔菩提萨埵等所教导的清净见行能行持者日益渐少。藏王欲破此邪说，遂派人迎请善巧之王莲花戒论师入藏，与和尚辩论，击败了他。为引据正理，破他的邪见，造了《修次第》三编，使清净的见行，又得重光于世。②

摩诃衍在辩论中败给印方僧人莲花戒后，向后者献上了花环。赤松德赞宣布吐蕃佛教应以印度瑜伽行中观派为主，不准传播禅宗，摩诃衍的著作全部被封存起来。③摩诃衍遂于796年返回敦煌。然而，在王锡撰写的《顿悟大乘正理决序》中，我们却看到了截然相反的结果。他说：

> 婆罗门等随言理屈，约义词穷，分已摧锋，犹思拒辙，遂复眩惑大臣，谋结朋党。有吐蕃僧乞奢弥尸毗磨罗等二人，知身聚沫，深契禅枝，为法捐躯，何曾顾己，或头燃炽火，或身解霜刀，曰："吾不忍见朋党相结，毁谤

---

① 张亚莎：《吐蕃时期的禅宗传承》，《西藏民族学院学报》2004年第1期，第24页。

② 土观·罗桑却吉尼玛著，刘立千译：《土观宗派源流（讲述一切宗派源流和教义善说晶镜史）》，北京：民族出版社，2000年，第29页。

③ （日）冲本克己「『大乘無分別修習義·序文』（ペリオ九九六）について」『花園大学研究紀要』第25号，1993年；（日）冲本克己「『顿悟大乘正理决』序文について」『花園大学研究紀要』第27期，1995年。

禅法。"遂而死矣。又有吐蕃僧卅余人，皆深悟真理，同词而奏曰："若禅法不行，吾等请尽脱袈裟，委命沟壑。"婆罗门等乃瞠目卷舌，破胆惊魂，顾影修墙，怀惭战股。既小乘辙乱，岂复能军，看大义旗扬，犹然贾勇。

至戌年正月十五日，大宣诏命曰："摩诃衍所开禅义，究畅经文，一无差错，从今已后，任道俗依法修习。"小子非才，大师徐谓锡曰："公文墨者，其所问答，颇为题目，兼制叙焉。"因目为《顿悟大乘正理决》。①

从这一记载看，经过一番激烈的较量后，印度僧人"随言理屈，约义词穷"，摩诃衍大获全胜，于是，吐蕃赞普赤松德赞不得不大宣诏命，承认摩诃衍的禅法为"究畅经文，一无差错"，"从今已后，任道俗依法修习"。

不管藏文文献的记载与《顿悟大乘正理决序》的说法出入有多大，有一点是明确的，摩诃衍禅法当时在吐蕃一度非常盛行，而且其影响也巨大。在敦煌出土的藏文文献中，有不少都记载了摩诃衍的禅法理论，如 P.t.823、827、821《顿悟大乘正理决》、P.t.116、117《禅定不观义》、S.t.709、P.t.117、812、813、827《禅定顿悟门》及 P.t.116《语录》等。② P.t.116 是在经折装的纸上双面书写的写本，计124页。尽管有几处已经过修补，但仍不失其原有本色。此外，还有9份残缺的文献，即 P.t.21、118、813、817、821、822、823 和 S.t.706、708，其内容相当于 P.t.116 的一部分，这就说明与摩诃衍禅法相关的文献曾是受到广泛重视的。③ 将上述这些文献拼合在一起，便构成了藏文禅宗文献中一组内容丰富的资料，就连在西藏本土成书的《禅定灯明论（bSam gtan mig sgron）》和《五部遗教·大臣遗教》等文献也都多次引用这些资料。④ 9世纪上半叶以后写成的藏文无题佛教论著中（P.t.699），对摩诃衍的"看心"说进行了注释。由此可知，即使到9世纪上半叶以后，藏人仍在学习和继承摩诃衍的"看心"教义。⑤

---

① 杨富学、李吉和辑校：《敦煌汉文吐蕃史料辑校·第1辑》，兰州：甘肃人民出版社，1999年，第39页。

② （日）上山大峻「敦煌出土チベット文マハエン禅師遺文」『印度學佛教學研究』第19卷2期，1971年，第124～126頁。

③ （日）上山大峻「敦煌出土チベット文マハエン禅師遺文」『印度學佛教學研究』第19卷2期，1971年，第1～11頁。

④ （日）沖本克己「敦煌出土のチベット文禪宗文獻の内容」，載（日）篠原壽雄、田中良昭（編）『講座敦煌 8 敦煌仏典と禪』東京：大東出版社，1980年，第422～425頁。

⑤ （日）木村德隆「敦煌出土のチベット文禪宗文獻の性質」，載（日）篠原壽雄、田中良昭（編）『講座敦煌 8 敦煌仏典と禪』東京：大東出版社，1980年，第448頁。

第三节　摩诃衍禅法之顿渐共修

由于摩诃衍主要活动于西北地区，故中原文献对其生平事迹记载甚少，幸赖敦煌写本《顿悟大乘正理决并序》的发现，我们才有缘对摩诃衍的佛学思想及禅法特点有所了解。《顿悟大乘正理决并序》记载有摩诃衍回答印度小乘禅派提出诘难的答辩文，集中地反映了摩诃衍的博学及对佛教义理的精深理解：

> 摩诃衍一生已来，唯习大乘禅，不是法师；若欲听法相，令于婆罗门法师边听。摩诃衍所说，不依疏论，准大乘经文指示。摩诃衍所修习者依《大般若》《楞伽》《思益》《密严》《金刚》《维摩》《大佛顶》《花（华）严》《涅槃》《宝积》《普超三昧》等经，信受奉行。[①]

为证明自己的禅法来源，摩诃衍在答问时广泛征引大乘经典，数量计达22种。除上已注明《大般若经》《楞伽经》《思益梵天所问经》《大乘密严经》《金刚经》《维摩诘所说经》《大佛顶首楞严经》《华严经》《大般涅槃经》《宝积经》《普超三昧经》等经外，尚有《诸法无行经》《金刚三昧经》《金光明经》《首楞严三昧经》《首楞严经》《净名经》《十地经》《大乘经》《入如来功德经》《法华经》《善住意天子经》诸经。在这22部经中，引用次数最多的为《楞伽经》，计30次；其次为《思益梵天所问经》11次；再次为《金刚经》8次。摩诃衍引经据典，以此来证明自己所奉行的禅法思想为如来亲口所说，非自己杜撰，以便取信于众。博学善辩，是摩诃衍在吐蕃能够赢得信众的基础。

摩诃衍禅法兼有南北二宗顿渐共修的特点。摩诃衍本为神秀的再传弟子，而神秀绍继的是东山法门弘忍的渐修理论。在《顿悟大乘正理决并序》所载摩诃衍致赤松德赞的上奏文中，明确提到自己的传承："摩诃衍依止和上，法号降魔、小福、张和上、准仰、大福六和上，同教示大乘禅门。"[②] 依《景德传灯录》卷四"北宗神秀禅师法嗣一十九人"中，列有兖州降魔藏禅师等五位法

---

① 杨富学、李吉和辑校：《敦煌汉文吐蕃史料辑校·第1辑》，兰州：甘肃人民出版社，1999年，第57页。

② 杨富学、李吉和辑校：《敦煌汉文吐蕃史料辑校·第1辑》，兰州：甘肃人民出版社，1999年，第57页。

师。^① 这里提到的降魔藏禅师本为神秀弟子，曾在北方大兴禅教，弘传神秀北宗禅法，使饮茶风俗传播到北方广大地区，促成了北人饮茶风俗的形成。在敦煌写本《楞伽师资记》（S.2054、S.4272、P.3436）中，曾提到神秀的四大弟子：

> 第八唐朝洛州嵩高山普寂禅师、嵩山敬贤禅师、长安兰山义福禅师、蓝田玉山惠禅师并同一师，学法侣应俱行，承大通和上后。少小出家，清净戒行，寻师门道，远访禅门。行至荆州玉泉寺，遇大通和上，讳秀，蒙授禅法。诸师等奉事大师十有余年，豁然自证，禅珠独照。

其中的长安兰山义福禅师和蓝田玉山惠福禅师，据学界研究，其实就是摩诃衍上奏文中所提到的小福张和上和大福六和上。^② 因此可以说，摩诃衍本是一位北宗禅的信徒，故《五部遗教·大臣遗教》第12章《渐门渐悟》将摩诃衍列入其中：

> 世尊入涅槃时，为断除求问者的疑惑，讲《涅槃经》，是为末后所说法。将众多喻义授予迦叶，此后达摩多罗等汉地七化身相承，此后传至和尚摩诃衍。

从《顿悟大乘正理决并序》中也可以看出摩诃衍在吐蕃所坚持的某些教理也明显具有北宗渐修的特点。^③ 尤其他所主张的"看心"法，与北宗神秀的"观心"法更为接近：

---

① ［宋］释道元著，妙音、文雄点校：《景德传灯录》卷四，成都：成都古籍书店，2000年，第36、61页。

② （日）柳田圣山『初期の禅史 I －禅の语录 2 －楞伽师资记、传法宝记』东京：筑摩书房，1971年，第324页；（日）山口瑞凤「中国禅とチベット仏教」，载（日）篠原寿雄、田中良昭（编）『讲座敦煌 8 敦煌仏典と禅』东京：大东出版社，1980年，第402～403页；（日）冲本克已「摩诃衍の思想」『花园大学研究纪要』第8号，1977年，第20页。

③ 杨富学、王书庆：《关于摩诃衍禅法的几个问题》，载杜文玉主编《唐史论丛（第十辑）》，西安：三秦出版社，2008年，第228～247页；杨富学：《摩诃衍禅法对吐蕃佛教的影响》，载（俄）波波娃、刘屹主编《敦煌学：第二个百年的研究视角与问题（Dunhuang Studies: prospects and problems for the coming second century of research）》，圣彼得堡：俄罗斯科学院东方研究所圣彼得堡分所，2012年，第315～320页。

谨答:"准《佛顶经》云:'一根既返源、六根成解脱。'据《金刚经》及诸大乘经皆云:'离一切妄想习气,则名诸佛。'所以令看心,除一切心妄想习气。"①

旧问:"云何'看心'?"答:"返照心源看心,心想若动,有无净不净、空不空等,尽皆不思议,不观者亦不思。故《净名经》中说:'不观是菩提。'"②

是故坐禅看心,妄想念起,觉则不取不住,不顺烦恼作业,是名念念解脱。③

其习禅者令看心,若心念起时,不观不思有无等,不思者亦不思。④

摩诃衍认为,修习禅法,看心是必要的,透过看心,可以做到不思不观,就能离一切妄想杂念。⑤"看心"是北宗禅重要修习方法,神秀在《大乘无生方便门》(S.2503)中就强调"看心若净,名净心地"。但这种看法却是南宗禅非常反对的。惠能认为:"若言看心,心元(原)是妄,妄如幻故,无所看也。若言看净,人性本净,为妄念故,盖覆真如,离妄念,本性净。"⑥从此一点看,摩诃衍的思想是属于北宗的。

摩诃衍虽出禅门北宗,但他并不受此局限,后来又事南宗大师神会修习顿悟之法,由此而兼通南北二宗。⑦宗密曾著《中华传心地禅门师资承袭图》,其中列有南宗禅门师承表:

达摩第一→惠可第二→僧璨第三→道信第四→弘忍第五→惠能第六→神会第七。

---

① 杨富学、李吉和辑校:《敦煌汉文吐蕃史料辑校·第1辑》,兰州:甘肃人民出版社,1999年,第39页。

② 杨富学、李吉和辑校:《敦煌汉文吐蕃史料辑校·第1辑》,兰州:甘肃人民出版社,1999年,第44页。

③ 杨富学、李吉和辑校:《敦煌汉文吐蕃史料辑校·第1辑》,兰州:甘肃人民出版社,1999年,第51页。

④ 杨富学、李吉和辑校:《敦煌汉文吐蕃史料辑校·第1辑》,兰州:甘肃人民出版社,1999年,第57页。

⑤ 释慧严:《中国禅宗在西藏》,《中华佛学学报》1994年第7期,第245~247页。

⑥ 杨曾文校写:《敦煌新本六祖坛经》,上海:上海古籍出版社,1993年,第18页。

⑦ 饶宗颐:《王锡〈顿悟大乘政理决〉序说并校记》,载《选堂集林·史林》,香港:中华书局香港分局,1982年,第720页。

　　七祖神会弟子则有凤翔解脱、陕州敬宗、西京法海、襄州法意、路州弘济、东京恒观、浮查无名、荆州衍、磁州智如、河阳空、净住晋平、西京大愿、摩诃衍、襄州寂芸、涪州朗、太原光瑶、邢州惠觉、魏州寂。[①]

　　从中可以看出，南宗顿悟法门由惠能传至神会后，法门大启，龙象辈出，摩诃衍即为其中之一。神会是禅宗六祖惠能晚期弟子，荷泽宗的创始者，对南宗的崛起曾起过关键性作用。为了对抗北宗禅，他提出了南宗顿教优于北宗渐教的说法，并且指出达摩禅的真髓存于南宗的顿教，认为北宗的"师承是傍，法门是渐"，[②] 惠能才是达摩以来的禅宗正统。开元十二年（724年）正月十五日，神会在滑台（今河南滑县）大云寺设无遮大会和当时北宗著名禅师崇远展开大辩论，为南宗宗旨与地位的确立奠定了基础。从《顿悟大乘正理决并序》看，摩诃衍所主张的基本理论是"不思不观"。这一思想与神会所主张的"无念"思想很接近，"不思不观"是荷泽宗的主张，摩诃衍的"不思不观"应是受了荷泽宗的影响。[③] 摩诃衍曾提出："无观无想之功德，思及观照不可测量。佛所有功德，应如是见。"此说引起了莲花戒等人的质问，《顿悟大乘正理决并序》载：

　　　旧问："若离想不思不观，云何得一切种智？"

　　　答："若妄心不起，离一切妄想者，真性本有，及一切种智，自然显观。如《花严》及《楞伽经》等云：'如日出云，浊水澄清；镜得明净，如银离矿等。'"

　　　旧问："若不观智，云何利益众生？"

　　　答："不思不观，利益众生者，《入如来功德经》中广说：'由如日月，光照一切；如意宝珠，具出一切；大地能生一切。'"[④]

　　面对印度僧侣的诘问，摩诃衍引述《楞伽经》以论证自己的基本观点。《大乘入楞伽经》云："修多罗中说如来藏本性清净，常恒不断，无有变易，具

---

　　① 　任继愈主编：《中国佛教丛书·禅宗编·第一册》，南京：江苏古籍出版社，1993年，第287页。

　　② 　[唐] 宗密：《中华传心地禅门师资承袭图》，《续藏经》第63册，No. 1225，第31页c。

　　③ 　（日）冲本克已「摩訶衍の思想」『花園大學研究紀要』第8號，1977年，第20页。

　　④ 　杨富学、李吉和辑校：《敦煌汉文吐蕃史料辑校·第1辑》，兰州：甘肃人民出版社，1999年，第47页。

三十二相，在于一切众生身中，为蕴界处，垢衣所缠，贪恚痴等妄分别垢之所污染，如无价宝，在垢衣中。"① 摩诃衍由此认为，佛性乃本有之物，无须修行便可成就。若能摈弃贪、嗔、痴三毒及虚妄、妄想、过去世习性之垢衣，便可获得解脱。

以"摈弃垢衣"为目的而求得"离妄想"，并将其融入"不思不观之看心"。上述问答中表露出，"不思不观之看心"是以《金刚经》所示"离一切诸相，则名诸佛"②之观念为基础的，"摈弃垢衣"是其手段，见"清净自性"是其目的。当远离所有妄想之时，人人便会呈现出真正的本性，即为佛性，一切众生的根本智慧也便会自然显现出来。这种见解，在北宗"清净禅"中同样存在，宗密著《中华传心地禅门师资承袭图》即承袭了这一思想。③

众所周知，以神秀为首的北宗渐修思想是以《楞伽经》为宗旨相次传授付嘱的，而以惠能为首的南宗顿悟思想是以《金刚经》为宗旨相次传授付嘱的。敦煌本《六祖坛经》反复强调"但持《金刚般若波罗密经》一卷，即得见性入般若三昧"。④ 摩诃衍讲经说法传授禅意，引用较多者既有北宗所尊崇的《楞伽经》，也有南宗所尊崇的《金刚经》，正好体现了他兼修北宗渐修禅法和南宗顿悟禅法的特点。

北宗称众生本有觉性，如镜子有明性，当被烦恼覆盖不能彰显时，便如明镜被尘埃覆盖而变得模糊不清。但在北宗神秀撰述的《观心论》（S.2595）中，开头便指出"观心之法综摄诸法"，并指出"观心"尤为重要。摩诃衍引《大佛顶首楞严经》偈语所用"看心"一词，将其解释为"返照心源"。如《顿悟大乘正理决并序》：

> 旧问："云何'看心'？"答："返照心源看心，心想若动，有无净不净、空不空等，尽皆不思议，不观者，亦不思。故《净名经》中说：'不观是菩提。'"⑤

---

① ［唐］实叉难陀译：《大乘入楞伽经》卷二，《大正藏》第16册，No. 672，第599页b。

② ［后秦］鸠摩罗什译：《金刚般若波罗蜜经》，《大正藏》第8册，235，第750页a。

③ （日）山口瑞凤「摩訶衍の禅」，载（日）篠原壽雄、田中良昭（編）『講座敦煌 8 敦煌仏典と禅』東京：大東出版社，1980年，第392~393页。

④ 杨曾文校写：《敦煌新本六祖坛经》，上海：上海古籍出版社，1993年，第29页。

⑤ 杨富学、李吉和辑校：《敦煌汉文吐蕃史料辑校·第1辑》，兰州：甘肃人民出版社，1999年，第44页。

其中不思动念及净不净等皆被归为无思无念，最终目的在于否定"观"。

神会特别注重《金刚经》，并将妄念视为偶然性的东西，亦否定"观"。这在《南阳和上顿教解脱禅门直了性坛语》（敦博77、北图寒81、P.2045）有所表述。[1] 可是，摩诃衍并未完全接受神会的宗义。摩诃衍为脱去"垢衣"，保持"返照心源之心"的立场，故要求信徒在习禅时要做到"不思不观"。今心不起，分别意识，为本来之心，在这一点上，神秀、神会和摩诃衍具有相同的认识。但是，对于"观"的态度又心存各异。

摩诃衍之顿悟思想，主要来自神会，他所强调的"不思不观"也受到了神会"无念"思想的影响，但又有所发展。具体表现在，神会重"无念"但同时又强调"知"与"知见"，认为"知""知见"与"无念"是相对应的，而摩诃衍则仅着力强调"无念"这一方面。

重"知"是神会禅法的重要特点之一。神会强调："知之一字，众妙之门。"[2] 神会认为，要达到顿悟，必须修不拘场合和形式的无念禅法，为此便应有无念相应的"知"或"知见"。既然只有做到"无念"才能解脱，那么，这种"知见"即等同于"如来知见"；又因为达到"无念"即意味着做到"定慧等"，"明心见性"，故又可以把这种"知"或"知见"看作自身所具有的佛性。故宗密在介绍神会之荷泽宗时说：

> 妄念本寂，尘境本空……任咪任悟，心本自知。[3]

神会的这一思想，与摩诃衍所主张的"不思不观"论是明显不同的。同时还应看到，摩诃衍所说的"不思不观"，只是取代了神秀的"观心"，以"离念"为目的，只求达到"返照心源"的境地。《顿悟大乘正理决并序》载：

> 旧问："作何方便，除得妄想及以习气？"
> 答："妄想起不觉，名生死；觉竟不随妄想，作业不取不住，念念即是

---

① 杨曾文编校《神会和尚禅话录》，北京：中华书局，1996年，第3～14页。
② ［唐］宗密：《禅源诸诠集都序》卷上之二，《大正藏》第48册，No. 2015，第402页b。
③ ［唐］宗密：《中华传心地禅门师资承袭图》，《续藏经》第63册，No. 1225，第33页c。

解脱,《般若》《宝积经》云:'不得少法,名无上菩提。'"①

摩诃衍在回答印度僧人的发难时常能引经据典予以驳斥,虽以南宗思想为主,但不时仍表现出顿渐兼修的思想,同时又不乏自己的见解。

第四节　摩诃衍禅法在吐蕃成败之因由

摩诃衍禅法何以在传入吐蕃之始就能够很快地盛行开来?究其原因,应与上文所述摩诃衍的禅法特点不无关系。

如上所述,摩诃衍禅法兼有南北二宗顿渐共修的特点。在修习与传法过程中,摩诃衍既不执着于南北宗之分野,也不局限于顿渐之说教,而是因人施教,兼采其长,融会贯通,以构建自己的禅学理论,故而在藏地受到广大修学者的欢迎。《顿悟大乘正理决并序》所载摩诃衍对印度僧人的答辩中,就记录了他对顿悟与渐修二学说的理解:

> 从习于观,是渐修行,诸佛所说,皆是渐门,不见顿门……[禅修]应莫着文字,随宜说法……皆随众生烦恼解故,欲种种不同,而为开演,令知诸法自心所现……于法性理不增不减。若了知此理,是名大智慧……以法性三昧,所言渐顿,皆为众生心想妄想见。是故经云:"大慧是故应离因缘所作和合想中,渐顿生见。"若离一切想妄想,渐顿不可得。②

依照摩诃衍的说法,顿渐之法,其本意在于因人施教,善巧方便。神秀的禅法由于立足于"自性清净心"而注重"息妄"的渐修,因而显示出与南宗的差异。"拂尘看净,方便通经"是北宗渐修法的重要标志;"凝心入定,住心看净,心起外照,摄心内证",这些概括了北宗禅法的主要特征。由于惠能为不识字的樵夫,读诵佛经,理解佛旨有先天障碍,于是便宣扬"即心是佛"的观点,识己心为佛心,只要不使自己本来清净之心受到熏染,便可以当己身为佛,立

---

① 杨富学、李吉和辑校:《敦煌汉文吐蕃史料辑校·第1辑》,兰州:甘肃人民出版社,1999年,第44页。

② 杨富学、李吉和辑校:《敦煌汉文吐蕃史料辑校·第1辑》,兰州:甘肃人民出版社,1999年,第42~43页。

地成佛。这一观点为钝根者之向佛趋悟奠定了信心基础，同时又有利于争取北宗渐修信徒的皈依。南北二宗的禅学思想有很多相通的地方，如因果报应、累世修行与向外求寻等说法，可谓二者都没有偏离东山法门的旨趣。[①]

由于曾先后师从北宗、南宗禅大师这一特定的师承背景，使得摩诃衍深得南北禅法之要旨，认识到两者各有其长，故在进藏传教及与印度僧人辩论中，兼采两说之长，随机应变，故其说教中充盈着南北宗互融、顿渐兼修的色彩。

北宗神秀主渐修，曾得到武则天及唐中宗、睿宗的支持，被奉为国师及两京法主，影响在北方地区盛极一时。自神会北行，定南北是非，给北宗渐修学说以重大打击，后来北宗禅众逐渐皈依南宗。摩诃衍洞彻禅理，深知佛教的圆融无碍，认为所谓的渐修、顿悟之法，其实都是为方便不同根机的人而施教的，顿渐兼修，更能适应社会，广渡众生。摩诃衍的顿渐兼修之法，简洁明了，使深奥的佛旨变得简单明快，而且删汰了烦琐的玄学术语，因人施教，以禅定参悟等实修为主，以明心见性为目的，故而容易得到信徒的理解与支持。这是摩诃衍禅法在吐蕃赢得广大信众的关键。

摩诃衍主张顿渐兼修，而以顿悟为主，摒弃了佛教艰深的理论研习和烦琐的修行实践，把佛性完全纳入每个人的心中，以"无念"为修行成佛的唯一标准，认为人皆有佛性，人心即佛心，佛性即清净心，内在地、先天地存在于人心中，所以提出既不须供佛烧香念经，亦无须积德行善，只要在"无念""无思"中达到一种无蔽无障、无缠无敷之虚空境界，即可顿然成佛。与寂护、莲花生、莲花戒等所主张的累世修行、次第渐进，即以所积身语之善德，断无明之妄念，证性空之真如的成佛途径相比要简便易行得多。摩诃衍给人们提出一条简便易行的途径，就是直觉的主观体验。既然是一种直觉的内心体验，当然就无须研习佛经、言传身教、累世修行，而只需内心体验，如人饮水，冷暖自知就行了，所以，只要达到无念境界，即可成佛。这些因素，也是"藏众翕然风从"之局面得以形成的重要原因。

那么，摩诃衍禅法又何以很快就走向式微呢？这既与当时藏地的社会政治环境密切相关，也与摩诃衍禅法本身有某种缺陷等因素不无关联。

首先，摩诃衍禅法初入吐蕃，传播速度极快，产生了很大影响。以理度之，

---

① 杨富学、王书庆：《东山法门及其对敦煌禅修的影响》，载吴言生主编《中国禅学（第二卷）》，北京：中华书局，2003年，第71页。

吐蕃赞普应为自己敦请摩诃衍入藏传教并取得如此之大的成功而庆幸，而实际情况却恰恰相反，赞普非但没有继续听任禅宗的发展，反而从印度请来高僧莲花戒，让其与摩诃衍进行辩论。据此推测，吐蕃赞普对摩诃衍禅法发展过快当是始料未及的，其有所顾忌但又不能勒令禁止，故以辩论为名达到遏止汉地禅法在吐蕃发展势头之目的。如果这一推测不误，那么我们就不难理解如日中天的摩诃衍师徒在与印度高僧的辩论中何以一直处于守势，并且最终败给了对手——吐蕃赞普的向背对于辩论的结果起到了关键作用。

其次，印度高僧莲花戒具有高深的佛教素养，又非常善辩，这也是导致摩诃衍在辩论中失败的重要因素之一。摩诃衍在给吐蕃赞普所上的第三道奏表中曾言：

> 摩诃衍一生已来，唯习大乘禅，不是法师；若欲听法相，令于婆罗门法师边听。摩诃衍所说，不依疏论，准大乘经文指示。……信受奉行。①

摩诃衍谦虚地说自己算不上法师，而是禅的实践者，自己所言所述只不过是对大乘经文的转述而已。他直言不讳地承认，所面对的印度对手在推理性的法相义理方面要比自己高超。

除了以上两个因素，摩诃衍顿渐兼修的禅法本身也存在着自相矛盾、难以服人之处。

据载，摩诃衍曾撰著作五种，其中《不修正法睡可成佛论》《禅定睡眠论》《离诤论禅定复书》三著宣扬不忆念、不分别的睡眠即禅定的禅法思想；《见之表面》则阐述其所谓不修法而成佛的顿门修法理论；《八十种经根据论》将约八十部经典中所涉及的不分别、不忆念的内容，汇集成论，作为理论依据。这五部论著宣扬一开始就不用分别作意，不用观修法界本性，不用积德忏罪，只需放松不忆念，于床上禅坐，如睡觉般不作意，并说这是汉地禅宗祖师主要宣说的顿门，是禅宗殊胜的不共同修法。遗憾的是，这些著作今天都已失传了，我们只能通过藏文文献的记载及敦煌汉文文献《顿悟大乘正理决并序》中的只言片语来管窥摩诃衍的思想。这些文献中，以布顿·仁钦珠著《布顿佛教史》的记载最为详备。

---

① 杨富学、李吉和辑校：《敦煌汉文吐蕃史料辑校·第1辑》，兰州：甘肃人民出版社，1999年，第57页。

据该文献载，汉地禅僧与印度僧人的辩论是在西藏山南桑耶寺大僧院（Sems bskyde byang chub gling）举行的。当时，藏王坐在中间，莲花戒论师、意希旺波及年贝扬等人坐在左边，摩诃衍及追随者坐在右边。藏王将两串花鬘分别交于辩论双方，约定"负者须向胜者献上花鬘，并且不能留驻西藏，必须离开此土。"①

辩论一开始，摩诃衍禅师首先陈述自己的观点："行善作恶，只能往赴善恶二趣，不能脱离轮回，且会成为成佛之障碍，此如黑白二云，都能障蔽虚空。而凡不作意，对任何不作思维，则可完全解脱于轮回。对任何不作意、不分别、不伺察，即是无缘想，故能顿入，同于第十地。"② 这一思想在《顿悟大乘正理决并序》中也有反映：

> 一切众生无量劫来为三毒自心妄想分别，不觉不知，流浪生死。今一时觉悟，念念妄想起，不顺妄想作业，念念解脱。③

从摩诃衍之答词中可以看出，他强调的是"当下顿入"的觉悟，其中包含了体验上的顿入性及直接性，但忽略了禅修理应走过的正观过程。对他来说，觉悟的殊胜状态，从理论上言，是可以一念即至的。对摩诃衍的这一顿悟观点，莲花戒完全无法接受，于是，莲花戒认定摩诃衍的教法不属于正观。如果禅修缺乏正观过程，那就不可能成就"无想"的圆满状态。所以，对莲花戒而言，得出摩诃衍无想无观的观念只不过是指全盘否定思想及精神活动之结论，实乃自然不过，就更不要说由此所生的善行了。那只是如石头一样完全停止意识活动，永不能从生死流转中得解脱。莲花戒辩论道："如你所说任何也不思想，它即是舍离'妙观察智'，须知'清净慧'的根本，亦即'妙观察智'。因此，如果舍离此智，必将舍离'出世间智'……如果仅作'无想念'，那么昏倒或迷失知觉的时候，就应成为证得'无分别'。在没有清净的'妙观察智'中，是无法

① ［元］布顿著，郭和卿译：《布顿佛教史》（《世界佛学名著译丛》67号），台北：华宇出版社，1988年，第258页。

② ［元］布顿著，郭和卿译：《布顿佛教史》上（《世界佛学名著译丛》67号），台北：华宇出版社，1988年，第258页。

③ 杨富学、李吉和辑校：《敦煌汉文吐蕃史料辑校·第1辑》，兰州：甘肃人民出版社，1999年，第55页。

证入'无分别'［智］的。"①

接着，在藏王的同意下，莲花戒的追随者年贝扬也对摩诃衍的"顿入"法进行驳斥，认为按照"顿入"理论，那么渐修就失去了功用，既然一开始就不观察、不忆念，仅放松安住，那么，如何可以知道法界的本性呢？既然睡眠即禅定，那就不用修法了。

随后，意希旺波也发问说，如果"顿入"的话，不需修就已经成佛了，那么以"不忆念"去修也就没有必要。如果说一开始还未成佛时尚需慢慢去修，那也就不成其为顿门修了。比如登山，须一步一步攀登上去，如果未迈一步，就说已经抵达山顶，显然是不可能的。同样，既然说需要修，那就不能说不忆念，不作意什么，不修什么，放松安住，因为这样是不可能成佛的。资粮未圆满，业障也未清净，怎么可能圆满断证功德成就佛果呢？如果说什么也不须作，只需睡眠，依此理则应连饭也不用吃了，但那就会饿死，哪里还谈得上成佛呢？②

印度僧人的这些驳论有理有据，直指摩诃衍禅法自相矛盾之处，切中肯綮，抓住了要害。前文已谈到，摩诃衍既修顿悟法门，又修渐修法门，在吐蕃弘扬禅法时，常常根据信众根机之不同而兼用顿渐之法，这种机动灵活的弘教方法对未接触过禅法的普通受众来说是易于接受的，因为一般受众是无法看出其中自相矛盾之处的，但遇到像莲花戒这样的高僧，摩诃衍禅法的破绽就暴露无遗了。摩诃衍及其弟子们面对印度高僧的驳议时无法以教理根据进行回答，只好向莲花戒论师献上花鬘，承认自己失败。此后摩诃衍被迫返回敦煌，汉地禅宗势力在吐蕃地区迅速衰退，影响渐次衰微。

第五节　摩诃衍禅法对后世的影响

一、摩诃衍禅法对敦煌禅修的影响

真正的习禅人究竟该如何习禅，四祖道信禅师有过较明确的教示。敦煌文

---

① ［元］布顿著，郭和卿译：《布顿佛教史》（《世界佛学名著译丛》67号），台北：华宇出版社，1988年，第259页。
② ［元］布顿著，郭和卿译：《布顿佛教史》（《世界佛学名著译丛》67号），台北：华宇出版社，1988年，第260页。

献《传法宝纪·道信传》中记载了这样一段话：

> 每劝诸门人曰：努力勤坐，坐为根本。能作（坐）三五年，得一口食
> 塞肌疮，即闭门坐。莫读经，莫共人语。能如此者，久久堪用，如猕猴取
> 栗中肉吃，坐研取，此人难有。[1]

修禅人只要有一口粗茶淡饭充饥，就可以三五年地坚持坐下去，不必读经，
如是，最终会达到明心见性的解脱境界。禅宗主张不立文字，直指心源。这种
思想对摩诃衍的禅法有一定影响，但亦有所保留。摩诃衍认为："若不随世间归
依三宝，渐次修善，空学文字，亦无益事。"[2] 按照他的说法，如果不能皈依三
宝，做不到"渐次修善"，那么"空学文字"也就毫无意义了。其说显然与道信
的主张"莫读经，莫共人语"有较大区别。摩诃衍作为一代禅宗大师，有违祖
训，在传法过程中独辟蹊径，教授弟子转经念佛，以广渡众生见性成佛。他在
《顿悟大乘正理决并序》中讲：

> 若通达真如理性，即是坐禅。若未通达者，即须转经，合掌礼拜修善。
> 凡修功德，不过教示大乘法门令会。犹如一灯然（燃）百千灯事，法施以
> 利群生……每日早朝，为施主及一切众生转大乘经一卷，随世间法焚香，
> 皆发愿：愿四方宁静，万姓安乐，早得成佛。亦曾于京中已上三处开法，
> 信受弟子约有五千余人。现令弟子沙弥，未能修禅，已教诵得《楞伽》一
> 部，《维摩》一部，每日长诵。[3]

敦煌的莫高窟、西千佛洞和瓜州的榆林窟在敦煌文书中被称为"三窟"。真
正住"三窟"修行的禅僧数量不是很多的，仅指导这些禅僧明心见性成佛，显
然不能满足这位大德的远大抱负。摩诃衍曾"在京中已上三处开法，信受弟子
约有五千余人"。这里的"在京中已上三处"，既可以理解成"在京城和其他三

---

① 敦煌遗书 S.10484、P.2634、P.3858 和 P.3559+P.3664。载上海古籍出版社、法国国家图书馆编
《法藏敦煌西域文献（第25册）》，上海：上海古籍出版社，2002年，第283页。

② 杨富学、李吉和辑校：《敦煌汉文吐蕃史料辑校·第1辑》，兰州：甘肃人民出版社，1999年，
第58页。

③ 杨富学、李吉和辑校：《敦煌汉文吐蕃史料辑校·第1辑》，兰州：甘肃人民出版社，1999年，
第57页。

个地方"，也可以理解成"在京城和上述三个地方"。三地明显指割（讼割）、章蹉和勃宕漫，京中应指吐蕃都城拉萨。与这些地方弟子五千余相较，敦煌地狭僧少，需要采用各种方法加快他弘法渡众的进程，才能赢得足够多的信徒。故而，摩诃衍"随世间法焚香"，"每日每朝，为施主及一切众生转大乘经一卷"，以诸如此类的措施来增强感召力。"每日早朝"即佛门早朝课诵，他既参加早朝课诵，那么他必然就会参加佛门约定成俗的黄昏课诵，这就是所谓的二时课诵。课诵与转经每天都要占去摩诃衍大量的时间，再加上应酬及各种日常活动，真正用到坐禅观心、明心见性上的时间其实已经所剩不多了。

上述文献中还有一个值得注意的现象，即对新投入其门下学习禅法的小沙弥，摩诃衍是这样指导学禅的："现令弟子沙弥，未能修禅，已教诵得《楞伽》一部、《维摩》一部，每日长诵。"他的这种教授学禅的方法、方式与四祖道信、五祖弘忍的传授方式大相径庭。他随世间法焚香，随世间法渡众，在某种形式上讲，他的这种方式更加机动，更加灵活。由于他的这种机动灵活传法及渡众方式，进一步推动了敦煌佛教乃至禅学向世俗化与民间化发展，形成了人人学佛、个个习禅的大众化局面。

现存于敦煌文献中的敦煌高僧邈真赞大多记载吐蕃占领敦煌时期或稍后时期僧人的修行及道德，从中我们可以领略这一时期敦煌禅学的发展在敦煌一般僧人及禅僧中的影响，现略选几则以示证明：

P.3677《沙州报恩寺刘金霞和尚迁神志铭并序》："壮年厌文字，依洪和尚处，悟栖神业，舍彼鱼筌，取其心印。千池水月，盖是只轮。"[1]

P.4640《吴僧统碑》："和尚以诱声闻后学，宏开五部之宗。引进前修，广谈三乘之旨。维摩唯识，洞达于始终；横宗竖宗，精研于本末。加以知色空而明顿悟，了觉性而住无为。馨绝两边，兼亡不二。得使返邪迷质，所望知津。回向众生，真心授记。"[2]

P.4640《住三窟禅师伯沙门法心赞》："一至宕泉，永抛尘迹。戒同朗月，

---

[1]　郑炳林、郑怡楠辑释：《敦煌碑铭赞辑释（增订本）》，上海：上海古籍出版社，2019年，第69页。

[2]　郑炳林、郑怡楠辑释：《敦煌碑铭赞辑释（增订本）》，上海：上海古籍出版社，2019年，第274页。

寂入无言。三衣【之外】，唯持一钵。岁寒自保，实谓精通。"①

P.4660《金光明寺索法律邈真赞并序》："练心八解，洞晓三空。平治心地，克意真风。灯传北秀，导引南宗。"②

P.4660《阴法律邈真赞并序》："克札王书，文波谈吐。教诫门徒，宗承六祖。随机授业，应缘化度。"③

P.4660《河西都僧统翟和尚邈真赞》："游乐进具，止作俱防。五篇洞晓，七聚芬香，南能入室，北秀升堂。戒定慧学，鼎足无伤。"④

P.3718《程政信和尚邈真赞并序》："内包三藏，外具九章。律通邃远，禅诵无疆。了知虚幻，深悟浮囊。"⑤

P.3792v《释门法律毗尼藏主张和尚生前写真赞并序》："心游至教，朗秦镜于胸怀；意探洪源，了澄台于沼月。博该内外，穷妙理而观掌中。海口波涛，宣扬吐而瓶注水。故得声流雅响，三危之犷俗钦威；清梵孤鸣，五郡之纣儒顶谒。每彰释范，恒扇轨仪。千僧感仰望之欢，四众赞明怀之誉。遂使金山圣帝，惬擢崇荣，谯王叹惜而超迁，仍赐登坛之首座。一从秉义，律澄不犯于南宣。静虑修禅，辩诀讵殊于北秀。"⑥

以上诸赞文中的僧人多为吐蕃占领敦煌时的禅僧，也有一些僧人如邈真赞时代稍晚于此，时间跨度大约一个世纪，体现出吐蕃占领时期敦煌禅僧的修习特点，对日后该地区禅宗的发展产生了影响。可以看到，吐蕃占领时期敦煌禅法特点与摩诃衍的禅修、诵经、弘法、度众的特征几无二致，而与内地盛行南北宗禅修的寺院有很大差别。由于摩诃衍是从内地到敦煌的，虽对内地禅僧寺

---

① 郑炳林、郑怡楠辑释：《敦煌碑铭赞辑释（增订本）》，上海：上海古籍出版社，2019年，第304页。

② 郑炳林、郑怡楠辑释：《敦煌碑铭赞辑释（增订本）》，上海：上海古籍出版社，2019年，第360页。

③ 郑炳林、郑怡楠辑释：《敦煌碑铭赞辑释（增订本）》，上海：上海古籍出版社，2019年，第415页。

④ 郑炳林、郑怡楠辑释：《敦煌碑铭赞辑释（增订本）》，上海：上海古籍出版社，2019年，第484页。

⑤ 郑炳林、郑怡楠辑释：《敦煌碑铭赞辑释（增订本）》，上海：上海古籍出版社，2019年，第1038页。

⑥ 郑炳林、郑怡楠辑释：《敦煌碑铭赞辑释（增订本）》，上海：上海古籍出版社，2019年，第1217页。

院的情况比较熟悉，但对敦煌佛教界的具体情况却所知不多。鉴于敦煌地区僧人数量过少，为迅速发展禅宗队伍，故而采用了当地以转经、早朝课、黄昏课等形式，以求广泛团结大众，发展禅宗。殊不知敦煌地广人稀，即使把所有出家人加起来，恐怕也赶不上内地一所大寺之禅修人数。摩诃衍传法心切，在敦煌采取了特殊的传法措施，从某种意义上讲，他的举措扩大了禅宗在敦煌的影响，发展了敦煌的禅修群体，却削弱了真正习禅的实际内容。

二、摩诃衍禅法在吐蕃中的影响

拉萨僧净失败后，摩诃衍于796年返回敦煌，受到敦煌吐蕃统治者的欢迎，是年被授予"吐蕃大德"的尊号。此载见于汉文《顿悟大乘正理决序》。藏文文献《娘氏宗教源流》亦谓，在论辩失利后，"和尚摩诃衍在不动禅定洲建一神殿，赞普亦广做奉献，使和尚欢喜"。可见，摩诃衍禅法在吐蕃境内自上而下均拥有较广深的信众基础。摩诃衍离开拉萨之后，来到了吐蕃边地和敦煌，继续进行着他的传教事业。通过长达30余年的言传身教，摩诃衍将其禅宗思想深深植根于吐蕃信徒之中，对后来藏传佛教的发展产生了深远的影响。[①] 宋人王钦臣撰《新修广仁禅院记》曾载：

> 西羌之俗，自知佛教……其诵贝叶傍行之书，虽侏离鴃舌之不可辨，然其音琅然，如千丈之水赴壑而不知止。又有于秋冬间聚粮不出，趺坐庐室之中，曰"坐禅"。是其心岂无存诚而识理者？但世莫知之耳。[②]

该碑勒立于宋神宗元丰七年（1084年），记载了重修岷州（今甘肃岷县）广仁禅院的情况。从中可以看出，当地吐蕃人亦盛行"坐禅"之风。无疑，这是中原禅思想在河陇地区藏人中产生重大影响的结果。

随着禅宗影响的不断发展，大量的禅宗文献被翻译成藏文流传。其中有不少即与摩诃衍禅法有关。

---

① Herbert V. Guenther, "Meditation" Trends in Early Tibet, Whalen Lai and Lewis Lancaster (ed.), *Early Ch'an in China and Tibet*, Berkeley: Asian Humanities Press, 1983, pp.351-366.

② ［宋］王钦臣：《新修广仁禅院记》，载岷州志编纂委员会办公室编印《岷州志校注》，1988年，第287页；任树民：《从〈岷州广仁禅院碑〉看河陇吐蕃佛教文化的特色》，《西藏大学学报》2003年第2期，第34~38页。

《顿悟大乘正理决》，敦煌存藏文写本三件，即P.t.823、P.t.827、P.t.21。这几件写本内容相当于《顿悟大乘正理决》的"旧问"与问答部分，是有关拉萨僧诤的一种记录，其中有些内容是汉文文献中所没有的，具有较高资料价值。[①] P.t.21上有《不观义》的题目，但内容却是《顿悟大乘正理决》的题目。

《禅定不观义》，敦煌出土写本两件，即P.t.116、P.t.117。其中，P.t.117尾部残损，原题作《禅定不观论六与十波罗蜜说经》。敦煌汉文写本《顿悟大乘正理决》中只有六波罗蜜之说，根据《禅定不观义》，可确证摩诃衍禅师有十波罗蜜的思想。[②]

《禅定顿悟门》，在敦煌发现的藏文写本较多，有S.t.468、S.t.709、P.t.117、P.t.812、P.t.813和P.t.827等。这些文书论述了"顿悟"及五方便思想。摩诃衍禅师在吐蕃传法时，根据有情根机之不同，顿悟、渐修思想兼而用之，行五方便，传法手段简单而灵活，故而取得了很大成功。《禅定顿悟门》的发现，可以作为《顿悟大乘正理决》的补充。[③]

《语录》，敦煌存藏文写本一件，编号为P.t.116，其中含有摩诃衍禅师的理论，如禅定不观论等。

上述这些文献是对《顿悟大乘正理决》的重要补充，特别是P.t.116藏文写卷中将摩诃衍的禅宗思想以"语录"的形式写出，被后来形成的大究竟派（又称大成就派，rDzogs chen pa）著作《禅定灯明论》等多次引用。

除与摩诃衍相关的藏文禅籍外，敦煌还藏有更大量的其他各种禅宗文献，使人们得以管窥摩诃衍时代乃至其后藏族佛教徒翻译中原禅宗文献的大体状况。

1.《楞伽师资记》(S.t.710)

《楞伽师资记》是由大安寺净觉禅师（683~750年）所编纂的，主要内容记述"楞伽宗"的传承及禅法思想体系，即以神秀为代表的北宗禅传法世系，是研究中国禅宗初期的重要史料。关于其具体编写年代，学界有着不同的看法，

---

① Y. Imaeda, Documents tibétains de Touen-houang concernant le Concile de Tibet, *Journal Asiatique* 263, 1975, pp.125-146; L. O. Gómez, The Direct and the Gradual Approaches of Zen Master Mahayana: Fragments of the Teachings of Mohe-yen, in Robert M. Gimello and Peter N. Gregory(eds.) , *Studies in Chan and Hua-yen*, Honololo: University of Hawaii Press, 1983, pp.69-167.

② （日）沖本克已「摩訶衍の思想」『花園大学研究紀要』第8号，1977年，第13頁。

③ （日）上山大峻「敦煌出土チベット文マハエン禅師遺文」『印度學佛教學研究』第19卷第2期，1971年，第124頁。

有的学者认为是在713~716年前后编纂的；① 而另一部分学者认为是在720年左右所著。② 该文献之藏文译本原题《楞伽师弟子经》，仅存敦煌，写本只有一个编号，即S.t.710。③

2.《历代法宝记》（P.t.116、P.t.121、P.t.813）

《历代法宝记》成书于774年无住圆寂以后，系无住弟子之作，主要记载了蜀地禅宗初祖智诜到四传弟子保唐寺无住（714~774年）等四位大师，尤其是无住的禅修事迹及禅法，主张南宗特别派系净众派、保唐派为正统禅宗。敦煌发现的藏文写本有三件，即P.t.116、P.t.121和P.t.813。其中，P.t.116号分为三节，内容是引用各位禅师的语录，常被冠以"无住禅师录"等名称，P.t.121和P.t.813号文书则被称作《七祖录》或《七祖禅录》。三件文书都未使用《历代法宝记》一名。④ 至于《历代法宝记》与藏传佛教之关系问题，日本学者小畠宏允多有研究，认为汉文《历代法宝记》直接传入敦煌的可能性很小，其传播途径应为"剑南→吐蕃→敦煌"。⑤ 这一说法颇有新意，但是否成立，尚待新资料的进一步印证。众所周知，有唐一代，敦煌与成都（唐代剑南道）之间存在着直接的交通孔道，大体路线为由敦煌南下，经过南山，或自敦煌东行，经由肃州（今甘肃酒泉）直取河州（今甘肃临夏），再南下至松州（今四川松潘）而入成都。⑥ 敦煌留存的为数众多的蜀地印本，大都是沿着这条道路而传入的。《历代法宝记》之传入敦煌，亦应循此道而不必绕行吐蕃。

3.《二入四行论》（P.t.116、P.t.821）

《二入四行论》是禅宗初祖菩提达摩的语录。"二入"，即"理入"和"行入"。"理入"是凭借经教的启示，深信众生同一真如本性，但为客尘妄想所

---

① （日）木村隆德「敦煌出土のチベット文禅宗文献の性格」，载（日）篠原壽雄、田中良昭（編）『講座敦煌8敦煌仏典と禅』東京：大東出版社，1980年，第443頁。

② （日）柳田聖山『初期禅宗史書の研究』京都：法藏館，1967年，第58頁以下。

③ （日）沖本克己「『楞伽師資記』の研究——藏漢テキストの校訂および藏文和譯 1」『花園大学研究紀要』第9期，1978年，第59頁；（日）沖本克己「『楞伽師資記』の研究——藏漢テキストの校訂および藏文和譯 2」『花園大学研究紀要』第11期，1979年，第1頁。

④ （日）小畠宏允「藏傳達摩多羅禪師考」『印度學佛教學研究』第24卷第1期，1979年，第229~232頁。

⑤ （日）沖本克己「敦煌出土のチベット文禅宗文献の内容」，（日）篠原壽雄、田中良昭（編）『講座敦煌8敦煌仏典と禅』東京：大東出版社，1980年，第419頁。

⑥ 陈祚龙：《中世敦煌与成都之间的交通路线——敦煌学散策之一》，《敦煌学》第1辑，1974年，第79~86页；龙晦：《敦煌与五代两蜀文化》，《敦煌研究》1990年第2期，第96~102页。

覆盖，不能显露，所以要令其舍妄归真，修一种心如墙壁坚定不移的观法，扫荡一切差别相，与真如本性之理相符，寂然无为。这是该宗的理论基础。"行入"即"四行"，指报怨行、随缘行、无所求行和称法行，属于修行实践部分。虽然在敦煌仅发现P.t.116、P.t.821两个写本，但在西藏地区，该文献应是较为流行的，《禅定灯明论》《大臣实录》等藏文典籍都曾引用该论的内容。《二入四行论》尽管在敦煌有汉文本存世，但已残缺不全，藏文文献正好可弥补汉文写本中的缺损部分。同时，藏文本对于印证汉文写本的内容，也有着重要的价值。[①]

4.《顿悟真宗金刚般若修行达彼岸法门要决》(P.t.116)

《顿悟真宗金刚般若修行达彼岸法门要决》为北宗禅后期的纲要书之一，为智达禅师以互相问答的形式写成的属于北宗禅的文书。其汉文原本在敦煌有留存，编号为P.2799，其中附有序文。尽管该文书在书目研究及思想史的研究上意义不大，但对于研究北宗禅思想的形成却有着重要的作用。其藏译本也很稀见，唯敦煌有发现，同属孤本。本文书补充了汉文现存部分以外的部分，纠正了汉文写本中许多误写、脱落的部分，对于汉文写本的重新整理并使其完整具有重要的意义。[②]

5.《诸禅师语录》(P.t.116、P.t.813、P.t.821)

P.t.813和P.t.821号文书是两个断片，和P.t.116号文书原属同一系统写本。内容大体包括在P.t.116号文书的相应部分。P.t.116号文书是敦煌出土的藏文禅宗文献中卷帙最长的文献之一，其中出现有很多禅师的名字，为藏文音译，只是现在能确定汉文名字者为数不多，只有菩提达摩、卧轮、神会、无住、降魔藏及摩诃衍等禅师。[③]

6. 多种"伪经"(P.t.102、S.t.222 等)

为了通过引经以证其思想，禅宗师徒撰写了不少经典。这些没有引渡渊源

---

① （日）冲本克己「チベット译『二入四行论』について」『印度學佛教學研究』第24卷第2期，1976年，第999页。

② （日）上山大峻「チベット譯『顿悟真宗要决』の研究」『禅文化研究所纪要』第8期，1976年，第33～103页。

③ Paul Demiéville, *Le Concile de Lhasa*, Paris 1952, p.14; G. Tucci. *Minor Buddhist Texts*, II, Roma, 1958, p.67;（日）上山大峻「敦煌出土チベット文禪资料の研究——Pelliot. 116とその問題點」『龍谷大学仏教文化研究所紀要』第13期，1974年，第1～11頁。除此而外，木村隆德、小畠宏允、原田觉、冲本克己等学者也对此进行过研究。

的经典一般被称为"伪经"。从敦煌所出诸多佛教文献及遗迹可以看出，敦煌和西藏地区不像中原那样排斥"伪经"，相反，"伪经"很流行，构成了敦煌文献的一大特色。敦煌地区流行的"伪经"很多，主要有《最妙胜定经》《金刚三昧经》《法句经》《禅门经》《法王经》《圆觉经》《首楞严经》等。[①] 其中不少都被译为藏文，如《最妙胜定经》（P.t.102）、《金刚三昧经》（P.t.632）、《法王经》（S.t.222、S.t.223、S.t.264、S.t.265、P.t.624、P.2105），尤其是《法王经》，有大量藏文写本存在，表明该经在吐蕃曾广为流行。

7.《大瑜伽修习义》（P.t.818、S.t.705）

P.t.818、S.t.705本为同一文书，大约为9世纪前半期所著。该书的内容主要涉及八十八章的质问，以经证的形式来进行问答。其中也多处引用"伪经"。

8.《惟一无想义》（P.t.21、P.t.116等）

《惟一无想义》又译《无所得一法经》，古藏文写卷在敦煌多有发现，既有P.t.21、P.t.116、P.t.118、P.t.823、P.t.827、S.t.703、S.t.707、S.t.70、F.9等正本，也有P.t.817、P.t.821、S.t.706、S.t.709等别本，达十余件，为敦煌藏文禅籍中发现数量最多者。该文献之突出特点就是强调印度中观派、汉地禅宗及吐蕃禅宗大瑜伽派（rNal hbyor chen po pa）之义理在实质上与《大乘了义经》之根本思想一脉相承。还有另外一些写卷内容与之相关，如《修习大乘中观义方便说》（S.t.709）、《大乘中观义》（P.t.121、P.t.817）、《中观义师答大乘法义因所写正依之教》（P.t.823、P.t.827）等，不仅明确阐述了摩诃衍禅宗"不思不观"的修习方法，还显示出将印度中观思想融入禅宗的倾向，这种努力显示藏族禅宗学者之独特思路，终极目的在于说明汉地禅宗与印度佛教所倡导的渐悟两派在本质上并不矛盾。这一思路开始于虚空藏（Nam kahi snying po，约760~830年？）禅师，但在其弟子益西央（ye she dbyags，约771~850年？）所著的《惟一无想义》里被最终统一到《大乘无分别修习义》中。

9.《大乘无分别修习义》

据P.t.996写卷的序文可知，《大乘无分别修习义》为摩诃衍再传弟子益西央所著。然而现存的P.t.996的藏文写本只有序文部分。有的学者认为《惟一无想义》很可能是《大乘无分别修习义》的别名。[②]

---

① （日）柳田圣山『初期禪宗史書の研究』京都：法藏馆，1967年，第484頁。

② （日）冲本克己「大乘無分別修習義·序文——ぺリオ九九六について」『花園大学研究紀要』第25期，1993年，第1~23頁。

10.《禅书》(S.t.709)

该文献成书于796年以前，系某僧应赤松德赞之请而撰写，属于"如来禅"文献，同时也有关于"大瑜伽"的论述。标题之下有"奉（圣）神赞普赤松德赞之命撰写"之语。这部讲说"如来禅"的文献，不仅是禅宗的纲要书，也是藏人所传的、微妙地反映藏人观点的禅宗文献。[①]

11.虚空藏禅师善知识的传承世系略述等（P.t.996）

P.t.996系由5张贝叶构成的藏文文献，内含虚空藏禅师善知识的传承世系略述、虚空藏禅师的功德要略、虚空藏禅师的《禅定道之赞叹》，虚空藏弟子益西央的事迹。益西央之事迹在本文献发现之前，完全不为世人所知。该文献将其列入摩诃衍传法系统之中，而且是吐蕃佛教前弘期的禅宗代表人物，著有《惟一无想义》。这些对于认识吐蕃禅宗之传承谱系、藏族禅宗传播与发展史及瑜伽派在西藏的形成与传播，都堪称极为重要的资料。

大量藏文禅籍在敦煌出土，且其中不少直接与摩诃衍相关，证明摩诃衍禅法在吐蕃统治敦煌时期乃至以后对吐蕃佛教的影响是很大的。在摩诃衍入藏前，汉地禅宗虽在藏区已有所传播，但影响有限，只是在摩诃衍入藏弘法之后，禅宗思想才得以在藏区生根、开花、结果，为藏族禅学思想的形成奠定了基础。

三、摩诃衍禅法与藏族禅学思想的形成

摩诃衍不仅在吐蕃及敦煌传播汉地禅宗，尤有进者，他还培养了一批藏族禅僧。这些藏族禅僧在积极地吸纳和领会汉地禅宗理论的同时，又不断地与吐蕃本土文化和习俗相结合，从而逐渐地形成了独具特色的藏族禅学传教体系。从敦煌藏文写卷P.t.996文书可以看出，虚空藏和益西央师徒便是功勋尤为突出的两位藏族禅师。

虚空藏禅师（南喀宁波禅师）于赤松德赞时期出家，在寺院立誓习法，后跟随摩诃衍修习禅法，在实修过程中理解法义并获得授记。摩诃衍有弟子不少，唯对他最为赞赏。在摩诃衍决定离开宗哥返回敦煌时，当地吐蕃官员曾寻问大师走后该向谁请教宗教法旨问题，摩诃衍的回答是他的弟子"次泽南喀已悟得

---

① （日）木村隆德「敦煌出土のチベット文禅宗文献の性格」，载（日）篠原壽雄、田中良昭（編）『講座敦煌8敦煌仏典と禅』東京：大東出版社，1980年，第454頁。

法义，能够说法讲经，修行者们可以向他请教"。^①从师父摩诃衍的赞誉，到其弟子益西央对他的崇拜，以及藏族佛教画像中围绕他而出现的许多吉祥瑞兆，都说明虚空藏禅师在当时是一位德高望重的藏族禅师。他协助摩诃衍在吐蕃传播禅宗，影响甚巨，并通过翻译汉文禅籍，融摄禅学思想，逐渐形成了自己的禅学理论，使汉地禅宗与吐蕃本土佛教文化得到了有机的结合，使汉地禅宗吐蕃化，从而创建了大瑜伽派（rNal hbyor chen po pa）。

　　虚空藏弟子益西央在汉地禅宗吐蕃化过程中也曾起到过重要作用。《大乘无分别修习义》写卷（P.t.996）之序文部分曾提到益西央的名字。根据序文中所示的谱系传承可以看出，益西央是虚空藏禅师的弟子。近年来新发现的几处吐蕃时期摩崖石刻题记里，益西央的名字更是频频出现。^②

　　根据相关记载，益西央在赤松德赞时出家为僧，初在寺院学习佛法，后来跟随虚空藏禅师学习"善知识"。在修习大乘义无想法理时深受虚空藏禅师的教诲，再加上他50余年的潜心修炼，精通"无住之法义""大乘了义经"等禅法，对大乘义无想禅法有着深刻的认识和理解。

　　据学者研究，敦煌吐蕃禅籍中有相当一部分可能与益西央有关。从P.t.996写卷的序文可知，《大乘无分别修习义》的作者就是益西央，但现存的P.t.996藏文写本只有序文部分，而正文部分或者说以《大乘无分别修习义》为题的藏文经卷到目前为止尚未找到。在敦煌藏文禅籍中有一写卷，名称为《惟一无想义》（又可译《无所得一法经》），很可能就是益西央所著《大乘无分别修习义》的别名。

　　除此之外，学者根据最近发现的青海玉树贝纳沟摩崖石刻题记的研究认为，益西央在积极地传播禅宗思想的同时，还在佛经翻译方面做出了重要的贡献。敦煌藏文禅籍中还包括不少将汉地禅宗著作译成藏文的内容，如《楞伽经》《历代法宝记》《降魔藏禅师安心法》《卧轮禅师安心法》《法王经》《金刚三昧经》《最妙胜定经》等，这些写卷的翻译整理大都由益西央完成或组织完成的。益西央禅师早期可能更多以译经为主，并由此获得"大译师"的称号，贝纳沟石刻

---

① （日）冲本克己「大乗無分別修習義・序文——ぺリオ九九六について」『花園大学研究紀要』第25期，1993年，第1～23頁。

② 恰白・次旦平措著，郑堆、丹增译：《简析新发现的吐蕃摩崖石文》，《中国藏学》1988年第1期，第76～81页；汤惠生：《青海玉树地区唐代佛教摩崖考述》，《中国藏学》1998年第1期，第114～124页。

的年代在9世纪初（806年），足见他在此时已是一位著名的译师了。[①]

虚空藏和益西央只是藏族禅僧中史料记载较多的两位僧人，他们只是当时众多藏族禅僧的缩影。摩诃衍在吐蕃及敦煌地区所培养的藏族禅僧，在不断学习和领会汉地禅宗理论和思想的同时，也在积极地与藏族传统的文化相融合，这种努力，最终促使藏族禅宗的产生。这也是汉地禅宗与吐蕃传统文化相互交流和融合的必然结果。

禅宗在吐蕃的传播时间虽然短暂，但它所产生的影响却既深且巨。当时，上自王室，下至黎民，习禅蔚然成风。虽然史料记载摩诃衍因辩论失败而退出了拉萨，但他仍可在吐蕃边地弘传禅法，其思想一直对吐蕃佛教产生着影响，直至渗入后来形成的藏传佛教各派的教派理论之中。对于其对藏传佛教各派的影响，主要是对噶举派大手印法、宁玛派大圆满法、萨迦派"道果法"及宗喀巴的佛教思想都产生了深远的影响。[②] 如12~13世纪萨迦派大学者萨迦·班智达（Sa-skya Pandita，1182~1251年）在其《三律仪分别（sDom gsum rab dbye）》中批评米拉日巴的"大手印"（Mahāmudrā）不外是摩诃衍的教法。[③] 而内巴·班智达（Neu pa pandita ta grags pa smon lam blo gros）也论证摩诃衍的教法与"大手印"是相同的。[④] 这些现象表明，摩诃衍禅法在吐蕃的影响是相当深远的。"摩诃衍遗教"一直是藏传佛教在后弘期面对的核心命题之一。尽管莲花戒、萨班、布顿，乃至宗喀巴等大师，大都对摩诃衍禅法持批评或彻底否认的态度，以致有人认为，"在西藏，所有佛教派别皆众口一词地反对汉地和尚（摩诃衍）的教法"。[⑤] 而实际上，在西藏地区，自古至今同情摩诃衍、推崇摩诃衍以致自称"和尚宗"者代不乏其人，如14世纪藏传佛教大师隆钦巴在《实相宝藏论》中即明确表达了对和尚的观点，即摩诃衍禅法的赞同，直斥摩诃衍的对手为"下乘"或"声闻乘"。9世纪密法传承祖师努钦·桑吉益希在《禅定目炬》中更是推尊摩诃衍为禅宗第八祖，15~16世纪的伏藏《五部遗教》同样也

① 张亚莎：《吐蕃时期的禅宗传承》，《西藏民族学院学报》2004年第1期，第23页。

② 佟德富：《试论禅宗在吐蕃社会的传播及其影响》，《内蒙古社会科学》1999年第3期，第67~70页。

③ 班班多杰著：《藏传佛教思想史纲》，上海：上海三联书店，1992年，第127页。

④ David S.Ruegg, Buddha-nature, *Mind and the Problem of Gradualism in a comparative Perspective*: *On the Translation and Reception of Buddhism in India and Tibet*, New Delhi：Heritage, 1992, p.72.

⑤ Herbert V. Guenther, *Tibetan Buddhism in Western Perspective*: *Collected Articles of Herbert V. Guenther*, California: Dharma Publishing, 1977, p.140.

奉摩诃衍为禅宗第八祖，体现了摩诃衍在这些高僧心目中地位之高，而在中原地区，摩诃衍从未享受过如此高的礼遇。甚至今天，西藏地区推崇摩诃衍及其禅法者同样大有人在。

敦煌莫高窟藏经洞出土的藏文禅宗文献有力地证明了汉地禅宗在吐蕃的流行，说明摩诃衍退出拉萨后，汉地禅宗在吐蕃边地——敦煌继续得到发展。敦煌有特殊的地理位置和历史环境，是吐蕃统治地区的又一重要佛教中心，汉地禅宗在这里得以长期流行。吐蕃统治时期，奉行比较宽松的宗教政策，在大力扶持吐蕃佛教的同时允许汉地禅宗传教说法，成为吐蕃佛教与汉地禅宗交流与融合的重要平台，从而使敦煌吐蕃佛教更具多元化的特点。

纵观摩诃衍的禅法传布，不难发现其思想中既有南宗禅的顿悟思想，又有北宗禅的渐悟思想，同时又有融南贯北的一些独特理论和修行方式，对禅宗理论与修习方式均有所贡献。摩诃衍先到敦煌弘法，后奉诏入藏，后又再回敦煌，始终在努力推广和宣传自己的禅法思想和理论。尽管在吐蕃僧净中失利，但是他对当时的佛教文化发展及对后世的影响都是很大的。无论从汉藏文化交流史还是从禅宗发展史上讲，摩诃衍都是不可忽视的人物。

结　论

摩诃衍进入拉萨与印度僧人就禅法进行僧净，是唐代中国佛教史及中印佛教交流史上的一件大事。在此之前，拉萨地区流行的一直是小乘禅法，对大乘禅法了无所知，更不知南顿北渐之说。摩诃衍入藏后大力弘扬禅宗思想，取得了极大的成功，吐蕃赞普赤松德赞承认了摩诃衍禅法，并允许在吐蕃地区流播，这是西藏佛教史上的一个重大转折。

摩诃衍由于先随北宗降魔藏、义福、惠福学习渐悟法门，后又转投到南宗神会门下，南北二宗兼而通之，其中又以南宗禅法为主，堪称南北宗兼融的禅学大师。摩诃衍在吐蕃弘法过程中，深知佛教的圆融无碍，顿渐修法虽有不同，但同样都是为方便不同根机的人而施教的，顿渐兼修，以禅定参悟等实修为主，以明心见性为目的，故而得到了吐蕃佛教徒的理解与支持，传播很快。摩诃衍禅法传播速度过猛，势必会对印度僧人的声望与利益构成影响，也不符合吐蕃统治者的需要，为了遏制汉地禅宗在藏地强劲发展的势头，在吐蕃赞普的支持下，印度高僧与摩诃衍在拉萨展开了辩论。由于吐蕃统治者的政治倒向，加上印度高僧的善辩及摩诃衍禅法本身的缺陷（如法相、咒术方面均不及印度高僧），注定了摩诃衍师徒在僧诤中失败的命运。

摩诃衍失败后被迫重新回到故地——吐蕃管辖下的敦煌，继续弘扬他的禅法。由于他在敦煌弘法心切，盲目地拿敦煌僧团人数与内地禅宗的僧众相比，以致在敦煌地区行禅渡众时，为了吸引尽量多的信徒，有意向民间社会靠拢，较多地摄取了当地比较流行的习俗，将之运用到诵经、二时课诵等活动之中，致使敦煌的禅修活动在程式上逐步民间化，而且修习的实际内容也与内地传统渐行渐远，从而远离了坐禅观心的基本宗旨。这种现象在摩诃衍之后仍然得到延续，势必会对敦煌的禅修乃至整个敦煌佛教的发展产生影响。在吐蕃统治时期，敦煌禅修不论在修习形式还是在修习内容上，都比中原佛教更贴近于民间，无疑从客观上推动并加快了敦煌禅宗乃至整个佛教向社会化、民间化、世俗化转变的进程。

第八章 《传法宝纪》的作者及其禅学思想

《传法宝纪》一卷，是敦煌文献中发现的早期禅宗重要史书之一，早已失传，唯在敦煌石窟中幸存写本3件，编号分别为P.2634、P.3858和P.3559+P.3664，均存于巴黎法国国立图书馆。其中，P.2634为唐代写本，开端完好，并有标题，共二纸，达摩传的后半部及以下皆残损；P.3858为五代写本，中间仅存一纸，首尾皆残损；P.3559+P.3664为唐代写本，是3个卷号中唯一的全本，首题《传法宝纪并序》，尾题《传法宝纪七祖一卷》。全书由序、目录和达摩至神秀禅宗七祖事迹及总论构成，用简短的篇幅叙述了禅宗祖师的传承：菩提达摩入魏传惠可，惠可传僧璨，僧璨传道信，道信传弘忍，弘忍传法如，法如再传神秀。这一记载与目前佛教界和学术界广泛接受的禅宗世系是不同的，对众说纷纭的中国禅宗传承体系的认定具有重要参考价值，尤其值得注意的是，该文献为禅宗北宗的研究提供了极为难得而翔实的历史资料。

第一节 杜朏其人小考

敦煌本《传法宝纪》是1936年日本学者神田喜一郎在法国收藏的敦煌写卷中发现的，1944年白石虎月在其专著《续禅宗编年史》的"附录"中全文发表。1966年，柳田圣山发表《初期禅宗史的研究》，收有此文献的抄本照片，在书后附录的校注中载有他校订、注释的全文，但他忽略了与其他两个卷号的比勘互校。特别值得注意的是，1993年，杨曾文综合敦煌发现的三件写本，对《传法宝纪》进行了细致的校订，在此基础上对该书的作者、成书年代及主要内容进行了深入的研究。① 现拟在前贤研究的基础上，对《传法宝纪》所代表的北宗禅学思想略做探讨。

《传法宝纪》署名为"京兆杜朏字方明撰"。至于成书年代，文献无任何记载，学术界见仁见智，存在着不同的看法。日本学者多认为其时当在开元元年（713年）。② 但杨曾文不以为然，根据《传法宝纪》中三处有助于确定文献成书年代的记载，认为该文献应写成于开元四至二十年（716~732年）。③ 当较为可信，已逐步为学界所接受。④

由于各种文献缺载，我们无法了解该书作者杜朏的生平事迹，但从《传法宝纪》对神秀法系一系列的赞词和书后所言"昔尝有知音者，令修此传记。今将草润绝笔，辄为其后论矣"等语可以看出，杜朏当是神秀北宗禅法的虔诚信仰者和追随者。日本天台宗僧人圆仁（794~864年）于开成四年至大中元年（839~847年）入唐求法，其所撰《在唐送进录》载："《南岳思禅师法门传》一帖，清信弟子卫尉丞杜朏撰。"⑤ 杨曾文认为："这位信奉佛教的卫尉丞杜朏与上面'朏法师'是不是一个人，是不是《传法宝纪》的作者杜朏，从现在所掌握的资料是不足以确定的。"⑥ 此诚得的之论。但笔者更倾向于认为，《南岳思禅师法门传》作者"清信弟子卫尉丞杜朏"与《传法宝纪》的作者杜朏当属同一个人。在《传法宝纪》中，作者名字前之所以没有冠以"清信弟子"字样，是因为作者自恃学佛多年，对佛学已有较深的造诣，并有师承，若冠以"清信弟子"未免有些拉杂和多余。有唐一代，佛教兴盛，社会化程度很深，由"清信弟子"继而出家成为"法师"者不在少数。杜朏其人，很可能就是禅宗北宗名僧义福（658~736年）曾师事过的"朏法师"。据唐人严挺之撰《大智禅师碑铭》，大智

① 杨曾文校写：《敦煌新本六祖坛经》附编一《传法宝纪并序》，南京：江苏古籍出版社，1993年，第162~180页。

② （日）柳田圣山『初期の禅史Ⅰ－禅の语录2－历代法宝记』东京：筑摩书房，1969年，第24~25页；（日）椎名宏雄「禅宗灯史の成立と发展」，载（日）篠原寿雄、田中良昭『讲座敦煌8敦煌佛典と禅』东京：大东出版社，1980年，第55页；（日）田中良昭『敦煌禅宗文献の研究』东京：大东出版社，1983年，第572页。

③ 杨曾文校写：《敦煌新本六祖坛经》，南京：江苏古籍出版社，1993年，第174~175页；氏著：《唐五代禅宗史》，北京：中国社会科学出版社，1999年，第141~142页。

④ （日）斋藤智宽「『传法宝记』の精神」『集刊东洋学』第85期，2001年，第80页。

⑤ （日）圆仁撰：《慈觉大师在唐送进录》，《大正藏》第55册，No. 2166，页1077c。

⑥ 杨曾文著：《唐五代禅宗史》，北京：中国社会科学出版社，1999年，第141页。

禅师义福曾从"朏法师广习大乘经论"。^① 如果这一推论不误，则"朏法师"很可能就是由作为"清信弟子"的"卫尉丞杜朏"出家后的尊称。据笔者揣测，《传法宝纪》成书时，杜朏尚时任小官吏"卫尉丞"，晚年投到荆州玉泉寺神秀门下出家继而有法师之称。概言之，笔者认为"京兆杜朏""清信弟子卫尉丞杜朏"和"朏法师"属同一人的可能性很大。再者，"朏"为冷僻之字，本来就不多见，同姓同名同时代又能著书立说的人，自然少之又少了。当然，历史上偶尔巧合的事情是有的，那就另当别论了。

第二节 《传法宝纪》所载禅宗祖师世系

《传法宝纪》由序、目录、从达摩至神秀七祖事迹及总论组成，书后还附有《终南山归寺大通和尚塔文》，记载的是从北魏菩提达摩到神秀的历代祖师以《楞伽经》为禅法要旨的传承事迹和禅法特点。尽管其篇幅不大，但含有丰富的历史信息，对中国早期禅宗历史尤其是北宗禅法的研究具有不可忽视的价值。

首先，我们看《传法宝纪》对禅宗印度祖师世系的记载：

> 昔庐山远上人《禅经序》云："佛付阿难，阿难传末田地，末田地传舍那婆斯。"

这一记载可与河南省嵩山会善寺遗址的《唐中岳沙门释法如禅师行状》碑刻所言相印证。该碑载："庐山远法师《禅经序》云：'则是阿难曲承音韶，必藏之灵符，幽关莫开，罕窥其庭。如来泥日未久，阿难传末田地，末田地传舍那婆斯。'此三应真。"^② 这里所谓的印度早期禅宗的传承世系为"释迦牟尼佛→阿难→末田地→舍那婆斯"。而《历代法宝记》的说法却与此不同，记曰：

> 《付法藏经》云："释迦如来灭度后，法眼咐嘱摩诃迦叶，迦叶咐嘱阿难，阿难咐嘱末田地，末田地咐嘱商那和修。"

---

① ［唐］严挺之：《大智禅师碑铭》，载《全唐文》卷二八〇，上海：上海古籍出版社，1990年，第1256页。

② 碑文载《唐文拾遗》卷六七。（日）柳田圣山『初期禪宗史書の研究』京都：法藏館，1967年，第487～488页。

这里的世系成了"释迦牟尼佛→迦叶→阿难→末田地→商那和修。"

敦煌文献 S.2144v《圣胄集》和 S.1635《泉州千佛新著诸祖颂》是记载南宗思想的代表性作品,其中在叙述印度禅法初期之传承时,写有如下文字:"如来以大法眼咐嘱大迦叶,辗转相传于我,我今将此正法眼藏咐嘱于汝,汝善护持,勿令法眼断绝。及自祖灯相嘱,始迦叶,终漕溪,以三十三祖。"由于《传法宝纪》代表的是北宗禅法思想,只是成书时代稍晚。约成书于唐代宗大历年间(766~779 年)的《历代法宝记》,①是蜀地禅宗派系的作品,但某种程度上也代表了南宗的禅法思想。由于《传法宝纪》和《历代法宝记》代表的宗派不同,故对印度禅法祖统传承的见解也不相同,尤其是对早期印度禅法的传承问题存在不同看法。他们各自引经据典,阐述自己的观点,使印度的早期禅宗世系在不同宗派的著作里出现了不同的说法。

接着再看《传法宝纪》对中国禅宗祖统的见解。禅宗由初祖达摩开创发展至五祖弘忍,法门大启,龙象辈出,除世所瞩目的南能北秀两大宗派外,武则天时期,资州智诜得达摩祖师信依袈裟,以此为契机,弘化蜀地,形成了保唐、净众两禅派,与南能北秀鼎足而立,成为当时禅界一支不可忽视的宗派。不同宗派为巩固自己在禅界的地位,发扬光大本派的思想体系,分别提出了自己的祖统说,认为自己的禅法才代表禅思想的核心,其思想便是直承初祖达摩,乃至释迦牟尼,以便表明自己的禅法思想来自正统。

南宗提出的祖统说为"菩提达摩→惠可→僧璨→道信→弘忍→惠能"。敦煌文献 S.2144v《圣胄集》载:

> 弘忍大师临般涅槃时,密传心印,咐嘱惠能大师,偈云:"惠能大师告诸长老,衣信到吾处不传也。所以达道,一花开五叶,结果自然成,从可大师至吾,恰五人也。"

这就是今天人们常说的中国禅宗六祖传承理论。S.2144v《圣胄集》是一部代表南宗思想的典型作品,密传心印法体现的是顿悟思想,据此我们可以认为南宗祖统相传的思想,传至惠能便告结束。惠能没有将其思想宗旨指定传给某

---

① 在敦煌文献中现存有 9 个卷号,分别为 S.516、S.1611、S.1776、S.5916、P.2125、P.3717、P.3727、Φ.216 及日本石井光雄藏精编本。

个继承人，在有关禅宗文献中也了无记载。

北宗提出了不同的祖统说。前引《唐中岳沙门释法如禅师行状》碑文代表的是北宗思想关于禅宗祖统说较为系统的见解。碑文称印度的传法世系是"佛→阿难→末田地→舍那婆斯"。此后菩提达摩来华传授此法："入魏传可，可传璨，璨传信，信传忍，忍传如。"①《传法宝纪》继承了这个说法，并加以发挥：

> 其有发迹，天竺来道此土者，有菩提达磨欤！时为震旦有胜慧者而传，默指真境乎？如彼弱丧，顿使返躬乎？亦如暗室发大明炬乎？弗可得而言已。既而味性有殊，高拔或少，玩所先习，无求胜智，翻然顶授，盖为鲜矣。唯东魏惠可，以身命求之，大师传之而去。惠可传僧璨，僧璨传道信，道信传弘忍，弘忍传法如，法如及乎大通。自达磨之后，师资开道，皆善以方便，取证于心，随所发言，略无系说。

按照这一记载，初祖菩提达摩传二祖惠可，惠可再传僧璨，僧璨传道信，道信传弘忍，弘忍传法如，法如传给了大通神秀。对于这样的传法世系，同样是代表北宗思想的《楞伽师资记》却有不同的说法，该文献以刘宋时代的译经师求那跋陀罗为初祖，以下依次为"菩提达摩→惠可→僧璨→道信→弘忍→神秀"。②弘忍和神秀之间无有法如。另一件北宗文献《大照禅师塔铭》所载普寂的言论，更是另有新说：

> 吾受托先师，传兹密印。远自达摩菩萨导于可，可进于璨，璨钟于信，信传于忍，忍授于大通，大通贻于吾，今七叶矣。③

该碑由普寂的弟子李邕撰文。文中的"吾"是碑主普寂的自称。据《大照禅师塔铭》记载，普寂（651~739年），俗姓冯，年少时曾习儒学，后往当阳玉泉寺投奔神秀为师。久视元年（700年），神秀应诏入东都，遂推荐普寂正式受

---

① 碑文载《唐文拾遗》卷六七。参见（日）柳田聖山『初期禪宗史書の研究』京都：法藏館，1967年，第487~488頁。

② 《楞伽师资记》早已失传，在敦煌文献中存12个编号，分别为：S.2054、S.4272、P.3294、P.3436、P.3537、P.3703、P.4564、Дх.1728/M.2686、Дх.5464、Дх.5466、Дх.8300、Дх.18947。

③ ［唐］李邕：《大照禅师塔铭》，载《全唐文》卷二六二，上海：上海古籍出版社，1990年，第1175页。

度为僧。长安年间（701~704年），普寂被派往嵩山南麓的嵩岳寺，在此修行和传法，逐渐出名。以89岁高龄圆寂，诏谥普寂"大照禅师"之号，令归葬嵩岳寺。[①] 值得注意的是，在敦煌写本 S.2515 中，另有《第七祖大照和尚寂灭日斋赞文》，其中也有"我第七祖三朝国师大照和尚，出二边境，越诸地心，得如来慈，入佛知见"等文字。[②] 这里，均列神秀为六祖，圆寂后由普寂继承之，被称为禅门第七祖。

自弘忍之后，禅宗分裂为多种宗派，有的势力强大，传灯不绝，法脉流长，如南宗；有的盛极一时，但不久即衰微，如北宗、蜀地禅宗。各派系都建立了自己的祖统说。

第三节 《传法宝纪》之禅法思想

《传法宝纪》以北宗渐修思想为宗旨，和南宗惠能所主张的"顿悟"思想针锋相对，故而对弘忍传法给六祖惠能之说避而不谈，直接把曾跟五祖弘忍学法的弟子法如称为第六祖，把大通神秀列为第七祖，其理由是弘忍的十大弟子"俱承禅师之后"。这就是人们常说的北宗七祖传承。各宗派之间对祖统说的见解主要是由该宗所倡导的核心思想所确定的。早期禅宗史书中的传法祖统说，都是作者为了宣传自己所属派系的思想主张，以表明自己的得法来源于正统，是名正言顺的，故而不得不为宣传自己而回避甚或贬低他人，这是可以理解的。禅宗主张不立文字，教外别传，以心传心，重视师徒之间的禅法传承，显得尤为重要。[③]《传法宝纪》的作者虽对神秀一系十分崇信，但对法如似乎更亲近一些，以严肃的祖统说，把弘忍所认可的得法弟子六祖惠能巧妙地换成了六祖法如，并确立了七祖大通神秀在禅宗思想上的历史地位。

净众派、保唐派在禅法上多追随南宗，故而在祖统说上与南宗基本保持一致（只是增加了惠能以后蜀地禅宗的祖统），但在对五祖弘忍的法嗣问题上却接受了北宗的主张，认为弘忍的十大弟子"俱承禅师之后"。在《历代法宝记》中

① 杨曾文：《禅宗北宗及其禅法》，载王尧主编《佛教与中国传统文化》，北京：宗教文化出版社，1997年，第440~442页。

② （日）田中良昭『敦煌禪宗文獻の研究』東京：大東出版社，1983年，第555页。

③ Morten Schlütter, Transmission and Enlightment in Chan Buddhism Seen Through the Platform Sūtra, *Chung-hwa Buddhist Journal* 20, 2007, pp.379-410.

可以看到这样的表述:"(弘忍)又云:'吾一生教人无数,惠能余有十尔,神秀师、智诜师、智德师、玄颐师、老安师、法如师、惠藏师、玄约师、刘主簿。虽不离吾左右,汝各一方师也。'"文中把智诜列为"俱承禅师之后"十大弟子中的第二位,无疑确认了智诜如同惠能、神秀一样,是弘忍的合法继承人。

智诜应诏去京内道场为武则天讲经说法,深得则天皇后的赞赏,后其因病告老返乡时,武则天特将从惠能处诏来的达摩信衣赐予他。因此智诜是十大弟子中唯一拥有达摩信衣袈裟的,再加上他有"俱承法师之后"之说,所以在净众与保唐两派心目中是正统的禅法掌门人兼合法继承人。这样,智诜传处寂,处寂传无相,无相传无住,最后在无住手中失传,流落民间。[①]值得注意的是,尽管保唐与净众两派禅徒认为智诜是弘忍的合法继承人,但从《历代法宝记》可以看出,他们对六祖惠能的合法地位还是认可的,这样就清晰地形成了他们自己的祖统说:"菩提达摩→惠可→僧璨→道信→弘忍→惠能→智诜→处寂→无相→无住",共计十代。比起《传法宝纪》中说大通神秀和尚为禅门七祖还多出了三代祖师。智诜及其以后的法嗣,书中虽然没有言明是第几祖,但因为有达摩的信衣在手,他们的传承又井然有序,所以被信徒尊为祖师是顺理成章之事。这是史书记载的有祖师袈裟且传承历时最长的禅宗世系传承谱。

在禅法思想上,《传法宝纪》强调"离言说",反对言说,反对执着文字:

> 昔我本师,当见乎世说法,所度皆随其根性,而得证入者,言说自妄。逮灭度后,而诸罗汉,方共结集,佛在世时当所说法,着乎文字而为经。虽圆觉了义,存乎其间,而凡圣不接,离真自远。

认为佛祖释迦牟尼说法,"所度皆随其根性",只是后人才将佛陀所言"着乎文字而为经"。这样做虽然"圆觉了义",但与佛陀所追求的真谛越来越远。

《传法宝纪》的作者重视直观觉悟,宣称达摩对惠可的传法是"密以方便开发,顿令其心直入法界"。为了能使广大教徒接受其思想,故而把佛、儒、道之观点融为一体,《传法宝纪》言称:

---

① 王书庆、杨富学:《〈历代法宝记〉所见达摩祖衣传承考辨》,《敦煌学辑刊》2006年第3期,第158~164页。

是故我本师云："若言如来有所说法，则为谤佛。"而孔丘亦云："吾欲无言。"庄周复曰："得意者忘言。"故《易·咸卦》"上六"曰："咸其辅颊舌。"《象》曰："胜口说也。"

这种折中方法，为国人在传统思想框架下接受并理解深奥佛法的真谛开启了方便之门。通过离文字语言，幽处坐禅，达到觉悟自性，学习达摩"息其言语，离其经论，旨微而彻，进捷而明"，不通过言语经论，在心灵深处迅速体悟法身实相。由于北宗是以《楞伽经》的思想为基础发展而来的，"诸佛心第一"，探究心识，观察心识活动，促成心识由染到净的转变，正是《楞伽经》的中心思想。有关记载见于《大乘入楞伽经》卷五：

（佛曰）：我与诸佛及诸菩萨不说一字，不答一字。所以者何？一切诸法离文字故，非不随义而分别说。大慧。若不说者，教法则断，教法断者，则无声闻、缘觉、菩萨、诸佛，若总无者，谁说为谁，是故大慧菩萨摩诃萨，应不着文字，随宜说法。[1]

《大乘入楞伽经》强调不要执着文字和言语，因为两者都不能表达真正的佛法。佛法使用名相，就会滋助妄想的增长，文字言语是俗谛，离文字言语才是真谛。[2]《传法宝纪》作者所述的离文字思想正本乎此。

同时，《传法宝纪》也反对"禅净合一"。禅宗主张静坐修心，以"明心见性，一切皆空"为宗旨；净土宗的宗旨乃是以修行者的念佛行业为内因，以诸佛菩萨的愿力为外因，内外相应，从而往生极乐国土。有唐一代，静坐与念佛是最为流行的两种修行方式。在众多禅宗祖师和净土宗祖师那里，都认为将静坐与念佛有机地结合起来，更能够起到正本清源的作用。但是大通神秀的门人对此却持有异议，《传法宝纪》称：

至乎今之学者，将为委巷之谈，不知为知，未得谓得，念佛净心之方便，混此彼流，真如法身之端倪，曾何仿佛。悲夫！岂悟念性本空，焉有

---

① ［唐］实叉难陀译：《大乘入楞伽经》卷五，《大正藏》第16册，No. 672，第615页b。
② （日）柳田圣山『初期禅宗史書の研究』京都：法藏館，1967年，第52页。

念处？性净已寂，夫何净心？念净都妄，自然满照我。于戏，僧[惠]可有言曰："四世之后，变成名相。"信矣。

从中可以看出，作者杜朏是极力反对净土宗的高声"念佛"及禅宗心中"念佛"等修行方式的，认为这种形式完全是用文字、语言、名相来表达，通过这种方式达到心识的转变是不可能的，同时也有违达摩的初旨，自然应该反对和远离。这种观点表述的应是北宗神秀对念佛禅的基本态度。北宗主张"渐修"，认为真正的禅修者应自离心中的种种妄想，超越一切心、意识，自觉圣境，这才是真正的佛心、佛性。要达到这样的境界，只能通过断除妄想的心性修行，在内心领悟。

从某种程度上讲，《传法宝纪》所载神秀门人的禅观是传统型的，也是相对封闭的，与南宗禅观的开放型、大众化特色形成了鲜明的对比。这种形式不易于为广大信徒所接受和认可，故不利于自身宗派的发展。北宗禅由盛极一时而很快走向衰微，与这些因素不无关系。

第九章　蜀地禅宗之禅法及其特点

《历代法宝记》是敦煌文献留存的早期禅宗史书之一，在敦煌文献中现存9个卷号，分别为S.516、S.1611、S.1776、S.5916、P.2125、P.3717、P.3727、Φ.216及日本石井光雄藏精编本。其大约成书于唐代宗大历年间（766~779年），作者不详，从记载的史实内容和倡导的禅宗思想特点分析，当属四川保唐派与净众派的著作。保唐派与净众派是唐代四川境内以成都保唐寺与净众寺为中心而形成的两个禅宗派别，因两者存在师承关系，禅法思想基本一致，仅有微小差别，故本文统称之为蜀地禅宗。

第一节　智诜与净众禅法

《历代法宝记》以大量篇幅对蜀地禅宗的源流及禅法特点进行了记述，内容丰富而详尽，且比较可信。据《历代法宝记》书末所附保唐派门人儒者孙寰所写的《大历保唐寺和上传顿悟大乘禅门门人写真赞文并序》来推测，此书当著于大历九年（774年）保唐寺无住和尚去世后不久，是由其弟子编撰的。从其内容上来看，主旨在于阐明一个主题，即出自智诜之后的保唐、净众二禅派在禅法上是尊奉达摩祖师之宗旨的，属于顿悟法门，并且在法系上承认从达摩到惠能的六代祖师，拥有从武则天赏赐的从惠能处得来的达摩祖师信衣袈裟，故在声誉和地位上不仅优于渐修的北宗，也优于已经没有祖传袈裟的后惠能时代南宗各系。《历代法宝记》对南宗各系保持默认态度，而对北宗提出了严厉的批评，认为净觉所著《楞伽师资记》把宋朝求那跋陀罗奉为初祖是"不知根由，惑乱后学"，"彼净觉师，妄引求那跋陀罗，称为第一祖，深乱学法"，称求那跋陀罗是译经师，不是禅师，译经师是传文字教法的，有违于达摩祖师"不将一字教来，默传心印"的教法。蜀地禅宗在祖统说及禅法思想上与北宗分庭抗礼，接近于南宗顿悟禅法，同时又具备自己的禅法特色。

蜀地禅宗的始祖智诜（609~702年）为五祖弘忍的十大弟子之一，《历代法宝记》的作者把他列为十大弟子中第二位，当然这是保唐、净众派弟子们为抬高智诜在佛教的地位而有意所为。弘忍门下有十大弟子，其中的神秀被北宗尊奉为六祖，惠能是南宗的创始人，而智诜则成为蜀地禅宗的缔造者。于是，在大唐帝国内部，禅界形成了北宗、南宗和蜀地禅宗三足鼎立的局面，而三者又都和祖师传法及达摩袈裟有着微妙关系。从现有的资料，尤其是《历代法宝记》的记载，可以看出，智诜的禅法思想主要有三点："当处依法，想念不生"；"生则有欲，不生则无欲"；"识心见性"（《历代法宝记》语，以下该书引文，不另注）。

其一，"当处依法，想念不生"。西国婆罗门三藏问智诜："僧人何得登高而立？"智诜答云："赪回好好，更看去也。即当处依法，想念不生。""当处"即指一切地、一切处；"依法"依照佛法来要求自己的言行，一切杂念妄想不令滋长。《根本说一切有部毗奈耶杂事》卷一二云：

> 若人无定心，即无清净智，不能断诸漏，是故汝勤修。[1]

《佛遗教经》亦云：

> 汝等比丘，若摄心者，心则在定。心在定故，能知世间，生灭法相。是故汝等，常当精勤，修集（习）诸定。若得定者，心则不乱。譬如惜水之家，善治堤塘，行者亦尔，为智慧水，故善修禅定，令不漏失，是名为定。[2]

依法修禅，心既在定，诸杂念妄想不会增长，如日当空，光明遍照万象。一切所缘，都不为其所束缚。起住自由，来去自由，见色闻声，如石上栽花，如火消冰。不为所染，不为所缚，自由自在。想念不生，无挂无碍，这便是学佛人习禅人难得的思想境界。

其二，"生则有欲，不生则无欲"。武则天问智诜："和尚有欲否？"答曰：

---

[1] ［唐］义净译：《根本说一切有部毗奈耶杂事》卷一二，载《大正藏》第24册，No. 1451，第260页a。

[2] ［后秦］鸠摩罗什译：《佛遗教经》，载《大正藏》第12册，No. 389，第1111c～1112页a。

"有欲。"则天又问云："何得有欲？"诜答曰："生则有欲，不生则无欲。"智诜直言不讳且客观公正地回答了武则天的问题。正因为他有"欲"，武则天才赐给他达摩信衣、弥勒绣像和新翻译的《华严经》等一系列物品，他若回答无"欲"，武则天可能就不赐给他物品了。《大智度论》卷一七云：

> 问曰："行何方便得禅波罗蜜？"
> 答曰："却五事（五尘），除五法（五盖），行五行。云何却五事？当呵责五欲。哀哉众生，常为五欲所恼，而犹求之不已。此五欲者，得之转剧，如火炙疥。五欲无益，如狗咬骨。五欲增诤，如鸟竟（竞）肉。五欲烧人，如逆风执炬。五欲害人，如践恶蛇。五欲无实，如梦所得。五欲不久，如假借须臾。世人愚惑，贪着五欲，至死不舍，为之后世，受无量苦。"①

《阿毗达磨大毗婆沙论》卷一七三亦云：

> 五妙欲者：谓眼所识，可爱可喜可乐，如意能引，欲可染着色。乃至身所识，可爱可喜可乐，如意能引，欲可染着触……云何眼所识色妙欲？
> 答：若色，欲界眼触所生，爱所缘境……②

　　五欲即眼、耳、鼻、舌、身诸识所缘的色、声、香、味、触五境。通过这五种境才会生起人们的贪欲，故名五欲。能污染如理的尘境，故名五尘。人们对五欲的贪求，是烦恼和业障的本源。少欲之人，无欲无求，则心地坦然，无所忧畏，触事有余，善法不断增长，杂念渐渐消除，涅槃因指日可待。不生则无欲，则指了却生死轮回，不生不灭，达到最后觉悟，便无任何欲望了，世间凡人不可能做到这一点。智诜虽是弘忍弟子，生活在世间法之中，离觉悟成佛尚早，可谓是"凡夫俗子"，只有正确地对待"欲"，选择适当方法去呵"欲"，才能定其身心，走自己应该走的道路。

　　其三，"识心见性"。智诜前后弘法达30年，其于长安二年（702年）去世，终年94岁。著作有《虚融观》三卷、《缘起》一卷、《般若心经疏》一卷，前两

---

　　①　［印］龙树菩萨造，［后秦］鸠摩罗什译：《大智度论》卷一七，载《大正藏》第25册，No. 1509，第181页a。
　　②　［唐］玄奘译：《阿毗达磨大毗婆沙论》卷一七三，载《大正藏》第27册，No. 1545，第869页b。

种亡佚已久，唯最后一种在敦煌文献中存有抄本7件。

《般若心经疏》，具名《般若波罗蜜多心经疏》，又名《心经疏》，现存7件抄本编号分别为P.4940、北为52（总4489）、北阙9、P.3229、P.2178、S.7821、S.839。其中，P.2178首题"资州诜禅师撰"。《般若波罗蜜多心经疏》，以九门分别疏释《心经》。[1]由于深受唐代著名学僧慧净所撰《般若波罗蜜多心经疏》（敦煌存写本4件，分别为S.554、北昆12、S.5850和日本天理图书馆藏品1件）的影响，智诜在注释《般若心经》时大量采用了唐初比较盛行的法相唯识思想，如八识、三性、四智等，在一些段落上加了禅宗以心性为解脱之本的内容。

例一，在解释"行深般若波罗蜜多时"一语时，将"时"字注释为"若以智慧反照心源"。

例二，在解释"观自在菩萨"处，注释为："一切诸法，以心为本。心生，故种种法生；心灭，故种种法灭。三界六道，本由自是心生，净土秽土，悉由心造。心外无别境，境外无别心。心外无境，无境故无心；境外无心，无心故无境。无心无境，名为般若。"

例三，在解释"照见"时，注释为："心镜高悬，慧生而无明灭。"又云："照者，心也；见者，眼也。心眼清净，所睹之境，一切万法，幻化生灭，悉皆是空，虚妄不实，名为照见。"

例四，在解释"五蕴"（色、受、想、行、识）时，注释为："此之五种，皆由妄想，积聚诸业，以成其身，荫盖众生，身中佛性，不得显现，名之为荫。""荫"与"蕴"相通，色、受、想、行、识皆有掩盖众生本来具有的清净佛性的作用。

智诜在《般若心经疏》中所阐释的，正是禅宗的"识心见性"禅法所依据的重要心性禅法。若以色等见我求我，是人行邪道不能见如来。以此观之，乃知事相非真正也。过去诸佛所修种种功德，皆非外说，唯正求心。心是众善之源，是万恶之主。常乐由自心生，三界轮回从心起，心为出世之门户，心是解脱之关津，知门户者，岂虑不达彼岸，识关津者，何愁不见如来。

---

① （日）冈部和雄「禪僧の注抄と疑偽經典」，载（日）篠原壽雄、田中良昭『講座敦煌 8 敦煌佛典と禪』東京：大東出版社，1980年，第337~338頁；季羡林主编：《敦煌学大辞典》，上海：上海辞书出版社，1998年，第687页。

第二节 处寂与无相禅法

智诜圆寂后，其法传于处寂（665~732 年）。与智诜禅法特点明晰有所不同，处寂所修之禅宗法门似乎难以确定，至少从《历代法宝记》的记载中是看不出来的。该文献只讲他自幼学习儒家诗礼，10 岁父亡后，听说佛法不可思议，欲拔生死苦，乃投德纯寺诜和尚出家，在德纯寺弘法 20 余年。《宋高僧传》卷二〇有其专传，称他曾师事宝修禅师，在资州的北山修"杜多行"（头陀行，佛教的一种苦修方式），20 年间不到村镇，颇多奇异神通之行。杜多，又名杜荼或头陀，汉译曰抖擞、淘汰、洗浣等义，抖擞衣服、饮食、住处三种贪着之行法，抖擞烦恼，离诸执着。《景德传灯录》云：

> 福州玄沙宗一大师，法名师备……往豫章开元寺道玄律师受具。布衲芒屦，食才接气，常终日宴坐，众皆异之。与雪峰义存本法门昆仲，而亲近若师资。雪峰以其苦行呼为头陀。[①]

僧人行脚乞食者被称为头陀，亦称行者。释迦牟尼的大弟子迦叶，在十大弟子中称为头陀第一，在禅界称为印度禅宗史上的第二祖，紧追释迦牟尼佛之后。传说中释迦牟尼说法时曾分半座给迦叶，与其同座一并说法。《付法藏因缘传》云：

> 尔时迦叶披粪扫衣，来诣佛所，稽首礼敬，合掌而立。白佛言："世尊，我今归依，无上清凉，愿哀纳受，听在末次。"世尊叹曰："善来（者）迦叶！"即分半座，命令就坐。迦叶白佛："我是如来末行弟子，顾命分座，不敢顺旨。"是时众会咸生疑曰："此老沙门有何异德，乃令天尊分座命之？"此人殊胜，唯佛知耳。[②]

由此可见，释迦牟尼对修头陀苦行的弟子是十分敬重的。处寂禅师修头陀

---

① ［宋］释道元著，妙音、文雄点校：《景德传灯录》卷一八，成都：成都古籍书店，2000 年，第 346 页。

② ［北魏］吉迦夜、昙曜译：《付法藏因缘传》卷一，《大正藏》第 50 册，No. 2058，第 298 页 b。

行，20年不到村镇，深山乞食禅修，所遵行的正是一条解脱之路。《佛垂般涅槃略说教诫经》（又作《佛遗教经》）云：

> 汝等比丘，若求寂静、无为、安乐，当离愦闹，独处闲居。静处之人，帝释诸天，所共敬重，是故当舍己众他众，空闲独处，思灭苦本。若乐众者，则受众恼。譬如大树，众鸟集之，则有枯折之患。世间缚着，没于众苦。譬如老象溺泥，不能自出，是名远离。[①]

这段内容说明众生都是有"我执"和"我所执"的，寂静、无为、安乐，可对治我相执着障，寂静即法无我空，无为即无相空，安乐即无取舍的无愿空，由空无相无愿，就可对治我相执着。处寂禅师通过长期坚持不懈的修头陀行，远离愦闹，独处闲居，专注于修习善法，观所执和相无，故能免常人的我执和我所执，使自己身心处于平静状态，清净佛性自然现前，成就大智慧，成为蜀地禅宗的大法师。

无相禅师（684~762年）是处寂禅师的得法弟子，俗姓金，亦名金和尚。原是新罗王子，在本国郡南寺出家。唐玄宗开元十六年（728年）入唐西京长安，被编籍于禅定寺。此后寻师访道，周游各地，到达资州，拜谒德纯寺的处寂禅师。[②] 处寂禅师为其精诚所感收为弟子，在处寂身边学法两年后，到天谷山禅修。处寂圆寂前，派人从天谷山唤回无相，把"达摩祖师信衣"传给他，让他作处寂的嗣法弟子。之后，无相又回到天谷山老地方修杜多之行（头陀行），常修苦练，远近闻名。他不但从处寂那里得到了达摩祖传信衣袈裟，成为处寂的嗣法弟子，并且还承袭了处寂禅师的修"杜多行"（头陀行）的禅修方法，从而成了蜀地禅宗净众派第三代祖衣传人。

无相禅师的主要禅法特点可用六个字来表示：无忆、无念、莫妄。《历代法宝记》云："无忆、无念、莫妄，无忆是戒，无念是定，莫妄是慧。此三句语，即是总持门。""念不起，尤如镜面，能照万像；念起，犹如镜背，即不能照见。"佛子的所学，就应该是戒定慧三学。在三学中修习禅定是关键，因为持戒不单是为持戒而持戒，则更是为了修定而持戒。修定为了发慧，因为智惠能

---

① ［后秦］鸠摩罗什译：《佛垂般涅槃略说教诫经》，《大正藏》第12册，No. 389，第1111页c。
② 杨曾文著：《唐五代禅宗史》，北京：中国社会科学出版社，1999年，第260页。

断除烦恼，证得菩提涅槃，乃至证得无上正等菩提。

《杂阿含经》载："尔时世尊告诸比丘，有三学，何等为三？谓增上戒学，增上意（定）学，增上慧学。"[1]戒能防非止恶，定能一心不乱，惠能简择性相。增上是顺益义，为胜因义。戒学为增上引生定学，定学为增上引生慧学，慧学为增上引证菩提涅槃，故三学皆名增上。在三学中，戒是根本，必须做到严持净戒。持戒是为了修习禅定，修定需要心不散乱，专注一境，发生轻安，才能得定。得了初禅根本定，乃至四禅静定，才能引发有漏无漏智慧。无漏智慧现前，才能断除烦恼，见修惑尽，才能证得涅槃菩提。因此，在持戒的同时或之后，应当发愿修定，如果不修禅定，一切智慧功德，皆无法引生。为了解脱生死，证得三乘菩提涅槃，修习禅定，至为重要。

《大方广圆觉修多罗了义经略疏注》云："辨音汝当知，一切诸菩萨，无碍清净慧，皆依禅定生。"[2]

《大宝积经》云："佛以禅定力，能灭诸罪垢，为天人导师，到于定彼岸。"[3]

《大般涅槃经》云："比丘若修习，戒定及智慧，当知是不退，亲近大涅槃。"[4]

《解深密经》卷一云："众生为相缚，及彼粗重缚，要勤修止观，尔乃得解脱。"[5]

万物皆有漏相，分别以为相缚，因为有漏相的存在，见分心等不能了知，诸有漏法，皆如泡沫幻觉。非有似有，系由无明所致，便执实有色心等法，即相是缚，故名相缚。迷执者要修习止观，方能得到解脱。菩萨为了断除人我执，使烦恼障尽，法我执的所知障尽，无障无碍的清净觉智，皆依禅定生起。若无禅定，清净的智慧，一切都无。释迦牟尼之所以为人天导师，就是以究竟的已到彼岸的禅定力，无余灭尽了诸罪恶垢缚的缘故，所以能圆满善巧地教化众生，被众生称之为人天导师。无相的"无忆、无念、莫妄"的禅法思想，实质是坚持戒、定、慧三学，反对执着文字，不要产生不合乎客观实际的妄想，只有做

---

① ［南朝·宋］求那跋陀罗译：《杂阿含经》卷三〇，《大正藏》第2册，No. 99，第213页c。
② ［唐］宗密：《大方广圆觉修多罗了义经略疏注》卷下，《大正藏》第39册，No. 1795，第562页c。
③ ［唐］菩提流支译：《大宝积经》卷一一一，《大正藏》第11册，No. 310，第629页a。
④ ［北凉］昙无谶译：《大般涅槃经》卷二九，《大正藏》第12册，No. 374，第537页c。
⑤ ［唐］玄奘译：《解深密经》卷一，《大正藏》第16册，No. 676，第691页b。

到无念，才能达到识本清源，走向解脱觉悟之路。

无相的禅净合一思想是他修行的另一特色模式。他在每年的正月、十二月举行向信徒"授缘"的盛大法会，向社会公众弘法，届时有成千上万的僧俗民众参加，参加大会的人便成为他的弟子。每逢"授缘"日都严设道场，登高座向众人说法，"先教引声念佛，尽一气念，绝声念停"。念佛是净土宗的修行法门，通过专心念佛，使人心不散乱，使己心与佛心高度合一，从而达到觉悟。①

禅宗与净土宗思想互相融摄，使心专注一境，念佛往生的修习方法由来已久。自南朝梁、陈，经隋至于唐初，祈愿通过念佛往生西方弥陀佛国的僧人如昙鸾、道绰、善导等人都修学净土，早已把"禅观"融入到净土思想之中，从而形成所谓的"弥陀业观""十六观"等。隋唐之交的昙鸾、道绰均以《观无量寿佛经》的弥陀净土为所观境。至善导的时代，已渐渐由心观"念佛"转向口称"念佛"，并将西来的"念佛"法门普及到一般大众。这一经验为当时禅宗所吸取，并得以发扬光大，使禅净观几乎成为南朝僧侣普遍修学的法门。以"观佛三昧"为基础发展起来的观西方弥陀佛国殊胜的《观无量寿佛经》，在刘宋元嘉年间传译之后，在齐梁之间渐渐流传，隋唐之际有多人撰疏弘扬，更是当时愿生西方者奉持的宝典。该经之"十六观"有"捉心令正，更不得杂乱，即失定心，三昧难成"之说，这与无相的"无忆、无念、莫妄"思想不期而合。俗语讲"修禅带净土，犹如带角虎"，两者相辅相成，相得益彰，有机地结合更能有效地"制"心。《北山录》云："余昔观净众禅门，崇而不僭，博而不佞，而未尝率异惊俗，真曰大智闲闲之士也。遂礼足为师，请事斯旨而学者。"②可见，净众派的禅净合一禅法思想在当时是深受人们青睐的。

第三节　无住与保唐禅法

无相法嗣弟子无住（714~774年）在未出家之前曾从政为官，后看破尘世，遂弃官寻师访道，学习佛法。宗密《圆觉经大疏钞》卷三之下对其访师过程有详细记载。无住禅师先遇嵩山慧安的俗家弟子陈楚章，开始学习"顿教法"，"密契相知，默传心印"。从此无住"断思绝虑"，在俗三五年间过着禅修的生

---

① 张子开：《略析敦煌文献中所见的念佛法门》，《慈光禅学学报》第2期，2001年，第195~211页。

② ［唐］神清撰：《北山录》卷六《讥异说》，《大正藏》第52册，No. 2113，第611页b。

涯。后来听说太原府自在和尚是六祖惠能的弟子，传授"顿悟法门"，他便到太原府礼谒自在和尚，自在和尚对他讲法："净中无净相，即是真净佛性。"他听后得到了启发，有所觉悟，心中欣然，自在和尚便为他剃发出家。天宝八年（749年）在五台山清凉寺"安夏"时，对明和尚、神会和尚的事迹和禅法深入进行了解，感觉以前所学不适合自己的"顿悟"机缘，因为他们主张的是北宗的渐修法门，故没有去拜访他们。翌年，他到了西京长安，往来于安国、崇圣二寺之间，在那里接触高僧大德，听其讲经说法，以增佛学修养。天宝十年（751年），他来到灵州（治所在今宁夏灵武西南）北，在贺兰山禅修两年。期间，风闻剑南无相禅师为众广说"无忆、无念、莫忘"之禅法，于是动身离开贺兰山，到剑南拜访无相和尚。途中多遭艰辛，但都未动摇他参拜无相和尚的决心和意志，几经辗转，终于在乾元二年（759年）正月到达成都净众寺，经人引见礼拜了无相和尚。当时正是无相和尚"授缘"之期，成千上万的人接受无相和尚的"授缘"，无住和尚亦随众听法授缘。无相和尚在说法中高喊"缘何不入山去"，无住独领其旨，默受教示，便到位于成都西北的茂州（治所在今四川茂县）的天苍山（又名白崖山）去禅修。

无住禅师先为官，后参道访学，接受顿悟法门，曾在京城安国、崇圣二寺参学杜多苦修等法，有着丰富的人生阅历和较深厚的佛学造诣，为他后来在四川弘法，对蜀地禅宗之修行方法进行变革奠定了基础。根据《历代法宝记》及其他文献的相关记载，可以看出，无住禅法主要有以下几个方面的内容：

1.无念

无住在山中禅修与别人不同，只是专修"无念"禅法，专心坐禅，"绝思断虑，入自证境界"。《五灯会元》卷二载：

> 乃居南阳白崖山，专务宴寂。经累岁，学者渐至，勤请不已。至此垂诲，虽广演言教，而唯以无念为宗。[1]

无念，即指无妄念，即正念之异名。人们自身原本具备的清净佛性，在禅师们的眼中，无意无念，清净菩提自然现前；意有杂念，清净菩提永远不会现前。一念不起，即十八界空，即身便是菩提果，即心便是真如心，只有无念是

---

① ［宋］普济著：《五灯会元》，北京：中华书局，1984年，第81页。

真念。无住禅师为守真念，在白崖山禅修时，一不六时礼佛忏悔，二不诵经念佛，连往深山送的给养他都反对人们去张罗。这对于传统的出家人六时礼拜忏悔，诵经念佛的人来说，是难以接受的，自然会引起不满。于是有人将其禅修表现通报无相和尚。无相不但未指责，反而大加赞赏，认为只有这样才能走向解脱觉悟之路。无住在直接继承无相"无忆、无念、莫忘"禅法的基础上，又对此做了新的解释和发挥，使之更加准确和干练，被简称为"无念"禅法。无住和尚不失时机地向他的弟子或当地高官弘扬他的"无念"禅法。《五灯会元》卷二载：

> 时杜公（指杜鸿渐——引者）与戎帅（指崔宁——引者）召三学硕德俱会寺中。致礼讫，公问曰："弟子闻金和尚说无忆、无念、莫忘三句法门，是否？
> 师曰："然。"
> 公曰："此三句语是一是三？"
> 师曰："无忆名戒，无念名定，莫妄名慧。一心不生，具戒定慧，非一非三也。"①

类似的内容在《历代法宝记》中也可以见到：

> 金和上……每常座下教戒直言："我达摩祖师所传此三句语是总持门，念不起是戒门，念不起是定门，念不起是惠门。无念即是戒、定、惠具足。过去、未来、现在，恒沙诸佛，皆从此门入。若更有别门，无有是处。"

对这里所谓的"非一非三"的理解，无住和尚要求人们不要去执着文字名相，三个基本条件皆归依到一乘真如佛性，所以为"非一非三"。他在解释"无念"的含义时，常常引经据典，主要有《维摩经》《思益经》《楞伽经》，有时也引用隋唐时流行的伪经，如《法句经》《佛顶经》《金刚三昧经》《禅门经》等。为了准确地表白"无念"的含义，他常常把无见、无知、无生心、无忆、心无分别、不起见、念不起、无心离意识、无是无非、无自无他、无相、无垢无净、

---

① ［宋］普济著：《五灯会元》，北京：中华书局，1984年，第81～82页。

无系无缚、无佛无众生、无生无死、无男无女、无高无下等最基本的理念作为昭示，以提醒佛徒不要执着于表面现象的东西，排除对一切内外事物的认辨。分别的思维心理活动，在思想中断除一切事物好坏、高低、美丑等的思想境界，强调不能把"无念"看作走向解脱的必由之路，说"正无念之时，无念不自"。意为真正到达无念的境界时，无念的本身也就不存在了，这时方显真如实体。

2. 心性

无住向崔宁说法时引用《大乘起信论》的心性学说，说明人有两种根本：一是"无始生死根本"，此根本以永不停息的"攀缘心"为自性，即人们正常情况下所拥有的"妄心"；二是"无始菩提涅槃原清净体"，是指人们本来所具备的清净真如佛性。《五灯会元》卷二载：

> 师曰："夫造章疏，皆用识心，思量分别，有为有作，起心动念，然可造成。据《论》（指《大乘起信论》——引者）文云：当知一切法，从本以来，离言说相，离名字相，离心缘相，毕竟平等，无有变异，唯有一心，故名真如。"①

说明人之所以处在流转三界的生死轮回之中，皆由妄心造成的。由于妄心的存在，使众生本来清净的真如佛性，经常处于有念的状态，有念的妄性覆盖了无念的真如。他常说"正无念之时，无念不自""正无念之时，一切法皆是佛法，无有一法离菩提者""佛在身心，文殊不远，妄念不生，即是见佛"等，以此教导弟子们正确地认识自己的心性。心性即指众生具有的真如佛性，心性达到无念的境界时，一切诸物即不存在，真如佛性亦不存在，这才是佛徒所要追求的真正精神境界。

无住要求修行者努力克制自己心性的正常活动，通过克制自己的心性使自己的心性常处于无念状态，只有心性常处于无念状态，才达到与真如佛性高度的契合，这便是俗语所讲的"见性解脱"。他在讲经说法时常引经据典对心性加以发挥和阐释："唯心，无诸境界，心无觉知，生心动念即魔纲。""若以心分别，即一切法邪；若不以心分别，一切法正。"《五灯会元》卷二载杜鸿渐向无住求法时有这样的问答：

①［宋］普济著：《五灯会元》上册，北京：中华书局，1984年，第82页。

公又问："云何不生？云何不灭？如何得解脱？"

师曰："见境心不起，名不生。不生即不灭，既无生灭，即不被前尘所缚，当处解脱。不生名无念，无念即无灭，无念即无缚，无念即无脱。举要而言，识心即离念，见性即解脱。离识心见性外，更有法门证无上菩提者，无有是处。"

公曰："何名识心见性？"

师曰："一切学道人，随念流浪，盖为不识真心。真心者，念生亦不顺生，念灭亦不依寂。不来不去，不定不乱，不取不舍，不沉不浮，无为无相，活泼泼，平常自在。此心体毕竟不可得，无可知觉。触目皆如，无非见性也。"①

无住的心性禅法由于直彻本源，深得南北宗各界的广泛认可，并纷纷归向。北宗老福（义福）法系的知一，是陇州开元寺的禅师，久闻无住和尚的大名，特地到成都参拜。无住问他如何修行，他以"看净"回复。无住便说："法无垢净，云何看净？此间净由不立，因何有垢？"遂教以心性禅法，"自他俱离，成佛菩提"。此后，知一闻说，言下悟，改名超然，成为他的弟子，不离左右，乐行作务。

3.一切时中总是禅

无住对那些形式主义的坐禅之举持反对态度。他说："无忆是道，不观是禅，不取亦不舍，境来亦不缘。"又引《禅门经》说，不可为贪求禅的意境（禅味）而坐禅，为形式而坐禅就是"菩萨缚"，认为"定无出入"，应当"不入三昧，不住坐禅"，否定带有特定意图的坐禅，因为这样做法容易使自己的心性受到束缚，清净的真如自性不易现前。他认为只有在无念的情况下进行禅观才能真正体会到禅悦，指出："一切时中自在，勿逐勿转，不沉不浮，不流不住，不动不摇，不来不去，活泼泼，行行坐坐总是禅。""永无生寂，永无垢净，永无是非，活泼泼，一切时中总是禅。"这里的"一切时中"，概括了禅僧行住坐卧人生的基本活动范畴，使禅更加广泛化、人性化和专业化。

无住的禅法思想，可以用"活泼泼，行行坐坐总是禅"及"活泼泼，一切时中总是禅"等语来概括，也就是说不要刻意地去坐禅，实际上禅的真正意义

---

① ［宋］普济著：《五灯会元》上册，北京：中华书局，1984年，第82～83页。

充满了时空，涉及行住坐卧各个方面，如果刻意地去做某事，就失去了禅的真正意义，心性就会受到系缚。换句话说，在任何时间与情况下，都要使本来清净的心做到"无念"，舍弃一切是非、垢净等差别观念，自己的身心无论在任何情况下都是处在禅定之中。无住本人不只是形式上的坐禅，他把禅法融入行住坐卧等生活实践的各个方面，而讲究在生活各个方面是否能做到"无念"，只要能做到"无念"，就能体会到禅悦与快感。"无念"与"一切时中总是禅"在这里成了对立统一的两个概念。

无住对三宝的定义做出了新解释，他说："知法即是佛宝，离相即是法宝，无为即是僧宝。"这三者亦称之自性三宝，"知法""离相""无为"的真正意义在无住那里不外乎是"无念"及"心性"。换言之，只要自性三宝具备，所期求达到的真如境界就正本清源了。这与惠能用觉（佛）、正（法）、净（僧）来解释三宝的做法形成了鲜明的对比。无住的解释将重点放在了自性圆满无碍的角度，凸显的是他不主张从事读经、念佛、礼忏等日常佛事活动的思想。他注重自性圆满的追求，反对执着文字语言及名相形式等内容，因为这种执着会有碍于自性的显现。而惠能的解释则不同，涵盖的是佛教思想及教团等更宽泛的内容，注重佛教思想的弘扬和佛教队伍的发展，认为这才是佛教徒所要做的事情。前者强调内在三宝，后者强调外在三宝，两者之间存在着本质上的区别。

第四节　净众派与保唐派禅法的差异

通过对两派禅法特点的分析，可以明显看出净众派与保唐派之差异。此外，在戒律观及对教团的行持上，也可明显看出两者的差异。

佛教的发展离不开戒律的存在，它时刻规范着僧人的言行以保持教团的纯洁。依《四分律》，比丘戒有250条，比丘尼则有348条，其中与比丘戒相同者有198条，异于比丘戒者有150条。[①] 这些戒律指导着僧尼的修学和行为规范。对于戒律，无住也有自己独特的见解。他用"无思虑"即无念的道理对戒体做出了新解释，认为"戒体"既不是色，也不是心，而是"众生本性"。"妄念不生，即是戒律满足"。相反，如果有意地去持戒，"即破大戒"。这种解释，等于否认了戒律的重要性。受这一理论指导，无住所住寺院在招收弟子及从事

---

① 劳政武著：《佛教戒律学》，北京：宗教文化出版社，1999年，第224～241页。

寺院日常活动时，律是被置于一边而不顾的。宗密《圆觉经大疏钞》卷三之下称：

> 其传授仪式，与金门（无住之师金和尚——引者）下全异。异者，谓释门事相一切不行，剃发了，便挂七条（七条衣，亦名袈裟，三衣之中上衣，计其条数共七条——引者），不受禁戒。至于礼忏转读，画佛写经，一切毁之，皆为妄想。所住之院，不置佛事。故云教行不拘也。[①]

这一记载与《历代法宝记》的记载基本一致。如宗密所说，在保唐寺无住门下出家，剃发之后即披袈裟，既无授戒时羯磨等仪式，也无净众禅派的那种"受缘"仪式，在保唐寺修行的僧人是"不受禁戒"的，不像其他寺院那样有转经、礼拜、画佛像、忏悔等诸多佛事活动。这样的修学特点迥异于净众寺和全国其他寺院的修行模式，而且也有别于同属智诜禅系的净众寺。即使在保唐寺，无住不重戒律的做法也是前代所罕见的，这是无住在无相禅法基础上对修习形式进行的一些变革。如果说智诜、处寂、无相禅法的修行方式具有传统性和保守性，那么无住禅法的修行方式体现出的则是开放性和变革性，它更为广大信众所接受、认可。由是以观，无住禅法与前代蜀地禅师之禅法在戒律观上存在着较大区别。

无住虽然是无相的得法弟子，但其对教团的维护却与无相相去甚远。无相每年两度组织弘法大会，为信徒"授缘"，并且使寺庙早已流行的各项佛事活动正常地开展，这些在无住那里荡然无存。无住将大小乘的一切教法统归到他的"无念"上，但又未能对"无念"之概念进行灵活解释，妥善运用。事实上，佛教徒的日常活动和思维离不开大千世界，不可能做到绝对无念。无住的理论追求的是佛教最高境界——真如佛性，由此可表现出保唐禅法的超现实性，但他忽略了广大僧侣都是三界内的肉体凡胎这一重要因素，按他的主张修法是根本行不通的。他否定维护教团正常秩序的清规戒律，忽视寺院应有的宗教职能，反对诵经、礼拜、忏悔，在佛事活动和教团经营运作方面放任自流。然而佛法在社会上离开广大佛徒寻求佛法，佛法就不存在。这又凸显出保唐派禅法超出一般佛教范围的超前性和异端性。由于无住不注意团结广大信徒，不从现实生活中寻求佛法，到头来他所追求的"心性"只能是空中楼阁。六祖惠能曾说：

---

① ［唐］宗密著，邱高兴校释：《圆觉经大疏钞》卷三，《卍续藏》第9册，No. 0245，第534页a。

"佛法在世间，不离世间觉，离世觅菩提，恰如寻兔角。"①无住的言行势必会引起僧俗信徒乃至社会各界对他的非议和反对，尽管可以在当权者（如剑南节度使杜鸿渐等）的庇护下风行一时，但其不合乎现实社会的需求，失去了民心，是不可能长久流传下去的，这也最终导致了四川禅派的衰落。无住之后不久，盛行一时的四川禅派风光不再，很快就销声匿迹了。②

耐人寻味的是，无住作为净众派的第四代传人，不能依法传承净众派思想及禅法，而是另立门户。以理度之，其中必有隐情，以笔者分析，可能有以下两个原因。首先，无住是乾元二年（759年）才开始跟随无相（金和尚）学习禅法的，时年44岁，但仅历4年，无相便于宝应元年（762年）去世了，享年79岁。无住虽受无相器重而得授法嗣，但他在教团内是缺乏根基的，况且其宗旨又"教行不拘而灭识"，传授仪式与无相大相径庭，故无相的许多大弟子并不承认无住的法嗣地位。其次，弘忍的十大弟子中有智诜和老安。净众派的传承系统是"智诜→处寂→无相→无住"。无相继承的是净众宗旨"三句用心为戒定慧"，三句是"无忆""无念""莫忘"。引导人们舍弃对往昔的忆念，亦不念未来，保持这种心态，从师受法后，便致力于静虑坐禅和注意团结广大信徒，维护寺庙的日常运作。而无住较早接触的禅法来自陈楚章、明和尚等，陈楚章及明和尚是嵩岳慧安的弟子。陈楚章是在家居士，他对佛法及戒律的理解有一定的局限性。慧安的禅法，人称老安禅，是六祖惠能前禅法重要的一支，虽属北宗，但在禅法上有许多又与南宗相似。无住创立的保唐派似乎也与老安禅一样，具有兼容南北的特点，但从总体上说，无住禅法倾向于南宗，他的许多说法与《坛经》所载一致，表明他确实对南宗顿悟法门深有研究。无住以"教行不拘而灭识"为宗，不主张奉行固定的教行，出家后不必受戒，也不必礼忏念经等，认为"起心即妄"，以达到"不起心"和"灭识"这一最高精神境界。这些禅法与智诜、处寂、无相所传的净众法门是迥然不同的。于是，自立门户，在净众派之外形成保唐派禅法，也就成为势之必然。再者，他所主张的激进派的改革教团理念不为保守派僧徒所接受，导致蜀地禅宗迅速式微，并最终销声匿迹。

---

① 《六祖大师法宝坛经》，《大正藏》第48册，No. 2008，第351页c。这一内容在敦煌本《六祖坛经》中写作："法元在世间，于世出世间，勿离世间上，外求出世间。"杨曾文校写：《敦煌新本六祖坛经》，上海：上海古籍出版社，1993年，第44页。

② 杨曾文著：《唐五代禅宗史》，北京：中国社会科学出版社，1999年，第274页。

第十章 达摩祖衣的传承及其 与武则天的关系

第一节 达摩祖衣的传承

《历代法宝记》亦名《师资众脉传》，亦名《定是非摧邪显正破坏一切心传》，亦名《最上乘顿悟法门》，是敦煌文献中留存的早期禅宗史书之一。在敦煌文献中，现存有9个卷号，分别为S.516、S.1611、S.1776、S.5916、P.2125、P.3717、P.3727、Φ.216及日本石井光雄藏精编本。

《历代法宝记》大约成书于唐代宗大历年间（766~779年），遗憾的是，在现存的9个卷号中均无著者题名，从记载的史实内容和倡导的禅宗思想上分析，当属四川净众派与保唐派的著作。净众派与保唐派是唐代四川境内以成都净众寺与保唐寺为中心而形成的禅宗派别，因两者之间存在着师承关系，在禅法思想上基本一致，仅有微小的差别，故又统称净众禅系或保唐禅系。两派形成之初即受到迅速崛起的南宗思想的影响，其禅法追随南宗，后随着南宗主流地位的确立及风行全国而式微，大致到唐末便湮灭不闻。[①]

《历代法宝记》是敦煌文献中现存早期禅史书中篇幅最大的著作，主要记述了从菩提达摩到六祖惠能的传法世系，尤其是四川净众派、保唐派的传法世系与禅宗思想体系，内容翔实可信，是研究中国早期禅宗传承与四川禅宗发展历史的最基本的参考资料之一。

除《历代法宝记》外，敦煌文献中还保存有另外两部早期禅宗史书，即《楞伽师资记》和《传法宝纪》。这两本书是北宗弟子的作品，弘扬的是以神秀、普寂为代表的北宗禅法思想。二人继承了从达摩以来强调通过坐禅观心达到心

---

① 杨曾文著：《唐五代禅宗史》，北京：中国社会科学出版社，1999年，第251页。

识由染到净而觉悟的禅法思想，直接传承的是四祖道信所提倡的"守一""看心"禅法及五祖弘忍的"守心"禅法，从而提出了比较系统的以"观心""看净"为主旨的渐修禅法，这种禅法曾在北方地区极盛一时。

《历代法宝记》之成书比《楞伽师资记》及《传法宝纪》都要晚一些，是成都保唐派禅师无住的弟子在参考两书的基础上编撰的。从全书内容和后面所附门人孙寰所写的《大唐保唐寺和上传顿悟大乘禅门门人写真赞文并序》可知，净众派、保唐派所创立的禅法重南宗惠能的"顿悟"法门，轻北宗神秀的"渐修"主张，这种思想在《历代法宝记》一书中体现得相当明显。该书的内容主要有两个方面：一讲历代禅宗师资的传承关系，从内容上讲主要是叙述自达摩以来，达摩所付嘱传授衣法的次递，从而确立净众派、保唐派禅法思想在四川乃至全国的主导地位；二讲"定是非摧邪显正破坏一切心传"及"最上乘顿悟法门"，其矛头直接对准了北宗禅的"守心""看心"等基本渐修宗旨，从而对以惠能为代表的南宗"顿悟"说给予了极大的支持。标题中称"顿悟法门"为"最上乘"，显然就是对南宗思想的直接表述，特别是受到了神会思想的影响。神会、惠能所传授的顿教禅法直承达摩至弘忍的禅法，而北宗"师承是旁，法门是渐"[①]，在与北宗的辩论中就自称是"为天下学道者辨其是非，为天下学道者定其宗旨"（《历代法宝记》语，下引此书不注），其学说成为净众派与保唐派禅法理论的基石。辨邪正，定是非，净众派、保唐派以神会学说为基础，弘扬惠能的南宗顿教禅法思想，对北宗的渐修禅法思想提出了尖锐的批评。

《历代法宝记》对印度禅法之传承世系是这样记述的："释迦牟尼佛→迦叶→……→须婆蜜多→僧迦罗叉"，计二十八祖；对中国之禅法传承世系则记为"达摩→惠可→僧璨→道信→弘忍→惠能"。其中达摩是承续中印禅法的关键人物。在禅宗的传承中，达摩祖师所留下的袈裟成为信物，代表了禅宗世系的传承，这已广为教俗所认可，故达摩信衣之传承在《历代法宝记》中占去了相当大的篇幅。

达摩祖师所付嘱传授衣法历来是严肃认真的。达摩给惠可传衣时："遂传袈裟以为法信，譬如转轮王子，灌其顶者，得七珍宝，绍隆王位。得其衣者，以

---

① ［唐］宗密：《中华传心地禅门师资承袭图》，转引自任继愈主编《中国佛教丛书·禅宗编》第1册，南京：江苏古籍出版社，1993年，第286页。

表法正相承。"《历代法宝记》中载："今恶世时，学禅者众，我达摩祖师，遂传袈裟，表其正法，令后学者，有其禀承也。"自达摩至惠能，祖师信衣袈裟嫡嫡相传，对于禅宗世系的确立起到了至关重要的作用。[1]但自惠能以后，由于武则天的干预，情况开始发生了变化。

第二节　武则天与达摩祖衣之传承

一、武则天与达摩祖衣之入神都洛阳

武则天由于其母杨氏是一个虔诚的佛教徒，自小便受佛教熏陶，且曾出家为尼，加上政治需要，使得她当政时期对佛教推崇备至。武则天对神秀北宗禅法极力扶持，给北宗的发展带来了契机，而蜀地禅宗净众派、保唐派的蓬勃发展，也与武则天有一定的关系。据敦煌写本《历代法宝记》（S.516、S.1611、S.1776、S.5916、P.2125、P.3717、P.3727、Φ.216及日本石井光雄藏精编本）等文献记载，武则天与当时代表佛法象征的达摩祖师所授信衣袈裟曾有着特殊的因缘。这一因缘的存在，引发了后世对达摩所传信衣袈裟留存问题的争论。

达摩祖师所付嘱传授信衣袈裟经代代相递，五传而至六祖惠能，遂为达摩信衣的合法继承人。这一史实在诸多佛教传世史籍中都有记载。在敦煌出土的《楞伽师资记》（S.2054、S.4272、P.3294、P.3436、P.3537、P.3703、P.4564）、《历代法宝记》（S.516、S.1611、S.1776、S.5916、P.2125、P.3717、P.3727、Φ.216及日本石井光雄藏精编本）、《传法宝纪》（P.2634、P.3858和P.3559+P.3664）、《蕲州忍和尚导凡趣圣悟解脱宗修心要论》（P.3559+P.3664）及《南阳和尚问答杂徵义》（敦煌写卷S.6557、P.3047及日本石井光雄收藏本）等文献中，对此也有明载。如《南阳和尚问答杂徵义》对佛法及达摩所付嘱传授信衣的关系是如是阐释的：

> 门徒问曰："未审法在衣上，即以将衣为传法？"大师谓曰："法虽不在衣上，以表代代相承，以传衣为信。今佛法者，得有禀承。学道者，得知宗旨，不错不谬故。况释迦如来锦襕袈裟，见在鸡足山。迦叶今见持着

---

[1]（日）田中良昭『敦煌禅宗文献の研究』東京：大東出版社，1983年，第623～627頁。

此袈裟，专待弥勒出世，分咐此衣。是以表释迦如来传衣为信。我六代祖师，亦复如是。我今能了如来性，如来今在我身中。我与如来无差别，如来即是我真如。"

敦煌文献S.448、S.5619《顿悟无生般若颂》，对于达摩所传信衣及所传之法，更进一步做了阐释：

> 衣为法信，法是衣宗，衣法相传，更无别付。非衣不弘于法，非法不受于衣。衣是法信之衣，法是无生之法。无生即无虚妄，法乃空寂之心。知空寂而了法身，而真解脱。

六祖惠能得到达摩嫡传付嘱信衣，从而代表当时国内之佛法，尽管他创立的禅宗主张顿悟法门，被称为南宗，但当时坚持渐悟法门的北宗禅代表人物神秀，对惠能是达摩信衣的合法继承人这一点，亦不持异议。敦煌文献P.3047、P.3488、P.2045、敦博77《菩提达摩南宗定是非论》中所述，正印证了神秀的这种默认思想：

> 长安三年，秀和上在京城内登云花戒坛上，有纲律师、大仪律师，于大众中借问秀和上："承闻达摩有一领袈裟相传付嘱，今在大禅师处不？"秀和上云："黄梅忍大师传法袈裟，今见（现）韶州能禅师处。"……久视年中，则天召秀和上入内，临发之时，所是道俗顶礼和上，借问："和尚入内去后，所是门徒若为修道，依止何处？"秀和上云："韶州有大善知识，元（原）是东山忍大师付嘱。佛法尽在彼处。汝等诸人，如有不能自决了者，向彼决疑，必是不可思议，即知佛法宗旨。"

武则天对神秀非常推重，派使者迎请他来神都洛阳。神秀当时已九十高龄，进入皇宫时，肩舆上殿，武则天亲行跪礼。张说《唐玉泉寺大通禅师碑铭并序》载：

> 趺坐觐君，肩舆上殿，屈万乘而稽首，洒九重而宴居。传圣道者不北面，有盛德者无臣礼。遂推为两京法主，三帝国师。仰佛日之再中，庆优

昙之一现。混处都邑，婉其秘旨。每帝王分坐，后妃临席，鹓鹭四匝，龙象三绕。①

由于得到武则天的支持，北宗禅势力大张，迅速在北方地区独领风骚，"东山法门"成为行禅修道者的极宗，风行百余年。从神秀入洛阳算起，这一禅宗的领袖人物，高居东西两京，君临一切禅徒，加上时处升平之世，声势显赫，天下无与伦比。

武则天在光宅元年（684年）临朝执政，六年后改国号为周，称"圣神皇帝"，后称"天册金轮圣神皇帝"。出于信仰和政治的需要，武则天极力藉佛教之力以维持其皇权，改变以往道教在佛教之前的惯例，颁布"令释教在道法之上，僧尼处道士女冠之前"的诏令，②从此造寺译经作为武则天的政治使命，尤其是那些女身菩萨，后来成为一国之君的佛经内容，特别受到武则天的青睐。《大云经》《宝雨经》《华严经》中的女身菩萨，都被武则天视为楷模，以此作为她虽为女身亦可作为皇帝的理论根据，从此在全国范围内展开了翻译、弘扬及绘制三种经变的高潮。

武则天扶持的是北宗神秀，而达摩信衣袈裟却保存于广东韶州南宗惠能处，这对武则天来说，自然是难以接受的，于是就有了武则天请达摩信衣于内道场供养一事。敦煌写本 S.516、P.2125《历代法宝记》载：

> 后时大周立，则天即位，敬重佛法。至长寿元年，敕天下诸州各置大云寺。二月廿日，敕使天冠郎中张昌期，往韶州曹溪，请能禅师，能禅师托病不去。则天后至万岁通天元年，使往再请能禅师："能禅师既不能来，请上代达摩祖师传信袈裟，朕于内道场供养。"能禅师依请，即擎达摩祖师传信袈裟与敕使，使回，得信袈裟，则天见得传信袈裟来，甚喜悦，于内道场供养。万岁通天二年七月，则天敕天冠郎中张昌期，往资州德纯寺，请诜禅师，授请赴京内道场供养。

由于有达摩祖师付嘱信衣在洛阳内道场供养，武则天认为佛法就在神都洛

---

① 《全唐文》卷二三一，上海：上海古籍出版社，1990年，第1031页。
② 《旧唐书》卷六《则天皇后本纪》，北京：中华书局，1975年，第121页。

阳，便开始召请全国各地名僧大德进京讲经说法。应邀而来的有德纯寺智诜禅师、荆州玉泉寺神秀禅师、安州寿山寺玄赜禅师、随州大云寺玄约禅师、洛州嵩山会善寺老安禅师，另外还有西国婆罗门诸高僧大德，一并内道场供养。智诜、神秀、玄赜、玄约、老安皆系弘忍十大弟子之属，自弘忍圆寂后，均为一方僧界导首。由此可知，武则天的内道场讲经说法者多为弘忍门下诸弟子，形成了"天下言教皆禅"的局面，盛况空前，达摩祖师梦想中的佛国终于在中土得以实现。

二、武则天与达摩祖衣之入蜀

据敦煌文献《历代法宝记》载，就在迎请到达摩信衣的第二年（697年）七月，武则天派天冠郎中张昌期到资州德纯寺迎请智诜入洛阳内道场供养。

智诜，俗姓周，祖籍汝南（今属河南），因祖父为官迁徙至蜀，13岁出家，先师事玄奘"学经论，后闻双峰山［弘］忍大师，便辞去玄奘法师，舍经论，遂于冯茂山投忍大师"[1]。弘忍大师圆寂后，因大师称"汝兼有文字性"，后来回到资州（在今四川资中北）德纯寺弘法度众。他的著作有《虚融观》三卷、《缘起》一卷、《般若心经疏》一卷，前两种亡佚已久，唯最后一种在敦煌文献中存有抄本7件：P.4940、北为52（总4489）、北阙9、P.3229、P.2178、S.7821。其中，P.2178首题"资州诜禅师撰"，智诜的"识心见性"思想就体现于该文献之中。

智诜居神都洛阳期间，辩论佛法有功，折服了众多印度婆罗门所谓的正统僧人，故而深受武则天敬重。后因多病，常思念家乡而奏请返乡，其时约在久视年（700年）。《历代法宝记》载曰：

> 则天见三藏皈依诜禅师，则天咨问诸大德："和尚等有欲否？"神秀、玄约、老安、玄赜等皆言："无欲。"则天问诜禅师："和尚有欲否？"诜禅师恐不放归，顺则天意，答："有欲。"则天又云："何得有欲？"诜答云："生则有欲，不生则无欲。"则天言下悟，又见三藏归依诜和上，则天倍加敬重。诜禅师因便奉请归乡，敕赐新翻《华严经》一部、弥勒绣像及幡花等，及将达摩祖师信袈裟。则天云："能禅师不来，此上代袈裟，亦

---

[1]　以下引文未注明出处者，均引自敦煌写本《历代法宝记》，不另说明。

奉上和上，将归故里，永为供养。"则天至景龙元年十一月（按：误，此时武则天已逝世两年），又使内侍将军薛间，至曹溪能禅师所，宣口敕云："将先代信袈裟，奉上诜禅师，将受持供养。"

武则天把上代祖师传给惠能的信衣袈裟转赐给智诜，实质是对南宗的压制和贬损，同时也提高了四川禅派的地位，有利于北宗神秀禅法的传播。

智诜是弘忍高足，他认为人生活在世间法中，离觉悟成佛尚早，只有正确地对待"欲"，选择适当方法去"欲"，才能定其身心。故当武则天问诸大德是否有欲时，神秀、玄约、老安、玄赜等皆答"无欲"，唯智诜回答"有欲"。如果智诜亦称"无欲"，那么，武则天很可能就不会把达摩信衣赏赐予他了。与信衣同时所赏的《华严经》，亦深受武则天所推重。该经是在武则天的主持下翻译的，由实叉难陀于证圣元年（695年）译出。[①] 武则天之所以重视《华严经》，是因为经中有"普照一切法界，摄取圆满一切法界"的教义，[②] 颇能表明太平盛世的心态，与武则天的治国思想不谋而合。武则天为了能够君临天下，常常要借助于佛教，在佛教经典中寻找女人当皇帝的理论依据，以便让天下人相信她改唐为周，继承皇位，治理天下是符合"佛意"的，有其理论根据。

关于武则天把达摩信衣袈裟赐给智诜带回资州德纯寺供养一事，学界多持否定意见。如杨曾文认为：

> 所谓武则天赐给智诜达摩袈裟一事，是后来保唐派的人编造。在成书于781年的《曹溪大师传》以及其他禅宗史料内都没有武后把惠能从弘忍处所得的袈裟送朝廷使者带到京城供养的记载，武后转赠达摩袈裟又从何而来？因此，《历代法宝记》所载"智诜→处寂→无相→无住"代代传承达摩袈裟的说法是不能成立的。[③]

杜斗城亦撰文考辨，怀疑智诜禅师从武则天处获得信衣袈裟一说其实是智

---

① 王惠民：《唐东都敬爱寺考》，载《唐研究·第12卷》，北京：北京大学出版社，2006年，第369页。

② ［东晋］佛驮跋陀罗译：《大方广佛华严经》卷四六，《大正藏》第9册，No. 287，页690c。

③ 杨曾文著：《唐五代禅宗史》，北京：中国社会科学出版社，1999年，第258页。

诳系门人为取信于众而伪造的。[①]

对于以上说法笔者不敢苟同。《曹溪大师传》等禅宗文献不载达摩信衣入京事，不能证明此事属子虚乌有，有可能是为尊者讳而有意不提。当时，惠能迫于政治压力，把至高无上的法物送予朝廷，未能尽守护达摩信衣之责，不是一件光彩事，没必要张扬，故信徒隐其不谈，自为情理中事。敦煌文献中石井光雄收藏本《南阳和尚问答杂徵义》中关于惠能师徒对达摩信衣袈裟的问答，可从反面印证《历代法宝记》记载之不虚：

> 弟子僧法海问［惠能］曰："和上，以后有相承者否？有此衣，何故不传？"和上谓曰："汝今莫问，以后难起极盛，我缘此袈裟，几失身命。汝欲得知时，我灭度后四十年外，竖立宗者即是。"其夜其奄然坐化。

如今千年已过，除却敦煌文献《历代法宝记》所载达摩祖师所传信衣袈裟先由武则天于内道场供养、后赐予智诜这一信息外，并未见任何有关达摩袈裟信衣由惠能嫡传的任何文字资料。我们认为，作为虔诚佛教徒的武则天，在神秀禅师的唆使下，派张昌期去惠能处取达摩祖师所传信衣袈裟放置内道场供养，并转赐予智诜这一记载应是可信的。其他说法缺乏根据，只不过是臆测罢了。

由于武则天从六祖惠能处取走了象征佛法的达摩信衣袈裟，导致惠能在当时禅界权威地位的降低，使当时全国禅派处于群龙无首的状态，从而称六祖、七祖者比比皆是，如神秀被其门人普寂立为第六祖，普寂自己则号称七祖。这种混乱局面，无疑对神秀北宗禅的发展有利。武则天的这一举措，实际上是对禅宗南宗的抑制和对北宗的扶持。

第三节 达摩祖衣的归宿

达摩祖师所传的袈裟，是佛法的象征。当惠能从弘忍处将达摩信衣袈裟带到曹溪后，弘忍便对其弟子说："佛法流过岭南。"一时投惠能参学者云奔雨骤，使岭南成为禅宗的中心。后来袈裟辗转到四川，又给四川佛教，尤其是禅宗的发展，带来了全新的局面。

---

① 杜斗城：《敦煌本〈历代法宝记〉与蜀地禅宗》，《敦煌学辑刊》1993年第1期，第54页。

长安二年（702年）六月，智诜圆寂前，付嘱信衣袈裟于处寂禅师（665~732年），云："此衣是达摩祖师所传袈裟，则天赐吾，吾今咐汝，善自保爱。"处寂禅师在临终前，密传付嘱法及信衣袈裟于东海无相禅师（684~762年），云："此衣是达摩祖师衣，则天赐诜和上，和上与吾，吾转咐汝，善自保爱，觅好山住去。"宝应元年（762年），无相禅师以信衣袈裟付嘱白崖山无住禅师（714~774年）。

无住和尚在四川地位显赫，宰相杜鸿渐入蜀后专门对其参访、礼敬，并请他下山弘法，剑南军政首脑崔宁也对其深表景仰与支持。由于无住有强大的社会背景支持，又有众多的护法者追随，他以渊博的学识和杰出的才能征服了社会各界。加上世人知达摩祖师袈裟在彼处，认为佛法随之流入剑南，故一时天下名僧、俗家弟子趋之若鹜。其中得意弟子有超藏、超寂、超然、法轮、一行、惠明、法缘、尼常精进、正遍知等，后皆为一方导首。其余弟子尚有幕府、郎官、侍卿三十人，道士数十人，山人数十人，剑南高僧、法师、论师、律师二十人，净众派禅法极盛一时，法门大启，龙象辈出。

大历九年（774年）六月，无住和尚奄然坐化。《历代法宝记》载其遗言曰：

> 若是孝顺之子，不得违吾言教。吾当大行，吾去后，不得频眉，不得同世间不诸行哭泣，着服及频眉者，即不是吾弟子，哭泣即是世间法。佛法即不然，离一切诸相，即是见佛。

遗言中未对达摩祖师信衣袈裟的传嫡做出任何交代。传信衣可表其正统，使后学者有其禀承。如此要事无住不会不知，更不会忘记，故其中必另有隐情。杜斗城认为其中的原因在于，当时"无住根本就没有从无相那里得到什么袈裟"。[①] 此说虽有新意，但于史无据，是难以凭信的。

关于达摩祖师信衣袈裟在无住处的情况，《历代法宝记》中有三处谈及。第一处：

> 秦逊、张锽咨俦曰："逊等充左右巡虞候，金和上初灭度日，两寺亲

---

① 杜斗城：《敦煌本〈历代法宝记〉与蜀地禅宗》，《敦煌学辑刊》1993年第1期，第58页。

事弟子啾唧"，嘱何常侍向大夫说："金和上信衣不知的实，及不肯焚烧。"高大夫刺付左右巡虞候，推问得实领过，当日初只得两领袈裟，两寺各得一领。

其中提到的"焚烧"二字，颇值得深思。达摩祖师所传信衣至为重要，可谓得其衣者得天下。逆法之徒为得到信衣，虎视眈眈，不择手段。历代祖师为守护信衣袈裟，几殒身命。无住禅师为保全躯命，曾一度产生欲将其焚烧的念头，但最终还是不肯焚烧之。从上述记载看，当时不仅袈裟未焚，而且从一领变成了两领，"两寺各得一领"。那么，何为两寺呢？该文献前文中有这样的记载：

> 相公（即杜鸿渐）借问小师等："合有承后弟子僧人得衣钵者？"小师答："亦无人承后。和上在日，有两领袈裟，一领衡山宁国寺，一领留在净众寺供养。"

这一记载表明，两领袈裟分别收藏于衡山宁国寺和成都净众寺。达摩祖师只传下一领袈裟，这里怎么会变成两领呢？书中没有详细阐明，以理度之，不外以下两种情况。其一，在宁国寺和净众寺中，有一寺供养着一领真衣，另一寺供养着一领假衣，以此来混淆视听，从而确保真衣的安全。其二，两寺所供养的都是真衣，一寺供养为达摩祖师所传信衣袈裟，另一寺所供养的为无相禅师传给无住的"覆膊裙衫坐具等一十七事"中无相禅师曾用过的袈裟。无住禅师若把其常带在身边，会给自己带来诸多不便，甚至会危及性命。据此可以推想，无住禅师身体强壮时，达摩祖师所传的袈裟就早已不在身边了。

再看《历代法宝记》对信衣的第二处记载：

> 知金和上衣钵先遣人送，被隐二年不送，卖与僧。僧得衣，夜有神人遣还本主，若不还，必损汝命。买人递相告报，后卖不得，还到彼间禅师处。

无住禅师长期在白崖山禅修，山大谷深，供养不便，食尽啖草，草无啖土，将身边仅有的袈裟当卖以维持生计，亦属符合情理之事。性命不存，佛法何在？至于"夜有神人言，遣还本主，若不还，必损汝命……还到彼禅师处"之说，显然是不足为信的。《历代法宝记》为无住的弟子们所著，其中讲无住禅师为维持身命，曾卖掉达摩所传信衣袈裟，虽有贻笑大方之嫌，但应属于史实。单从这一点看，恐怕就难以说无住不曾从无相禅师那里得到袈裟。

在另外一处，《历代法宝记》又对信衣袈裟做了这样的记载：

> 尚书问："缘何不益缁流？"答云："有一工人，于汶州刻镂功德碑，平得袈裟一领，计值廿千文，被彼禅师夺彼。工人衣不还，云是金和上与我，不行事相礼念。据此踪由，即是不律益缁流。"

汶州即今四川汶川县，白崖山在此，无住长期住此地修行。这条记载提到达摩信衣袈裟，称其价值"二十千文"。这里出现的功德碑问题颇值得深究。以理度之，该碑应是用来为智诜、处寂、无相及净众派、保唐派的禅宗思想歌功颂德的。若然，那就很有可能，当时无住禅师曾以达摩祖师的信衣袈裟作为交换条件，用来镂刻这一功德碑了。

总之，无住禅师自当明了达摩祖师所传信衣袈裟的重要性。如果当时达摩所传信衣袈裟果真在宁国寺或净众寺被妥为保管，那么他作为得法的继承人，在临终时，无论如何也要指定给他的得意弟子付嘱并传授衣法的。如此看来，两领袈裟，宁国寺和净众寺各一领留作供养之说，纯粹是子虚乌有。而真实的情况是，无住在去世前，达摩所传的信衣袈裟其实已不知去向了。先有焚烧之意，后为维持生计而将之卖给了某一僧人，但被退还。再后来，似乎他又以之为交换条件，用以镂刻功德碑了。总之，达摩所传信衣袈裟确曾传到无住之手，但无住却未能像前代祖师那样不惜身家性命来保护它，最终使袈裟流落民间，这个结果尽管令人沮丧，但应该是可信的。

在中国禅宗传承世系中，自达摩密传心印及授衣至惠可、僧璨、道信、弘忍、惠能，衣钵传到哪里，皆冠以几祖的称谓，止惠能为第六祖。这是禅宗各派所认同的，但此后情况就不一样了，禅宗大德中尽管以"祖"来称谓的不少，但都没有得到禅界的公认。尽管达摩祖师传衣辗转流落到四川净众派、保唐派大德智诜、处寂、无相、无住之手，信衣的到来，极大地提高了四川在全国佛教界的地位，但得到达摩所传袈裟者却无一人称"祖"。何以如此呢？从敦煌文献 S.2144v《圣胄集》中可找到答案：

达摩临般涅槃时，密传心印，咐嘱惠可大师，偈云：

本来缘有地，因地种花生，

本来无有种，花亦不能生。

惠可大师临般涅槃时，密传心印，咐嘱僧璨大师，偈云：

花种虽因地，从地种花生，

若无人下种，花地尽无生。

璨大师临般涅槃时，密传心印，咐嘱道信大师，偈云：

花种有生性，因地花生生，

大缘与性合，当生不生生。

信大师临般涅槃时，密传心印，咐嘱弘忍大师，偈云：

有情来下种，因地果还生，

无生既无种，无情亦无生。

弘忍大师临般涅槃时，密传心印，咐嘱惠能大师，偈云：

惠能大师告诸长老，衣信到吾处，不传也。

所以达道，一花开五叶，结果自然成，从可大师至吾，合五人也。普告诸长老曰：如来以大法眼，付嘱大迦叶，辗转相传于我，我今将此正法眼藏，付嘱于汝，汝善护持，勿令法眼断绝，听吾偈言：

心地菩萨性，普雨悉众生，

顿悟花情已，菩提果自成。

从《圣胄集》的上述记载中我们不难看出，凡是欲称禅宗之"祖"者，必须具备两个条件：一须得祖传袈裟；二须有上祖下传的付嘱心印。而四川净众派与保唐派虽有达摩袈裟，但他们没有得到祖师的密传付嘱心印，况且"惠能大师告诸长老，衣信到吾处，不传也"。

惠能不传信衣，究其原因，可能与武则天已派人把达摩祖师所传下的袈裟从惠能处取走有关。既然信衣在内道场供养，惠能就无法把袈裟再继续传下去。从《历代法宝记》看，智诜从武则天那里得到袈裟后传给了处寂，再传无相、无住，这些法师之间仅仅是袈裟相传，并没有密传心印，这与禅宗传承信衣及密传心印的程序不相契合。智诜所得达摩传衣虽说是武则天赏赐的，但从教法上来讲，是有违程序的，因其没有得到上代祖师的印可，不是上代祖师依法传下的，所以四川净众派、保唐派诸法师是未敢轻易在全国的佛教界、禅宗界妄自称"祖"的。

得到达摩所传信衣袈裟者，不管是僧人或俗人，因没有得到传授付嘱衣法，都属不当理由所获，号召不起千万信众归仰，也只能是破布一片。而无住丢失了达摩所传信衣袈裟，没有得法弟子，从而导致了蜀地佛教法嗣无继，兴盛一时的净众派、保唐派很快走向衰微，与这一因素当不无关系。

结　论

综上所述，武则天作为虔诚的佛教徒，把作为正统佛法代表的达摩祖师传信衣袈裟从曹溪请到内道场供养，后将其赐给智诜，被带至资州，促进了四川净众、保唐派禅宗的空前发展。从某种意义上讲，把信衣袈裟赐给智诜并由其带回四川，除与武则天母女笃信佛教息息相关外，可能也有武则天有意振兴蜀地禅宗之因素。智诜也没让她失望，后来蜀地一度发展成为全国佛教中心之一。对南宗禅派来说，此举无疑为沉重的打击，相反却给北宗禅派的发展带来了契机，突出反映了武则天重北抑南的政策，促使北宗曾在长安和洛阳东西两京为中心的广大地区十分盛行，直到"安史之乱"爆发后情况才有所变化。安史乱起，代表南宗思想的神会曾主持戒坛度僧，聚敛钱财以支援朝廷军需，因有功而受到朝廷的重视。此后，南宗在禅界的正统地位得到朝廷的确认，逐渐发展成为禅宗的主流派，北宗随之逐渐走向衰微。南宗、北宗乃至四川的净众、保唐禅派的兴衰变迁，皆和武则天对达摩传信衣袈裟的收授有一定因果关系。

第十一章 《金刚经》
与南宗禅之关系

菩提达摩来华传教，在传授心地法门时，以《楞伽经》作为禅修者奉行的典籍，并把此宗旨明示予得法弟子惠可，后多被习禅人视为必学经典，尤为北宗渐修学派所推崇。但此经名相丰富，义理繁杂，译文生涩，对于顿悟禅修来说，难度很大。因而到四祖道信之后，《金刚经》就逐渐取代了《楞伽经》的地位，四祖道信即曾劝人念《摩诃般若波罗蜜经》。五祖弘忍创东山法门，普劝僧俗读诵《金刚般若波罗蜜经》。到了六祖惠能，谨遵师命，把自己听闻《金刚经》作为见道成佛的证据，与《金刚经》的因缘就更为密切了。至于《金刚经》与南宗顿悟禅派思想间的关系，由于文献不足，学界少有论及。但敦煌文献对此却有所反映，从中可以看出，《金刚经》不仅与南宗顿悟思想的形成关系密切，而且在南宗禅祖师传承中起到了非常重要的作用。

第一节 《金刚经》与惠能禅法

众所周知，中国禅宗的历史发展大体经历了酝酿期、初创期、南北宗并立期和南宗独盛期。从菩提达摩到惠可、僧璨，可作为酝酿期。唐朝的道信、弘忍正式创立禅宗，为禅宗的初创期。六祖惠能从五祖弘忍受法，归岭南后大力弘传"顿教"禅法；而神秀与其弟子普寂则在北方弘传"渐教"禅法，形成南北二宗对峙的局面。经神会北上与北宗争辩禅门正统，唐末（9世纪后）借助朝廷之力，南宗取得正统地位，逐渐形成南宗独盛的局面。禅宗虽然不是菩提达摩创立的，但他首开弘阐禅旨之先例，故而被奉为中土禅宗的初祖。以其继承者惠可为二祖、僧璨为三祖，而真正创立禅宗的是四祖道信和五祖弘忍。弘忍继承道信禅法，于蕲州东山光大法门，被称为"东山法门"。①以东山法门的形成为标志，明显带有中国特色的禅宗丛林才算真正建立起来，此后又相继形成了诸如南宗、北宗、净众派、保唐派、荷泽宗、青原宗、牛头宗、临济宗、曹洞宗等众多流派。不过建立较早且影响较大者，莫过于以惠能为代表的南宗和以神秀为代表的北宗。惠能提倡顿悟，以直见心性而闻名；神秀主张渐修，以去除烦恼，不使烦恼障蔽自性而深受信众欢迎。南宗归旨于《金刚经》，而北宗则归旨于《楞伽经》。二者皆名噪一时，对中国的禅宗发展产生过深远的影响。

惠能生于唐太宗贞观十二年（638年），卒于唐玄宗先天二年（713年），南海新州（今广东新兴）人，俗姓卢氏。据敦煌文献《历代法宝记》（S.516、S.1611、S.1776、S.5916、P.2125、P.3717、P.3727、Φ.216及日本石井光雄藏精编本）所载，其父"本贯范阳（今北京大兴宛平一带），左降迁流岭南，作新州百姓"②。惠能三岁丧父，家境艰辛贫乏，稍长以卖柴为业，养母度日。24岁时辞亲出家，往蕲州黄梅参拜弘忍和尚。惠能初到之日，弘忍令惠能在寺内随众作劳役，于碓房踏碓春米。弘忍的上座弟子神秀曾写得法偈于廊壁上，云："身是菩提树，心如明镜台，时时勤拂拭，莫使有尘埃。"然此偈与弘忍心性观的默契尚有一定距离，不符合《金刚经》所谓"凡所有相，皆是虚妄"③的思想，故未得到弘忍的赞同。惠能虽为苦役小僧，但聪颖过人，听人读诵神秀的得法偈后心有所感，但不识文字，故请人代笔亦作一得法偈书于廊壁上，偈云："菩提本无树，明镜亦无台。佛性常清净，何处有尘埃。"又偈曰："心是菩提树，身为明镜台。明镜本清净，何处染尘埃。"④惠能把菩提树、明镜台都看成空，只有佛性是恒常清净的，充分体现了般若性空的思想。《般若心经》曰："无智亦无得，以无所得故，菩提萨埵，依般若波罗蜜多故，心无罣碍。"⑤《金刚经》曰："实无有法如来得阿耨多罗三藐三菩提。"⑥惠能对"空"的理解要比神秀彻悟得多，与弘忍意旨深相契合，从而得到了弘忍的器重及认可。弘忍并

---

① 洪修平、徐长安：《东山法门与禅宗初创》，载萧萐父、黄钊主编《"东山法门"与禅宗》，武汉：武汉出版社，1996年，第7～16页。

② 杨曾文校写：《敦煌新本六祖坛经》，上海：上海古籍出版社，1993年，第5页。

③ ［后秦］鸠摩罗什译：《金刚般若波罗蜜经》，《大正藏》第8册，No.0235，第749页a。

④ 杨曾文校写：《敦煌新本六祖坛经》，上海：上海古籍出版社，1993年，第11、12页。

⑤ ［罽宾］般若共利言等译：《般若波罗蜜多心经》，《大正藏》第8册，No.0253，第849页c。

⑥ ［后秦］鸠摩罗什译：《金刚般若波罗蜜经》，《大正藏》第8册，No.0235，第751页a。

于夜半三更唤惠能入堂内，对其讲说《金刚经》，至"应无所住，而生其心"，大彻大悟，遂授以衣法。这里的"衣"指达摩传下的信衣袈裟，法即指南宗禅所尊奉的《金刚经》。惠能得弘忍衣法，遂成为禅宗六祖。可见，惠能从发心到求法，再到得法、弘法，始终都没有离开过《金刚经》。

《金刚经》，又名《金刚般若波罗蜜经》，为古代印度大乘佛教典籍。后秦姚兴弘始九年（407年）经鸠摩罗什初次翻译，华夏才开始流传。此后，其他译本有北魏菩提流支、南朝陈真谛之同名译本；另有隋达摩笈多译《金刚能断般若波罗蜜经》、唐玄奘译《能断金刚般若蜜多经》（《大般若经》第九会）、义净译《能断金刚般若波罗蜜多经》。该经是唐代最流行的佛经之一，主要宣扬"般若性空"之理，主张"应无所住而生其心"，[①] 以平等心对待一切差别相，破一切名相，从而达到不执着任何一物而体认般若实相的境地。

按照《金刚经》的说法，佛法就是要解决心的问题。降伏其心，是《金刚经》所要解决的问题，也是整个佛法要求的，故佛法也不妨称为心性之学。心性之学是惠能禅学思想的重要组成部分，主张顿悟成佛之说。顿悟与渐修，是南宗与北宗两派禅学思想的根本分歧点，南宗主张学佛人无须长期修习，只有一旦领悟自性的本来面目即突然觉悟心性，便可成佛；北宗认为明白自性本来面目必须通过长期的修习磨练，使烦恼逐渐不障蔽自性清净的佛性，这样佛性就自然现前了。大乘佛教把佛性是否清净看作人能否成佛的根本，照此看来，佛性就是宇宙的本体真如，亦是最高的智慧般若之智，所以"佛性"也是"如来性"与"觉性"。

惠能的禅法思想主要体现于《六祖坛经》之中。《六祖坛经》版本很多，其中敦煌本《六祖坛经》应是惠能说教的最原始的本子。现知有5个写本，分别为S.5475、敦博77、旅顺博物馆藏本及北京国家图书馆藏敦煌遗书BD04548背1（岗48）、BD08958。这五件写卷内容一致，出自同一原本，不存在异本问题。[②]成书时代，据考应在781~801年。[③]

惠能在弘扬佛法时，总是极力称赞金刚般若法门，这在他的《六祖坛经》中有较多反映。如："师升座，告大众曰：'总净心念摩诃般若波罗蜜。'"又

---

① ［后秦］鸠摩罗什译：《金刚般若波罗蜜经》，《大正藏》第8册，No.0235，第749页c。

② 周绍良编著：《敦煌写本坛经原本》，北京：文物出版社，1997年，第175~192页。

③ Whalen Lai, The Formless Mind Verse of Shen-hsiu—Reconstructing the Northern Ch'an Position, *Journal of Oriental Studies* 22, 1984, p.17.

曰:"善知识,若欲入甚深法界,得般若三昧者,须修般若行,持诵《金刚经》,即得见性,当知此经功德无量无边,经中分明赞叹,莫能具说,此法门是最上乘,为大智人说。"这些言论都是要强调持诵《金刚经》之功德无量无边,持诵《金刚经》能入甚深法界,见性成佛。

《六祖坛经》在谈到《[金刚]般若经》、自悟本性、无念与去除分别心时,都用到"顿教""顿法"两词。惠能认为大乘人闻听《金刚经》,知本性具般若智,可不假文字,用智慧观照经义;根钝者则烦恼深重,纵然听闻"顿教"之说,仍然会向外觅佛,不悟本性,故而《六祖坛经》乃以《金刚经》为开示"顿悟"的说教:

> 若大乘者,闻说《金刚经》,心开悟解。故知本性自有般若之智,自用智慧观照,不假文字……有般若之智与大智之人,亦无差别,因何闻法即不悟?缘邪见障重,烦恼根深,犹如大云盖覆于日,不得风吹,日无能现。般若之智亦无大小。为一切众生自有迷心,外修觅佛,未悟自性,即是小根人。[①]

《六祖坛经》随后又说听闻"顿教",不假外修,唯令本性恒常生起正见,便得彻悟,不为世间事相妨相碍,这样便符合《[金刚]般若经》之教:

> 闻其顿教,不信(假)外修,但于自心,令自本性常起正见,一切邪见烦恼尘劳众生,当时尽悟,犹如大海纳于众流,小水大水合为一体,即是见性。内外不住,来去自由,能除执心,通达无碍。心修此行,即与《[金刚]般若波罗蜜经》本无差别。[②]

惠能认为人们本身自具的佛性本来清净,只是由于人们心中所产生的种种妄念覆盖了真如本性,使其不能认识自己本有的佛性罢了。因此惠能要求人们自识本心,自见本性。"佛是自性作,莫向身外求,自性迷,佛即是众生;自性悟,众生即是佛。"[③]佛即在身性中,求佛不能到身外去求,只有向内心去求,

---

① 杨曾文校写:《敦煌新本六祖坛经》,上海:上海古籍出版社,1993年,第30页。
② 杨曾文校写:《敦煌新本六祖坛经》,上海:上海古籍出版社,1993年,第30页。
③ 杨曾文校写:《敦煌新本六祖坛经》,上海:上海古籍出版社,1993年,第41页。

因此要想成佛只有靠本身的觉悟，即他所倡导的自性自度。这与《金刚经》所说的"不住色生心，不住声、香、味、触、法生心，应无所住而生其心"①之说是一致的。

与北宗渐修禅法思想相比，在成佛问题上，惠能充分肯定了自我的能动作用。惠能的顿悟成佛说，宣扬的是一种简捷的成佛方法。"一念愚即般若绝，一念智即般若生。"②成佛在于一念之悟，在于刹那之间，而不需勤苦地长期修习。最终仍归结于"般若性空"学说。惠能用自己的经验现身说法："我于忍和尚处一闻，言下大悟，顿见真如本性。"③以自己的亲身体验，为广大愚迷众生指明了一条快捷的成佛之路。惠能建立顿悟成佛说，以简易快捷而著称，他宣扬佛法以心传心，不立文字，顿悟成佛，一扫传统佛教长期烦琐的修习哲学，使自己创立的禅学修习更为简捷明快，从而不仅能使广大的下层民众所接受，而且也深为上层统治者所赏识。

第二节 《金刚经》与神会禅法

惠能一生弟子众多，主要有神会、怀让、行思等人，他们分别开创了禅宗的荷泽、南岳、青原三个支派，其中以神会对惠能顿悟说的捍卫及传承功劳最大。"弟子神会若颜子之于孔门也，勤勤付嘱，语在会传……会序宗脉，从如来下西域诸祖外，震旦凡六祖，尽图缋其影。"④

神会，俗姓高，襄阳人。"年方幼学，厥性惇明。从师傅授五经，克通幽赜。次寻庄老，灵府廓然。览后汉书，知浮图之说。由是于释教留神，乃无仕进之意，辞亲投本府国昌寺颢元法师下出家。其讽诵群经，易如反掌。全大律仪，匪贪讲贯。"⑤神会学贯中西，博通儒释，先跟神秀学习三年渐修之法，后转在惠能门下参修顿悟之旨，可谓是顿渐兼修的高僧大德。自到惠能门下学顿悟法开始，神会即意识到顿悟之法更容易被广大民众所接受，遂全力弘扬之。

---

① ［后秦］鸠摩罗什译：《金刚般若波罗蜜经》，《大正藏》第8册，No.0235，第753页c。

② 杨曾文校写：《敦煌新本六祖坛经》，上海：上海古籍出版社，1993年，第27页。

③ 杨曾文校写：《敦煌新本六祖坛经》，上海：上海古籍出版社，1993年，第32页。

④ ［宋］赞宁撰，范祥雍点校：《唐韶州今南华寺惠能传》，载《宋高僧传》卷八，北京：中华书局，1987年，第175页。

⑤ ［宋］赞宁撰，范祥雍点校：《唐洛京荷泽寺神会传》，载《宋高僧传》卷八，北京：中华书局，1987年，第179页。

在惠能逝世后，神会离岭南北上，于开元八年（720年）隶名于南阳（今河南邓州市）龙兴寺，声望渐著，开始弘扬以《金刚经》为宗旨的"定慧不二"的顿悟法门。为了扩大南宗的影响，神会北上，在北宗盛行的西安、洛阳一带传法。开元二十年（732年）正月十五日，神会在滑台（也称白马，在今河南省滑县东）大云寺设无遮大会，把著名大德崇远当作北宗的代表，与之展开激烈辩论，诤其是非，定其宗旨。天宝四年（745年），神会入东都洛阳，对北宗进行更直接的抨击。这些活动使顿悟禅法在西安、洛阳等地迅速传播，逐步确定了南宗顿悟说在全国的主导地位。

神会在北方的传法活动虽然一度曾受到迫害，但因在唐朝平定"安史之乱"的过程中曾主持戒坛度僧，为唐军筹集军饷，因有功而受到了朝廷的赏识，为以后南宗的迅速发展和南宗正统地位的确立奠定了基础，被学界称作中国禅宗的"真正开山宗师"。[①] 故而在南宗祖师系谱中，神会常被列为七祖。

唐人宗密在《中华传心地禅门师资承袭图》中认为"荷泽宗者全是曹溪之法，无别教旨"。[②] 荷泽宗者，即神会所创立之宗；曹溪之法即指惠能的顿悟之法。神会禅法整体上传承了惠能的顿悟禅法，但具体分析起来，神会对惠能禅法中的"无念""见性""定慧""顿悟"及批评北宗"观心""看静"的禅法方面都有新的发挥。[③] 他根据佛教发展的具体情势，特别重视《金刚经》，强调读诵《金刚经》的种种功德，从某种意义上讲是对惠能依奉《金刚经》而修习顿悟禅法之理论的继承和发展。

《金刚经》之般若学说在神会禅学中占有十分重要的地位。神会把金刚般若看作佛教最高法门和修行实践根本，认为金刚般若可以统摄一切法门，要想觉悟成佛就必须修学金刚般若："今发心学般若波罗蜜相应之法，超过声闻、缘觉等，同释迦牟尼佛授弥勒记，更无差别。"[④] 故而，神会特别强调金刚般若经典的意义，认为只有遵从《金刚经》的教义，才真正是从大功德出发，进而可以达到佛教的最高理想境界。"若欲得了达甚深法界，直入一行三昧者，先须诵持《金刚般若波罗蜜经》，修学般若波罗蜜。何以故？诵持《金刚般若波罗蜜经》

---

① 胡适：《研究神会和尚的始末》，载《胡适自传》，南京：江苏文艺出版社，1995年，第290页。

② 任继愈主编：《中国佛教丛书·禅宗编》第一册，南京：江苏古籍出版社，1993年，第286页。

③ 杨曾文著：《唐五代禅宗史》，北京：中国社会科学出版社，1999年，第214页。

④ 北寒81（8376）、P.2045b、S.2492、S.6977、敦博77《南阳和上顿教解脱禅门直了性坛语》，载杨曾文编校：《神会和尚禅话录》，北京：中华书局，1996年，第7页。

者，当知是人不从小功德来。譬如帝王生得太子，若同俗例者，无有是处，何以故？为从最尊最贵处来。诵持《金刚般若波罗蜜经》亦复如是。"①另一方面，他在宣讲自己的禅学主张时，经常运用金刚般若经典的教义，自觉地把金刚般若学说作为其禅学思想的理论基础。②

由于禅宗标榜"以心传心""教外别传"，经过分渲染后似乎给人一种禅宗排斥经教、轻蔑经论的印象。其实这是一种误会。禅宗强调"以心传心""明心见性"，主要是为了反对那种教条式的、只求字面意义的讲经解经，破除人们对经典的盲从，而不是根本不读经典、不依经典。实际上，禅宗的根本精神、基本思想和修行方法，应当说都是从印度佛教经典中提炼出来的，都可以找到经典根据。净觉著《楞伽师资记》卷一（S.2054、S.4272、P.3294、P.3436、P.3537、P.3703、P.4564、Дx.1728 / M.2686、Дx.5464、Дx.5466、Дx.8300、Дx.18947）即谓达摩有"藉教悟宗"之举。在早期禅宗祖师中，依经典立论也是一个不争的事实。神会对《金刚经》的倚重，也是早期禅宗重视经典的一个证据。

《金刚经》短小明快，义理幽深，在社会上流行甚广。开元十七年（729年）唐玄宗听到武功县丞苏珪一家持诵《金刚经》带来善报的传说后，"亦发心持经，从化甚众"。③唐玄宗遂亲自为《金刚经》作注，后敕颁行《御注金刚经》于天下，极大地促进了《金刚经》的流行。按照《六祖坛经》的说法，惠能之投弘忍门下学法，就是因为"大师劝道俗，但持《金刚经》一卷，即得见性，直了成佛"④。当惠能投弘忍门下后，听闻《金刚经》，"言下便悟"⑤。《金刚经》于是便成为惠能及其弟子神会团结信众，弘扬顿教禅法的重要依据。神会修的是"般若波罗蜜法"，行的是"般若波罗蜜行"，依据的都是《金刚经》。他通过亲身体验，得出了如下结论：

　　修学般若波罗蜜者，能摄一切法。行般若波罗蜜行，是一切行之根本。

①　P.3047、P.3488、P.2045、S.7907、敦博77《菩提达南宗定是非论》，载杨曾文编校：《神会和尚禅话录》，北京：中华书局，1996年，第35页。

②　邢东风：《认知与般若——从神会禅学的"知"看般若的意义》，载氏著《禅宗与"禅学热"》，北京：宗教文化出版社，2006年，第63～64页。

③　［宋］志磐：《佛祖统纪》卷四〇，《大正藏》第49册，No.2035，第374页c。

④　杨曾文校写：《敦煌新本六祖坛经》，上海：上海古籍出版社，1993年，第5页。

⑤　杨曾文校写：《敦煌新本六祖坛经》，上海：上海古籍出版社，1993年，第12页。

　　金刚般若波罗蜜，最尊最胜最第一。无生无灭无去来，一切诸佛从中出。

　　神会称颂《金刚经》是"一切诸佛母经，亦是一切诸法祖师"。[①] 故而他将《金刚经》奉为印心经典。神会不遗余力地宣传《金刚经》，在《菩提达南宗定是非论》（P.3047、P.3488、P.2045）中更是以相当大的篇幅宣传《金刚经》的功德与神力，把听闻、书写、受持、读诵《金刚经》的种种功德说得不可思议。声称诵持此经可得到不可计数的种种功德，即使犯下一切极恶重罪，也会因诵持此经所得的功德而使众罪消除。

第三节　《金刚经》与南宗禅祖师传承

　　为了与北宗所提出的以《楞伽经》相传的祖统说相对抗，神会提出了以《金刚经》相传的祖统说。他在《南阳和尚问答杂徵义》（敦煌写卷 S.6557、P.3047 及日本石井光雄收藏本）中反复强调《金刚经》的重要性，尤其是《金刚经》在达摩祖衣袈裟传承过程中充当着至关重要的角色：

　　其一，达摩大师"乃依《金刚般若经》，说如来知见，授予惠可。授语以为法契，便传袈裟，以为法信"。

　　其二，达摩大师云："《金刚经》一卷，直了成佛。汝等后人，依般若观门修学。"

　　其三，惠可大师"奉事达摩，经于九年，闻说《金刚般若波罗蜜经》，言下证：'如来实无有法即佛，菩提离一切法，是名诸佛。'"

　　其四，璨禅师从惠可大师，"师依《金刚经》说如来知见，言下便悟：'受持读诵此经，即为如来知见。'密授默语，以为法契；便传袈裟，以为法信"。

　　其五，道信承僧璨之后，"师依《金刚经》说如来知见。言下便证：'实无有众生得灭度者。'授默语以为法契；便传袈裟，以为法信"。

　　其六，弘忍继承道信，"依《金刚经》说如来知见。言下便证最上乘法，悟寂灭。忍默受语，以为法契；便传袈裟，以为法信"。

　　其七，惠能上承弘忍，"师依《金刚经》说如来知见，言下便证：'若此心

---

　　① P.3047、P.3488、P.2045、S.7907、敦博77《菩提达南宗定是非论》，载杨曾文编校：《神会和尚禅话录》，北京：中华书局，1996年，第34～35页。

有住，则为非住。'密授默语，以为法契；便传袈裟，以为法信"。

其八，惠能大师居漕溪，"来住四十年，依《金刚经》重开如来知见"。

通过以上八条，神会大胆地把菩提达摩奉行的印心经典《楞伽经》换成了《金刚经》。从达摩以至神秀，都是正统的楞伽宗，虽然道信、弘忍已强调《金刚经》的重要，但奉行的经典仍然是《楞伽经》。经过神会的"革命"，楞伽宗的法统被彻底推翻了，楞伽宗的"心要"说也被神会的"知见"说所取代。所以，惠能、神会的"革命"，不是南宗革了北宗的命，其实是般若宗革了楞伽宗的命。神会强调依《金刚经》"说如来知见"，在师徒传承中，需"内传法契""外传袈裟"。① 这种法契应是根据《金刚经》或直接引用《金刚经》而提出的。这种思想可以说是神会的创造，成为其禅宗祖统说的一大特色。

北宗对五祖弘忍以后法统的说法，有以神秀为第六祖者，也有以法如为第六祖者，其中又以神秀为六祖的说法影响更大些，神秀的弟子普寂则以第七祖自居。神会为了扩大南宗的影响，极力宣传以惠能为六祖的祖统说，反对以神秀、普寂为首所宣扬的北宗祖统说。神会所持的理由十分简单：无论是法如还是神秀，都没有从弘忍那里得到历代相传的达摩袈裟，唯有惠能拥有这领袈裟，同时又有五祖弘忍所传的法契，此是惠能继承五祖弘忍为第六代祖师的有力证明。

神会不但继承和发展了惠能的顿悟禅法思想，而且还建立了以《金刚经》为传承的南宗祖统说，明显地与北宗渐修禅法建立的以《楞伽经》为传承的祖统说分庭抗礼，为南宗之立宗弘法奠定了理论基础。如果以修行顿悟禅法的惠能为开山祖师的话，那么其弟子神会的顿悟说，则把南宗理论发展至巅峰。

神会在开元二十年（732年）于滑台大云寺与北宗僧人崇远进行辩论，其中何人为达摩禅法合法继承人的问题是双方争论的焦点。《菩提达南宗定是非论》（敦煌写本 P.3047、P.3488、P.2045、S.7907、敦博77）载：

> 远法师问：禅师既口称达摩宗旨，未审此禅门者有相传付嘱，为是得说只没说？
> 和上答：从上已来，具有相传付嘱。
> 又问：相传付嘱已来，经今几代？

① P.3047、P.3488、P.2045、S.7907、敦博77《菩提达南宗定是非论》，载杨曾文编校《神会和尚禅话录》，北京：中华书局，1996年，第27页。

和上答：经今六代。

远法师言：请为说六代大德是谁？并叙传授所由。

和上答：后魏嵩山少林寺有婆罗门僧，字菩提达摩，是祖师。达摩在嵩山将袈裟付嘱与可禅师，北齐可禅师在岘山将袈裟付嘱与璨禅师，隋朝璨禅师在司空山将袈裟付嘱与信禅师，唐朝信禅师在双峰山将袈裟付嘱与忍禅师，唐朝忍禅师在东山将袈裟付嘱与能禅师。经今六代。内传法契，以印证心；外传袈裟，以定宗旨。从上相传，一一皆与达摩袈裟为信。其袈裟今在韶州，更不与人。余物相传者，即是谬言。又从上已来六代，一代只许一人，终无有二。纵有千万学徒，亦只许一人承后。

禅宗的祖统说关系到法系嫡传与别传、正统与非正统的问题。神会所列举的历代祖师当中，前五代为"菩提达摩→惠可→僧璨→道信→弘忍"，"从上相传，一一皆与达摩袈裟为信"，这与北宗所认可的祖统是一致的，这也是中国禅宗史上普遍认可的祖师系统，只是北宗不像南宗那样事事强调达摩信衣袈裟而已。但在何人为六祖的问题上，南宗与北宗之间却产生了巨大分歧。就禅宗祖统说形成的历史看，的确是北宗率先提出了禅门传承世系问题，普寂及其门徒把神秀作为继承弘忍的六祖，以普寂为七祖。然神会北上弘法，公开抨击北宗"师承是傍，法门是渐"。[1]神会批评北宗的理由有二：一有惠能在弘忍处得到的传心印法，叫"内传法契，以印证心"；二有惠能在弘忍处得到的付嘱袈裟，叫"外传袈裟，以定宗旨"。"法契""心印"是师徒间秘密传授的某些话作为传法的依据。历代祖师是如何相心印的，可参阅敦煌文献S.2144v《圣胄集》。对此我们已撰文做过研究，[2]不再赘述。

第四节　南宗禅与敦煌《金刚经》信仰

《金刚经》在南宗禅以之为立宗的基本经典后，影响进一步扩大。后唐玄宗曾亲为《金刚经》作注，并颁行天下，使《金刚经》声名日隆。于是，围绕

---

① ［唐］宗密：《中华传心地禅门师资承袭图》，载任继愈主编《中国佛教丛书·禅宗编》第1册，南京：江苏古籍出版社，1993年，第286页。

② 王书庆、杨富学：《〈历代法宝记〉所见达摩祖衣传承考辨》，《敦煌学辑刊》2006年第3期，第163～164页。

《金刚经》为主题的各种作品亦大量出现。这些作品在敦煌文献中有很多被保存下来，其中比较重要的有：

《金刚般若疏》：北始37（4443）、闰21（4445）；

《金刚经疏》：S.2047；

《金刚经疏》：S.2050；

《金刚经注》：S.2068；

《御注金刚般若波罗蜜经宣演》：S.1389、S.2671、S.2738、S.5905、P.2084、P.2113、P.2173、P.2174、P.2182、P.2330、P.3080、北鸟087v（1319）；

《金刚映序》（唐宝达集）：P.4748、S.6537；

《金刚般若经依天亲菩萨论赞略释秦本义记》（唐知恩集）：P.2159；

《金刚般若经旨赞》（唐昙旷撰）：S.2437v、P.2034、P.2493a、P.2493v、P.2627v等；

《持诵金刚经灵验功德记》：S.4037vc；

《金刚经启请》《奉请八大金刚》《发愿文》等：S.5459、S.5291、S.5450a、S.5444、S.5443、S.5494、S.5536、S.5581f、S.5646a、S.5669、S.5699；

《金刚经赞》：S.5464、P.2039vd；

《持诵金刚经灵验功德记及开元皇帝赞金刚经一卷》：P.2094a、P.2716；

《姚和尚金刚五礼》：P.3664g、P.2325b、P.3792vb、P.4597、北乃074（8371）、北衣037（8365）；

《金刚经赞疏》：P.2629；

《金刚经赞文》：P.3445c；

《光启三年金刚经神验记》：P.3863v；

《金刚经灵验记》（两面书）：P.4025；

《东方金刚大集想一本》：北昃005（7669）；

《金刚经赞释》：北收001v（4446）、北闰042v（4447）；

《金般般若经讲经文》：P.2133va；

《顿悟真宗金刚般若修行达彼岸法门要决》：P.2799a、P.3922b、S.5533、P.t.116、龙谷58。

诸如此类，不胜枚举。敦煌出土的文献中，属于《金刚经》本身的写本就更多了，仅鸠摩罗什译《金刚般若波罗蜜经》写本即达2000个卷号以上。此外还有北魏菩提流支译本，8个卷号；南朝陈真谛译本，2个卷号；玄奘译《能断金刚般若波罗蜜经》1个卷号。除这些写本外，还有长庆四年（824年）四月六日柳公权书《金刚般若波罗蜜经》碑的拓本（P.4503）、咸通九年（868年）王玠施造的木刻本《金刚般若波罗蜜经》（S.P.002）。可见在900年前后，《金刚经》在敦煌地区还是相当流行的。

从上述出土文献中常可看到敬奉《金刚经》的题记，如S.5544《金刚经》题记曰："奉为老耕牛，神生净土，弥勒下生，同在初会，俱闻圣法。"反映了农民对耕牛的深厚感情。P.2876《金刚经》册尾题："天祐三年岁次丙寅四月五日，八十三老翁刺血和墨，手写此经，流布沙土，一切信士，国土安宁，法轮常转。以死写之，乞早过世，余无所愿。"另外，在S.5451、S.5669、敦煌市博物馆53《金刚经》写本中，也都有83岁老翁"刺血和墨，手写此经"的题记，反映了当时人们对《金刚经》信仰的虔诚。

唐德宗贞元二年（786年），吐蕃占领敦煌。不久，由内地入居敦煌传法、声名卓著的禅僧摩诃衍师徒应吐蕃赞普的邀请前往逻娑（今拉萨）"说禅"。贞元五六年间，吐蕃人习禅者蔚然成风。贞元八至十年（792~794年），在吐蕃赞普的主持下，以摩诃衍为首的汉僧与以莲花戒为首的印度僧侣展开辩论。从记录这次辩论过程的敦煌写本《顿悟大乘正理决并序》（P.4646、S.2672）来看，当时摩诃衍为证明自己的禅法来源有自，在答问时曾广泛征引大乘经典，曾先后8次引用《金刚经》的内容。在辩论失利后，汉地禅僧暂时退出逻娑，但摩诃衍禅法仍在包括敦煌在内的吐蕃周边辖地流行。[①] 在敦煌石窟壁画中，属于吐蕃统治时期的《金刚经变》计有13铺，属于晚唐时期的有4铺，这种题材在敦煌流行的时间长达一个世纪。[②]

敦煌莫高窟曾以禅修名刹而著名，莫高窟大量金刚经变画及《金刚经》写本、印本的存在，足以说明《金刚经》社会流传之广了。值得注意的是，在敦煌发现的2000余件《金刚经》写本、印本中，鸠摩罗什译本占绝大多数，而菩提流支、陈真谛、玄奘的译本总共才占11个卷号。隋达摩笈多译《金刚能断般若波罗蜜经》及义净译《能断金刚般若波蜜多经》更是一无所见。而南宗禅所尊奉的经典正是鸠摩罗什译本，故可以推定，鸠摩罗什译《金刚经》在敦煌的盛行，应与南宗禅的盛行及对罗什译本的尊奉是分不开的。

---

① 杨富学、王书庆：《关于摩诃衍禅法的几个问题》，载杜文玉主编《唐史论丛（第十辑）》，西安：三秦出版社，2008年，第233~240页。

② 贺世哲：《敦煌壁画中的金刚经变研究（续）》，《敦煌研究》2007年第4期，第19页。

结 论

通过以上论述可以看出，《金刚经》自六祖惠能以后，逐步发展成为禅宗顿悟派的根本经典，并由此而创立了以此经为递次传法的祖统说，使南宗禅法思想体系更加完备，形成与北宗祖统说分庭抗礼的局面，并最终取而代之，成为禅宗各派公认的祖统。《金刚经》尽管内容简短，但义理深邃。惠能抓住这一特点，广为传扬，普劝僧俗读诵《金刚经》。神会继承惠能的以《金刚经》为依据来修习顿悟的思想，并且创立了以《金刚经》作为历代祖师传承衣钵的印心经典，把《金刚经》信仰推向巅峰。在敦煌文献及唐代莫高窟壁画中，可看到为数众多的《金刚经》写本与根据该经内容而绘制的经变画，体现了该经在当时的盛行。这种现象的出现，应与以《金刚经》为主旨的顿教禅法思想在敦煌的流行息息相关。

第十二章 《秀和尚劝善文》所见 神秀禅学思想

　　《秀和尚劝善文》见于敦煌写本 S.5702 和 P.3521v，其中前者仅存10行文字，后者保存完整。后者写成于乙巳年闰五月，可推定为宋开宝二年（969年）之遗墨，说明神秀北宗禅自唐朝后期衰败后，并未消亡，直到北宋早期尚在敦煌有所流行。该文献由神秀所撰，反映了神秀对菩萨戒和顿渐兼修禅法思想的注重。神秀在说教时为避免生涩与枯燥，经常会引入一些人们熟知的佛教典故，如宾头卢的故事，来劝导世人，义理深奥却生动有趣。

第一节　文献的时代及其特殊意蕴

　　敦煌本 P.3521v《秀和尚劝善文》后有题记"己巳年后五月十六日抄记"。敦煌文书数量众多，计达7万件以上，但有纪年的写本仅有千卷左右。因此，P.3521v《秀和尚劝善文》显得极为珍贵。对这一写本的纪年，学界一般都录作"己巳"，如刘铭恕[①]、川崎ミチコ[②]、陈祚龙[③]、刘永明、张秀清等佥如是作。刘永明据敦煌地区历日，指"此己巳年当为宋开宝二年（969年），原因是中原历该年份亦有闰五月，与敦煌历闰月相同"。[④] 张秀清根据敦煌地区与中原地区闰月的差异，认为"己巳"年有闰五月的只有宋开宝二年（969年）。[⑤] 与上说不同的

---

① 商务印书馆编：《敦煌遗书总目索引》，北京：商务印书馆，1962年，第289页。

② （日）川崎ミチコ「通俗詩類・雜詩文類」，載（日）篠原壽雄、田中良昭（編）『講座敦煌 8 敦煌仏典と禪』東京：大東出版社，1980年，第330页。

③ 陈祚龙著：《敦煌学要籥》，台北：新文丰出版公司，1982年，第190页。

④ 刘永明：《散见敦煌历朔闰辑考》，《敦煌研究》2002年第6期，第20页。

⑤ 张秀清：《敦煌文献断代研究例》，《古籍整理研究学刊》2007年第3期，第67页。

是，池田温将其中的"己巳"读作"乙巳"，并注明为825年。① 然而，825年应闰六月，也有可能闰七月或闰八月，独不可能闰五月。② 敦煌写本有纪年者主要集中在吐蕃占领时期和归义军统治时期，这一时段，不管是"己巳"还是"乙巳"年，只有宋开宝二年（969年）的闰月能够与之对得上。所以，将P.3521v《秀和尚劝善文》的年代推定为宋开宝二年（969年）应是可取的。

值得注意的是，此件写于P.3521的背面，而正面是粟特文写本《究竟大悲经》。此经最早见录于唐道宣《大唐内典录》卷一〇《历代所出疑伪经》，被判作伪经，称其经"人间经藏往往有之，其本尚多"。③ 此后智昇《开元释教录》卷一八、圆照《贞元新定释教目录》卷二八皆承之，将其列入伪经录。据统计，在敦煌汉文文书中，《究竟大悲经》有25个卷号。④ 加之该粟特文写本P.3521《究竟大悲经》，庶几可证，尽管《究竟大悲经》属于伪经，但并未妨碍其在敦煌的流行。总览敦煌写本，正面一般写汉文，背面写少数民族文字，而此卷刚好相反。此类情况在敦煌文献中虽有所见，但甚罕。

众所周知，粟特文在敦煌主要流行于7~9世纪，而粟特文之佛教文献悉皆8~9世纪之物。⑤《秀和尚劝善文》抄写年代迟至10世纪中晚期，晚于粟特文《究竟大悲经》，抄写于卷背，原因正在于此。

禅宗早期，北宗兴盛，神秀作为"三帝国师，两京法主"⑥得到王室的尊崇，甚至连他的弟子义福、普寂、降魔藏也盛极一时。《圆觉经大疏抄》卷三之下《神会传》云：

> 能大师灭后二十年中，曹溪顿旨沉废于荆吴，嵩岳渐门炽盛于嵩岳。普寂禅师，秀弟子也，谬称七祖，两京法主，三帝门师。朝臣归崇，敕使监卫。⑦

这一记载说明，在六祖惠能寂灭之后20年间，南宗禅呈现出颓废之势，而

---

① （日）池田温『中國古代寫本識語集錄』東京：東京大學東洋文化研究所，1990年，第340頁。
② 张秀清：《敦煌文献断代研究例》，《古籍整理研究学刊》2005年第3期，第67页。
③ ［唐］道宣：《大唐内典录》，《大正藏》第55册，No. 2149，第336页a。
④ 张小艳：《敦煌疑伪经四种残卷缀合研究》，《宗教学研究》2015年第4期，第87页。
⑤ 龚方震：《粟特文》，载中国民族古文字研究会编《中国民族古文字图录》，北京：中国社会科学出版社，1990年，第55页。
⑥ ［元］念常集：《佛祖历代通载》卷一二，《大正藏》第49册，No. 2036，第586页b。
⑦ ［唐］宗密著，邱高兴校释：《圆觉经大疏钞》卷三下，《卍续藏》第9册，No. 245，第532页b。

神秀之北宗禅却如日中天，神秀弟子普寂禅师被尊为七祖，成为两京法主、三帝门师。如是，则神秀自然也就成为禅宗五祖弘忍的继承人而为禅宗六祖了。然而，这种局面并未持续多久，因神会出而局势大变。神会提出南宗顿教优于北宗渐教的说法，并且指出达摩禅的真髓存于南宗的顿教，指北宗"师承是傍，法门是渐"，① 唯惠能才是达摩以来的禅宗正统。开元十八年（730年）、开元二十年，惠能弟子神会先后于洛阳、滑台（也称白马，在今河南省滑县东）两度发起定南北宗是非大会，批评北宗禅"师承是傍，法门是渐"，指出惠能才是达摩以来的禅宗正统。② 自此始，南顿北渐之教法，形成了鲜明的对垒。现存敦煌写本 P.3047、P.3488、P.2045、敦博77《菩提达摩南宗定是非论》就记述了这段历史。其实，四祖道信所传顿渐法门，原意在于因人施教，善巧方便，不意会引起后世如此严重的门户之争。

然而，神会的发难并没有动摇北宗禅的主导地位，直至安史之乱爆发。755年，安史之乱爆发，神会全力支持唐朝政府，通过"度牒"为平乱筹集粮饷，受到朝廷的嘉奖。《宋高僧传·神会传》记载："肃宗皇帝诏入内供养。敕将作大匠并功齐力，为造禅宇于荷泽寺中也。"③ 此后，南宗在官方的影响力逐渐超越北宗，并最终取而代之。学界一般认为："惠能的南宗在相当长的时期内仅流行于岭南一些地方，直到唐朝后期才逐渐扩展到北方广大地区，并且一跃成为禅宗的主流。北宗在此后逐渐衰微，甚至在社会上湮没无闻。"④ 但从我们研究的这件文献看，北宗禅尽管自唐晚期后即已逐步衰落，但并未彻底消失，直到北宋开宝二年（969年），敦煌还在继续抄写北宗神秀的著作。这一现象颇具特殊意蕴，反映了神秀禅学在敦煌一带的影响之大及其流行时间之绵长。

第二节　文献所见神秀"菩萨戒"思想

佛教类劝善文一般是用通俗易懂的语言将深奥的佛理解说清楚，达到说理

① ［唐］宗密著，邱高兴校释：《中华传心地禅门师资承袭图》，载［唐］宗密撰、邱高兴校《禅源诸诠集都序》，郑州：中州古籍出版社，2008年，第109页。

② 胡适：《荷泽大师神会传》，载潘平、明立志编《胡适说禅》，北京：东方出版社，1993年，第113～117页；杨曾文编校：《神会和尚禅话录》，北京：中华书局，1996年，第169～186页。

③ ［宋］赞宁撰，范祥雍点校：《唐洛京荷泽寺神会传》，载《宋高僧传》卷八，北京：中华书局，1987年，第180页。

④ 杨曾文著：《唐五代禅宗史》，北京：中国社会科学出版社，1999年，第183页。

的目的，劝善的对象一般为世俗大众。主旨在于以事说理，故而佛教色彩较淡，世俗色彩略浓。但《秀和尚劝善文》却与一般的劝善文不同，从内容上讲，佛教色彩极为浓厚，出现了诸如五尘牢、十缠盖、幽迷山、无明崖、七火、六贼、三业、八识、阐提、智慧、磨拂、忏悔、道场、三昧、功德、无明贼、妄分别、空观、法性、阿赖等反映佛教教理、名相、法数的词语之外，还有一些佛典，非一般世俗大众能理解，因此，应该是"神秀和尚对禅门佛子说法开示的劝善文，其开示的对象皆属已皈依之僧徒，且对佛法教理大多具有相当学养"。[①]

日本学者川崎ミチコ认为《秀和尚劝善文》"是神秀菩萨戒之七言二句诗"，[②] 大抵反映出神秀菩萨戒的忏悔思想。禅宗菩萨戒的开设始于四祖道信，敦煌写本《楞伽师资记》（S.2054、S.4272、P.3294、P.3436、P.3537、P.3703、P.4564、Дх.1728 / M.2686、Дх.5464、Дх.5466、Дх.8300、Дх.18947）云：

> 其信禅师，再敞禅门，宇内流布。有《菩萨戒法》一本，及制《入道安心要方便法门》，为有缘根熟者，说我此法要。依《楞伽经》云："诸佛心第一。"又依《文殊说般若经》："一行三昧。"即念佛心是佛，妄念是凡夫。

道信《菩萨戒法》虽没有明文可考，然而南能北秀的戒法，以自性清净佛性为菩萨戒体而论，可以想见为《梵网经戒本》。该经是所有菩萨戒经在中国流通得最广的一种，是汉地传授大乘戒的重要典籍，特别是5~10世纪成为汉地菩萨戒的代表，对净土教的礼佛忏悔和禅宗的清规都产生了直接影响。[③]

道信《菩萨戒法》倡导"戒禅合一"，神秀继承了这一禅法。禅宗在形成之初行楞伽师修头陀行，都要遵守一种严格的戒律，共有十二种戒。神秀《大乘无生方便门》（S.735、S.1002、S.2503、S.7961、S.2058、P.2270、P.2836、生字24v、S.182）云：

> 堪受净戒，菩萨戒是持心戒，以佛性为戒性。心瞥起即违佛性，是破

① 朱凤玉：《敦煌劝善类白话诗歌初探》，《敦煌学》第26辑，2005年，第88页。

② （日）川崎ミチコ「通俗詩類・雜詩文類」，載（日）篠原壽雄、田中良昭（編）『講座敦煌8敦煌仏典と禅』東京：大東出版社，1980年，第329頁。

③ 湛如：《敦煌菩萨戒仪与菩萨戒牒之研究》，《敦煌研究》1997年第2期，第75页。

菩萨戒，护持心不起即顺佛性，是持菩萨戒。①

所谓菩萨戒就是大乘戒。"心不起"则为戒，"心净"即是持戒。持戒和修禅同等重要，持戒就是修禅。与神秀相关的《大乘无生方便门》和《秀和尚劝善文》开篇都谈菩萨戒，说明戒律在禅法修行中的严格性。对戒律的重视与否基于对罪的看法，以及灭罪的忏法之设施。菩萨戒的内容为三聚净戒，即"摄律仪戒、摄善法戒、饶益有情戒"。②戒相上，在家菩萨戒与出家菩萨戒有所区别。根据《梵网经菩萨心地品》，出家菩萨的戒相为十重戒、四十八轻戒；如果根据《优婆塞戒经受戒品》，在家菩萨的戒相为六重戒、二十八轻戒。但"神秀的菩萨戒，首重发菩提心，并不强调十重戒或三聚净及其他轻戒"。③《观心论》（S.646、S.2595、S.5532、P.2460、P.2657v、P.4646及龙谷122，）云：

> 三聚净戒者，誓断一切恶，誓修一切善，誓度一切众生者。言制三毒心，岂不文义有所乖也？……度知所修戒行，不离于心。若自心清净，则一切众生皆悉清净……随其心净，则佛土净。若能制得三种毒心，三聚净戒，自然成就。④

修持的目的不在于要遵循各种外在的清规戒律，而是要通过"沙门清净法"，观心看净。观心才是修持的捷径，内心清净才是成佛之道，即所谓"随其心净，则佛土净"。神秀把戒律持守转化到人的思想上，而非表面行为。通过形式上的受戒，增加个人的宗教信念，使信徒对成佛深信不疑。是故，智严法师言，中国禅宗一开始便不是依律而行、依律而住，倒是掌握了佛法的命脉，心净即是持戒。⑤

在敦煌发现了相当数量的与菩萨戒相关的文书，数《梵网经》最多。据俄藏敦煌文书《开元廿九年授戒牒》记载，开元二十九年（741年）二月，唐朝

---

① 林世田、刘燕远、申国美编：《敦煌禅宗文献集成·第1卷》，北京：中华全国图书馆文献缩微复制中心，1998年，第599页
② 《梵网经菩萨戒序》，《卍续藏》第38册，No. 691，第547页a。
③ 印顺著：《中国禅宗史》，南昌：江西人民出版社，1999年，第56页。
④ P.4646《观心论》。载上海古籍出版社、法国国家图书馆编《法藏敦煌西域文献（第32册）》，上海：上海古籍出版社，2005年，第354页。
⑤ 释圣严撰：《菩萨戒指要》，台北：法鼓文化事业，1997年，第28页。

都城长安大安国寺僧人释道建，曾经受命来沙州主持授戒仪式，并宣讲唐玄宗刚刚编纂完毕的《御注金刚经》《法华经》及《梵网经》。[①] 可见无论是处在政治经济文化中心的长安还是西北边陲之地敦煌，《梵网经》都受到极大的重视，足见其在当时社会中的地位，这无疑给禅宗的发展在理论上提供了广阔的空间。在敦煌文献中发现了很多受戒的材料，这也引起了学界的重视，国内外学者就这一问题做过很多研究。传戒本来属于律宗寺院之事，后来禅宗亦开坛受戒。敦煌文献 S.2575 号下半部《都僧统准普光寺置方光道场榜》中有"十七日请禅律诸寺大德荣发"之谓。[②] 这份文书是五代时敦煌普光寺举办道场的议程及日程安排，请禅、律两宗法师共同主持这个活动，[③] 足证唐五代时期敦煌禅宗是很重视菩萨戒的。

另外，禅宗寺院管理的需要。随着禅宗人数的增多，有效的寺僧管理也是禅宗寺院所面临的问题。自"东山法门"创立以来，禅宗僧团有了固定的修行地，人数也在不断增多。四祖道信在庐山大林寺居住了 10 年，后又在黄梅居住了 30 年，并且聚徒 500 人。[④] 五祖时学众又增至 700 多人，神秀时禅宗弟子分散在今河南、陕西、山西、湖北、山东等地，神秀更是以"帝师"的身份受到统治者的推崇，被《楞伽师资记》称作"两京法主，三帝国师"。随着禅宗势力的不断扩大，禅宗僧团越来越庞大，违戒问题在所难免，戒律便成为约束、管理禅宗僧团的重要手段。尽管神秀并不强调《梵网经》中的十重戒或三聚净及其他轻戒，但是很注重菩萨戒的修持，将外在形式内化为内心修持，从而达到持戒的目的，这对禅门弟子从行为到意识的约束不无帮助，"小乘破我执，用分析法分解人五蕴和合，不可妄执为有。大乘进而破法执，教人不要拘泥于经书上的文句教导"。[⑤] 注重内心而不重外在形式，这与当时佛教界热衷读经、讲经和著述之风迥然有别，在一定程度上简化了宗教仪式，为僧俗之修禅大开

---

① 荣新江：《盛唐长安与敦煌——从俄藏〈开元廿九年授戒牒〉谈起》，《浙江大学学报》2007年第3期，第24页。

② 中国社会科学院历史研究所、英国国家图书馆等编：《英藏敦煌西域文献·第4卷》，成都：四川人民出版社，1991年，第100页。

③ 郝春文著：《唐后期五代宋初敦煌僧尼的社会生活》，北京：中国社会科学出版社，1998年，第37～61页。

④ 杨富学、王书庆：《东山法门及其对敦煌禅修的影响》，载吴言生主编《中国禅学（第二卷）》，北京：中华书局，2003年，第67～76页。

⑤ 任继愈：《神秀北宗禅法》，《中国社会科学》1990年第2期，第109～118页。

方便之门。

更为有趣的是，为了让禅宗僧侣严守戒律，这篇劝善文还引入了宾头卢的故事。如"狂象趁急投枯井，鼠啮藤根命转细。上有三龙吐毒气，下有四蛇螫蜂蛋，欲火盛热烧心胆，猛炎流光煮肝肺""大王符下火急退，一切事业俱停废"等，均出自《宾头卢突罗阇为优陀延王说法经》。该经尽管不如《妙法莲华经》《金刚经》《大般涅槃经》那样备受尊崇，但在唐五代时期的敦煌，宾头卢信仰却很普遍。用此典故，一者，可消除信众对神秀禅的陌生感；二者，用宾头卢违戒受罚之事警示禅宗信徒。

宾头卢，原为拘舍弥国优陀延王（优填王）的辅政之臣，"聪明智慧，博闻广识，仁慈泛爱，志存济苦，劝化国民，尽修十善"。[①] 尽管不在释迦牟尼的十大弟子之列，地位却不低于诸大弟子[②]，在鸠摩罗什《阿弥陀经》序分中提到佛的十六位弟子具名，宾头卢名列第十二。不空译《一字奇特佛顶经》中也说："复有大声闻众，所谓舍利弗、大目健连、迦旃延子、富楼那、宾头卢……如是等为上首。"[③] 可见，宾头卢在佛的众多弟子中影响之大。

由于宾头卢降伏外道，履行正法，神力广大，利益众生，天下设斋必以其为上座，逐渐形成了宾头卢信仰。[④] 在印度，宾头卢形象被神格化始于阿育王时期，中土宾头卢信仰则可追溯到 4 世纪下半叶的道安。道安之后，一批律部佛经陆续译出，特别是慧简译出《请宾头卢法》之后，宾头卢故事为僧俗大众所知晓，宾头卢信仰渐次流行。[⑤]《佛祖历代通载》卷六记其事曰：

> 安每疏经义必求圣证，一日感庞眉尊者降，安出所制似之。尊者钦叹以为尽契佛心，仍许以密助弘通。安识其为宾头卢也，因设日供祀之，今供宾头［卢］自安而始。[⑥]

据统计，敦煌所出《请宾头卢疏》计 11 份文献，分别是北图 7133-1、

---

① ［南朝宋］求那跋陀罗译：《宾头卢突罗阇为优陀延王说法经》，《大正藏》第 32 册，No. 1690，第 784 页 b。

② 王惠民：《古代印度宾头卢信仰的产生及其东传》，《敦煌研究》1995 年第 1 期，第 72 页。

③ ［唐］不空译：《一字奇特佛顶经》卷上，《大正藏》第 19 册，No. 953，第 286 页 a。

④ 党燕妮：《宾头卢信仰及其在敦煌的流传》，《敦煌学辑刊》2005 年第 1 期，第 64 页。

⑤ 王惠民：《古代印度宾头卢信仰的产生及其东传》，《敦煌研究》1995 年第 1 期，第 76 页。

⑥ ［元］念常集：《佛祖历代通载》卷六，《大正藏》第 49 册，No. 2036，第 523 页 c。

北图 7133-2、P.3107v、P.3645-1、P.3645-2、S.2974、S.4632、S.6424-A、S.6424v-B、S.6424v-C、S.5696。在这些文献中,最早的当为北图 7133-1,其内容较完整,末署"光启三年八月十日僧善惠谨疏";最晚者为 S.5696,末署"淳化三年八月日内亲从都头陈守定疏"。从最早至最晚,时间跨度逾百年。① 这些文献之结构、用语大致相同,说明请宾头卢信仰有一定的规模,宾头卢仪式有一定规范。敦煌人平时设食供养或为亡人超度设斋都会请宾头卢。在文献记载外,敦煌石窟壁画对此也有体现,如莫高窟第 285 窟南壁东端即绘"宾头卢度跋提长者姊"图,莫高窟第 97 窟、西千佛洞第 19 窟、榆林窟第 39 窟主室南、莫高窟元代第 95 窟等罗汉造型中都有宾头卢形象,足见宾头卢信仰在敦煌地区的盛行。宾头卢一般会出现在佛教信徒设斋礼忏,举行燃灯、转经、结坛等法事活动,有些是在自己家里,有些是在佛堂,这说明宾头卢信仰已经完全渗透到敦煌人的日常生活中,成为人们祭祀、祈祷、忏悔生活中密不可分的一部分。所以,此篇劝善文选择《宾头卢突罗阇为优陀延王说法经》中的典故,完全符合敦煌地区唐五代时期民间宗教信仰的特点,且具有很强的地域性。

宾头卢因有神力,能够利益众生而受到尊崇,但对于该神祇,佛教界却有另外一种说法,即宾头卢常显神通,不守佛规,令释迦佛大伤脑筋,在佛教戒律中常将其犯戒事当作反面教材。② 这篇劝善文为了达劝善之主旨,引用《宾头卢突罗阇为优陀延王说法经》中的掌故:人于旷野为两头醉象追赶,攀葛藤下井内躲藏,井内四面有四条毒蛇来咬,井底三条毒龙欲吞噬此人,又有黑白两只老鼠咬得葛藤将断。其中两头醉象比喻生死,井比喻无常,四条毒蛇比喻地、水、火、风四大,三条毒龙比喻贪、嗔、痴三毒,黑白两只老鼠比喻日月或昼夜。这个故事描绘的场景可谓险象环生,令人毛骨悚然。借由这样一个故事给禅宗弟子们展示人生的无常,标明守戒的意义,当会有一定的震慑作用。但是,这个故事反映的种种现象只是一种假设,很难起到长久警示的作用,就如同《梵网经》中菩萨戒十重戒、四十八轻戒一样,若只守外在的戒律而不修心,只能说是舍本逐末。故,神秀主张菩萨戒"首重发菩提心",成佛不在于外而在内,无论外界如何惊心动魄,守心则可化解一切无明烦恼,质言之,守心、坐禅是其根本,最终归结到神秀禅学的本意上来,可谓其用心之甚。宾头卢以神

① 王惠民:《敦煌写本〈请宾头卢疏〉考察》,《敦煌学辑刊》2006 年第 2 期,第 22~26 页。
② 王惠民:《古代印度宾头卢信仰的产生及其东传》,《敦煌学辑刊》1995 年第 1 期,第 74、76 页。

力迫使他们信佛，破了佛教不强迫人信教的戒律。此处，何以破戒？不守心即破戒。将两种概念交换过来，即行为的破戒和心里的破戒。宾头卢的形象在其他的律典中也有出现，如《四分律》通过宾头卢的种种事迹阐述北宗禅法之要理，可谓相得益彰。

第三节　文献所见神秀禅之"渐"与"顿"

　　一般认为北禅宗的修行方式是"渐悟"，南禅宗为"顿悟"。学界对禅宗北宗、南宗之间的关于顿渐之争由来已久。这篇劝善文在字里行间透露出北宗禅的修持方法。如"勤磨佛""勤坐禅"等，这都在体现北宗禅的"渐修"思想。如何才能做到安心持戒？那就要"离心离色""身心不动"。《大乘无生方便门》中始终贯彻着这样的思想。所谓"离色离心"，那就是要通过坐禅以封闭自己的感官和意识，脱离对物质、精神两方面一切事物和现象的追求、执着，断除心灵深处的各种是非、美丑与爱憎、取舍等观念。身心不动就是坐禅入定，自己的感官和意识（六根、六识）虽然接触外界（六尘），但不发生感觉。不进行思维（不起），不做分别判断（离念），身心不动。[①] 通过坐禅，做到离心离色、身心不动，即劝善文中的"刚身康健勤坐禅，自用功夫除粪秽"。此文献反复强调"勤磨佛"和"勤坐禅"，一个"勤"字体现神秀禅法的特色，正如神秀偈"时时勤佛事，莫使染尘埃"，[②] 从"幽迷山里长夜眠"到"无明岸下返故容"强调"从初便渐"而后"顿悟理体"的修禅方法。这和传统意义上单纯的以"顿"或"渐"来区分禅宗南北宗有所不同。在灯史影响下的传统禅学写作，大都运用顿、渐这一基本"范式"去梳理和分判中国禅学运动中的南北二流。所谓"南顿北渐"不仅表示了法门上的对立，还在价值意义上显示了南宗对于北宗的优越性。从现有的资料足以说明，南北二宗于修行法门上咸有顿悟渐修的说法。[③] 中唐时期，入青藏高原传法的摩诃衍，更是顿渐兼修，南北宗不分的典型代表。摩诃衍本为神秀的再传弟子，而神秀绍继的是东山法门弘忍的渐修理论。摩诃衍虽出禅门北宗，但他并不受此局限，后来又事南宗大师神会修习顿门之法，

---

①　杨曾文著：《唐五代禅宗史》，北京：中国社会科学出版社，1999年，第127页。
②　杨曾文校写：《敦煌新本六祖坛经》，上海：上海古籍出版社，1993年，第82页。
③　龚隽著：《禅史钩沉》，北京：生活·读书·新知三联书店，2006年，第138页。

由此而兼通南北二宗。①宗密曾言："南宗禅门正是此教之旨。北宗虽渐调伏，然亦不住名言，皆不出顿教。故云顺禅宗也，不出顿教。"②他进而指出：

> 悟修顿渐，似反而符者，谓诸经及禅门，或云先因渐修功成，豁然顿悟。或云先因顿悟，方可渐修。或云由顿修故渐悟，或云悟修皆渐，或云皆顿，或云法无顿渐，顿渐在机。如上等说，各有意义，言似反者。谓即悟即成佛，本无烦恼，名为顿者，即不应修断，何得复云渐修？渐修即是烦恼未尽，因行未圆，果德未满，何名为顿？顿即非渐，渐即非顿，故云相反。如下对会，即顿渐非唯不相乖反，而乃互相资也。③

尽管南宗和北宗都有顿渐思想，但是他们之间有各自不同发挥，甚至对立的倾向。"北宗意者，众生本有觉性，如镜有明性，烦恼覆之不见，如镜有尘暗。若依师言教，息灭妄念，念尽则心性觉悟。"④北宗虽主张渐修，但顿悟是其中的一环。南宗则主张顿悟成佛，只要明心即无需准备，由突发的精神世界一念之间实现佛的觉悟。无论是北宗的"渐修顿悟"还是南宗的"顿修顿悟"，均源自道信、弘忍。道信的禅法中既有顿悟又有渐悟，五祖弘忍继承了道信的禅法，后又将此禅法传给了弟子惠能和神秀，但两人各偏执一法，从而形成了南宗和北宗，南顿北渐之说由此而起，并影响全国。⑤敦煌本《秀和尚劝善文》中的"幽迷山里长夜眠，无明岸下返故容"，所反映的就是北宗的渐修顿悟的思想。"无明"，亦名"痴"，即"愚痴"，为"三毒"之一。在幽迷山、无明岸中，经"勤坐禅""勤磨佛"，才最终识得本性，"返故容"既是识佛之本性，破除无明之烦恼。

---

① 杨富学、王书庆：《关于摩诃衍禅法的几个问题》，载杜文玉主编《唐史论丛·第10辑》，西安：三秦出版社，2008年，第233~237页。

② ［唐］宗密：《圆觉经大疏钞》卷三上，《卍续藏》第9册，No.245，第518页b。

③ ［唐］宗密著，邱高兴校释：《禅源诸诠集都序》，郑州：中州古籍出版社，2008年，第31~32页。

④ ［唐］宗密著，邱高兴校释：《中华传心地禅门师资承袭图》，载《禅源诸诠集都序》，郑州：中州古籍出版社，2008年，第116页。

⑤ 杨富学、王书庆：《从敦煌文献看道信禅法》，载段文杰、茂木雅博主编《敦煌学与中国史研究论集——纪念孙修身先生逝世一周年》，兰州：甘肃人民出版社，2001年，第416~417页；杨富学、王书庆：《东山法门及其对敦煌禅修的影响》，载吴言生主编《中国禅学（第二卷）》，北京：中华书局，2003年，第67~76页。

结　论

　　敦煌本《秀和尚劝善文》是神秀和尚对禅门弟子们的开示，反映了神秀菩萨戒和忏悔思想，是研究神秀禅学思想重要的文献。此文与一般的劝善文不同，对劝善对象要求极高，文中出现了表现佛教法理和明相词语，诸如"五尘牢、十缠盖、幽迷山、无明崖、七火、六贼、三业、八识、阐提、智慧、磨拂、忏悔、道场、三昧、功德、无明贼、空观、法性、阿赖"等，显然，此劝善文义理高深，绝非普通流俗文本。若要理解此文，须具备深厚的佛学功底才可为之，非普通的大众可及，从侧面反映出北禅宗在说法中对其禅门弟子要求之高。

　　神秀为避免其说教的生涩与枯燥，特意引入一些人们熟知的佛教典故，如宾头卢的故事，借以劝导世人。宾头卢信仰是敦煌地区的民间信仰之一。从敦煌出土文献看，宾头卢信仰在敦煌地区极为盛行。佛教信徒设斋礼忏，举行燃灯、转经、结坛等法事活动中，都会恭请宾头卢莅临，说明这种信仰已经完全渗透到敦煌人的日常生活中，成为人们祭祀祈祷忏悔生活的一部分。结合敦煌本地的信仰，阐述禅宗要理，反映出早期禅宗在敦煌地区流传的过程中，借助敦煌本地民间信仰来发展壮大自己的势力的特点。可以看出，早期禅宗在敦煌地区流布的过程中，在雅俗之间有所取舍，既有高深的佛学理论，又结合了敦煌当地的民间信仰，将两者结合起来，为信众大开方便之门。

　　作为神秀语录，劝善文对北宗禅的渐修思想有简明提点，从中可以看到神秀强调"从初便渐"而后"顿悟理体"的修禅方法。文献写成于宋开宝二年（969年），按照传统的观念，斯时神秀的北宗禅早已销声匿迹，而本写本的发现却表明，直到北宋初，敦煌佛教信众还在继续传抄神秀的语录，表明神秀的影响在敦煌一带不绝如缕，绵延流长。

第十三章　也谈敦煌文献中的《付法藏因缘传》

　　《付法藏因缘传》旨在阐述印度佛教历代祖师付嘱心法的传承，传入中国后，为隋唐间天台宗、禅宗等宗派祖统说的形成与发展奠定了基础。敦煌文献中保存有21件付法藏传文献，可分为《付法藏因缘传》和《付嘱法藏传略抄》两类，后者是前者的略本。这些文献对于认识敦煌地区的禅宗祖师信仰及历代祖师付嘱心法的传承都具有重要意义。敦煌莫高窟第196窟中的佛教高僧像反映的律宗内容，与《付法藏因缘传》及禅宗祖师信仰毫无关联。

　　《敦煌学辑刊》2007年第3期的马格侠《敦煌〈付法藏传〉与禅宗祖师信仰》一文（下称"马文"），对敦煌卷子中关于付法藏传的文献进行了爬梳整理，并进一步探讨了敦煌地区的禅宗祖师信仰及其特点。这均有助于进一步认识敦煌地区的禅宗思想与民间佛教信仰，但对文中的部分观点，笔者不敢苟同，今特撰文进行商榷，不妥之处，望马先生及学界同仁不吝赐教。

第一节　敦煌写本《付法藏因缘传》辨析

　　马文中把敦煌文献中遗留下来关于付法藏传的文献，计有28卷，分为五类：

　　《付法藏因缘传》，S.264、S.1730、S.2512、P.2124、S.4478；

　　《付嘱法藏传略抄》，S.9407、S.8758、京咸29、京帝62、京服27、S.1053、S.5981、P.2680、P.2791、P.2774、P.3212；

　　《付法藏传》，P.2776v、S.1635、P.2977、P.3355、P.3727、P.4968、P.3913；

　　《付法传》，S.276v、S.366v；

《付法藏人传》，P.2775、P.2775v、俄 Дx.03719。①

马文将付法藏传文献分作五类，而实际上，所谓的《付法藏传》《付法传》《付法藏人传》都只不过是《付法藏因缘传》的别称。《付嘱法藏传略抄》则是《付法藏因缘传》的节略本。在敦煌文献中，同一著作使用多个名字的现象俯拾即是，如《菩萨总持法一卷》亦称《破相论》，又名《契经论》《破二乘见》；《历代法宝记》亦名《师资血脉传》，又称《定是非摧邪显正破坏一切心传》《最上乘顿悟法门》等。《付法藏因缘传》出现不同称谓同属这种情况，不足为怪。

《付法藏因缘传》六卷，为北魏时期西域三藏吉迦夜与昙曜共译。关于本书的记录，最早见于《出三藏记集》：

> 《付法藏因缘经》六卷……宋明帝时，西域三藏吉迦夜于北国，以伪延兴二年，共僧正释昙曜译出，刘孝标笔受。此三经并未至京都。②

其后，《历代三宝纪》载："《付法藏传》四卷，见菩提留支录……至和平三年（462年）昭玄统沙门释昙曜［译］。"③ 同卷又载"《付法藏因缘传》六卷（或四卷。因缘广异曜自出者）"，系西域沙门吉迦夜于"延兴二年为沙门统释昙曜于北台重译，刘孝标笔受，见道慧宋齐录"。④ 同书卷十又称："《付法藏经》六卷（见李廓录）……凉州沙门宝云［译］。"⑤ 接着唐道宣《大唐内典录》和智升《开元释教录》都依《历代三宝纪》之说而重复记载。实际存在的本子，只有昙曜和吉迦夜共出的一种，只是各种经录记载不一而已。

马文列出的敦煌付法藏传文献有28个卷号，比我们已知的21件多出了7个，分别为S.2512、京服27、S.1635、P.2977、P.3913、Дx.03719和S.5981。经过仔细复核，这7个卷号均属误判。

1. S.2512马文定名为《付法藏因缘传》

该文献的内容有三项，其一为《药师经疏》，其二为S.2512va《第七祖大照和尚寂灭日斋赞文》，其三为S.2512vb《大乘起信论广释卷第五》。除第二《第

---

① 马格侠：《敦煌〈付法藏传〉与禅宗祖师信仰》，《敦煌学辑刊》2007年第3期，第121页。

② ［梁］僧祐撰，苏晋仁、萧炼子点校：《新集撰出经律论录》，载《出三藏记集》卷二，北京：中华书局，1995年，第62～63页。

③ ［隋］费长房：《历代三宝纪》卷九，《大正藏》第49册，No.2034，第85页a。

④ ［隋］费长房：《历代三宝纪》卷九，《大正藏》第49册，No.2034，第85页b。

⑤ ［隋］费长房：《历代三宝纪》卷十，《大正藏》第49册，No.2034，第89页c。

七祖大照和尚寂灭日斋赞文》中的某些内容与《付法藏因缘传》略有关联外，余下二目均与付法藏传无关。方枘圆凿，不相契合。

2. 京服27被马文定名为《付嘱法藏传略抄》

京服27（0839）卷号的正面为《十方千五百佛名经》，背面内容经考证，知为十六罗汉图榜题底稿，经典依据是《法住记》。[①]马文不查，而致此误。

3. S.1635马文定名为《付法藏传》

原卷明言："《泉州千佛新著诸祖师颂》，终南山僧慧观撰序。"慧观所撰序后有"后招庆明觉大师述"字样，马文将之定名为《付法藏传》，不妥之处有三：首先，这是一篇标题明确、头尾完整的祖师颂文，主要记述西国二十八代祖师及中土六代祖师的禅法传承特点；[②]其次，在《付法藏传》中找不到与此相关的内容；其三，终南山僧慧观也好，后招庆明觉大师也罢，一位口述，一位撰序，二位绝不是《付法藏传》的作者或译者（《付法藏传》译者为北魏吉迦夜与昙曜），故将《泉州千佛新著诸祖师颂》定名为《付法藏传》，明显有误。

4. P.2977马文定名为《付法藏传》

《敦煌遗书总目索引新编》定名为"残佛书"，并说明："其篇目有：第三明塔（记唐国内阿育十九塔）、第四明祖师传教（记禅宗三十三祖）。"[③]《敦煌遗书最新目录》拟名为《法宝东流因缘》。[④]就该卷的篇目来讲，残存二篇第三明塔、第四明祖师传教，至于该卷总共有多少篇目，则不得而知，在《付法藏因缘传》中没有该二篇目，应以黄永武定名的《法宝东流因缘》为妥。

5. P.3913马文定名为《付法藏传》

原卷有题曰："金刚峻经金刚顶一切如来深妙密秘金刚界大三昧耶修行四十二种坛法经作用威仪大毗卢遮那佛金刚心地法门秘法戒坛法仪则大兴善寺沙门大广智不空奉诏译。"故学界一般将之定名为《坛法仪则》，应是准确无误的。文书最后一部分为《付法藏品第三十五》，内含六部分内容，其中有《付嘱法藏略抄》，非为马文所谓的《付法藏传》。文中所列祖统始于印度的过去七世佛，到中国禅宗的第六世祖惠能禅师结束，所列祖统与《宝林传》中的禅宗祖

---

① 王惠民：《敦煌壁画〈十六罗汉图〉榜题研究》，《敦煌研究》1993年第1期，第25~36页。

② 李玉昆：《敦煌遗书〈泉州千佛新著诸祖师颂〉研究》，《敦煌学辑刊》1995年第1期，第29~35页。

③ 敦煌研究院编：《敦煌遗书总目索引新编》，北京：中华书局，2000年，第262页。

④ 黄永武编：《敦煌遗书最新目录》，台北：新文丰出版公司，1986年，第696页。

统说基本一致，说明禅宗祖统说已得到了密宗的认可。[①] 而《付法藏传》未将过去七世佛列为祖师。故，P.3913反映的只是密宗对印度佛教及禅宗祖统说的引用与认识，而不能将之当作禅宗祖统来看待，同样也不能将该文献定名为《付法藏传》。

6. Дx.03719马文定名为《付法藏人传》

查该残卷为小残片，残存两行文字。第一行存10字："龙树菩萨传究（鸠）摩罗什出。"[②] 第二行仅存7字，而且多残，依稀可辨为"萨者出南天竺梵"。查《付法藏因缘传》，无这一内容，与马文所说相扞格。龙树菩萨在《付法藏因缘传》中被列为第十三代祖师，传迦那提婆，和鸠摩罗什无关。其实，这段话的本意是说《龙树菩萨传》由鸠摩罗什译出。今本《龙树菩萨传》即署"姚秦三藏鸠摩罗什译"，开首第一句话即为"龙树菩萨者，出南天竺梵志种也"。[③] 与该卷残存文字相契合。可见，Дx.03719应定名为《龙树菩萨传》。

7. S.5981马文定名为《付法藏传略抄》

核其内容，知为后唐同光二年（924年）智严往西天巡礼圣迹之后记，其中引述了《付法藏传》等文，述佛涅槃及大教东流事。由是而将之定名为《付法藏传略抄》显然不妥。该后记内容重要，故马文予以全文引述，但多处误录，今重录如下：

> 大唐同光二年三月九日，时来如礼圣迹，故留后记。鄜公开元寺观音院主，临坛持律大德智严誓立无上普愿，救拔众生。乞愿欲往西天，求请我佛遗法回来东夏。然愿我今皇帝万岁，当府曹司空千秋。合境文武崇珂，总愿皈依三宝，一切土亦人民息发无上菩提之心。智严回日，誓愿将此凡身于五台山供养天皇、殊师利菩萨，焚烧此身用明往来道途岭卫，愿所将有为之事，回向无为之理，法界有情，同护正觉。

此录文错误甚多，难以卒读。以之对照原卷，可以发现，马文所引内容除

---

① Tanaka Ryōshō, Relations between the Buddhist Sects in the T'ang Dynasty through the Ms. P. 3913, *Journal Asiatique*, t. cclxix, 1981, p.166；田中良昭『敦煌禅宗文献の研究』東京：大東出版社，1983年，第136頁。

② 俄罗斯科学院东方研究所圣彼得堡分所俄罗斯科学出版社东方文学部、上海古籍出版社编：《俄藏敦煌文献（圣彼得堡分所藏）》第11册，上海：上海古籍出版社，1999年，第33页。

③ ［后秦］鸠摩罗什译：《龙树菩萨传》，《大正藏》第50册，No. 2047，第184页a。

断句方面存在着可供商榷之处外，在录文上也存在着不少问题。现据原卷重新校录如下：

> 大唐同光二年三月九日时来巡礼圣迹，故留后记。鄜州开元寺观音院主临坛持律大德智严，誓求无上普愿，救拔四生九类，故往西天来请我佛遗法回东夏，然愿我今　皇帝万岁，当府曹司空千秋，合境文武崇班，总愿归依三宝，一切土（士）庶人民，息（悉）发无上菩提之心。智严回日，誓愿将此凡身，于五台山供养大圣文殊师利菩萨，焚烧此身，用酬往来道途护卫之恩，所将有为之事，回向无为之理，法界有情，同证正觉。

关于文献中的智严其人，马文也给予了应有的关注，在紧随录文之后又言：

> 这段文字中的智严是中国4~5世纪西行求法（的）高僧之一，凉州人，为广求经论、曾西度葱岭，进入罽宾，跟随佛陀禅师，佛陀跋陀罗修习禅法，后邀请二禅师来东土传法，智严回国时，带来梵经多部，后于宝云一起翻译了这些佛经。在史籍中有关智严西行求法的记载比较少，因此在这个卷子中所夹杂的这段内容为我们研究智严及其西行求法与译经提供了实物资料。[1]

这段文字颇值得商榷。后记在开首即已明言写于后唐同光二年（924年），显系智严去西天巡礼圣迹途次敦煌时留下的笔迹。此外，在S.2659《往生礼赞文》中也有"往西天求法沙门智严西行传记写下一卷"之尾题，此卷的书法笔势应为五代宋初的经生体，全然没有魏晋书法之遗风，庶几可定S.2659中的智严与S.5981中的智严应为同一人，生活于五代时期，且曾往西天求法，绝非4~5世纪与宝云一起翻译佛经的那个智严，故无法为宝云、智严译经提供新的史料。二者相距四五百年之久，题记中的智严为鄜州开元寺观音院僧人，与凉州无涉，此智严非彼智严也。释门庞大，佛僧重名号者颇多，如慧远、摩诃衍等名号皆难以数计，必须注意同一名号僧人所处的时代及其行为，否则就会犯张冠李戴的错误。

---

① 马格侠：《敦煌〈付法藏传〉与禅宗祖师信仰》，《敦煌学辑刊》2007年第3期，第122页。

　　由上论述可以看出，敦煌出土的付法藏传文献非为28件，实际只有21件，可分为两类（非为五类）：其一为《付法藏因缘传》，有写本12件，依次为S.264、S.276va、S.366v、S.1730、S.4478、P.2124、P.2775、P.2775v、P.2776v、P.3355vb、P.3727a、P.4968；其二为《付嘱法藏传略抄》，存写本9件，依次为S.1053、S.8758、S.9407、P.2680、P.2774、P.2791、P.3212、京咸29v、京帝62。

第二节　《付法藏因缘传》中的祖师及对后世的影响

　　《付法藏因缘传》记载了23位祖师：摩诃迦叶、阿难、商那和修、优婆趜多、提多迦、弥遮迦、佛陀难提、佛陀蜜多、胁比丘、富那奢、马鸣、比罗、龙树、迦那提婆、罗睺罗、僧伽难提、僧伽耶舍、鸠摩罗驮、阇夜多、婆修槃陀、摩拏罗、鹤勒那、师子。[①] 同时也记载了摩田提的事迹，但因其与商那和修同时得法，故未被列为祖师。但中国后世宗派，多将其列为第三代祖师。另有与摩拏罗同时的夜奢比丘，在三论宗中，也被独立出来列为第二十三祖。

　　《付法藏因缘传》在中国的翻译与传播，直接影响到中国佛教宗派法统说的建立，如隋代出现的地论派、天台宗、三论宗与唐代形成的禅宗法统说，都是以该书为依据的。

　　隋唐之际中国出现了众多的佛教宗派，可以说是印度佛教在中国的发展，标志着佛教中国化进程的完成。虽有异于印度佛教，但中国佛教所有派别都是以印度原始佛教为宗的。从理论上讲，中国各宗派的历代祖师都是从佛陀那里得到付嘱心法的，只是各派建立祖统的观点与方法有所不同。中国化佛教宗派的法统说，以禅宗最为详备，在敦煌出土《付法藏因缘传》中有明确而丰富的记载。

　　在中国众多的佛教宗派中，以天台宗的形成时间为最早。天台智者大师（智顗）于隋开皇十四年（594年）在湖北当阳玉泉寺开讲《摩诃止观》，在卷一历叙付法藏的传承时，照搬《付法藏因缘传》的记载，将摩诃迦叶至师子共23位印度得到佛陀传心法之人列为祖师，加上与商那和修同时得法的摩田

---

　　① ［北魏］吉迦夜、昙曜译：《付法藏因缘传》，《大正藏》第50册，No. 2058，第297a～322页a。

提（末田地），遂成二十四祖。他还认为诸师的相承都属"金口所记"。① 天台一宗出于南岳慧思，慧思出于北齐慧文，智者系慧文禅师的再传，慧文用心一依龙树所作的《大智度论》，龙树是《付法藏因缘传》中的禅师，而为东土传承的高祖。这样相承而下，智者是东土第四代，这一说法成为后来天台家公认的法统。②

禅宗最初在古本《六祖坛经》里依着《付法藏因缘传》，略加增减，构成二十八祖之说（在阿难后加末田地，提多迦后略去弥遮迦，又在师子比丘后加舍那婆斯、优婆崛、僧迦罗、须婆蜜多，下接达摩）。③ 经过改变后的传法世系看起来很整齐，但其中却存在着一个很大的问题，即舍那婆斯其实就是商那和修，而优婆崛显然就是优婆趜多的异写，这两位很重要的祖师在不同位置上用不同的汉文译名实际上出现了两次。但这一点，《坛经》的最初的作者似乎并不清楚。此现象说明，《坛经》所列的祖师世系还比较粗糙，尚处于形成过程中的较早阶段。④ 后来稍晚形成的智炬《宝林传》就发现了这一问题，于是进行了修正，于《付法藏因缘传》弥迦后加婆须蜜，又于师子后加婆舍斯多、不如蜜多、般若多罗、菩提达摩，仍为二十八代。此后《宗镜录》卷九七、《景德传灯录》卷一至卷三都采用了这种说法，遂成定论。⑤

从上文的论述可以看出，智顗天台法统说的形成比禅宗法统说的出现要早一个世纪，显而易见，禅宗的二十八代说，其实采纳的是天台宗的故智。

三论宗为隋唐之交著名僧人吉藏所创。《续高僧传》载："晚以大业初岁写二千部《法华》。隋历告终，造二十五尊像，舍房安置，自处卑室，昏晓相仍，竭诚礼忏。又别置普贤菩萨像，帐设如前，躬对坐禅，观实相理。"⑥ 他所造的用于"竭诚礼忏"的25尊像当为祖师像。可佐证此说的是，在河南沁阳悬谷山石窟和龙门石窟擂鼓台中洞雕刻的祖师像都是25尊。⑦ 悬谷山石窟的传法弟子像

---

① ［隋］智者：《摩诃止观》卷一（上），《大正藏》第46册，No. 1911，第1页a-b。

② 杨曾文：《天台宗的史前期——从慧文到慧思》，载黄心川主编《光山净居寺与天台宗研究》，香港：天马图书有限公司，2001年，第1～3页。

③ 杨曾文校写：《敦煌新本六祖坛经》，上海：上海古籍出版社，1993年，第66页。

④ 王邦维：《禅宗所传祖师世系与印度佛教的付法藏系统》，载杨曾文、方广锠编《佛教与历史文化》，北京：宗教文化出版社，2001年，第202页。

⑤ （日）田中良昭「禅宗祖统说改变考」『宗教研究』第47卷3辑，1974年，第145～146页。

⑥ ［唐］道宣撰，郭绍林点校：《续高僧传》卷一一《吉藏传》，北京：中华书局，2014年，第394页。

⑦ 王惠民：《祖师传承及其在中国的流行》，载李振刚主编《龙门石窟研究文集·2004年龙门石窟国际学术研讨会文集》，郑州：河南人民出版社，2006年，第640页。

侧都刻有题名，虽有风化，但仍然可以辨析。依次可复原为：大迦叶、阿难比丘、末田地比丘、商那和修比丘、优婆趜多比丘、提多迦比丘、弥遮迦比丘、佛陀难提比丘、佛陀蜜多比丘、胁比丘、富那奢比丘、马鸣菩萨、毗罗比丘、龙树菩萨、迦那提婆菩萨、罗睺罗比丘、僧伽难提比丘、僧伽耶舍比丘、鸠摩罗驮比丘、阇夜多比丘、婆修槃陀比丘、摩奴罗比丘、夜奢比丘、鹤勒那夜奢、师子比丘。[①]龙门石窟擂鼓台中洞所见祖师像与之完全一致，而且每像旁也同样都有文字，只是第三身与第五身字迹已经损毁。[②]值得注意的是，这两处石刻的祖师像均为25尊，比《付法藏因缘传》所列多出了两尊。除了上文提到的摩田提（末田地）外，又多出了二十三祖夜奢比丘。在《付法藏因缘传》中，摩奴罗和夜奢的地位是平等的：

> 次付比丘名摩奴罗，令其流布无上胜法。彼摩奴罗智慧超胜，少欲知足；勤修苦行，言辞要妙；悦可众心，善能通达三藏之义；于南天竺兴大饶益。时有尊者号曰夜奢，辩慧聪敏，甚深渊博，与摩奴罗功德同等。亦能解了三藏之义，流布名闻，咸为宗仰。曾于一时彼摩奴罗至北天竺，尊者夜奢而语之言：恒河以南二天竺国，人多邪见，听辩利智。长老善解音声之论，可于彼土游行教化。我当于此利安众生。时摩奴罗即如其语，至二天竺，广宣毗罗无我之论，摧伏一切异道邪见。所为既办，舍身命终。于是已后次有尊者名鹤勒那夜奢出兴于世，受付嘱法，广宣流布。[③]

摩奴罗在南印度传法，夜奢在北印度弘道，两者之间本无传付关系。摩奴罗将法直接传给了鹤勒那夜奢。悬谷山石窟和擂鼓台中洞石刻将摩田提和夜奢独立出来，作为祖师看待，是以《付法藏因缘传》为依据的，只是小有变通而已。

地论派，又作地论家、地论学派。北魏永平元年（508年），菩提流支、勒那摩提、佛陀扇多及义学缁儒10余人奉宣武帝之命，于洛阳翻译十地经论，历四年而成。其后，因菩提流支及勒那摩提之弟子间意见分歧，遂分为相州南道、相州北道两派。慧光承勒那摩提之说，于相州（今河南安阳）南部弘

---

① 王振国：《河南沁阳悬谷山隋代千佛洞石窟》，《敦煌研究》2000年第4期，第29页。
② 袁德领：《龙门石窟擂鼓台中洞之研究》，《敦煌研究》2003年第4期，第27页。
③ ［北魏］吉迦夜、昙曜译：《付法藏因缘传》卷六，《大正藏》第50册，No. 2058，第321页c。

法，称相州南道派，又称南道，系地论派之正统；道宠嗣菩提流支之法，宣讲于相州北部，是为相州北道派，又称北道。① 其中，南道高僧灵裕于开皇九年（589年）建安阳宝山第16号窟（大住圣窟），有塔铭题记曰："敬造窟，用功一千六百，二十四像世尊，用功九百……传法圣大法师廿四人。"② 二十四尊祖师像刻于南壁东侧，每像下都有题名，分别为：摩诃迦叶、阿难、摩田提、商那和修、优婆趜多、提多迦、弥遮迦、佛陀难提、佛陀蜜多、胁比丘、富那奢、马鸣菩萨、比罗、龙树菩萨、迦那提婆菩萨、罗睺罗、僧伽难提、僧伽耶舍、鸠摩罗驮、阇夜多、婆修槃陀、摩奴罗、鹤勒那夜舍、师子比丘。③ 可以明显看出，这是依据《付法藏因缘传》雕造的。由于地论派存在时间不长，至唐初即已消亡，未对禅宗形成影响。故禅宗祖统说的形成，只能从天台宗中寻其渊源。

马文在论及《付法藏因缘传》对中国各宗派法统之影响时，未提及三论宗与地论派，但提到了净土宗。④ 遗憾的是，文中未给出任何证据。据笔者所知，净土宗不像有些佛教宗派有师资授受的传承，不会有祖师的直接传承系统，况且，慧远大师当初并没有开宗立派的意思。因此，一千多年来，虽然信仰此宗的佛徒和杰出的大师很多，但都没有创立门户的意图。净土宗立祖之说始于宋代，有四明宗晓（1151~1212年）将历代修行念佛法门的六位德高望重者列为莲宗之祖，以晋代庐山慧远为莲社始祖，善导、法照、少康、省常、宗赜五人继之。⑤ 后来四明志磐改立慧远、善导、承远、法照、少康、延寿和省常为莲社七祖。⑥ 到了明清之际，众又举袾宏为第八祖。清道光年间，悟开又加推智旭为第九祖、实贤为十祖、际醒为十一祖。⑦ 晚近印光又改推行策为第十祖，实贤、际醒递降为第十一祖和十二祖。近人又推印光大师为十三祖。后人如此推崇，只不过是仰慕前人对净土的弘扬功劳而已，与天台宗、禅宗的衣钵相传和以心印法的传承，实不可同日而语。

① 王振国：《地论学派与少林寺》，载释永信主编《少林寺与中国律宗》，郑州：少林书局，2003年，第16~18页。

② 河南省古代建筑保护研究所编：《宝山灵泉寺》，郑州：河南人民出版社，1991年，第81、293页，图18。

③ 河南省古代建筑保护研究所编：《宝山灵泉寺》，郑州：河南人民出版社，1991年，第294页，图21。

④ 马格侠：《敦煌〈付法藏传〉与禅宗祖师信仰》，《敦煌学辑刊》2007年第3期，第119页。

⑤ ［宋］宗晓编：《乐邦文类》卷三，《大正藏》第47册，No.1969A，第192页c。

⑥ ［宋］志磐撰：《佛祖统纪》卷二六《净土立教志》，《大正藏》第49册，No.2035，第260页c~265页a。

⑦ ［清］空灵：《净业痛策·莲宗正传》，《续藏经》第62册，No.1199，第629页b。

第三节　莫高窟第196窟的高僧画像

马文认为敦煌石窟中出现有禅宗历代祖师资传承的内容，并引莫高窟晚唐时期第196窟榜题为佐证，试图证明该窟内"所绘制的五身高僧就应该是禅宗的西方五祖"。[①] 此说是否可信呢？我们仔细读一下莫高窟第196窟之题记，便可自明。该窟前室北壁西端上角有题记称：

> 如来成道，十二年中，有诸利根，略制戒律，十二年后，终至涅槃。有诸钝根，多行毁犯，随阙补过，广制戒律。譬如纳衣，为孔方补。佛临涅槃时，以此律藏，付嘱优婆离，佛灭度后，摩诃迦叶匡究云宝简取，五百大阿罗汉，于王舍城，结集法藏。尔时优婆离，一夏之中，八十度升高座，具足诵出大毗尼藏。如来佛所说□□□后，有八十诵，悉以付嘱摩诃迦叶。此迦叶将入灭度，以此律藏，付嘱阿难，阿难将欲灭度，付二大士，一名商那和修，二名末田地。依付法藏语说，尊者末田地向罽宾行化，不在经中，更不见记也。商那和修在王舍城行化，而商那和修临灭度时，以此法藏，付嘱优婆趜多。已上有大五师，总持八万法藏，智辩超群，神通莫侧（测）。而趜有五弟子，一名萨婆多，二名昙无德，三名弥沙塞，四名婆庶富，五名迦叶惟。此五人于大藏中，神解不同，阙于圆通，又皆圣智。观末代凡夫，钝不能具受大毗尼藏，各自简略，取舍不同，随众生所兴，分为五部。[②]

在该题记的东侧，还可看到如下文字：

> 二者四为（分）律，律主名昙无德，此方云法政。此人有菩萨根情性，传持此律。此间有晋国沙门支法师，令往向西土，从于阗国，赍四分律本，还到秦国。国王姚兴，以弘始十二年，秦右将军司隶校慰（尉）姚嵩，于长安寺中集全德沙门三百余人，请罽宾国三藏，大乘律师佛陀利舍，译出四分

---

① 马格侠：《敦煌〈付法藏传〉与禅宗祖师信仰》，《敦煌学辑刊》2007年第3期，第125页。

② 徐自强、张永强、陈晶编著：《敦煌莫高窟题记汇编》，北京：文物出版社，2014年，第216～217页。

律，并长阿含经。凉州比丘竺法念，译胡音，秦国道云、道含等笔□（授），此上律兴四分第二。①

从这两方题记中我们可以清楚地看出，前一方叙述了律藏在印度的发展与传承，后一方言明律藏由印度到中土的传译过程。题记提到，趣多有五弟子，一名萨婆多，二名昙无德，三名弥沙塞，四名婆庶富，五名迦叶惟。这五人均是以持律而闻名。莫高窟第196窟的内容有不少就是以弘扬律藏为主基调的。《敦煌石窟内容总录》记该窟前室"南壁上画高僧与净人传戒""北壁上画高僧传戒律图并题记二方"。②窟内题记与律有关者，除上引二方题记外，还有如下供养人题名："窟主管释门都法律京城内外临坛供奉大德阐扬三教大法师沙门戒智一心供养""清信弟子释门法律戒三……临坛大德□教诫……沙门戒文供养"。此外，还可看到"戒胜""戒集""戒寂""戒□""戒深"等及"戒"字辈和尚的题名。③这些供养比丘基本上来自乾元寺。④上述诸因素都隐约透露出该窟与佛教戒律及律宗间的关系。综合洞窟内题记及壁画内容，不难推定，莫高窟第196窟的壁画是以弘律和持律为主导思想的。此前早已有人揭橥这两方题记的属性与价值，指出其中的第一方题记"是说佛教律藏的传承"，第二方题记"是说四分律传入中土的过程"。⑤马文也注意到了这一说法并加以引用，却又得出了"该洞窟所绘制的五身高僧就应该是禅宗的西方五祖"的结论，自相矛盾。其实，与其将这五身高僧像看作禅宗的西方五祖，还不如将其视作律宗五宗似乎更合适一些。依榜题内容，推而论之，该五身高僧像，分别应为优婆趣多之弟子萨婆多、昙无德、弥沙塞、婆庶富和迦叶惟。其中的昙无德（法正，Dharmaguptah），被奉为律宗的初祖。⑥故曰，与其利用第196窟的榜题及壁画内容来阐述《付法藏因缘传》与禅宗祖师信仰，毋宁将之视为研究律宗传承的资

---

①　敦煌研究院编：《敦煌莫高窟供养人题记》，北京：文物出版社，1986年，第86～87页。在引用时对原标点断句和个别文字有更正。如，原文的"四为律"应为"四分律"之误。

②　敦煌研究院编：《敦煌石窟内容总录》，北京：文物出版社，1996年，第77页。

③　敦煌研究院编：《敦煌莫高窟供养人题记》，北京：文物出版社，1986年，第87～88页。

④　梅林：《"何法师窟"的创建与续修——莫高窟第196窟年代分论》，载《艺术史研究》第8辑，广州：中山大学出版社，2006年，第418～420页。

⑤　袁德领：《莫高窟第196窟前室北壁上部内容考辨》，《敦煌学辑刊》2002年第2期，第123～124页。

⑥　劳政武著：《佛教戒律学》，北京：宗教文化出版社，1999年，第69～71页；杜斗城、杨富学：《嵩山与律学高僧》，载释永信主编《少林寺与中国律宗》，郑州：少林书局，2003年，第4～5页。

料显得更为恰当。

马文认为，在敦煌遗留下来的《付法藏因缘传》中有一些"纯粹是为莫高窟祖师像所写榜题草稿"。这类经卷在敦煌遗留下来的有三份，分别为P.2971、京咸29和P.3727。其中，P.2971《壁画榜书底稿》载有如下内容：

> 东壁第一须菩提、第二富楼那、第三磨诃迦旃①延、第四阿那律、第五优波梨②、第六罗睺罗、第七阇夜多、第八婆修盘陁、第九摩奴罗、第十鹤勒那夜奢、第十一师子比丘、第十二达摩祖师、第十三惠可禅师、第十四璨禅师、第十五信大师、第十六弘忍禅师、第十七能大师、第十八无著菩萨、第十九世亲③菩萨、第二十罗什法师、第二十一佛图澄、第二十二刘萨诃、第二十三慧远和尚。④

这里出现的23人均被马文列入祖师。其实非也。23人中，前六人位居释迦牟尼十大弟子之列，二者对应关系为：

第一须菩提	须菩提解空第一
第二富楼那	富楼那说法第一
第三磨诃迦旃延	磨诃迦旃延论义第一
第四阿那律	阿那律天眼第一
第五优波梨	优婆离持律第一
第六罗侯（睺）罗	罗睺罗密行第一

佛陀的这六位大弟子均与禅宗关于祖统传承的《付法藏因缘传》没有任何关系。在莫高窟第6窟、第22窟、第44窟、第74窟、第87窟、第160窟等窟的彩塑或壁画中，数度出现释迦牟尼的十大弟子，并署有清晰的榜题。

第十二至十七所列达摩祖师、惠可禅师、[僧]璨禅师、[道]信大师、弘

---

① "旃"，马文误录为"颜"。

② "优波梨"，马文误录为"优婆趣"。

③ "亲"，马文误录为"积"。

④ 上海古籍出版社、法国国家图书馆编：《法藏敦煌西域文献（第20册）》，上海：上海古籍出版社，2002年，第283页。

忍禅师、[慧]能大师是中土禅宗公认的六祖，在《付法藏因缘传》也找不到其名号。若谈禅宗从印度到中国禅宗的发展与传承，中土的这六位祖师不可或缺，若仅就《付法藏因缘传》而论，则与他们毫不相干。

第十八至二三为无著、世亲、鸠摩罗什、佛图澄、刘萨诃、慧远，他们分别是印度、西域、河西走廊及中原地区的高僧，有的以著书立说闻名遐迩（如无著、世亲），有的以译经弘法名扬天下（如鸠摩罗什、佛图澄、慧远），有的以具有神异功能而家喻户晓（如刘萨诃）。以上六位与《付法藏因缘传》没有任何关系，与禅宗在中土的传承与发展更是扯不上边。马文把杂抄于《付法藏因缘传》其间的"泗州僧伽和尚无念因缘，寺门首立禅师、无著菩萨（并弟子）、世亲菩萨（并弟子）、罗什法师（所□弟子）、佛图澄、刘萨诃、慧远和尚"等内容视为敦煌禅宗祖师信仰的例证，缺少理论根基，在大量的敦煌禅宗史料中无法找到把他们作为禅宗祖师的依据。由于当时抄经纸张缺乏，在不少的废弃或缺乏再利用价值的文献中都有杂抄的内容，这些杂抄的内容更需学养辨析，以免贻笑方家。笔者以为，将那些与高僧鸠摩罗什、佛图澄、刘萨诃、慧远等有关的杂抄放在敦煌民间信仰及当地佛教发展的环节中去考虑，似乎更妥帖一些。

余下的阇夜多、婆修盘陀、摩奴罗、鹤勒那夜阇、师子比丘五人是《付法藏因缘传》中出现过的祖师。值得注意的是，他们在《付法藏因缘传》中位置是第二十至二十四祖，与P.2971《壁画榜书底稿》所列位置第七至第十一也迥然有别。

总之，莫高窟第196窟的壁画内容与付法藏传是不相干的，更与禅宗祖师信仰毫无关联。就笔者所知，在为数众多的莫高窟供养人题记或画像榜题中，根本无法找到完整或较为完整的符合《付法藏因缘传》排列次第的西方二十八祖。

第四节 《付法藏因缘传》与祖师付嘱心法的传承

马文在叙述完敦煌文献中的《付法藏因缘传》后，接着探讨禅宗祖师信仰问题。那么，二者是如何联系起来的呢？文中未作任何交代。其实，二者之间还应有一个过渡，那就是印度佛教的历代祖师付嘱心法。关于这一问题，敦煌出土的禅宗早期史书《历代法宝记》（S.516）中曾有这样的叙述：

案，《付法藏经》云：释迦如来灭度后，法眼付嘱摩诃迦叶，迦叶付嘱阿难，阿难付嘱末田地，末田地付嘱商那和修，商那和修付嘱优波掬多，优波掬多付嘱提多迦，提多迦付嘱弥遮迦，弥遮迦付嘱佛陀难提，佛陀难提付嘱佛陀蜜多，佛陀蜜多付嘱胁比丘，胁比丘付嘱富那耶奢，富那耶奢付嘱马鸣，马鸣付嘱毗罗长老，毗罗长老付嘱龙树，龙树付嘱迦那提婆，迦那提婆付嘱罗侯，罗侯付嘱僧迦那提，僧迦那提付嘱僧迦耶舍，僧迦耶舍付嘱鸠摩罗驮，鸠摩罗驮付嘱阇夜多，阇夜多付嘱婆修槃陀，婆修槃陀付嘱摩奴罗，摩奴罗付嘱鹤勒那，鹤勒那付嘱师子比丘，师子比丘付嘱舍那婆斯。

此说肯定了印度祖师付嘱心法的传承脉络。敦煌写本 S.1635《泉州千佛新著诸祖师颂》在记述了与上大致相同的传法世系后，接着载舍那婆斯付嘱不如蜜多，不如蜜多付嘱般若多罗，般若多罗又付嘱菩提达摩，菩提达摩开始在中土传法，被称为中国禅宗的始祖。这样印度共有 28 代禅宗祖师。P.3047 唐人独孤沛的《菩提达摩南宗定是非论》是这样描述禅宗在内地的付嘱传承的：

和上答："从上已来，具有相传付嘱。"

又问："相传付嘱已来，经今几代？"

和上答："经今六代。"

远法师言："请为说六代大德是谁？并叙传授所由。"

和上答："后魏嵩山少林寺有婆罗门僧，字菩提达摩，是祖师。达摩在嵩山将袈裟付嘱与可禅师；北齐可禅师在岘山将袈裟付嘱与璨禅师，隋朝璨禅师在司空山将袈裟付嘱与信禅师，唐朝信禅师在双峰山将袈裟付嘱与忍禅师，唐朝忍禅师在东山将袈裟付嘱与能禅师。经今六代，内传法契，以印证心；外传袈裟，以定宗旨。从上相传，一一皆与达摩袈裟为信。"

付嘱心印法是印度佛教的传承特点之一，禅宗在中国形成后，其传承特点变为付嘱心印法加传信衣法，这样灯灯相续，法炬恒明，内传法契，以印证心；外传袈裟，以定宗旨。有关记载见于敦煌文献中的 S.2144《圣胄集》，兹选录如下：

鸠摩罗多临般涅槃时，密传心印咐嘱阇夜多尊者，偈云：

言下合无生，因于法界性，若能如是解，通理事理竟。

阇夜多临般涅槃时，密传心印咐嘱婆修槃头，偈云：

泡幻同无碍，云何不了悟，建法在其中，非今亦非古。

……

达摩临般涅槃时，密传心印咐嘱惠可大师，偈云：

本来缘有地，因地种花生，本来无有种，花亦不能生。

惠可大师临般涅槃时，密传心印咐嘱僧璨大师，偈云：

花种虽因地，从地种花生，若无人下种，花地尽无生。

璨大师临般涅槃时，密传心印咐嘱道信大师，偈云：

花种有生性，因地花生生，大缘与性合，当来不生生。

信大师临般涅槃时，密传心印咐嘱弘忍大师，偈云：

有种来下种，因地果还生，无生既无种，无情亦无生。

弘忍大师临般涅槃时，密传心印咐嘱惠能大师，偈云：

惠能大师告诸长老，衣信到吾处不传也。所以达道，一花开五叶，结果自然成，从可大师至吾，合五人也。普告诸长老曰：如来以大法眼，付嘱大迦叶，辗转相传于我，我今将此正法眼藏，付嘱于汝，汝善护持，勿令法眼断绝，听我偈言：

心地菩萨性，普雨悉众生，顿悟花情已，菩提果自成。

以该文献与敦煌文献中的《付法藏因缘传》相结合，可对我们进一步认识密传心印法从印度禅法到中国禅宗之发展演变具有积极的指导作用。印度佛教历代祖师付嘱心法的传承，为研究印度禅思想的发展历史梳理了一个清晰的脉络。

结　论

综上所述，敦煌文献中的付法藏传文献其实应为21件，归纳起来，可分为《付法藏因缘传》(《付法藏传》，12件)和《付嘱法藏传略抄》(9件)二类，后者是前者的略本。敦煌莫高窟第196窟出现的佛教高僧画像，反映的主要是律宗内容，与《付法藏因缘传》及禅宗祖师信仰无关。敦煌文献中的《付法藏因缘传》旨在阐述禅宗在印度历代祖师付嘱心法的传承，为中国禅宗祖统说的形成与发展奠定了基础。禅，在印度是以心传法，在传入中国后有所发展，在以心传法的基础上增加了传信衣之法。西方共二十八祖，中土共六祖，其中西方第二十八祖菩提达摩同时又是中国禅宗的始祖，共计三十三祖，这种说法已为学界和教界人士所广泛认可。至于其他一些说法，[①] 但都只能算作一家之言罢了。

---

① 关于禅宗西土祖师的各种说法与考析，可参见王振国《关于龙门擂鼓台中洞与看经寺的罗汉问题》，载敦煌研究院编《2004年石窟研究国际学术会议论文集》，上海：上海古籍出版社，2006年，第1007～1017页。

第十四章　禅宗与回鹘

　　回鹘佛教初兴于唐，发展于宋，盛行于元，大致走过了一条与汉地佛教逆行的轨道。汉地流行的大乘佛教八宗（天台宗、华严宗、三论宗、瑜伽宗、禅宗、净土宗、律宗、密宗）对回鹘也少有影响。19世纪末20世纪初以来西域、敦煌诸地相继发现的数以万计的回鹘文文献对这些宗派了无反映，故前人在论述回鹘佛教时概不及此。近来阅读元人文集和佛教典籍，陆续发现了多种记载回鹘僧徒修习禅宗的资料，堪称可贵。今略加整理公布，以期对回鹘佛教史和中国禅宗史的研究有所补益。

第一节　明本与回鹘禅僧

　　众所周知，禅宗兴起于唐末五代，以主张用禅定概括佛教的全部修习而得名。元代，蒙古统治者极力推崇藏传佛教，并实行尊教（指藏传佛教萨迦派）抑禅政策，禅宗的发展受到抑制，致使禅宗在北方影响日衰，唯南方江浙一带因远离蒙古统治中心，而得以继续保持着逐步发展的势头，涌现出明本、惟则二位著名的临济宗大师。

　　明本（1263~1323年），号中峰，晚自称幻庵、幻住等，俗姓孙，钱塘人。自幼求佛法，24岁时参天目山高峰原妙和尚，大悟彻底，说法无碍。因不訾当时流行的"只尚言通，不求实悟"及机锋、棒喝之风气，强调实参实悟，做本分道人，主张儒释调和，教禅一致，禅净融合，并经常云游四方，讲经弘法，著有《天目中峰和尚广录》和《天目中峰和尚杂录》。当其在浙江天目山弘法时，"从之者如云，北极龙漠，东涉三韩，西域、南诏之人，远出万里之外，莫不至焉"。① 其中来自西域的回鹘僧不少，《天目中峰和尚广录》有数篇文字即专

---

　　①　［元］虞集：《道园学古录》卷四八《智觉禅师塔铭》，四部丛刊本。

为回鹘禅僧而作。

其一为《示伊吾显月长老》[①]。显月，梵名乌巴剌里失，伊吾（今新疆哈密市）人，亦有谓其为高昌人者。

其二为《示萨的迷的理长老》[②]。这里的萨的迷的理，在他处又写作善达密的里，北庭（今新疆吉木萨尔县）人，字慈寂，号照堂。

其三为《示慈护长老》[③]。慈护，高昌（今新疆吐鲁番市）人，"乃高昌三藏喜庵妙公之母氏也"。

其中，照堂长老是明本门下最为著名的回鹘禅僧（？~1337年），曾著有《照堂长老义感集》，惜已不传，但其同门师兄弟、好友天如和尚为之撰写的序言得以留存至今，对其事迹多有记述。兹节录于下：

> 照堂，高昌名族之裔……其俗尚佛教好施与，又好引援进取以相荣，盖去国已远，见乡人虽疏亦亲，故彼氏之为沙门者往往得厚施，或得厚名位。而照堂一无取焉，唯道是嗜。凡显密二宗，大声实之士悉从事之，尽其学，未厌其志。延祐间南来天目扣直指之学于幻住先师，日有深造，遂眷眷不忘弃去……殆先师告寂，始北归。[④]

他北归后将明本遗著《天目中峰和尚广录》呈献给元顺帝。此举得到回鹘人沙剌班的支持，"奉表以闻……得赐入藏"。[⑤]顺帝于元统二年（1334年）命将其书刊入藏经，并赐其号"普应国师"。[⑥]当时，藏传佛教被尊为国教，赐号国

---

① ［元］明本撰，慈寂编：《天目中峰和尚广录》卷四上，载蓝吉富主编《大藏经补编·第25册》，台北：华宇出版社，1981年，第735页。

② ［元］明本撰，慈寂编：《天目中峰和尚广录》卷四上，载《大藏经补编·第25册》，台北：华宇出版社，1981年，第735~736页。

③ ［元］明本撰，慈寂编：《天目中峰和尚广录》卷四上，载《大藏经补编·第25册》，台北：华宇出版社，1981年，第736~737页。

④ ［元］天如：《天如惟则禅师语录》卷六《照堂长老义感集序》，见《大日本续藏经》第1辑第2编第27套第5册，第802页b。

⑤ ［元］揭傒斯：《天目中峰和尚广录序》，载《大藏经补编·第25册》，台北：华宇出版社，1981年，第689页。

⑥ ［元］慈寂：《进天目中峰和尚广录表》《降赐天目中峰和尚广录入藏院札》，载《大藏经补编·第25册》，台北：华宇出版社，1981年，第687~689页。

师者一般都是藏传佛教大喇嘛，明本以禅师身份受封，实属"旷世恩典"。[①] 回鹘人慈寂也因编纂其遗著《天目中峰和尚广录》而得以在中国禅宗史上留有一席之地。

第二节　元代回鹘禅僧考屑

据载，元代著名的回鹘文学家、诗人、史学家和散曲家贯云石（1286~1324年）也颇受天目中峰和尚的影响。在贯云石隐退钱塘后，每逢暑期便入天目山随其修禅：

> 入天目山，见本中峰禅师，剧谈大道，箭锋相当。每夏，坐禅包山，暑退始入城。自是为学日博，为文日邃，诗亦冲澹简远，书法稍取法古人而变化，自成一家。其论世务，精核平实。识者喜公，谓将复为世用，而公之踪迹与世接渐疏。日过午，拥被坚卧，宾客多不得见。僮仆化之，以昼为夜，道味日浓，世味日淡。[②]

这一记载说明，贯云石禅学修养不浅，竟可与中峰禅师幻住"剧谈大道，箭锋相当"。中峰禅师还曾撰《笭箵引》，云："钱唐月夜凤凰山，曾听酸斋吹铁笛。"[③] 表达了他和贯云石之间的深厚友谊。贯云石英年早逝，去世时年仅39岁，去世前他一直闭门谢客，过着与世隔绝的生活。其友张可久说他"学会神仙，参透诗禅，厌尘嚣，绝名利，近林泉"，[④] 即真实地反映了道教与禅宗思想对他的深刻影响。

尤有进者，元代之回鹘官员还大兴土木，为禅宗修建寺庙，如时任云南行省左丞的回鹘人阿昔思即曾于昆明修建圆通寺。据载：

> 滇城之北陬一许里……有寺曰圆通，资善大夫、云南行中书省左丞阿

---

① 吴立民主编：《禅宗宗派源流》，北京：中国社会科学出版社，1998年，第511页。

② ［元］欧阳玄著，魏崇武、刘建立点校：《欧阳玄集·圭斋文集》卷九《元故翰林学士中奉大夫知制诰同修国史贯公神道碑》，长春：吉林文史出版社，2009年，第104页。

③ ［元］天如：《天如惟则禅师语录》卷五《笭箵引》，见《续藏经》第5册，第797页b。

④ ［元］张可久：《骂玉郎过感皇恩采茶歌》（为酸斋解嘲），载隋树森编《全元散曲》，北京：中华书局，1964年，第830页。

昔思之所新也……皇庆元年壬子，天子赐玺书，嘉乃用心。延祐六年，岁在己未，工始落成，住持僧佛日圆照普觉大师、大休大禅师、弘觉大师、普圆讲主、广慧大师普政，轨行高洁，宗风振焉……公，高昌人，恭慎慈戒，盖本之天性云。①

我们知道，圆通寺是云南禅宗史上著名的寺院之一。初建于南诏，名补陀罗寺，后逐渐衰微，仅剩下残垣断壁。元大德五年（1301年），在当地回鹘官员阿昔思的主持下另建圆通寺。寺有大殿三间和钟楼、鼓楼，两侧建宝塔各一，方丈、云堂、僧舍应有尽有。殿与殿之间广种竹木花卉，还劈出了菜园，拨有田地，作为寺院香火之资。皇庆元年（1312年），阿昔思受到元仁宗赐书嘉勉。延祐六年（1319年）全寺落成，延纳禅僧大休及其弟子佛日圆照普觉、弘觉、普圆、广慧等5人住于此寺，弘扬禅法。一时声名鹊起，信徒云集，圆通寺遂成当地最著名的禅寺。其后历久不衰，以至绵延于今。可以说，在云南禅宗史上，回鹘人阿昔思还是值得一书的。

此外，元代著名的回鹘喇嘛僧"三藏法师沙津爱护持必纳雅实理（即必兰纳识里——引者）游方时，常从师（指天目中峰明本——引者）参诘"。②

尤其值得注意的是《天目中峰和尚广录》对一位来自高昌的禅僧言论的记录：

> 一长者生高昌，素有向道之志。虽致身贵宦，未尝见其有暴怒之容。一日谓余曰："佛法有二途，曰浅，曰深。其深者固非俗子所能造诣；浅者尝博闻而熟解之，唯此心不能与所闻所见相应耳，于此未尝不自责也，因叩之。"
>
> ［明本］曰：佛法广大遍入寰区，虽佛祖不能正视尔，何人辄以深浅议之哉？乃曰：心识之蕴奥，境观之差殊，悟理之是非，乘戒之宽急，此皆佛法之深者。如云世间财货甚于毒蛇，能损善根，能滋苦本，此佛法之浅

---

① ［元］李源道：《创建圆通寺记》，载《民国新纂云南通志》卷九三《金石考》，南京：凤凰出版社等，2019年，第416页。

② ［元］虞集：《道园学古录》卷四八《智觉禅师塔铭》（四部备要本），上海：中华书局，1936年，第333页。

者。自最初入道，历涉诸师之门，未有一人不如是。①

尽管这位长者未留下姓名，但知其生于高昌，以元代西域的民族与宗教形势论，自应为回鹘人。若这一推测不误，那么这则资料就堪称无价之宝了，尽管其内容非常简单，仅阐述了自己对佛法所谓"深""浅"的看法，且不为明本所认可。因为我们在众多的回鹘佛教文献中，除伦敦大英图书馆藏 Or.8212—108 回鹘文《说心性经》〔回鹘文原作 *xin（köngül）tözin uqïttačï nom bitig*〕② 及慈寂《进天目中峰和尚广录表》曾对佛教哲学略有涉及外，这就是唯一的记载了。况且，《说心性经》是回鹘人的原作还是译作至今尚难定论，慈寂所论也仅及其师明本的思想与贡献。

上文提到的天如和尚，又称惟则（1286~1354年），是继明本之后元代禅宗之另一巨匠，与回鹘高僧照堂同为明本法嗣，关系友善。元顺帝至元年间（1335~1340年），他主持了苏州师子林正宗禅寺，发扬明本以来临济宗风，同时兼通天台教理和净土宗，影响很大，故有许多回鹘僧徒随其修禅，如回鹘著名文学家贯云石和阿里西瑛都与之过从甚密。其他执弟子礼的回鹘人就更多了，如江浙行省平章政事、江西行省平章政事的道童（号石岩）；行省平章图鲁（法号妙空居士）；行宣政院使若岳权术（又名石木）；江浙行省平章阿台脱因及其子荣禄大夫、中书省平章政事买住（字简斋）、孙江西行中书省左右司郎中普达实立（字仲温）等。其中，普达实立（1304~1347年）曾先后官至西台御史、浙东廉访副使、江西行省郎中，其佛事活动在郑元祐撰《立雪堂记》中有如是记载：

> 荣禄大夫、江西等处行中书省平章政事高昌简斋公……曰："昔普应国师（即天目中峰明本——引者）倡道天目时，予先君秦国公（即阿台脱因——引者）方平章江浙，以其素学参扣于国师，国师之弟子东殚三韩，南极六诏，西穷身毒，北弥龙沙，则其近地既可知已。今中吴师子林主者

---

① ［元］明本撰，慈寂编：《天目中峰和尚广录》卷一八《东语西话》上，载蓝吉富主编《大藏经补编·第25册》，台北：华宇出版社，1981年，第893页。

② 庄垣内正弘「ウイグル語寫本·大英博物館藏 Or.8212-108 について」『東洋學報』第57卷第1～2號，1976年，第017～035〔272～254〕頁；杨富学、张田芳：《敦煌本回鹘文〈说心性经〉为禅学原著说》，《西南民族大学学报（人文社科版）》2018年第1期，第79～86页。

天如和尚，在国师之门尤为得法上首，颖异秀出者也。余今所寓与师林相密迩，时时扣门瞻礼请益……名公贵人，向师道风，参拜跪跽，获闻一言，如饮甘露……予胄出高昌，依佛为命，睹兹僧宝，敢同寒蝉，第以学匪房、裴，艰于赞颂，辄为师手书二扁，名说法之堂曰"立雪"，禅燕之室曰"卧云"，仍命工刻诸梓而揭之，以寓参承之意。①

由此可知，元代回鹘人江西等处平章政事买住及其父亲阿台脱因都曾因崇尚师子林天如和尚而投其门下。《天如惟则禅师语录》中录有多篇天如与普达实立（字仲温）的问答之作，如《普说》（卷2，系天如应普达实立副使、脱铁睦尔副使及回鹘人买奴海牙同知等人的请求而讲说的禅法）、《与普达实立副使》（卷8）、《答仲温副使病中疑问》（卷8）等。其中，《答仲温副使病中疑问》对普达实立之宦迹及禅修均有所描述，洵为稀有可贵之史料，兹引录于下：

仲温，达士也……近年笃志闻道……才德粹美，秉清要之权者十余任矣。忠孝两全，朝野交颂……勋业方兴，乃缩缩退避，以究吾宗别传之学。每语人曰："某之精神梦想，无日不在师子林下。"

此外，《天如惟则禅师语录》中与回鹘禅修有关的还有《跋高昌公子按乐图》（卷7）及诗作《高昌国无敌长老请名胜幢》（卷5）等。

出自高昌的回鹘禅僧可考者还有观法师鉴空：

高昌观师领寺事，道风法器，素为四众依响……观字无相，鉴空其号已（也）。吉安路达鲁花赤忽都海牙公之孙，安陆府同知蛮子海牙公之子，幼即有禅性，不茹荤血。元统元年，授（受）皇太后旨，赐金襕袈裟，落斧发，受戒具。至正七年，承行院札至本寺法席，嗣于本寺隐岩净显师云。②

元代是藏传佛教的极盛期。由于元政府的极力扶持，藏传佛教成为当时的主流信仰，回鹘佛教即深受其影响，有不少人皈依之，相继涌现出叶仙鼐、阿

---

① ［元］郑元祐：《侨吴集》卷九《立雪堂记》，载《北京图书馆古籍珍本丛刊》卷95《集部·元别集类》，北京：书目文献出版社，1987年，第791页。

② ［元］杨维桢：《东维子文集》卷二○《惠安禅寺重兴记》，四部丛刊本。

鲁浑萨理、迦鲁纳答思、舍蓝蓝、必兰纳识里等著名的喇嘛僧。[①] 有意思的是，也正是在这一时期，汉地的禅宗开始在迁入内地的回鹘人中产生影响，看来当时回鹘僧徒并未受藏传佛教这一主流信仰的局限。

结　论

总之，元代回鹘僧侣和佛徒中修习禅宗者为数不少，其中又以修习临济宗者居多，他们的活动对元代汉地佛教的发展做出了一定的贡献。可以设想，如果能对元代文献做进一步搜检，肯定还会有更多的回鹘禅宗史料发现。笔者拭目以待。

---

① 杨富学著：《中国北方民族历史文化论稿》，兰州：甘肃人民出版社，2001年，第18～20页。

第十五章 回鹘文《说心性经》作者智泉身份考

第一节 《说心性经》概说

敦煌、吐鲁番发现的古代回鹘文佛教文献中，部头大且内容保存完整者为数不多，大多都可寻其源头，只有两件例外，文献虽刊布既久，但始终找不到来源。其一为吐鲁番木头沟出土的《Insadi经》写本，系1906年由德国第三次吐鲁番探察队所获，现存柏林，编号TIIIM228（Ch/U 7570），残存35页，计1121行，每页均以汉字标明页码，文中穿插不少汉字，书名见于第757行，写作"insadi sudur"。从文中穿插的汉字看，似当译自汉文，但学者们迄今未能找到与之相应的汉文原本。[①] 各品之后常附有赞弥勒之文，从内容看属小乘之作，约抄写于元代。

其二即为本文所探讨的《说心性经》，回鹘文题作"xin（köngül）tözin uqïttačï nom bitig"，由英人斯坦因于1907年发现于敦煌莫高窟北区，现存伦敦大英图书馆，系编号为Or.8212-108中之一部（2a~16b），册子本，存405行。Or.8212-108为不同内容佛教文献的集成，其中包括多种韵文诗，除《说心性经》外，还有安藏撰韵文体《华严赞》（17a~19a和27b~31b）、无名氏著字母诗（24a~27a）及必兰纳识里（Prajnā-śri）所撰佛教赞美诗（32a~b）。纸质细薄，长5.875英寸，高7.75英寸，字体为回鹘文草体，但清晰可读。每面写13~15行，拼写法比较规则，但有时存在t与d、s与z字母交替使用的情况。在文献末尾（第404~405行）有题跋曰：

[①] Senih Tezcan, *Das uigurische Insadi-sūtra* (=Berliner Turfantexte Ⅲ), Berlin, 1974.

wapšï baqšï yaratmïš 心 tözin oqïdtačï nom bitiyü tügädi ∷ 善哉 sadu bolzun ∷ Čisuya bitidim ∷ ①

《说心性经》写本未署明年份，但特肯发现，文书缮写人 Čisuya/Čisön 同时又是同一写本（Or.8212-108）所见哲理诗的作者，写作 Čisuya/Čisön Tutung。哲理诗后有题记曰：

küskü yïlïn toquzunč aynïng on yangïta，

körtklä tangïsuq taydu kedini gao lenhuata，

köp yašamaqlïɣ boduɣïn kök qalïɣïɣ

küčäyü bädizägäli umunmïšïn körgü üčün bitidim. Čisön tutung

鼠年九月初十，在大都（Taydu）西部的魅力、迷人的高莲花（gao lenhua）②

用长生不老的颜色把虚空

极力装饰的愿望变成现实而写。智泉都统。③

这里的 Taydu 即指"大都"，此名在文献中出现即意味着这一文献为元代遗物，文献的书写风格与词法特征也正与此合。书中多处引用相当于汉文《首楞严经》和《华严经》的文字。内容可分为四部分：第一部分（2b/2~6b/2）总论及心性，第二部分（6b/2~11b/11）解说关于心性的"三种门"，第三部分（11b/12~16a/9）阐述正确理解"三部法"问题之方法，第四部分（16a/10~16b/13）为结语。④

最早研究该写本的为土耳其学者阿拉特，他在《古代突厥诗歌》一书曾多

① R. R. Arat, *Eski Türk Şiiri*, Ankara, 1965, S.124; S. Tekin, *Buddhistische Uigurica aus Yüan-Zeit, Teil I: HSIN Tozin oqidtaci Nom*, Budapest, 1980, S.53, 145.

② gaolenhua，日人中村健太郎将其比定为大都西注入积水潭的"高粱河"，元代畏兀儿的聚居地魏公村即坐落于该河南岸。见氏著「14世紀前半のウイグル語印刷仏典の奥書に現れる［könčög イドゥッククト王家］をめぐって」『内陸アジアの研究』XXVI，2009年，第159頁。存疑。

③ R. R. Arat, *Eski Türk Siiri*, Ankara, 1965, S.124；阿不都热西提·亚库甫著：《古代维吾尔语赞美诗和描写性韵文的语文学研究》，上海：上海古籍出版社，2015年，第59页。

④ 杨富学著：《回鹘之佛教》，乌鲁木齐：新疆人民出版社，1998年，第115页。

次引用该经的语句。① 根据阿拉特未刊稿本，鲁宾从佛教学的角度对文献进行了研究。② 嗣后，写本内容渐为学界所知，但对文书本身的系统论述则是1976年由庄垣内正弘进行的。③ 后来，特肯又刊布了文书全文的拉丁字母转写和德译，书后附有原写本图版。④ 近期，该文献又由张铁山、阿里木·玉苏甫分别译为汉文发表。⑤ 二者译文虽朴华有别，然大同而小异，足资取信。

写本原文中夹写汉字，但在汉文大藏经中却一直找不到对应的底本，因此，学术界对其来源争论不已。澳大利亚佛学家谢德琼（J. W. de. Jong）和德国著名回鹘文专家茨默都认为这部著作可能译自某一部汉文佛典，但具体是哪一部却一时无法确定。⑥ 另一位德国回鹘文专家劳特（J. P. Laut）疑其或为某瑜伽（Yogacara）行派著作的译本。⑦ 更多的学者则将其解释为一部不可多得的回鹘文佛教哲学原著。⑧ 阿里木·玉苏甫于近期出版的《回鹘文〈说心性经〉研究》一书，一方面言其为佛教哲学原著，另一方面又称其有译自某部著作的可能性。⑨

笔者起始也倾向于佛教哲学原著说，但又心存疑惑，故而指其"似为一

① R. R. Arat, *Eski Türk Siiri*, Ankara, 1965, S.63-161.

② W. Ruben, Bir Uygur filozofu hakkinda, Ⅲ, *Turk Tarih Kongresi*, Ankara, 1948, S.314-337.

③ （日）庄垣内正弘「ウイグル语写本·大英博物馆藏Or. 8212-108について」『東洋學報』第57卷第1～2號，1976年，第017～035（272～254）頁。

④ S. Tekin, *Buddhistische Uigurica aus der Yüan-Zeit, Teil I: HSIN Tozin oqidtaci Nom*, Budapest, 1980, S.17-142.

⑤ 张铁山：《回鹘文佛教文献〈说心性经〉译释》，载《中国少数民族文学与文献论集》，沈阳：辽宁民族出版社，1997年，第359～369页；阿里木·玉苏甫：《回鹘文〈说心性经〉研究》，北京：中国社会科学出版社，2014年，第36～105页。

⑥ J. W. de. Jong, *Review to S.* Tekin, Buddhistische Uigurica aus der Yüan-Zeit, *Indo-Iranian Journal Vol.25, 1983, p.226*; P. Zieme, Religion und Gesellschaft im Uigurischen Königreich von Qočo. Kolophone und Stifter des alttürkischen buddhistischen Schrifttums aus Zentralasien, Opladen: Westdt. Verl., 1992, S.44; P. Zieme, The "Sutra of Complete Enlightenment" in Old Turkish Buddhism, *Collection of Essays 1993. Buddhism Across Boundaries-Chinese Buddhism and the Western Regions*, Taipei, 1999, p.471.

⑦ J. P. Laut, Berwetung der buddhisische Uigurica aus der Yüan-Zeit, *Zeitschrift der Deutschen Morgenlandischen Gesellschaft*, Bd. 134, 1984, S.153.

⑧ W. Ruben, Bir Uygur filozofu hakkinda, Ⅲ, *Turk Tarih Kongresi*, Ankara 1948, S.314-337；耿世民著：《敦煌突厥回鹘文书导论》，台北：新文丰出版公司，1994年，第112页；张铁山：《回鹘文佛教文献〈说心性经〉译释》，载《中国少数民族文学与文献论集》，沈阳：辽宁民族出版社，1997年，第341页。

⑨ 阿里木·玉苏甫：《论回鹘文〈说心性经〉来源》，载张定京、阿不都热西提·亚库甫编《突厥语文学研究——耿世民教授八十华诞纪念文集》，北京：中央民族大学出版社，2009年，第27～36页；阿里木·玉苏甫：《回鹘文〈说心性经〉研究》，北京：中国社会科学出版社，2014年，第5页。

部不可多得的回鹘文佛教哲学原著"。① 后来，在系统整理敦煌禅籍的过程中，发现其与托名为达摩而实由汉地僧人伪撰的《观心论》很接近，故而推测其与《观心论》有关。② 近期，我们对该文献之回鹘文本与敦煌汉文禅籍进行系统、细致研读，发现在《观心论》之外，该文献还与《修心要论》等禅籍关系密切。

第二节　智泉为回鹘文《说心性经》作者而非译者考辨

在回鹘文《说心性经》尾题中可见 Čisön 一名。至于这一名称的写法，学界见仁见智。文献刊布者阿拉特读作 Čisuya，③ 庄垣内正弘指其读法有误，应作 Čisön，指其应为汉字"智泉""智全"或"智宣"的音译，指其为《说心性经》的翻译者或是将其改成四行诗的人。④ 此说得到中村健太郎的支持。⑤ 茨默也认为 Čisön 之写法可行，并将其比定为汉语"智全"之对音。⑥ 智全者，乃回鹘著名佛教徒阿鲁浑萨理早年"受浮屠法"之师。⑦ 后来，茨默又建议把这一名字确定为"智禅"。⑧ 继之，阿依达尔·米尔卡马力提出新说：

> 对于 Čisuin 的名字，阿拉提和特肯（Ş. Tekin）误读为 Čisuya。从图片看，该词写作 čyswyn，从音节特征来看，应该是汉语借词，其可能的原形为"智宣""智泉""智全""志尊"等。对于 čyswyn 的读音，部分学者根

① 杨富学著：《回鹘之佛教》，乌鲁木齐：新疆人民出版社，1998年，第115页。

② 杨富学：《论汉传佛教对回鹘的影响》，载束迪生、李肖、娜仁高娃主编《高昌社会变迁及宗教演变》，乌鲁木齐：新疆人民出版社，2010年，第198页。

③ R. R. Arat, *Eski Türk Şiiri*, Ankara, 1965, S.124; S. Tekin, *Buddhistische Uigurica aus Yüan-Zeit, Teil I: HSIN Tozin oqidtaci Nom*, Budapest, 1980, S.53, 145.

④ （日）庄垣内正弘「ウイグル語写本・大英博物館蔵 Or. 8212-108 について」『東洋學報』第57卷第1～2號，1976年，第18页。

⑤ （日）中村健太郎「14世紀前半のウイグル語印刷仏典の奥書に現れる「könčög イドゥククト王家」をめぐって」『内陸アジアの研究』XXIV，大阪，2009年，第131～173页。

⑥ P. Zieme, *Die Stabreimtexte der Uiguren von Turfan und Dunhuang. Studien zuralttürkischen Dichting.* Budapest, 1991, S.319.

⑦ 《元史》卷一三〇《阿鲁浑萨理传》，北京：中华书局，1976年，第3175页。

⑧ P. Zieme, The "Sutra of Complete Enlightenment" in Old Turkish Buddhism, *Collection of Essays 1993. Buddhism Across Boundaries-Chinese Buddhism and the Western Regions*, Taipei, 1999, p.474.

据第二音节的 wy 转写为 Čisön，但其读作 Čisuin 的可能性也较大。[①]

对于这一观点的可行性，学术界至今尚未做出评价。近期，阿不都热西提·亚库甫对莫高窟北区出土的编号为 B140：5 的回鹘文印本残片《文殊所说不思议佛境界经》进行了重新研究，发现该经其实是由 ČisönTutung 依汉文本翻译成回鹘文的。[②] 可见，阿不都热西提·亚库甫采纳的同为 Čisön 之说。该名又见于圣彼得堡艾米塔什博物馆藏 BD 827（IB）壁画题铭，阿不都热西提推定其很可能与上文所述的 Čisön Tutung 为同一个人。[③] 尤有进者，在敦煌出土藏文写本《大乘无量寿宗要经》跋文中有 "es-par bris. Šes-par. Ci-sun źus" 一语，意为 "Espar bris 书写，Ci-sun 校勘"。文献研究者藤枝晃和上山大峻认为 Ci-sun 有可能为汉语 "志遵" 的音译。[④] 仅就读音言，藏文 Ci-sun 和回鹘文 Čisön 是完全可以比对的，故而阿不都热西提认为藏文中的 Ci-sun 和回鹘文中的 Čisön 当为同一人。[⑤] 最近，他对 Čisön 的研究又有新进展，曾口头告诉笔者，在柏林藏吐鲁番文献中他发现有汉文 "智泉" 的题名，应即 Čisön。尽管无缘寓目该文献，但其说可以信从。为行文之便，下文统称 "智泉"。近期，有学者提出，《说心性经》作者 Cisön Tutung 实乃京城西郊高梁河畔智全寺第二任方丈，应为 "智全都统"。[⑥] 然揆诸其论述，除译音外别无他证。复观畏兀儿佛教史，僧名不少，然以寺名加 Tutung（都统）构成僧人名，并无先例。故不取。

在文献末尾（第 404~405 行）有题跋曰：

wapšï baqšï yaratmïš 心 tözin oqïdtačï nom bitiyü tügädi :: 善哉 sadu

---

① 阿依达尔·米尔卡马力：《回鹘佛经翻译家 Čisuin 都统其人》，《西域研究》2016 年第 3 期，第 95 页。

② Abdurishid Yakup, Uigurica from the Northern Grottoes of Dunhuang, A Festschrift in Honour of Professor Masahiro Shōgaito's Retirement: Studies on Eurasian Languages, Kyoto, 2006, p.24；阿不都热西提·亚库甫著：《古代维吾尔语赞美诗和描写性韵文的语文学研究》，上海：上海古籍出版社，2015 年，第 60 页。

③ 阿不都热西提·亚库甫著：《古代维吾尔语赞美诗和描写性韵文的语文学研究》，上海：上海古籍出版社，2015 年，第 63 ~ 64 页。

④ （日）藤枝晃、上山大峻「チベット譯の『無量壽宗要經』の敦煌寫本」『ビブリア』第 23 號，1962 年，第 345 ~ 346 頁。

⑤ 阿不都热西提·亚库甫著：《古代维吾尔语赞美诗和描写性韵文的语文学研究》，上海：上海古籍出版社，2015 年，第 63 页。

⑥ 马丽亚·艾海提、林梅村：《元大都智全寺畏兀儿高僧考》，《敦煌研究》2023 年第 5 期，第 146~155 页。

bolzun ∷ Čisön bitidim ∷ [①]

其中的 wapšï 与 baqšï 意同，皆为"法师"之意。[②] 其后之 biti- 既有"抄写"之意，也有"写""书写"之意。此前，学界多言《说心性经》为 vapšï 法师所创作，而智泉仅为抄写者。[③] 但也有人将智泉视作书写者，如茨默（Peter Zieme）和笠井幸代（Kasai Yukiyo）即持这种观点，[④] 但未做具体论证。

对学界通行的观点，笔者有不同的看法。

首先，"wapšï baqšï yaratmïš 心 tözin oqïdtačï nom bitiyü tügädi（法师创作的《说心性经》书写完毕）"，意在表明言出有据，内容出自法师之口而非个人杜撰。这种情况在古代历史文献中是很常见的，既有托古之意，亦犹佛典所谓"如是我闻"之类，旨在取信读者；其次，biti- 具有双重含义，既有"抄写"之意，又有"撰写"之意，如武威文庙发现的汉—回鹘文合璧《亦都护高昌王世勋碑》之回鹘文部分由巎巎（kiki 或作 khikhi，1295~1345 年）撰文，其中就用 bitiyü 来表示"撰写"之义。[⑤] 推而论之，这里 biti- 亦应为"撰写"；其三，在莫高窟北区所出 B128：18 第 134~135 行中有如下文字："ayaγ-qa tägimlig bursang quvraγï-nï čaylatïp [ata] m Čisöntutong-qa 五 sudur-larïγ nomlatmïš." 意为："宴请值得尊敬的僧伽，让我父亲智泉都统讲了五部佛经。"[⑥] 可见，智泉都统非为普通书手，不仅精通佛典，而且能够讲授五部佛经；其四，智泉都统还翻译过

① R. R. Arat, Eski Türk Şiir*i*, Ankara, 1965, S.124; S. Tekin, *Buddhistische Uigurica aus Yüan-Zeit, Teil I: HSIN Tozin oqidtaci Nom*, Budapest, 1980, S.53, 145.

② Боровков, Н. А. - В. НаДеляев - Д. Насилов - Э. Тенишев - А. Щербак, *Древнетюркский Словарь, ЛенинграД*, 1969, стр. 632; G. Clauson, *An Etymological Dictionary of Pre-Thirteenth-Century Turkish*, Oxford, 1972, p.321.

③ P. Zieme, *Die Stabreimtexte der Uiguren von Turfan und Dunhuang. Studien zuralttürkischen Dichting.* Budapest, 1991, S.319; Yukiyo Kasai, *Die Uigurischen Buddhistischen Kolophone* (Berliner Turfantexte XXVI), Turnhout: Brepols, 2008, S.233-234.

④ Peter Zieme, *Die Stabreimtexte der Uiguren von Turfan und Dunhuang. Studien zuralttürkischen Dichting*, Budapest, 1991, S.319; Yukiyo Kasai, *Die Uigurischen Buddhistischen Kolophone* (Berliner Turfantexte XXVI), Turnhout, 2008, S.233-234.

⑤ 耿世民：《回鹘文亦都护高昌王世勋碑研究》，《考古学报》1980 年第 4 期，第 519~520 页；Geng Shimin - J. Hamilton, L'inscription ouïgoure de la stèle commémorative des Iduq qut de Qočo, *Turcica* Tome XIII, 1981, pp.22-24.

⑥ 阿依达尔·米尔卡马力著：《回鹘文诗体注疏和新发现敦煌本韵文研究》，上海：上海古籍出版社，2015 年，第 164 页。

《文殊所说不思议佛境界经》。

综上，笔者认为应将其视作《说心性经》回鹘文本的撰写者而非抄写者。是故，这段尾题可译作：

> 法师造《说心性经》撰写完毕。善哉！善哉！智泉撰。

第三节　智泉法师身份考辨

敦煌本回鹘文《说心性经》尾题中的 Čisön，在莫高窟北区出土的回鹘文印本残片 B140：5《文殊所说不思议佛境界经》中也有出现，写作 Čisön Tutung（智泉都统）。[①] 特肯还发现，智泉又是同一写本（Or.8212-108）所见哲理诗的作者。哲理诗后有题记曰：

> küskü yïlïn toquzunč aynïng on yangïta,
>
> körtklä tangïsuq taydu kedini gao lenhuata,
>
> köp yašamaqlïγ boduγïn kök qalïγïγ
>
> küčäyü bädizägäli umunmïšïn körgüüčün bitidim. Čisöntutung
>
> 鼠年九月初十，在大都（Taydu）西部的魅力、迷人的高莲花（gao lenhua）用长生不老的颜色把虚空极力装饰的愿望变成现实而写。智泉都统。[②]

这里的 Taydu 即"大都"，gao lenhua 应指坐落于大都（今北京）高粱河之畔的高粱河寺，即元代极具盛名的皇家寺院"大护国仁王寺"。[③] 这两个地名的出现意味着这一写本为元代遗物。书写风格与词法特征也正与此契合。其中的鼠年，特肯推测为 1264、1276、1288、1300、1312、1324、1336、1348、1360

---

① Abdurishid Yakup, Uigurica from the Northern Grottoes of Dunhuang, *A Festschrift in Honour of Professor Masahiro Shōgaito's Retirement: Studies on Eurasian Languages*, Kyoto, 2006, p.24；阿不都热西提·亚库甫著：《古代维吾尔语赞美诗和描写性韵文的语文学研究》，上海：上海古籍出版社，2015年，第60页。

② R. R. Arat, *Eski Türk Siiri*, Ankara, 1965, S.124；阿不都热西提·亚库甫著：《古代维吾尔语赞美诗和描写性韵文的语文学研究》，上海：上海古籍出版社，2015年，第59页。

③ 张田芳、杨富学：《高粱河与元大都畏兀儿佛教》，《宗教学研究》2020年第2期，第105～110页。

年中的某一个年份。^① 考虑到大护国仁王寺落成于至元十一年（1274年），故而1264、1276年的可能性庶几可以排除。中村健太郎将时间范围缩短到1300、1300、1312、1324、1336、1348，^② 可以信从。随着相关资料的增多，对智泉法师的地位和身份，我们有了越来越清晰的了解。

首先，文献中智泉名的名称之后多次出现"Tutung"一词。"Tutung"乃回鹘文僧官尊号，相当于汉文"都统"，乃"都僧统"的缩写。该尊号9～10世纪左右以"都统"和"都僧统"两种形式出现于敦煌汉文写本中，自9世纪中叶开始用以指代某一类特定区域之僧官首领。^③ 作为僧官称号的都僧统，又称僧统，最早出现于北魏时期。姚秦年间设立僧正一职，北魏改称僧统，又称沙门僧统和沙门都僧统，是主管全国佛教事务的僧职。唐后期地方僧官除以"僧正"为名外，还有"僧统"。南方的大部分地区都采用了南朝系统僧正之称，而在北方，至少在河西地区却采用了僧统、僧正两种名称，而以僧统为"道"或节镇僧官，以僧正为州一级僧官。^④ 及至唐后期，僧统则指某节度使所辖区域的最高僧官，一般领有数州，管理辖区内的各个寺院的经济、教团的人事任免、通过监督僦司、行像司的算会，审核寺院、都司各机构的算会文书账目，处分僧尼的遗物等方式控制教团的财权等。^⑤

"都统"被回鹘文借用，音译作"Tutung"。^⑥ 敦煌写本S.6551讲经文中对高昌回鹘王国各级人员在法事活动中的排位有如下记载：

> 早授诸佛之记，赖蒙贤圣加持，权称帝主人王，实乃化身菩萨……更有诸宰相、达干、都督、敕使、萨温、梅录、庄使、地略，应是天王左右，

---

① S. Tekin, *Buddhistische Uigurica aus Yüan-Zeit, Teil I: HSIN Tozin oqidtaci Nom*, Budapest, 1980, S.19.

② （日）中村健太郎：「14世紀前半のウイグル语印刷仏典の奥书に现れる［könčög イドゥククト王家］をめぐって」『内陆アジアの研究』XXVI，2009年，第158頁。

③ （日）竺沙雅章「敦煌の僧官制度」『東方學報』（京都）第31冊，1961年，第124頁；竺沙雅章『中國佛教社會史研究』東京：同朋舍，1982年，第338～339頁。

④ 杨维中：《唐代僧官制度考述》，《佛学研究》2014年总23期，第303页。

⑤ 谢重光：《吐蕃占领时期与归义军时期的敦煌僧官制度》，《敦煌研究》1991年第3期，第52～61页。

⑥ J. Hamilton, Les titres shäli et tutung en ouïgour, *Journal Asiatique* CCLXXII, 1984, pp.432-434（法）哈密顿著，耿昇译：《回鹘文尊号阇梨和都统考》，《甘肃民族研究》1988年第3～4期合刊，第120页。

助佐金门。官僚将相等，莫［不］外匡国界，内奉忠勤，为主为君，无词（辞）晓夜。善男善女檀越，信心奉戒持斋，精修不惓。更有诸都统、毗尼法师、三藏法律、僧政、寺主、禅师、头陀、尼众、阿姨师等，不及一一称名，并乃戒珠朗耀，法水澄清，作人天师，为国中宝。①

以其内容大致可将该文献推定在10世纪初期，文中充满了对佛教的敬仰、赞美之情。更有甚者，从中可以看出原本信奉摩尼教的回鹘汗王竟被视作化身菩萨，相国白揆则被视作护法天王，境内存在着都统、僧统大师、毗尼法师、三藏法律、僧政、寺主、诸寺毗尼、法师、律师、禅师等多种神官。② 而且，僧统大师被置于回鹘王室之下、宰相之上的高位，非常特殊。③ 柏孜克里克佛窟第20窟为回鹘王室供养窟，内有回鹘文"王子都督"榜题的供养画像，另有三位都僧统供养像，榜题用汉文和回鹘文并列书写，应系佛教兴盛时期所绘。④ 在佛教系统中，也推行了在内地和西州一带推行很久的都僧统管理制度。

据统计，在回鹘文写本中，人名后缀有"Tutung"字样者多达40余人，且多为回鹘的诗人、译经师，其中有家室财产者居多。⑤ 可以肯定的是，来自汉语语境中的回鹘文"Tutung"，是对僧官和僧尼统帅者的称呼，至于是否为僧官，尚不敢定夺。元代文献中没有直接的资料显示僧统这一尊号就是僧官，但可以肯定是对畏兀儿高僧的尊称，智泉法师多次以都统的形式出现，依然说明他是级别较高的僧人，身份地位不俗。

此外，莫高窟北区出土的回鹘文写本B128∶18还提到智泉法师曾将自己在大都的财产布施给"五年大集"，即"无遮大会"。"无遮大会"系梵语pancavrsīk的意译，汉译佛典一般音译为"般遮于瑟""般阇于瑟""般遮跋瑟迦"等，原意为无分道俗、贤圣、贵贱、上下，平等地进行财施和法施的法会，

---

① 中国社会科学院历史研究所编：《英藏敦煌文献（汉文佛经以外部分）·第11卷》，成都：四川人民出版社，1994年，第107～108页。参见张广达、荣新江：《有关西州回鹘的一篇敦煌汉文文献——S.6551讲经文的历史学研究》，《北京大学学报》1989年第2期，第24～25页。

② 杨富学：《回鹘与敦煌》，兰州：甘肃教育出版社，2013年，第99～100页。

③ 杨富学著：《回鹘之佛教》，乌鲁木齐：新疆人民出版社，1998年，第16～17页。

④ 杨富学、赵崇民：《柏孜克里克石窟第20窟的供养图与榜题》，《新疆艺术》1992年第6期，第51～56页。

⑤ （日）小田壽典「ウイグルの稱號トゥトゥングとその周邊」『東洋史研究』第46卷第1號，1987年，第57～86頁（转引自（日）小田寿典著，刘同起译：《回鹘的都统称号及其范围》，《新疆文物》1991年第1期，第137～147页）。

由国王主办，每五年一设。① 无遮大会起源于印度，南朝梁武帝时传到中土，起初由皇帝亲自主持，以国家财力布施。唐代以后，逐渐打破了原有形式，由寺院、僧人甚至世俗豪家出资主办无遮会，从中央扩展到地方，时间上并不局限在五年，而是根据需要而定，往往与重大节庆活动密切相连，其娱乐性、平民性增强，表现出明显的中国化、世俗化倾向。大约在中晚唐，无遮大会渐与水陆法会合流。②

智泉法师生前曾组织人力翻译《阿弥陀经》《华严经》《观音经》《七有经》《八阳经》《般若经》《金光明经》《金刚经》《法华经》和《圆觉经》等十部佛经。③ 圆寂后，其后世子孙为了纪念他，又请 darmakadike、真空奴（čïnqongdu）、älik turmïš tu 等法师耗时三年为其抄、颂《大般若经》《金光明经》《金刚经》《法华经》《圆觉经》等五部佛经。自己不仅能够翻译佛经，又有能力组织翻译团队，而且其家族拥有固定的法师 čïnqongdu，极其符合"僧统"的身份，在B128∶18文献中有这样的一段话：

［bur］un-qï ozaqï ažun-larïnda.

buyan-lïγ iš-lärig qïlmïš-qa.

bu amtï közünür ažun-ta.

bodun baščïsï bäg bolmïš.

在生前，通过积德行善；在现实，成立人们的头领。④

此言更是证实了智泉法师身份的尊贵。

智泉所创作的诗歌与翰林院学士安藏及必兰纳识里（Prajnā-śri）的诗歌同时出现在Or.8212-108这一册子本中，足见其地位之非同凡响。研究者称其与回

---

① 霍旭初：《"无遮大会"考略》，载《考证与辩析——西域佛教文化论稿》，乌鲁木齐：新疆美术摄影出版社，2002年，第122～152页（收入霍旭初著《西域佛教考论》，北京：宗教文化出版社，2009年，第1～32页）。

② 陈艳玲：《略论无遮大会的传入及其变化——以萧梁、李唐为中心》，《历史教学问题》2014年第5期，第86页。

③ 阿依达尔·米尔卡马力著：《回鹘文诗体注疏和新发现敦煌本韵文研究》，上海：上海古籍出版社，2015年，第169页。

④ 阿依达尔·米尔卡马力著：《回鹘文诗体注疏和新发现敦煌本韵文研究》，上海：上海古籍出版社，2015年，第163页。

鹘佛教史上安藏、胜光、必兰纳识里齐名，[①] 言不虚也。

依上引智泉"成为人们的头领"及"在五年集会中作为布施"等语句，阿依达尔·米尔卡马力推测，他应为地位很高的官员。又因该诗中所透露的智泉法师的出生地或籍贯 Üč Lükčüng（西州柳中城），进一步推测其以"在大都的功劳，后成为 Üč Lükčüng 城的地方官员"。[②] 此言似有值得商榷之处。因为，目前没有直接资料显示智泉法师生前曾出任世俗官职，而文献显示的智泉身份始终是法师，其活动几乎都局限于佛事活动方面，在佛教界拥有很高的地位。是故，窃以为，这里的"头领"应为佛教界领袖之意。即使是回鹘语语境下的"Tutung"一词，在元代的文献中也没有证据显示来自世俗机构，只能说明其身份为高僧，甚至连僧官身份都不一定具备。果若是，则地方长官之称谓也就无从谈起了。

---

① 阿依达尔·米尔卡马力著：《回鹘佛经翻译家 Čisuin 都统其人》，《西域研究》2016年第3期，第97页。

② 阿依达尔·米尔卡马力著：《回鹘文诗体注疏和新发现敦煌本韵文研究》，上海：上海古籍出版社，2015年，第167页。

第十六章　回鹘文《说心性经》
与敦煌早期禅籍文献

　　回鹘文《说心性经》原文中夹写有汉字，如"菩萨""世尊""佛"等字词，但在汉文大藏经中却一直找不到对应的底本，学术界对其来源争论不已。澳大利亚佛学家谢德琼（J. W. de. Jong）和德国著名回鹘文专家茨默都认为这部著作可能译自某一部汉文佛典，但具体是哪一部却一时无法确定。[①]另一位德国回鹘文专家劳特（J. P. Laut）疑其或为某瑜伽（Yogacara）行派著作的译本。[②]更多的学者则将其解释为一部不可多得的回鹘文佛教哲学原著。[③]

　　我们起初也倾向于佛教哲学原著说，但又心存疑惑，故而指其"似为一部不可多得的回鹘文佛教哲学原著"。[④]后来，在系统整理敦煌禅籍的过程中，发现其与托名为达摩、实由汉地僧人伪撰的《观心论》很接近，故推测其与《观心论》有关。[⑤]近期，我们对该文献之回鹘文本与敦煌汉文禅籍进行系统细致研读，发现在《观心论》之外，该文献还与敦煌本《观心论》《修心要论》《般若波罗蜜多心经疏》等敦煌早期禅籍文献关系密切。

---

　　① 　J. W. de. Jong, Review to S. Tekin, Buddhistische Uigurica aus der Yüan-Zeit，*Indo-Iranian Journal* Vol.25, 1983, p.226; *P. Zieme, Religion und Gesellschaft im Uigurischen Königreich von Qočo. Kolophone und Stifter des alltürkischen buddhistischen Schrifttums aus Zentralasien*, Opladen: Westdt. Verl., 1992, S.44；P. Zieme, The "Sutra of Complete Enlightenment" in Old Turkish Buddhism, *Collection of Essays 1993. Buddhism Across Boundaries-Chinese Buddhism and the Western Regions*, Taipei, 1999, p.471.

　　② 　J. P. Laut, Berwetung der buddhisische Uigurica aus der Yüan-Zeit, *Zeitschrift der Deutschen Morgenlandischen Gesellschaft*, Bd. 134, 1984, S.153.

　　③ 　W. Ruben, Bir Uygur filozofu hakkinda, *III, Turk Tarih Kongresi*, Ankara 1948, S.314-337；耿世民著：《敦煌突厥回鹘文书导论》，台北：新文丰出版公司，1994年，第112页；张铁山：《回鹘文佛教文献〈说心性经〉译释》，载《中国少数民族文学与文献论集》，沈阳：辽宁民族出版社，1997年，第341页。

　　④ 　杨富学著：《回鹘之佛教》，乌鲁木齐：新疆人民出版社，1998年，第115页。

　　⑤ 　杨富学：《论汉传佛教对回鹘的影响》，载束迪生、李肖、娜仁高娃主编《高昌社会变迁及宗教演变》，乌鲁木齐：新疆人民出版社，2010年，第198页。

第一节 《说心性经》与敦煌禅籍《观心论》的关系

《观心论》全称《达摩大师观心论》，又作《达摩大师破相论》或《达摩和尚观心破相论一卷》《是观心可名为了一》，相传为禅宗初祖菩提达摩之语录，但慧琳《一切经音义》卷一〇〇记载："观心论，大通神秀作。"①因此另有神秀撰之说。全书以问答形式阐述观心之法，内容述说三毒六贼、三界六趣之苦及其原因，劝说实践解脱修行，主张六波罗蜜、三聚净戒、念佛等修行，及洗浴众僧、造塔伽蓝等功德，皆可摄收于"摄心内照"之观心法，亦即以观心一法总摄诸法。敦煌所出《观心论》有7件，分别为S.646、S.2595、S.5532、P.2460v、P.2657v、P.4646及龙谷122，此外还有朝鲜《禅门撮要》本（1908年刊）、安心寺别行本、日本金泽文库所藏镰仓时期抄写本、日本流通本及龙谷大学藏传世本等，计有10余种。在敦煌诸写本中，P.4646首尾俱全，S.646首尾俱残，S.5532、S.2595、P.2460首残尾全。龙谷122基本完整，唯最后的偈语部分，其文字与底本多不相同，有些段落彼此互有出入，当是与底本不同来源的本子。兹以P.4646②为底本参校他本予以整理。回鹘文本的一些文字可以在敦煌本《观心论》中找到相对应的内容。

敦煌本《观心论》和回鹘文《说心性经》部分内容相似，有的则完全相同，如2～3行回鹘文"tözkärsär m(ä)n käntü özüm.alqupartakčan-lar tüzünlär.köngül-lük 心-süztä ulatï-lar."，其意为"我探究〔其究竟〕，我自己、所有的凡人、圣人、有心者及无心者"。对应的敦煌写本《观心论》则作："问：'若复有人志求佛道，当修何法，最为省要？'"③意义完全一致。再如回鹘文3～4行"alqu nom-lar alqu barča 心-tin toɣar ärip . yanturu köngül-gä tayïnïp turdačï ärür-lär."，其意为："一切法生于一切心，又反过来依靠心。"对应的敦煌写本《观心论》则作："心者，万法之根本也。一切诸法，唯心所生，若能了心，则万行俱备。"④

---

① ［唐］慧琳撰：《一切经音义》卷一〇〇，《大正藏》第54册，第932页a。

② 上海古籍出版社、法国国家图书馆编：《法藏敦煌西域文献（第32册）》，上海：上海古籍出版社，2005年，第351～359页。

③ 上海古籍出版社、法国国家图书馆编：《法藏敦煌西域文献（第32册）》，上海：上海古籍出版社，2005年，第351页。

④ 上海古籍出版社、法国国家图书馆编：《法藏敦煌西域文献（第32册）》，上海：上海古籍出版社，2005年，第351页。

两者皆讲心与诸法之间的辩证关系，行文尽管写法不同，但在语义上完全一致，可以看出，回鹘文《说心性经》的开头部分参照了敦煌本《观心论》。当然，这种参照不是完全照录，而是有所改变。为了解释和说明心与诸法之间的辩证关系，以便于信徒深入理解，两者都采用譬喻的方式。《观心论》云："犹如大树，所有枝条及诸花果，皆悉自心，根本生长。栽树者，存根而始生；伐树者，去根而必死。"① 用树和根的关系比喻诸法与心的关系，根不生则树不存，诸法依然，浅显易懂。《说心性经》云："suw-ta turur ärip·yanturu suw-qa tayïnïp turmïš-täg ärür"，其意为："犹如水上的水泡处于水，反过来又依靠水一样。水为本，去水则沫息。"两者譬喻事物虽不同，但所起的作用则一致。显然出自改编的结果。同样，该文献第15~19行：

ïnča qaltï kün toγsar. kök qalïq yruq bolup yruq ärksinip. kiča bolsar qarangγu bolup qarangγu ärksinip. yruq bolmïš ödtä kök qalïq üstälmädin. qarangγu bolmïš ödtä kök qalïq äsilmädin. öz tözinčä öčüp amrïlïp turup. yruq qarangγu tözi. birgärü nätäk ärmäz bolur ärsär.

犹如太阳升起，天空发亮，明亮居于主导；若是黑夜，黑暗降临，黑暗居于主导。这不是因为明亮时天空就升高，也不是因为黑暗时天空就降低，而是按照自己的性消失着、产生着，明亮与黑暗的性竟如此不同。②

敦煌本《观心论》（P.4646）对应内容则为：

《十地论》云："众生身中，有金刚佛性，犹如日轮，体明圆满，广大无边，只为五阴重云所覆，如瓶内灯光，不能显了。"③

与《说心性经》相似之处在于都出现了"日轮"的比喻，但仔细比较会发现，都在讲"心性"的本质，前者在讲无论明亮和黑暗都是按照自己的性来产

① 上海古籍出版社、法国国家图书馆编：《法藏敦煌西域文献（第32册）》，上海：上海古籍出版社，2005年，第351页。

② 张铁山：《回鹘文佛教文献〈说心性经〉译释》，载《中国少数民族文学与文献论集》，沈阳：辽宁民族出版社，1997年，第359页。

③ 上海古籍出版社、法国国家图书馆编：《法藏敦煌西域文献（第32册）》，上海：上海古籍出版社，2005年，第352页。

生或消失，而后者则讲众生都有佛性，不能看见是因为被五荫重云所覆而致；如何能显示佛性，自然要通过修行拨云见日。同样都在讲"心"或"心性"的本原，但不相同。敦煌本《修心要论》中亦有雷同文字：

> 《十地论》云："众生身中，有金刚佛性，犹如日轮，体明圆满，广大无边，只为五阴重云所覆。如瓶内灯光，不能照外。又以即日为喻，譬如世间云雾，八方俱起。天下阴暗，日岂烂也，何故无光？答曰：'日光不坏，何故无光？'答曰：'日光不坏，只为重雾所覆。'"[①]

显然，这是《说心性经》回鹘文作者根据自己的需要对这段文字所做的改编。

第二节 《说心性经》与敦煌禅籍《修心要论》之关系

敦煌本《修心要论》一卷，又名《最上乘论》《导凡趣圣道悟解真宗修心要论》或《一乘显自心论》，禅宗五祖弘忍述，为禅宗东山法门的纲要。敦煌文献属于《修心要论》的卷子较多，计有13种。其中以P.3559+P.3664[②]最为清晰，故以此为底本过录。回鹘文《说心性经》与《修心要论》的关系，与敦煌本《观心论》类似。有的意义相近，有的完全一致，有的则是改编的内容。如第30~36行：

> alqu ödtä 心 birlä yurïr ärip. 心 tözin tuymadačï-lar ärsär. partakčan ärür-lär. köngül tözin tuyayïn tip oɣrap. tüpükkinčä tuymadačï-lar ärsär 菩萨 -lar ärür. 心 tözin tuyunup. näčätäkägi 心 tözintä sarïlïp turdačï-lar ärsär 佛 lar ärür. bu 心 tözi toɣdačï ärmäz. öčdäči ärmäz. bardačï ärmäz. käldäči ärmäz. quruq ödwi učsüz qïdïɣsïz. tözü-tä turup. ömäksiz ärip y(a)ruq yasuq bildäči ärür.

> 若在一切世与心并行，而不觉心性者，就是凡人；若想要领悟心性，

---

① 上海古籍出版社、法国国家图书馆编：《法藏敦煌西域文献（第25册）》，上海：上海古籍出版社，2003年，第277页。

② 上海古籍出版社、法国国家图书馆编：《法藏敦煌西域文献（第25册）》，上海：上海古籍出版社，2003年，第277~281页。

而彻底不觉者，就是菩萨；若领悟心性，而在心性上安然处置者，就是佛。此心性不生不灭、不去不来，是虚的、不灭的、不可想象的、光辉的、可知的。①

这段文字可与P.3559+P.3664《修心要论》之如下内容相对应：

一切众生皆如也，众圣贤亦如也。一切众生者，［即］我等是［也］，众圣贤者，［即］诸佛是［也］。言名相虽别，身心真如，法体并同，不生不灭，故言皆如也。故知自心本来，不生不灭。②

再如第74~77行有如下文字：

munung abipiray-i ärsär mundaq tip körgitmäk ärür. tuyunmaq-ïγ tilädäči kišilär. yanturu öz köngül-in baqsar ol oq köngül ol oq burqan ärür. adïn-tïn tilägü bolmatïn. igid saqïnč-lar ymä toγmaγay-lar tip.
祈求觉悟的人们反过来若看自己的心，那就是心，那就是佛，因为不从别处祈求的缘故，也是为了不产生虚假的念头。③

这段文字可与P.3559+P.3664《修心要论》如下内容相对应：

一切功德，自然圆满，不假外求，归生死苦，于一切处，念念察心。莫受现在乐，种未来苦，自诳诳他，不脱生死。④

通过比对，可以看出两者之间的渊源关系，尤其是"祈求觉悟的人们反过

① 张铁山：《回鹘文佛教文献〈说心性经〉译释》，载《中国少数民族文学与文献论集》，沈阳：辽宁民族出版社，1997年，第359页。译文有改变，učsüz qïdïγsïz，原译"不灭的"，应为"无边的"。
② 上海古籍出版社、法国国家图书馆编：《法藏敦煌西域文献（第25册）》，上海：上海古籍出版社，2003年，第277页。
③ 张铁山：《回鹘文佛教文献〈说心性经〉译释》，载《中国少数民族文学与文献论集》，沈阳：辽宁民族出版社，1997年，第361页。
④ 上海古籍出版社、法国国家图书馆编：《法藏敦煌西域文献（第25册）》，上海：上海古籍出版社，2003年，第278页。

来若看自己的心"与"念念察心"及"不从别处祈求"与"不假外求"的意义基本相同,此乃禅宗核心思想之一。

第三节 《说心性经》与《般若波罗蜜多心经疏》

笔者在对《说心性经》进行比对的过程中发现,该文献极有可能也受到剑南禅派创始人智诜撰《般若波罗蜜多心经疏》的影响,如该文献"一切法生于一切心,又反过来依靠心"之语即与智诜对"一切诸法"的解释完全对应。敦煌写本《般若波罗蜜多心经疏》云:

> 一切诸法,以心为本。心生,故种种法生;心灭,故种种法灭。三界六道,本由自是心生,净土秽土,悉由心造。心外无别境,境外无别心。心外无境,无境故无心;境外无心,无心故无境。无心无境,名为般若。①

《般若波罗蜜多心经疏》又名《心经疏》,现存7件抄本,编号分别为P.4940、BD03652、BD04909、P.3229、P.2178、S.7821。其中,P.2178首题"资州诜禅师撰"。《般若波罗蜜多心经疏》以九门分别疏释《心经》。② 由于深受唐代著名学僧慧净所撰《般若波罗蜜多心经疏》(敦煌存写本4件,编号分别为S.554、北昆12、S.5850和日本天理图书馆藏品1件)的影响,智诜在注释《般若心经》时大量采用了唐初比较盛行的法相唯识思想,如八识、三性、四智等,在一些段落上加了禅宗以心性为解脱之本的内容,故可归为禅宗文献。

智诜在《般若波罗蜜多心经疏》中所阐释的正是禅宗的"识心见性"禅法所依据的重要心性禅法。若以色等见我求我,是人行邪道不能见如来。以此观之,乃知事相非真正也。过去诸佛所修种种功德,皆非外说,唯正求心。心是众善之源,是万恶之主。常乐由自心生,三界轮回从心起,心为出世之门户,心是解脱之关津,知门户者,岂虑不达彼岸,识关津者,何愁不见如来。

---

① 北为52(BD03652)智诜《般若波罗蜜多心经疏》,载中国国家图书馆编《国家图书馆藏敦煌遗书》第50册,北京:北京图书馆出版社,2007年,第303页。录文见方广锠编纂:《般若心经译注集成》,上海:上海古籍出版社,1994年,第269页。

② (日)冈部和雄「禅僧の注抄と疑偽経典」『講座敦煌8敦煌佛典と禅』東京:大東出版社,1980年,第337~338頁;载季羡林主编《敦煌学大辞典》,上海:上海辞书出版社,1998年,第687页。

虽然在比对的过程中，虽然没有在《说心性经》中看到与智诜《般若波罗蜜多心经疏》高度吻合的语句，但在文献中依稀可寻到一些蛛丝马迹。如该文献第100~114行的文字：

ol 色 -lär mančuq-qa yoqlunmadïn munčuq arïγ tözinčä turup. nätäg täwrämädin turur ärsär. ančulayu ymä. öng ün id tadïq bürïdïk nom tigli altï atqanγu-lar yügärü bolup. 心 -gä tüšmiš ödtä. öz 心 -gä alïnmarsar. 心 toγmaqsïz tözinčä turur. 六境 -lar ymä öz tözinčä turur. toγmaqsïz boulp. atqanγu amrïlsar. 心 -li atqanγu-lï birgärü toγmaqsïzta turur. birök muni-täg bolmadïn közünmiš-čä atqanγu-nï 心 -gä alïnïp. köngül-gä qawšur-sar. ol qawšurmaqsïz tözindä küčäyü tïldaq basudčï qïlïp àz öpkä-tä uladï nïzwanï-lar-nï turqurup qïlïnč qïlïp sansarta tägzinür-lär. nä üčün tip tisär. bular alqu barča köngül-li atqanγu-lï-nï öngi körüp özlï adïn-lï-nïng atqaq-ïn turqurmaq-ïntïn ärür. birök bu 心 -li 境 -lï-nïng tözlüg ärtükin bilip 心 tözingä tägäyin tisär munda basa-qï nomta körmiš kärgäk.

当声、色、香、味、触、法所谓六境出现，落在心上时，心不变，还是按照心不生之性存在，六境也按照自己的性不变。心是不生的，六境是静止的，心和六境同是不生。若不是如此，而是心具有了境，将境合并于心，那么就会因为不合之性，产生贪婪、恼怒等烦恼，作恶在轮回中变化。为什么这样说呢？这些都是因为把心和境看作是不同的，产生了自己的和别人的分别。如若懂得此心与境是同一性，想要得到心性，就必须看此后的经文。①

这段描写心与境的文字与《般若波罗蜜多心经疏》颇有相似之处，只是回鹘文《说心性经》又添加了些许新内容，如境有声、色、香、味、触、法等六境之类文字，是《般若波罗蜜多心经疏》所未见，当系在经疏基础上增加的新内容。

《宗镜录》一百卷，为五代吴越国永明延寿集。该书以"一心为宗"，调和融通禅、教及各宗教理，主张禅教合一，是中国佛教中期具有总结性意义的禅宗灯史，回鹘文《说心性经》多有引用。我们在《宗镜录》中也发现了与《说

---

① 张铁山：《回鹘文佛教文献〈说心性经〉译释》，载《中国少数民族文学与文献论集》，沈阳：辽宁民族出版社，1997年，第361～362页。

心性经》内容几乎完全相同的文字。如回鹘文本38~45行有文曰：

如是 ymä alqu tïnlγ-lar bašlaqsïztïn bärü 哀 qïlïnč ämgäk-lär üzä. basa basa toγsar ölsär ymä. 心 tözi toγmaqsïz öčmäksiz tözinčä öčüp amrïlïp turdačï ärür. ilkitin bärü tözi mundaq ärip. yangïl-mïš tïnlγ-lar. käntü öztäki toγmaqsïz öčmäksiz 心 tözin tanumadïn toγa turur öčä turur. ätözintä orun uya tudup m(ä)n körüm-ni turqurup. alqu-nï bar tip atqanïp. nïzwanï turqurup qïlïnč qïlïp ämgäk täginip. sansar-ta tägzinip yurur-lar. mundaq-ïn tuydač-lar bolsar yma.

如是，众生自无始以来，因痛苦不断地生死，心性无生无灭，按照其性消失和静止。从前心性如此，失去心性的众生由于自己不知道本身不生不灭的心性而生、灭，在自身找到位置，产生看法，将一切都说成有，产生烦恼，作恶受苦，在轮回中变化。①

这些文字见诸《宗镜录》卷三：

当知一切众生，从无始来。生死相续，皆由不知常住真心、性净明体，用诸妄想。此想不真，故有轮转。②

这与回鹘文《说心性经》的内容完全一致。

由上可以看出，回鹘文《说心性经》与汉文禅籍，如敦煌本《观心论》《修心要论》《般若波罗蜜多心经疏》和五代禅宗灯史《宗镜录》等，都存在着密切关系，其主要思想当来自禅宗文献。由此可以推定，这是一部受禅宗影响颇深的回鹘文禅学原著。

第四节 《说心性经》与禅籍外佛典之关系

言其为禅学著作，并不否认《说心性经》与禅籍外其他佛典之关系。即使

---

① 张铁山：《回鹘文佛教文献〈说心性经〉译释》，载《中国少数民族文学与文献论集》，沈阳：辽宁民族出版社，1997年，第359~360页。

② ［宋］延寿著，刘泽亮点校：《宗镜录》卷三，载《永明延寿禅师全书》，北京：宗教文化出版社，2008年，第67页。

禅宗典籍，同样不能不大量引用禅籍以外的佛教经典。这些经典才是禅宗得以形成的基础。如上引《宗镜录》卷三的文字，实则出自《首楞严经》：

当知一切众生，从无始来。生死相续，皆由不知常住真心性净明体。用诸妄想。此想不真，故有轮转。①

回鹘文《说心性经》还多次引用《华严经》《首楞严经》及《圆觉经》的内容，所引内容皆能一一比对出来，而且不是改编，是直接的翻译。如该文献第48~74行中关于演若达多的故事，就直接取材于《首楞严经》：

tngri burqan surungamï sudur-ta ïnča tip yrlïqamïš ärür. ananta sïrawast balïq-ta yatïndatï atlγ kiši. tam üzä kösüngü körüp. kösüngü-ni qodï tudmaq-ïntïn. öz bašïn körmämäk üzä. baš-ïm yoq bolmïš turur tip qal bolup öz baš-ïn tilägäli qayu-ta qayu-ta qačïp tiläp yorïyur ärkän. bir ödtä qal-ï sarïlïp käntü özi ïnča tip saqïndï. mäning özüm-nüng baš-ïm yoq ärmiš. baš-ïm-nï tilädäči-si kim ol tip. örtü qal-ï sarïldï. ananta bu yatïndatï baš-ïn yoq-lamïš ödtä baš-ï yoq boldï mu ärki. ananta ïnča tip kiknč birdi 世尊 yoq bolmïš-ï yoq ärür tip. yana yrlïqadï ananta bu kiši baš-ïn tapmïš öd-tä. baš-ïn tapdï mu ärki tip ananta ödünti täginmäz tngrim ol oq baš-ï ärür. adïn-tïn tapmïš ärmäz tip. yana yrlïqadï oγrayu adïn-tïn baš tapsar. anga baš bolur mu ärki tip. ananta ödünti täginmäz 世尊 tngrim. adïn-nïng baš-ï anga baš bolmaz tip. bu nätäk ärsär 如是 ymä tïnlγ-lar 心 yangïlmaq-ïntïn. taštïn sïngar burqan tiläyü-lär. qayu 时 tä yangïlmïš 心 amrïlsar. ol oq 心 burqan ärür adïntïn bolur ärmäz. ananta. ol yangïlmïš. tïnlγ-lar burqan tilämiš ödtä. 心 tigli burqan yoq boldï mu ärki. täginmäz tngrim. yoq bolmïš-ï yoq tip. 佛 bolmïš ödtä. qayu-tïn ärsä käldi mu ärki. täginmäz tngrim qayu-tïn ärsär kälmiš ärmäz. ol oq 心 burqan ärür tip. ananta oγrayu adïn-tïn burqan bulsar ymä. anga burqan bolur mu. täginmäz tngrim. özi ök burqan ärür. adïn-tïn burqan bulur ärmäz tip. bu tngri yrlq-ïn tudsar. öz köngül-ni tudup burqan yol-

---

① ［唐］般刺蜜帝译：《大佛顶如来密因修证了义诸菩萨万行首楞严经》卷一，《大正藏》第19册，No. 945，第106页。

ïn tilämïš kärgäk. tuyunmïš tïnlγ-lar ïnča tip sözläyür-lär. birök yatïn-datï azqï-a qadaru yanïp közüngü-ni baqmïš ärsär. baš-ïn ma yoqlamaz ärti. qal-ïma bolmaz ärti tip.

佛在《楞严经》中这样说道：阿难陀啊！舍卫城有一个名叫 yatïndatï 的人，在坐在墙上照镜子。由于他把镜子拿得太低，照不到自己的头。因此，他以为"我没有头"而惊慌，到处跑着寻找自己的头。一会儿他安静下来，自己心想："我自己的头都没有了，谁在寻找我的头呢？"于是，他精神安静下来了。阿难陀啊！当这个 yatïndatï 说自己没有头时，难道真的没有头吗？阿难陀如此回答："世尊！没有的就是没有。"佛又说道："阿难陀，如果是从别处找到头，那是他的头吗？"阿难陀回答："世尊！别人的头不是他的头。""这是为什么呢？如此，是因为众生失去了心，而从外面寻找佛。何时迷失心得安静，那心便是佛，不是从别处得到的。阿难陀！那些失去心的众生在祈求佛时，是没有被称作心的佛吗？""世尊！没有的就是没有。""当有佛时，是从哪里来的呢？""世尊！不是从哪里来的，那心便是佛。""阿难陀！从别处得到佛，他就有佛了吗？""世尊！他自己就是佛，从别处得不到佛。"若记住这个佛的话，就应该保持自己的心，去寻佛道。觉悟的众生这样说道："如果 yatïndatï 稍微转动镜子来照，就不会没有头，也不会失魂落魄了。"[1]

在《首楞严经》中与之相对应的汉文原典作：

> 今复问汝，汝岂不闻室罗城中演若达多。忽于晨朝以镜照面，爱镜中头眉目可见。瞋责己头不见面目，以为魑魅，无状狂走。于意云何？此人何因无故狂走？
>
> 富楼那言：是人心狂，更无他故。
>
> 佛言："妙觉明圆，本圆明妙，既称为妄，云何有因？若有所因，云何名妄？自诸妄想展转相因。从迷积迷，以历尘劫，虽佛发明，犹不能返。如是迷因，因迷自有，识迷无因，妄无所依。尚无有生，欲何为灭？得菩

---

[1] 张铁山：《回鹘文佛教文献〈说心性经〉译释》，载《中国少数民族文学与文献论集》，沈阳：辽宁民族出版社，1997年，第360页。这段文字主要依据张本而有所改动。

提者，如寤时人，说梦中事，心纵精明，欲何因缘，取梦中物。况复无因，本无所有，如彼城中演若达多，岂有因缘，自怖头走，忽然狂歇，头非外得，纵未歇狂，亦何遗失？[①]

因缘故失，本头不失，狂怖妄出，曾无变易，何籍因缘？本狂自然，本有狂怖，未狂之际，狂何所潜？不狂自然，头本无妄，何为狂走？若悟本头，识知狂走，因缘自然，俱为戏论。[②]

很显然，回鹘文《说心性经》中关于演若达多的故事系由《首楞严经》改编而来。

《圆觉经》，全称《大方广圆觉修多罗了义经》，为唐代佛陀多罗所译。"'圆觉'是人人具备的圆满觉悟之心，背之责凡，顺之则圣。迷之则生死始，悟之则轮回息。"[③]这种思想在禅门中流传甚广，主要是因为《圆觉经》显示的修行次第与禅法相合。圆觉经以其大乘了义，深刻地影响了禅宗思想。《说心性经》作者 Čisuya 生前曾译经10部，最后一部为《圆觉经》；他死后他的后世子孙继承其生前的作为，又译经5部，最后一部亦及为《圆觉经》。如此安排，必是体现圆觉之本意，对世间一切事理彻底地知其真相，达到圆满菩提之佛果。

由于汉文佛典为散文体，而回鹘文本为韵文体，比对非常困难。上文所列，只是我们目前已确认的部分，尽管尚不够全面，但足以从中看出敦煌本回鹘文《说心性经》与敦煌禅籍《观心论》《修心要论》《般若波罗蜜多心经疏》及佛典《首楞严经》《华严经》，乃至五代人永明延寿所撰禅宗灯史《宗镜录》，都存在着密切关系。阿依达尔·米尔卡马力曾推测《说心性经》乃 Čisuin（本文所谓之 Čisuya）都统于14世纪在元朝都城大都根据汉文原文而创作的四行韵文诗，[④]当不无道理。至于"汉文原文"为何？同样未能指出。是以，如何将四行诗体的回鹘文与敦煌汉文写本一一对应起来，还有很长的路要走。

比对工作尽管非常艰难，但饶有趣味。如上引《说心性经》中有"水上泡"

---

①　[唐]般剌蜜帝译：《大佛顶如来密因修证了义诸菩萨万行首楞严经》卷四，《大正藏》第19册，No. 945，第121页 b。

②　[唐]般剌蜜帝译：《大佛顶如来密因修证了义诸菩萨万行首楞严经》卷四，《大正藏》第19册，No. 945，第121页 c。

③　吴言生著：《禅宗思想渊源》，北京：中华书局，2002年，第322页。

④　阿依达尔·米尔卡马力著：《回鹘佛经翻译家 Čisuin Tutung 其人》，《西域研究》2016年第3期，第96页。

之譬喻，在多部汉译佛典中都可见到。最早者可追溯至西晋竺法护译《普曜经》：

> 愚冥之士以此为安，而见侵欺，如水上泡适起便灭；处在颠倒，亦如聚沫幻化卧梦；五乐无足，犹海吞流渴饮咸水增其疾患；欲之无常，唯智能觉，愚人不解犹盲投谷。①

嗣后，"水上泡"之语屡见于多种佛典。如东晋佛驮跋陀罗译《大方广佛华严经》卷四三："观色如聚沫，受如水上泡。"② 东晋瞿昙僧伽提婆译《增壹阿含经》："痛者无牢，亦不坚固，亦如水上泡，幻伪不真。"③ 刘宋求那跋陀罗译《杂阿含经》亦有"水上泡"之喻。诸如此类，不一而足。此喻在西晋、南北朝、隋、唐、宋等多部汉文经典中出现，延续时间很长。回鹘文《说心性经》可能直接引自《华严经》，宋元时代，《华严经》在回鹘非常流行，既有八十华严，又有四十华严。④ 同时，也有可能间接引自回鹘文作者所熟知的汉文禅籍，如成书于五代延寿之手的《宗镜录》同样有"水上泡"之喻。由于文献作者对汉文佛典，尤其是禅籍的熟识度很高，写作时信手拈来，多部佛经内容杂陈而又交叉杂糅。该文献之来源长期难得正解，主因盖出乎此。

结　论

综上所述，可以看出，《说心性经》并非某一种佛教文献的翻译与改编，而是以禅宗典籍为主，根据自己的理解而进行的创作。体裁为四行诗形式，观其行文风格，与敦煌出土安藏撰韵文体《赞十种善行》⑤ 颇有异曲同工之妙，却与《观心论》《修心要论》《般若波罗蜜多心经疏》及《宗镜录》等禅籍所用的散文体迥然有别，故而言其为佛教哲学原著当不为过，更确切一点讲，称其为维吾尔族历史上唯一留存的禅学原著似乎更契合其要义。宋元时期，禅宗在回鹘—畏兀儿中一直有传播，敦煌吐鲁番出土回鹘文文献对此多有反映，如柏林

---

① ［西晋］竺法护译：《普曜经》卷四，《大正藏》第3册，No. 186，第505页c。
② ［东晋］佛驮跋陀罗译：《大方广佛华严经》卷四三，《大正藏》第9册，No. 278，第672页c。
③ ［东晋］瞿昙僧伽提婆译：《增壹阿含经》卷二七，《大正藏》第2册，No. 125，第701页b。
④ 杨富学著：《回鹘之佛教》，乌鲁木齐：新疆人民出版社，1998年，第105~108页。
⑤ 耿世民编：《古代维吾尔诗歌选》，乌鲁木齐：新疆人民出版社，1982年，第67~73页。王红梅：《元代畏兀儿翻译家安藏考》，《敦煌学辑刊》2008年第4期，第75~83页。

吐鲁番残片 Ch.1421v（原编号 TⅡT 2068）出自吐峪沟石窟，其中有《禅门十二时》之内容。① 敦煌出土有回鹘文禅宗典籍《圆觉经》之译本写卷，现存斯德哥尔摩民族学博物馆。日本大谷探险队亦曾于西域某地获印本一页（编号龙大ウ 835）。② 在柏林收藏的吐鲁番本回鹘文《圆觉经》写卷更多，计有 7 个编号，依次为 TⅡS26（U4183）、TID（b）（U4088）、U4500、TⅢ73（U4260）、TⅡ989（U 138）、U4430、TⅢM131（U4274）。③ 此外，中原诸地出土的碑刻墓志中也可见对回鹘禅宗信仰的相关记载。④ 本文献的发现，可为回鹘禅宗的深入系统研究提供更为扎实可靠的依凭。若然，要探究《说心性经》所反映的禅学思想，势必要明了其引据的禅宗典籍。就目前的观察，可以推定其思想来源为唐五代时期的汉地禅宗。遗憾的是，唐五代禅宗文献多已失传，仅有一部分幸存于敦煌莫高窟藏经洞而得窥其一斑。因这些文献亦多不为历代大藏经所收，故难以引起研究者的关注。回鹘文《说心性经》长期来难觅其源，深层原因盖本乎此。

① P. Zieme, A Chinese Chan text from Dunhuang in Uigur transcription and in translation from Turfan, Irina Popova& Liu Yi (eds.), *Dunhuang Studies: Prospects and Problems for the Coming Second Century of Research*, St. Petersburg, 2012, pp.361-364；［德］茨默著，杨富学、朱满良译：《一件敦煌禅文献在吐鲁番回鹘语中的音转与翻译》，载杨富学编著《回鹘学译文集新编》，兰州：甘肃教育出版社，2015 年，第 127～135 页。

② 百济康义「ウイグル譯『圓覺經』とその注譯」『龍谷紀要』第 14 卷 1 號，1992 年，第 1～23 頁。

③ P. Zieme, The "Sutra of Complete Enlightenment"in Old Turkish Buddhism, *Collection of Essays 1993. Buddhism Across Boundaries-Chinese Buddhism and the Western Regions*, Taipei, 1999, pp.449-483.

④ 杨富学：《禅宗与回鹘》，载《曹溪禅研究》第 3 辑，北京：中国社会科学出版社，2003 年，第 213～218 页。

第十七章　回鹘文《说心性经》取材《观心玄枢》考辨

　　回鹘文《说心性经》，回鹘文题作 xin（köngül）tözinuqïttačï nom bitig，由英人斯坦因于1907年发现于敦煌莫高窟北区，现存伦敦大英图书馆，系编号为Or.8212-108中之一部（2a-16b），册子本，存405行。[①] 此《说心性经》作为回鹘禅宗文献，不仅与北宗禅文献关系密切，更与南宗禅，尤其是与《宗镜录》和《观心玄枢》，有千丝万缕的关系。

　　敦煌本回鹘文《说心性经》自发现以来就深受学界关注，然因其内容庞杂，学界对其来源问题争议颇多。经笔者比对研究发现，文献的内容来源有两部分：其一为直接引用的内容，涉及《首楞严经》《华严经》及《圆觉经》；其二为佛教思想的摄取，涉及敦煌发现的早期北宗禅文献《观心论》《修心要论》《般若心经疏》等。值得注意的是，《说心性经》中引自《楞严经》《华严经》和《圆觉经》的内容皆可见于五代永明延寿著《宗镜录》中。因此，笔者颇疑《说心性经》的形成当受到延寿禅学思想的影响。近期，笔者又发现延寿另撰的《观心玄枢》中一些内容亦与《说心性经》有关，进一步加深了我们对《说心性经》来源问题的认识：《说心性经》作为回鹘禅学原著，在形成过程中兼受北宗禅和南宗禅的交互影响。

第一节　《说心性经》与《观心玄枢》对"心"的认识

　　"心性"在现代汉语中有性情、性格之意，对心性的阐述一直是中国传统文

----

　　① 杨富学、张田芳：《敦煌本回鹘文〈说心性经〉为禅学原著说》，《西南民族大学学报（人文社科版）》2018年第1期，第79～86页；张田芳：《敦煌本回鹘文〈说心性经〉探原》，兰州大学博士学位论文，2018年。

化中重要的内容之一，儒学有儒学的心性论，道教有道教的心性论。最初分为"心"和"性"两部分，"心"是就人的道德主体作用说，"性"是就客观实在说。孔子点明仁心自觉，孟子承继孔子，由仁心说仁性，证成人性本善。如仁之性表现出来的是怵惕恻隐之心，智之性表现出来的是是非分明之心。心、性皆有天道的感通无限性，可以相互感通。其后，佛教各宗盛谈心性，禅宗认为心即性，倡"明心见性，顿悟成佛"。

唐宋以来，随着儒、释、道三家的不断融合，宋儒亦喜谈心性，形成了理学。各家解说虽不相同，却有相通之处，促进了社会各界名流对这一哲学问题讨论。《说心性经》作为蒙元时期的产物，其形成深受两宋以来"心性"论潮的影响，可以说是这一论潮的延续与发展。其以"心性"冠名，对心性的论述，无不离禅宗左右，尤其与五代永明延寿的心学思想有诸多相似之处。延寿生活在五代晚期至宋初，彼时禅宗在南方极为盛行。作为法眼宗学僧，延寿对禅宗不同时期的传法特点当了如指掌，又对当时禅宗各宗派之间的流弊了若指掌，因此，他引经据典撰《宗镜录》《万善同归集》《心赋注》等著作，对禅宗法脉、法理进行缜密的论述，旨在阐明禅宗"以心传心，不立文字"及"直指人心，见性成佛"等传法要义。可谓集佛教百家之长，把与禅宗相关的重要佛典囊括殆尽，尤其是对"心性"问题的论述，更集历代禅宗"心学"之大成，突出"一心为宗"的心学思想。《说心性经》中虽无"《宗镜录》云"之类文句，亦无"延寿云"等，且回鹘文写本中亦不见《宗镜录》译本存在，但其中所引《圆觉经》《楞严经》《华严经》文字皆在《宗镜录》中有所见，揆其内容，受《宗镜录》影响则章章明矣，主因盖出乎此。不唯如此，《说心性经》与延寿所撰《观心玄枢》亦有诸多相通之处。

《观心玄枢》，全一卷（《智觉禅师自行录》载为三卷）。文首表明"《宗镜录》中略出大意文末重引《万善同归集》颂言作结，可以推断是作于《宗镜录》和《万善同归集》之后。"[①] 后半部分收录在《卍续藏》第65册。厦门大学刘泽亮教授根据天理大学藏本（无量光院1069年）对前半部分做了整理，重新做了校注，收录于《永明延寿禅师全书》一书中。本文所引之内容皆参考《卍续藏》和《永明延寿禅师全书》。延寿站在禅宗立场上论述佛教之"观心"玄旨，谓吾

① ［宋］延寿著，刘泽亮点校：《观心玄枢》，载《永明延寿禅师全书》，北京：宗教文化出版社，2008年，第1660页。

人若欲脱境缚、息分别、具足行施与持戒等之六波罗蜜、护持正法、明法相、了四谛、明三藏、降四魔、辨净染等，皆须由"观心之法"而成就；若不观心，则一切错乱颠倒，如九十六种外道。卷末附四六俳偶之偈，抒发愿生唯心净土之念。本书继承天台等观心系之思想，援引诸经典中有关观心之文，阐明了"心即大乘""心即佛性""心摄诸教"等观心要义。何为"心"？延寿在其《观心玄枢》中有明确的论述，认为"大乘""佛性""中道""波若""一乘""如来藏""法性""自性清净心"等皆是"心"的别名，所谓观心，即观其种种心。《说心性经》以"心性"冠名，那么此处的"心性"为何意呢？两者之间又因何相通呢？

《说心性经》虽以"经"为名，但观其内容，全篇以"总—分—总"的形式对心性展开论述，应属于论的范畴，可将其视为回鹘禅学心性论。开篇就论及心性，曰："若探究（其究竟）我自己、所有的凡人、圣人、有心者及无心者，一切法生于一切心，又反过来依靠心……心是一切法的性。"① 指出心是万法之本原，点明禅宗"一心为宗"的要旨。与延寿所论"以一心为如来所说之根本"② 的思想几无二致。延寿《观心玄枢》云："一切诸法，悉出心中，心即大乘，心即佛性，又心摄诸教。""以万法为自体，但从识变，心若不起，诸境皆空，心生法生，心灭法灭。"③ 延寿以心为万法之源来开示众生，即众生心生万法；众生若了达一切诸法，皆从自心生起现行，则能如理反观自心，见自心本空，即明万法本自心起处，即见性空。又云："道即是心，心即是道。"④ 与《说心性经》所言"心性无生无灭，照样其性消失和静止"有异曲同工之妙。可以看出，如同延寿在《观心玄枢》对心得论述一样，《说心性经》中"心性"亦为"心"之别名，即禅宗所谓之"心性不异，即心即性，心不异性"。⑤

---

① Ş. Tekin, *Buddhistische Uigurica aus Der Yüan-Zeit, Teil I: HSIN Tozin oqidtaci Nom*, Budapest, 1980. S.34, 54；张铁山：《回鹘文佛教文献〈说心性经〉译释》，载《中国少数民族文学与文献论集》，沈阳：辽宁民族出版社，1997年，第342页，第358页。

② ［宋］延寿著，刘泽亮点校：《观心玄枢》，载《永明延寿禅师全书》，北京：宗教文化出版社，2008年，第1660页。

③ ［宋］延寿著，刘泽亮点校：《观心玄枢》，载《永明延寿禅师全书》，北京：宗教文化出版社，2008年，第1693页。

④ ［宋］延寿著，刘泽亮点校：《观心玄枢》，载《永明延寿禅师全书》，北京：宗教文化出版社，2008年，第1331页。

⑤ ［唐］裴休：《黄檗断际禅师宛陵录》，《大正藏》第四十八卷，No.2012B，第348页b。

"明心见性"是禅宗的宗旨。"明心"一词最早见于《景德传灯录》卷二八《洛京荷泽神会大师语》："千经万论，只有明心。"① 神会提出了此说，然而将其与"见性"连用却始于延寿。"明心""明心见性"的说法与惠能"识心见性"、神会的"直了见性"没有根本差别，都是指领悟自己具有与佛一样的本性，是禅宗自悟的标志。在延寿生活的时代，不少禅僧将禅宗与注重经纶对立起来，认为阅读佛经和从事其他修行就会有碍于"明心""见性"，单纯依靠历代祖师之意进行修行，致使禅宗的发展一度进入混乱状态，延寿针对当时禅宗修行的流弊，举一心为宗，主张藉教悟宗，已达到明心见性的目的。延寿反对当时禅僧在修行中轻视经典，只依靠祖师之言，提倡重视经典在修行中的作用。他说："若明宗达性者，虽广披寻，尚不见一字之相，终不作言诠之解；以迷心作物者，生斯纸墨之见耳。"② "明宗达性"即"明心达性"，是说有觉悟的人，即使读书破万卷，也只领悟文字背后的道理，而非执着于文字本身；而没有觉悟的人，只能执念于文字，被文字所束缚，无法领略文字背后的真意。因此，他在《观心玄枢》中开宗明义地指出，为避免学人对巨著望洋兴叹，故从《宗镜录》中略出大意，以明观心之枢要。③《观心玄枢》云：

> 若不观心，何以受持读诵？以破尘出大千经卷，仰空写无量真诠。念念转法轮，有何遗忘？故云：手不执卷，常读是经；口无言音，遍诵众典。佛不说法，恒开妙音。心不思惟，普照法界。是以若遗文了义，如师子就人。若背义徇文，犹痴犬逐块。④

《说心性经》也有同样的描述："因此心性也不是书本和文字。读文字看书本的圣人不应该只是像照镜子一样死套文字，而应该以此来看自己的心。佛和法师为了让懵懂的众生领悟此心讲述了许多法经，我们就像从天窗看天空一样，

---

① ［宋］释道元著，妙音、文雄点校：《景德传灯录》卷二八，成都：成都古籍书店，2000年，第594页。

② ［宋］延寿著，刘泽亮点校：《宗镜录》卷一《标宗章第一》，载《永明延寿禅师全书》，北京：宗教文化出版社，2008年，第36页。

③ 田青青著：《永明延寿心学研究》，成都：巴蜀书社，2010年，第222页。

④ ［宋］延寿著，刘泽亮点校：《观心玄枢》，载《永明延寿禅师全书》，北京：宗教文化出版社，2008年，第1692页。

对三种门集中起来讲解。希望看到这些坚定自己的心。"① 可以看出，这段话与延寿的观点非常相似，旨在说明对心性的领悟，要依靠佛经文字却又要不被文字所束缚，文字只是手段而非结果。诚如《说心性经》末尾所言："只看佛经得不到善，只说佛经进不了正道，只算佛经不能证明善果。"② 由此可知，《说心性经》中关于心性与诸法、心性与文字关系的论述，与延寿在《观心玄枢》中所论述的观点极其相似。延寿主张在禅修中注重文字但又不执着于文字的思想，与早期禅宗思想类似，故而，在《说心性经》中同时能照见禅宗北宗和南宗的影子，也就不足为奇了。

第二节 《说心性经》与《观心玄枢》对"心"的论述

《说心性经》中不唯总论心性，在分论和结尾部分亦不乏与《观心玄枢》相似或相同的文字，如回鹘文《说心性经》第179~182行云：

> anï tuymïš baqšï-lar ïnčä tip sözlämïš ärür. köngül tümän türlüg adqanγu-lar iyin äwrilsär ymä. äwrilmïš orun-ïn-ta köngül tözintin öngi nom yoq ärür. äwrilmïš iyin köngül bilsär tözin. alqu-luq-ï yoq kämiš-gülüki yoq ärür tip.
>
> 懂得这一点的诸法师如此说道："心根据万种境发生变化，在变化之地没有不同于心性的法。按照变化懂得心性，就没有获得，就没有失去。"③

心指内心世界，境则为外界万法。外界万法皆随心而动，如果保持真如佛性，则不会受万法的影响。诚如《观心玄枢》所云："以一切境界，唯心妄动。

① Ş. Tekin, *Buddhistische Uigurica aus Der Yüan-Zeit, Teil I: HSIN Tozin oqidtaci Nom*, Budapest, 1980, S.40-41, 58；张铁山：《回鹘文佛教文献〈说心性经〉译释》，载《中国少数民族文学与文献论集》，沈阳：辽宁民族出版社，1997年，第346~347、362页。

② Ş. Tekin, *Buddhistische Uigurica aus Der Yüan-Zeit, Teil I: HSIN Tozin oqidtaci Nom*, Budapest, 1980, S.53, 68；张铁山：《回鹘文佛教文献〈说心性经〉译释》，载《中国少数民族文学与文献论集》，沈阳：辽宁民族出版社，1997年，第357~358、369页。

③ Ş. Tekin, *Buddhistische Uigurica aus Der Yüan-Zeit, Teil I: HSIN Tozin oqidtaci Nom*, Budapest, 1980, S.43, 60；张铁山：《回鹘文佛教文献〈说心性经〉译释》，载《中国少数民族文学与文献论集》，沈阳：辽宁民族出版社，1997年，第349、363页。

若心不起，一切境界相灭。唯一真心，遍一切处。"① 二者意义完全相同，皆讲心是万物之本原，心不动，则妄念不生。再如回鹘文《说心性经》第322~335行对六度的论述，云：

> qaltï öz 心 tözintä bir äd ymä turγurmaz ärip. ät'özin ymä kösüngü-täki körkdäš-täg quruq ärür tip bilmiš üčün. ilinčsiz 心 üzä bušï paramït ta yaradïnmaq. tözin arïγ süzük kirsiz tapča-sïz uqmïš üčün ilinčsiz 心 üzä č(a)qsapt paramït-ta yaradïnmaq 心 tözi alqu nom-larïq qalïsïz sïγurmïš-ïn bilmiš üčün ilinčsiz 心 üzä särinmäk pramït-ta yaratïnmaq. 心 tözi alqu öd-lärdä ösülmäksiz ärtükin bilmiš üčün ilinčsiz köngül üzä qatïγalanmaq paramït-ta yaratïnmaq. 心 tözi ilki-tin bärü toγmaq-sïz täwrämäksiz ärtükin bilmiš üčün ilinčsiz 心 üzä dyan paramït-ta yaratïnmaq. 心 tözi ilki-tin bärü bäkiz bälgülük bildäči ärtükin bilmiš üčün ilinčsiz 心 üzä bilgä bilig paramït-ta yaratïnmaq ärür.

当心性中不存一物，因为知道身也像镜子里的形象一样是空的，那么就以可怜之心行布施度；因为懂得性是清净、不浊的，那么就以可怜之心行持戒度；因为知道心性可以全部容纳一切法，那么就以可怜之心行忍辱度；因为知道心性在所有的时刻都是不生的，那么就以可怜之心行精进度；因为知道心性从来都是不生不动的，那么就以可怜之心行禅定度；因为知道心性从来是辉煌的、达明的，那么就以可怜之心行智慧度。②

这段话旨在强调"心性"在六度修行中的重要性。延寿认为，心是万法之源，解脱之本，只要通过"观心"深入思考才能体悟三界唯心，要实践施舍、持戒、忍辱、精进、禅定、般若等"六度"，必须观心。《观心玄枢》云：

> 若不观心，何以行施？以无可与者，名为布施。心外有法，有可与者，

---

① ［宋］延寿著，刘泽亮点校：《观心玄枢》，载《永明延寿禅师全书》，北京：宗教文化出版社，2008年，第1683页。

② Ş. Tekin, *Buddhistische Uigurica aus Der Yüan-Zeit, Teil I: HSIN Tozin oqidtaci Nom*, Budapest, 1980, S.50, 65；张铁山：《回鹘文佛教文献〈说心性经〉译释》，载《中国少数民族文学与文献论集》，沈阳：辽宁民族出版社，1997年，第355、367页。

能所不亡，不得三轮体空，入施法界故。

若不观心，何以持戒？以大乘大菩萨戒，谓观唯心。本无外色，无色可破，相空亦无，离取相过。故名持戒。……

若不观心，何以忍辱？故云："忍者，于刹那。尽一切相，及诸所缘。"是知，唯心无外境对持，方名为忍。故云"辱境"。……

若不观心，何成精进？故云："若能心不起，精进无有涯。"是知，起心即有境所缘；了心境俱空，方成精进。

若不观心，何成禅定？是以，若不分别诸境，是真调伏心；了一切法空，即常在三昧。所以云"大菩萨定"。……

若不观心，何成般若？以灵台智性，诸佛由生，是险恶径中之导师，迷暗室中之明炬，生死海中之智楫。[①]

上述两种关于"六度"在心性修行中作用的描述尽管有别，但意思却大体一致。

"观心"是延寿心学的重要内容。他在《宗镜录》序中说，"心"是本来清净、空寂无相的，它随缘形成世界万有和有情众生。众生因心性受"无明贪爱"掩覆，轮回于三界生死之流。然而人们如果能够反镜观心，体悟本有的清净之心，便可达到觉悟解脱。"观心"是成佛之门，因为即心是佛，即佛是心，故观此一心即观佛。《说心性经》中亦有相同的内容，如第75~77行云："祈求觉悟的人们反过来若看自己的心，那就是心，那就是佛，因为不从别处祈求的缘故，也是为了不产生虚假的念头。"[②]这句话的关键，是成佛的要素依然在于观心。至于"观心"在实践六度中的作用，早期禅写本P.4646《观心论》和P.2162《大乘开心显性顿悟真宗论》都有类似的内容。如《观心论》曰：

能舍眼贼，离诸色境，心无烦恼，名为布施；
能禁耳贼，于彼声尘，不令纵逸，名为持戒；

---

① ［宋］延寿著，刘泽亮点校：《观心玄枢》，载《永明延寿禅师全书》，北京：宗教文化出版社，2008年，第1685～1686页。

② Ş. Tekin, *Buddhistische Uigurica aus Der Yüan-Zeit, Teil I: HSIN Tozin oqidtaci Nom*, Budapest, 1980, S.38, 75；张铁山：《回鹘文佛教文献〈说心性经〉译释》，载《中国少数民族文学与文献论集》，沈阳：辽宁民族出版社，1997年，第345、362页。

能除鼻贼，等诸香臭，自在调柔，名为忍辱；

能制口贼，不贪邪味，赞咏讲说，无疲厌心名为精进；

能降身贼，于诸触欲，心湛然不动，名为禅定；

能摄意贼，不顺无明，常修觉慧，乐诸功德，名为智慧。①

《大乘开心显性顿悟真宗论》则为：

> 六波罗蜜者，亦云六度。布施、持戒、忍辱、精进、禅定、智慧等，对其六根清净，六道不生，内外无着，自然布施，即摄檀波罗蜜；善恶平等，俱不可得，即摄尸波罗蜜；境智和会，违害永尽，即摄忍辱波罗蜜；大寂不动，万行自然，即摄精进波罗蜜；繁兴妙寂，法身自现，即摄禅波罗蜜；妙寂开明，无有变异，究竟常住，不着一切，即摄般若波罗蜜，是名六波罗蜜。梵言波罗蜜，汉言达彼岸也。②

六度，亦名六波罗蜜。波罗蜜，《大乘义章》卷十二云："波罗蜜者，是外国语，此翻名度，亦名到彼岸。"③六度乃菩萨欲修成佛法所遵循的六个步骤，即布施、持戒、忍辱、精进、禅定和智慧。禅宗讲究"心外无物"，通过修行而达到善，必离不开"心"。是见，上述文献皆反映禅宗"以心为宗"的特点。观其内容表述，《说心性经》、对"六度"论述与《观心玄枢》更接近。

圣与凡在修行中最大的不同就在于对"心性"的领悟，对"心"领悟程度的深浅注定了圣凡两境界的不同。《说心性经》第23~26行云：

> yanglïlmaq tözlüg ymä tuymaq tözlüq ymä ärmäz bolur. bu köngül-kä arqa
> birsär partagčan bolur.

失去心性与领悟心性不同，若忽视此心，就成为凡人；若领悟此心，

---

① 上海古籍出版社、法国国家图书馆编：《法藏敦煌西域文献（第32册）》，上海：上海古籍出版社，2005年，第354页。

② 上海古籍出版社、法国国家图书馆编：《法藏敦煌西域文献（第7册）》，上海：上海古籍出版社，1998年，第250页。

③ ［隋］慧远：《大乘义章》卷一二《六波罗蜜义十门分别》，《大正藏》第44册，No. 1581，第705页a。

就成为圣人。①

《观心论》引《涅槃经》以阐明这一问题：

> 又《涅槃经》云："一切众生，皆有佛性，无明覆故，故不得解脱。"佛性者，即觉性也。但自觉觉他，智惠明了。离其所覆，则名解脱，故知一切诸善，以觉为根，因其觉根，遂显现诸功德，树涅槃之果，因此而成。如是观心，可名为了。②

《观心玄枢》与之对应的文字为：

> 若不观心，何以成智？以心为智，即其是本性寂照之用。此智凡圣皆具，用有浅深，故云："终日圆觉，而未尝圆觉者，凡夫也；欲证圆觉，而未极圆觉者，菩萨也；住持圆觉，而具足圆觉者，如来也。"③

由是以观，《观心玄枢》所言凡夫、菩萨、如来的修行诸境界中，观心至为关键，而《说心性经》言圣凡之别在于对"心性"的领悟，两者主旨几无二致。言《说心性经》中的这段话改编自《观心玄枢》，当无大误。

《说心性经》第二部分分论心性，专述持诵与心性的关系，认为"文字书本、虚幻的想法和形象、明显的诸法不融合。在心法中亦无任何东西，由于是空的、无味的，用言论得不到，用幻想得不到"。④ 这一观点又与《观心玄枢》相关文字暗合："若不观心，何以受持读诵。以破尘出大千经卷，仰空写无量真诠，念念转法轮，有何遗忘？故云：'手不执卷，常读是经。口无言音，遍诵众

---

① Ş. Tekin, *Buddhistische Uigurica aus Der Yüan-Zeit, Teil I: HSIN Tozin oqidtaci Nom*, Budapest, 1980, S.35, 54-55；张铁山：《回鹘文佛教文献〈说心性经〉译释》，载《中国少数民族文学与文献论集》，沈阳：辽宁民族出版社，1997年，第343、359页。

② 上海古籍出版社、法国国家图书馆编：《法藏敦煌西域文献（第32册）》，上海：上海古籍出版社，2003年，第352页。

③ ［宋］延寿著，刘泽亮点校：《观心玄枢》，载《永明延寿禅师全书》，北京：宗教文化出版社，2008年，第1687页。

④ Ş. Tekin, *Buddhistische Uigurica aus Der Yüan-Zeit, Teil I: HSIN Tozin oqidtaci Nom*, Budapest, 1980, S.44, 61；张铁山：《回鹘文佛教文献〈说心性经〉译释》，载《中国少数民族文学与文献论集》，沈阳：辽宁民族出版社，1997年，第349~350、364页。

典，佛不说法，恒闻妙音，心不思惟，普照法界，是以，若遗文了义。'"① 尤其有意思的是《说心性经》的结尾部分，第388~396行云：

心 oqïdtačï töz nom ärsär. tor-nung. öng yip-läri ärür. adïn nom 门 -larï ärsär. tor-nung küšnäk-in-täg ärür. tor-nung öng yip-i bolmamaq üzä. küšnäk-läri yumqï tunup. tor-nung öng yip-in kärmäk üzä alqu küšnäk-lär nätäk ačïlur ärsär. ančulayu ymä alqu nom qapïγ-lar bolup. 心 tözingä tayanmasar ol nom qapïγ- larï barča ačup ärmäz bolur. 心 tözingä tayansar alqu nom qapiγ larï alqu barča ačïlur.

说心真经，是网的线。别的法门，则是网眼。没有网上的线，网眼就全部不存在了，拉紧网线，所有的网眼就可以打开。同样，一切法门若不依靠心性，这些法门就不能全部打开；若依靠心性，一切法门就可以全部打开。②

这一论述也同样存在于《观心玄枢》中，在论述"若不观心，何以成佛"时云：

六相义者，一心为总相，多心为别相，乃至能同能异，能成能坏，皆是一心本末建立。十玄门者，同时具足相应门，一多相容不同门，乃至隐显门、帝网门、具德门、自在门、安立门、十世门、托事门，皆于此由心回转，善成一门。③

这段话旨在说明六相义、十玄门与一心的关系，"一心"是别相和十玄门的基础，所有的关系都靠"一心"来维系。如帝网门，本意为帝释所居忉利天宫上悬有珠网，上缀宝珠无数，重重叠叠，交相辉映。这里以此表示与"一心"

---

①　［宋］延寿著，刘泽亮点校：《观心玄枢》，载《永明延寿禅师全书》，北京：宗教文化出版社，2008年，第1692页。

②　Ş. Tekin, *Buddhistische Uigurica aus Der Yüan-Zeit, Teil I: HSIN Tozin oqidtaci Nom*, Budapest, 1980, S.53, 68；张铁山：《回鹘文佛教文献〈说心性经〉译释》，载《中国少数民族文学与文献论集》，沈阳：辽宁民族出版社，1997年，第357～358、369页。

③　［宋］延寿著，刘泽亮点校：《观心玄枢》，载《永明延寿禅师全书》，北京：宗教文化出版社，2008年，第1702页。

及诸门、诸相之间错综复杂的联系和牵制。与《说心性经》中结尾的论述高度吻合，虽写法不同，但语意却无二致，是智泉法师对这段话的改编。

第三节 《说心性经》与《观心玄枢》所见之譬喻

佛经中多语意晦涩难懂之语，为了方便僧众阅读经文常会借用一些譬喻故事，《说心性经》和《观心玄枢》都有很多这样的譬喻故事，且两者的譬喻故事亦有相通之处。如《说心性经》第89~92行云：

> nätäg tip tisär. adïn nom-qa tayanmaq ärsär. qum-nï sïqïp yaγ tilämiš-täg ärür. käntü özindä tiläsär künčit qaytsï-ta ulatï-lar-nï sïqïp yaγ tilämiš-täg ärür. köngül-tä alγuluq äd yoq.
>
> 若依靠别的法，就好像是想从沙子里榨油一样。若祈求自己，就像是从芝麻、芥子等物中榨油一样。[1]

《观心玄枢》与之对应的内容为：

> 从他妄学者，如钻水觅火，压砂出油，此非正因，徒劳功力。若能克己辩事，谛了自心者。如从木出火，于麻出油，不坏正因，易得成就。[2]

《观心玄枢》中用"压砂出油"和"于麻出油"两个譬喻解说禅宗不向外求的本质所在。可以看出，两段话的意思完全相同。《说心性经》当取自《观心玄枢》，再添新证。再如《说心性经》第96~101行云：

> ïnča qaltï arïγ süzük 大 suntsï munčuq bolur. üksin-tä. kök sarïγ-ta ulatï ädlärig urduq-ta. kök sarïγ 色-lär iyin ol suntsï munčuq-ta közünür ärip. suntsï

---

① Ş. Tekin, *Buddhistische Uigurica aus Der Yüan-Zeit, Teil I: HSIN Tozin oqidtaci Nom*, Budapest, 1980, S.39, 54；张铁山：《回鹘文佛教文献〈说心性经〉译释》，载《中国少数民族文学与文献论集》，沈阳：辽宁民族出版社，1997年，第346、361页。

② ［宋］延寿著，刘泽亮点校：《观心玄枢》，载《永明延寿禅师全书》，北京：宗教文化出版社，2008年，第1683页。

munčuq özingä alïnmamaq-ïntïn. ol 色 -lär munčuq-qa yoqlunmadïn munčuq arïγ tözinčä turup.

犹如是清净的大水晶项链，在其上面放着蓝、黄色物品，于是蓝、黄色就在水晶项链上显现出来。这不是由于水晶项链自己具有了那些色，也不是由于那些色消失在项链上了，项链还是以清净而存在，没有任何变化。①

《观心玄枢》与之对应的内容为："犹玻璨珠，随前尘而变众色。"② 繁简虽异，但文意无别，亦当取自《观心玄枢》。玻璃，又称玻璨。古为玉名，亦称水玉，或称水晶。今指一种质地硬而脆的用含石英的砂子、石灰石、纯碱等混合后，在高温下熔化、成形，冷却后制成的透明物体。《太平广记》卷八一引《梁四公记》载："扶南大舶从西天竺国来，卖碧玻璃镜，内外皎洁。面广一尺，重四十斤，置五色物于其上，向明视之，不见其质。"③《本草纲目》卷八《金石二·玻璃》："本作'颇黎'。颇黎，国名也。其莹如水，其坚如玉，故名水玉，与水精（即水晶）同名。"④ 又《集解》引陈藏器曰："玻璃，西国之宝也，玉石之类，生土中。"李珍曰："莹澈与水精（水晶）相似。"⑤ 我国对玻璃这一材料有多种称呼，考古报告中常常根据其透明度分别定名为"玻璃""琉璃"和"料器"：一般把透明度较好、与现代玻璃相似的称为玻璃，把透明度差的称为琉璃，把色彩鲜艳的小件器物称为料器。⑥ 据考资料显示，从西汉至宋一直与当时世界上生产玻璃的罗马、萨珊和阿拉伯地区都有贸易往来，在我国境内发现的进口玻璃也来自这些地区。⑦ 国产玻璃也是自汉代就有，目前所知最早的国产玻璃为西汉刘胜墓中发现的玻璃耳杯和玻璃盘。早期玻璃的使用主要在宫廷或贵

① Ş. Tekin, *Buddhistische Uigurica aus Der Yüan-Zeit, Teil I: HSIN Tozin oqidtaci Nom*, Budapest, 1980, S.39, 54；张铁山：《回鹘文佛教文献〈说心性经〉译释》，载《中国少数民族文学与文献论集》，沈阳：辽宁民族出版社，1997年，第345、361页。

② ［宋］延寿著，刘泽亮点校：《观心玄枢》，载《永明延寿禅师全书》，北京：宗教文化出版社，2008年，第1290页。

③ ［宋］李昉等著：《太平广记》卷八一《梁四公记》，北京：中华书局，1961年，第521页。

④ ［明］李时珍著：《本草纲目》卷八《金石二·玻璃》，北京：人民卫生出版社，1975年，第505页。

⑤ ［明］李时珍著：《本草纲目》卷八《金石二·玻璃》，北京：人民卫生出版社，1975年，第506页。

⑥ 安家瑶：《中国的早期玻璃器皿》，《考古学报》1984年第4期，第413页。

⑦ 安家瑶：《中国的早期玻璃器皿》，《考古学报》1984年第4期，第413页。

族之家，能否使用玻璃，在一定的程度上是区分身份和地位的象征。如《金史》卷四三《衣服通制》载：

> 庶人止许服绳绸、绢布、毛褐、花纱、无纹素罗、丝绵，其头巾、系腰、领帕许用绦用绒织成者，不得以金玉、犀象、诸宝、玛瑙、玻璃之类为器皿，及装饰刀把鞘，并银装钉床榻之类。①

又《金史》卷八《世宗本纪下》云：

> （大定二十八年）二月癸巳，宋使朝辞，以所献礼物中玉器五、玻璃器二十及弓剑之属使还遗宋，曰："此皆尔国前主珍玩之物，所宜宝藏，以无忘追慕。今受之，义有不忍，归告尔主，使知朕意也。"②

由此可知，玻璃在很长一段时间内使用受限，及至宋代，这一局面发生了较大的变化。宋代的玻璃器皿分布广，出土量大，不同地点出土的玻璃又各有其特点，说明不是同一产地的产品，也说明了宋代玻璃业走出宫廷作坊，有了比较普遍地生产。③杜绾所撰《云林石谱》载："西京洛河水中出碎石，颇多青白，兼有五色斑斓，采其佳者，入铅和诸药，可烧变假玉或琉璃用之。"④因此玻璃器皿的使用也"飞入寻常百姓家"。宋代诗词中亦可见玻璃器皿对人们日常生活的影响。在《全宋词》中可检索到72条，《全宋诗》中可检索到321条，且其中很大一部分是以玻璃杯的形式出现。辛弃疾《菩萨蛮》："香浮奶酪玻璃盌，年年醉里尝新惯。"梅尧臣《依韵酬永叔再示》："邻邦或有寄嘉酿，瓦罂土缶盛玻璨。"陆游《蜀酒歌》："青丝玉瓶到处酤，鹅黄玻璃一滴无。"还有其《醉书》："一樽酌罢玻璃酒，高枕窗边听雨眠。"宋欧阳修《寄圣俞》："忆在洛阳各年少，对花把酒倾玻璨。"是见，延寿在《观心玄枢》以"玻璃珠"喻"心"，并非空穴来风，彼时，玻璃的使用已经非常普遍。元代更甚，无论是进口还是国产较前代都有过之而无不及。因此，《说心性经》中"大水晶"当为

---

① ［元］脱脱等撰：《金史》卷四三《衣服通制》，北京：中华书局，1975年，第986页。
② ［元］脱脱等撰：《金史》卷八《世祖本纪下》，北京：中华书局，1975年，第200页。
③ 安家瑶：《中国的早期玻璃器皿》，《考古学报》1984年第4期，第437页。
④ ［宋］杜绾：《云林石谱》卷中《洛河石》，《知不足斋丛书》本，第66页。

"玻璃珠"无疑。此处张铁山所译"犹如是清净的大水晶项链"亦可作"犹如玻璃珠",与延寿《观心玄枢》一般无二。

结 论

综上,可以看出《说心性经》与《观心玄枢》存在关联,无论是对心性的论述,还是从总论到分论,甚至譬喻故事,都可从《观心玄枢》中找到影子。禅宗主张"以心传心,不立文字,教外别传",无论读多少佛经,如果忽视"心性",不观心,则一切皆空,不仅达不到善,更无法体会到禅修的本意。诚如《说心性经》第376~379行所言:"若自己不懂心性,受持佛说的法,法师留下的法门,以文字书本上的性来教别人,那么能不能领悟心性是不一定的。"①是故,禅宗所有的修行法门都归结为"心性",舍此无他。

回鹘信仰佛教始于唐,发展于宋,盛行于元,大致走过了一条与汉地佛教逆行的轨道。汉地流行的大乘佛教八宗对回鹘几乎没有多少影响。从敦煌、吐鲁番等地出土的回鹘文文献看,基本上看不到宗派观念,所以,过去学术界谈论禅宗,一般都不涉及回鹘。近些年我们在阅读元人文集和佛教典籍时,陆续发现一些记载回鹘僧徒修习禅宗的资料,可以看出,禅宗开始在迁入内地的回鹘人中是有一定影响的,尤其是江浙一带有不少回鹘僧侣和信徒修习禅宗,其中以修习临济宗者居多,主要师从元代著名临济宗师明本和惟则等,他们的活动对汉地佛教的发展咸有贡献。②

回鹘文《说心性经》取材渠道多样,寻源不易,尤其是其中使用的古代典籍,有的在今世已不传,故而困扰国际学术界达百年之久。国内外学术界对该文献的关注可谓久矣,但对其来源,多囿于推测,多数学者一般都根据常规的经验将其定性为译作,但始终找不到原典来源。观其内容,主要在于论述心性问题,禅味十足。稽诸敦煌发现的禅宗写本和各种禅籍,可以看到,回鹘文

---

① Ş. Tekin, *Buddhistische Uigurica aus Der Yüan-Zeit, Teil I: HSIN Tozin oqidtaci Nom*, Budapest, 1980, S.52, 67; 张铁山:《回鹘文佛教文献〈说心性经〉译释》,载《中国少数民族文学与文献论集》,沈阳:辽宁民族出版社,1997年,第357、368页。

② 杨富学:《禅宗与回鹘》,载《曹溪禅研究》第3辑,北京:中国社会科学出版社,2003年,第213~218页。

《说心性经》大量引录敦煌禅宗写本《观心论》《修心要论》《般若波罗蜜多心经疏》及禅宗经典《圆觉经》、禅宗灯史《宗镜录》中的文字，有的直接引用，有的系改编而来，说明《说心性经》不是某一种佛学著作的翻译与改编，而是以禅宗典籍为主，根据自己的理解而进行的创作，文体均为四行诗形式，押头韵，有的地方既押头韵又押尾韵，这是古代回鹘文学作品最为显著的特色。① 就此而言，《说心性经》既是现知唯一回鹘文佛学原著，又可视作一部优美的禅学诗歌集。

此外，元朝中原地区的禅宗一般以南宗禅为主，回鹘文《说心性经》形成于元代，是由寓居大都（今北京）的吐鲁番高僧智泉撰写的，在大量引用南宗禅文献的同时，也大量引用北宗禅文献，体现了元代回鹘佛教兼重南北宗的特点，② 或许与敦煌吐鲁番地区的佛教不甚重视教派之别有关。

---

① 杨富学、叶凯歌、胡蓉：《敦煌回鹘语头韵诗及其格律特征》，《敦煌研究》2021年第2期，第37页。

② 杨富学、张田芳：《回鹘文〈说心性经〉作者身份考》，载邢广程主编《中国边疆学·第7辑》，社会科学文献出版社，2017年，第192～199页。

第十八章　延寿《宗镜录》之流播及其与敦煌本回鹘文《说心性经》之关联

回鹘文《说心性经》来源复杂，兼受南北禅学之风影响，内容援引《楞严经》《圆觉经》和《华严经》者甚多，而这些内容均见于永明延寿《宗镜录》等著作。《宗镜录》成书于北宋立国之初，因秘藏于阁而鲜为人知，直到北宋中期后才在教内为人所识，成为学僧传阅的对象。正因其限于教内传播，制约了《宗镜录》在全国范围内的广泛流布，以致在敦煌和黑水城出土诸多宋元禅宗文献中未见任何延寿的著作。及至元代，禅僧颇重《宗镜录》，尤其是与回鹘关系甚密的中峰明本和天元惟则均受其影响，当会间接地影响到回鹘禅僧。元末，《宗镜录》地位骤升，受到统治者重视而得以入藏，进一步促其流布。精通禅学的智泉法师在撰写《说心性经》过程中吸收延寿"一心为宗"的禅学思想，当为情理中事。

第一节　延寿《宗镜录》的成书时间及早期的有限传播

延寿（904~975年），俗姓王，祖籍丹阳，生于钱塘。幼年即信仰佛教，精通《华严经》。他一生著述甚多，据《智觉禅师自行录》记载，共撰述各类著作达61种197卷。"会三宗师德。制《宗镜录》一百卷，《万善同归集》《神栖安养赋》等九十七卷"①并行于世。其现存最重要的有《宗镜录》《万善同归集》《明宗论》《唯心绝》《注心赋》（一名《心赋注》）《观心玄枢》等。②其中对后世影响最大的是《宗镜录》。五代时，禅、教分离，禅法混乱。因此，永明延寿总

---

① ［宋］大壑辑：《永明道迹序》，《卍续藏》第86册No.1599，第57页a。
② 杨曾文著：《宋元禅宗史》，北京：中国社会科学出版社，2006年，第25页。

结历代佛学发展之利弊，主张"一心为宗"，调和融通禅、教及各宗教理之关系，阐扬禅教合一的思想，撰成《宗镜录》一百卷。这是中国佛学发展的集大成之作，也是禅宗重要的灯史。宋赞宁（919~1001年）《宋高僧传》曰："（延寿）著《万善同归》《宗镜录》等数千万言。"① 又陈瓘（1057~1124年）《智觉禅师真赞并序》云："师（延寿）所著《宗镜录》一百卷，禅经律论与世间文字圆融和会，集佛大成。"② 《宗镜录》署"大宋吴越国慧日永明寺主智觉禅师延寿集"，书前有"天下大元帅吴越国王俶"所撰序言。其成书时间，学界多言在宋初，只是具体年份有异。吕澂推定《宗镜录》创作时间为建隆二年（961年），是年延寿移锡永明寺。③ 冉云华则定于建隆三年（962年）。④ 王翠玲推定其年为954~970年。⑤ 陈文庆认为吕澂所推定的时间过早，冉云华所谓的建隆三年实乃三宗辩论之时，王翠玲所定时间失于宽泛且不准确，遂推定延寿纂集《宗镜录》大约在乾德元年至四年（963~966年）之间。⑥ 杨曾文根据《十国春秋》卷七七《吴越世家》对钱俶的记载，指吴越国王钱俶在宋建隆元年至乾德元年（960~963年）之间被封为"天下大元帅"，遂推定《宗镜录》成书时间约在北宋立国之初。⑦ 可从。

　　宋代释门传记中对永明延寿的记载，一般皆以《宗镜录》为要，评价甚高。唯因其"秘于教藏"⑧ 而鲜为人知。教内传播范围有限，更遑论教外。惠洪《题〈宗镜录〉》云：

　　　　禅师（延寿）既寂，书厄于讲徒，丛林多不知其名。熙宁中，圆照禅

① ［宋］赞宁撰，范祥雍点校：《宋高僧传》卷二八，载《大宋钱塘永明延寿传》，北京：中华书局，1987年，第708页。

② ［宋］陈瓘：《智觉禅师真赞并序》，［宋］张津编：《乾道四明图经》卷一一《碑文》，载《续修四库全书》第704册，上海：上海古籍出版社，2002年，第610页。

③ 吕澂编：《新编汉文大藏经目录》，济南：齐鲁书社，1980年，第142页，

④ 冉云华著：《永明延寿》，台北：东大图书公司，1999年，第254页。

⑤ 王翠玲「『宗境録』の成立」『印度学佛教学研究』第48卷第1號，1999年，第215～218頁；王翠玲『永明延壽の研究——『宗境録』を中心として』東京大学人文社會系研究科博士学位論文，2000年，第107—117頁。

⑥ 陈文庆：《〈宗镜录〉成书新探》，《福建师范大学学报（哲学社会科学版）》2018年第3期，第118~124页。

⑦ 杨曾文著：《宋元禅宗史》，北京：中国社会科学出版社，2006年，第25页。

⑧ ［宋］杨杰撰，刘泽亮点校：《〈宗鉴录〉序》，载《永明延寿禅师全书》，北京：宗教文化出版社，2008年，第22页。

师始出之，普告大众曰："昔菩萨晦无师智自然智，而专用众智。命诸宗讲师自相攻难，独持心宗之权衡以准平其义，使之折中，精妙之至，可以镜心。"于是衲子争传诵之。元祐间，宝觉禅师宴坐龙山，虽德腊俱高，犹手不释卷，曰："吾恨见此书之晚也，平生所未见之文，公力所不及之义，备居其中。"①

又昙秀《人天宝鉴》云：

（延寿）著宗镜一百卷。寂音曰："切当深观之。其出入驰骛于方等契经者六十本，参错通贯此方，异域圣贤之论者，三百家。领略天台、贤首，而深谈唯识。率折三宗之异义，而要归于一源。故其横生疑难，则钓深赜远；剖发幽翳，则挥扫偏邪。其文光明玲珑，纵横放肆。所以开晓自心，成佛之宗，而明告西来无传之的意也。"禅师既寂，丛林多不知名。②

《宗镜录》卷帙浩繁，初成之后，长期被秘藏于阁，传播不广。及至熙宁年间（1060~1077年），由于圆照禅师对延寿心学的大力弘传，方得"衲子争传诵之"。元丰年间（1078~1085年），皇弟魏端献王主持雕印，分名蓝施，但"四方学者，罕遇其本"。③元祐六年（1091年）夏，徐思恭请法涌、永乐、法真等"遍取诸录，用三乘典籍、圣贤教语"，校勘而成"钱塘新本"，④并邀礼部员外郎护军杨杰撰序，"钱塘新本"影响渐彰。惠洪（1071~1128年）《禅林僧宝传》卷九《延寿传》言："为一百卷，号《宗镜录》，天下学者传颂焉。"⑤《宗镜录》又名作《宗鉴录》。如宋初，杨杰《序》中即作《宗鉴录》。天禧三年（1019

---

① ［宋］释惠洪撰，（日）释廓门贯彻注，张伯伟等点校：《注石门文字禅》卷二五《题〈宗镜录〉》，北京：中华书局，2012年，第1462~1463页。

② ［宋］释昙秀辑：《人天宝鉴》，《卍续藏》第87册，No.1612，第23页a。

③ ［宋］杨杰撰，刘泽亮点校：《〈宗鉴录〉序》，载《永明延寿禅师全书》，北京：宗教文化出版社，2008年，第22页。

④ ［宋］杨杰撰，刘泽亮点校：《〈宗鉴录〉序》，载《永明延寿禅师全书》，北京：宗教文化出版社，2008年，第22页。

⑤ ［宋］释惠洪撰，吕有祥点校：《禅林僧宝传》卷九《延寿传》，郑州：中州古籍出版社，2014年，第65页。

年），释道诚辑《释氏要览》卷下亦曰《宗鉴录》。①

有趣的是，尽管宋初《宗镜录》在中土传播有限，却流被朝鲜与日本。《永明智觉禅师方丈实录》称："元帅大王（钱俶）亲为序引，仍施钱三百千，缮写散入诸藏。宣德大王施财写一十部，后传至海东诸国，高丽王差使赍书，寄销金袈裟、紫水精念珠、金净瓶等以伸敬信。"②此事又见载于同时代《五灯会元》《朝鲜禅教考》《景德传灯录》《永明道迹》等著作中。《五灯会元》云：

> （延寿）著《宗镜录》一百卷，诗偈赋咏凡千万言，播于海外。高丽国王览师言教，遣使赍书，叙弟子之礼。奉金线织成袈裟、紫水精珠、金藻罐等。彼国僧三十六人，皆承印记，前后归本国，各化一方。③

再如，朝鲜朴永善辑《朝鲜禅教考》云：

> 师（延寿）著《宗镜录》一百卷，高丽国王览师言教，遣使赍书。叙弟子礼，奉金缕袈裟、紫晶数珠、金澡灌等，彼国僧三十六人亲承印记归国，各化一方。
>
> 慈弘案：宋太祖末年，即高丽光宗末年也（即开宝八年乙亥）。光宗戊辰，以僧惠居为国师，坦文为王师（史云：王，崇奉缁流，以为师傅。自是以后，子孙相承，世为家法，多创寺刹），此二人亦必在三十六人中。然则高丽禅宗，皆出于杭州慧禅师矣。④

释惠洪《题宗镜录》云：

> 钱氏有国日，（延寿）尝居杭之永明寺，其道大振于吴越。此书初

---

① "禅僧行解有十：一了了见性，如昼观色……十无有一法，不鉴其原"，见［宋］释道诚辑《释氏要览》卷下《禅僧行解》，《大正藏》第54册，No.2127，第302页a。

② ［宋］延寿撰，于德龙校注：《永明智觉禅师方丈实录》，载《永明延寿大师文集》，北京：九州出版社，2013年，第494~498页；王招国：《永明延寿传记之新资料——中国国家图书馆藏〈永明智觉禅师方丈实录〉》，载氏著《佛教文献论稿》，桂林：广西师范大学出版社，2017年，第350页。

③ ［宋］普济撰，苏渊雷点校：《五灯会元》卷一〇《永明延寿禅师》，北京：中华书局，1984年，第605页。

④ （朝鲜）朴永善辑：《朝鲜禅教考》，《大正藏》第87册，No.1622，第225页c。

出，其传甚远，异国君长读之，皆望风称门弟子。学者航海而至，受法而去者，不可胜数。①

上述可知，早期流入高丽的《宗镜录》乃宣德大王钱弘俶（吴越国主钱弘俶之弟）捐资而成的写本，并非刻本。②另，据宽治八年（1094年）永超撰《东域传灯目录》，延寿所著之《观心玄枢》《心赋注》《宗镜录》及他所集《心镜要略》十卷③也都传至日本。是见，延寿《宗镜录》初传地域，早期在国内主要局限于吴越一带，同时在日本、朝鲜也有流传。

第二节　宋元时代《宗镜录》"教内为主，教外为辅"的流播特点

现有的史料反映出，《宗镜录》刊刻"钱塘新本"后，其影响依然限于教内。元祐年间（1086~1094年），宝觉禅师将《宗镜录》一百卷，"因撮其要，处为三卷，谓之《冥枢会要》，世盛传焉"。然宝觉禅师圆寂后，"书厄于讲徒，丛林多不知其名"。④守讷（1047~1122年）禅师"作《大藏节要》二十门，为之序。节《宗镜录》十卷，拟寒山诗数百篇"。⑤绍兴二十九年（1159年）正月上元，曹勋《净慈创塑五百罗汉记》称赞智觉寿禅师"作《宗镜录》等数万言，为衲子指南"。⑥育王介谌弟子心闻昙贲有《〈宗镜录〉撮要》一卷。⑦释智愚亦有《阅〈宗镜录〉》，赞其："百卷非文字，精探海藏深。"⑧元人程钜夫至

① ［宋］释惠洪撰，（日）释廓门贯彻注，张伯伟等点校：《注石门文字禅》卷二五《题〈宗镜录〉》，北京：中华书局，2012年，第1462页。

② 李小荣：《〈宗镜录〉宋元明清传播接受史略论》，《东南学术》2020年第3期，第216页。

③ （日）永超撰：《东域传灯目录》，载《大正藏》第55册，No.2183，第1164页c。

④ ［宋］释惠洪撰，（日）释廓门贯彻注，张伯伟等点校：《注石门文字禅》卷二五《题〈宗镜录〉》，北京：中华书局，2012年，第1462页。

⑤ ［宋］李弥逊撰：《筠溪集》卷二四《宣州昭亭广教寺讷公禅师塔铭》，编修汪如藻家藏本。

⑥ 曾枣庄、刘琳主编：《全宋文》第191册，上海：上海辞书出版社、合肥：安徽教育出版社，2006年，第73页。

⑦ 清嘉庆文选楼刻本《天一阁书目》卷三云："《宗镜录撮要》一卷。宋卢芥湛《后序》云：永明寿禅师《宗镜录》，文字浩博，学者望涯而返，东嘉昙贲上人百掇一二，名《撮要》。"但历史上并无卢芥湛其人，李小荣疑"卢芥湛"应作"芦介谌"，即驻锡过芦山的介谌禅师。昙贲为其法嗣之一，师为弟子作序也在情理中。

⑧ ［宋］释妙源编：《虚堂和尚语录》卷七《偈颂》，载《大正藏》第47册，No.2000，第1034页。

大二年（1309年）九月九日为释靖庵撰《宗镜录详节》作序云："盖文学以离言为宗，心以了空相为镜……是故靖庵剪裁古记，披袄须提，正纽伐木，先削旁枝。"[①] 是知，及至元初，《宗镜录》已广受教内人士重视。释善住有《读〈宗镜录〉》，云："珍閟龙龛几百年，我生何幸得披研。真空境寂非文字，妙有缘生立圣贤。权实圆明般若智，果因清净涅槃天。殊宗异学求源委，拭目方知萃此编。"[②] "珍閟龙龛"一语揭橥《宗镜录》长期藏于内阁而极不易得的史实。

禅师们在延寿忌日上堂拈香时，也会提及《宗镜录》。如希叟绍昙说："只将《宗镜》鉴惟心，法眼重重添翳膜。医无药，光烁烁，要识永明妙旨，（插香云）更添香著上堂。"[③] 有关延寿的"像赞"同样如此，如释居简《永明寿禅师》云："纵大辩于谈笑，寄虚怀于冥莫。所谓百轴《宗镜》之文，如太山之一毫芒。巍巍堂堂，炜炜煌煌。非心亦非佛，破镜不重光。"[④] 诸如此类的场合反复提及《宗镜录》，势必会增进《宗镜录》的影响力。

宋元时期教内的多种佛教著作也有引《宗镜录》为据者。如宋释宝臣《注入大乘楞严经》卷二"或注此经指第七识而为能造善恶业者，教无明文"句下注曰："唯《宗镜录》七十三卷首一处，因凭古注而云七识造业。"[⑤] 释智昭《人天眼目》卷四"论华严六相义"一节后则注"见《宗镜录》"。[⑥] 释文才《肇论新疏》卷上："故《大论》第五云'菩萨知诸法，不生不灭，其性皆空'，予昔读此，反复不入，及读永明大师《宗镜录》至释此论，疑滞顿消。"[⑦] 楚石梵琦禅师更是把《宗镜录》中的"《华严》十种无碍"扩编成十首偈以示学僧。[⑧]

① ［元］程钜夫著：《程钜夫集》卷一四《宗镜录详节序》，长春：吉林文史出版社，2009年，第170页。

② ［元］释善住：《谷乡集》卷二《读〈宗镜录〉》，载明复法师主编《禅门逸书初编》第6册，台北：明文书局，1981年，第43~44页。

③ ［宋］侍者、普和、希革等编：《希叟和尚广录》卷二《庆元府应梦名山雪窦资圣禅寺语录》，载《卍续藏》第70册，No. 1390，第422页c。

④ ［宋］北涧居简撰，大观编：《北涧居简禅师语录》，载《卍续藏》第69册，No. 1365，第679页b。

⑤ ［宋］释宝臣述：《注大乘入楞伽经》卷二《一切法品第三》，载《大正藏》第39册，No. 1791，第444页b。

⑥ ［宋］释智昭集：《人天眼目》卷四《论华严六相义》，载《大正藏》第48册，No. 2006，第324页b。

⑦ ［元］释文才述：《肇论新疏》卷上，载《大正藏》第45册，No. 1860，第205页a。

⑧ ［元］释文斌述：《楚石梵琦禅师语录》卷一八《偈颂四》，载《卍续藏》第71册，No. 1420，第205页a。

《宗镜录》入藏时间较早，明前《崇宁》《毗卢》《资福》《碛砂》《普宁》诸《大藏经》都有收录，但总体说来流布不广。①邓文原延祐七年（1320年）撰《南山延恩衍庆寺藏经阁记》，云："（释居奕）购四大部及《华严合论》《宗镜录》。"②但以其卷帙浩繁，即便有《冥枢会要》和《宗镜录详节》等多种节要本，流播仍然有限。③两宋文人对《宗镜录》的接受程度，深受师承关系制约，某位大师重视之，就会传授多一些，至其圆寂，便会出现断层，缺乏延续性。

元代对《宗镜录》的接受渐广，不管教内还是教外之文集中，《宗镜录》的出现频率都远多于宋。如虞集《重修净慈报恩光孝禅寺记》云："（延寿）作《宗镜录》一百卷，则寺有宗镜堂也。"④戴良《〈禅海集〉序》在介绍永嘉沙门道衡《禅海集》时，特别点明"《续灯》《广灯》《五灯会元》《宗镜录》《僧宝传》《宗门统要》诸书者出，富哉其为言矣"等。⑤尽管《宗镜录》在元代逐渐向教外传播，但主流依然限于教内，且对其关注较多的依然是节本。总之，宋元时期延寿《宗镜录》传播的特点是以教内为主，教外为辅。⑥

敦煌自魏晋南北朝以来长期充任佛教圣地，藏经洞文书中保存了很多当时中原地区不太流行的甚至已经遗失的佛教文献，尤其是早期禅宗文献，成为研究禅宗史弥足珍贵的史料。藏经洞发现的禅宗文献约100种300件，内容包括灯史、语录、偈颂、杂集等四类，且多为未传文献。《说心性经》中所涉及的禅宗早期文献《观心论》《修心要论》《般若波罗蜜多心经疏》《永嘉正道歌》等均有发现；其他如《圆觉经》《华严经》《法华经》，不仅有汉文本，还有回鹘文本。目前，《楞严经》没有发现回鹘文本。从回鹘文《说心性经》对《楞严经》内容的引用来看，非为改编，而是直接引用，内容可与汉文本《首楞严经》一一对应，但从文义及写作特点看，更像出自《宗镜录》所引《楞严经》。职是之故，笔者推断《楞严经》可能是在回鹘流传过的佛教经典，也有可能来自《宗镜录》对《楞严经》的引文。作为禅宗灯史的《宗镜录》，内容极有可能为《说心性

① 李小荣：《〈宗镜录〉宋元明清传播接受史略论》，《东南学术》2020年第3期，第217页。
② ［元］邓文原撰：《巴西邓先生文集》卷下《南山延恩衍庆寺藏经阁记》（北京图书馆古籍珍本丛刊092），北京：书目文献出版社，2000年，第783页。
③ 李小荣：《〈宗镜录〉宋元明清传播接受史略论》，《东南学术》2020年第3期，第217页。
④ ［元］释大壑撰，刘士华、袁令兰点校：《南屏净慈寺志》，杭州：杭州出版社，2006年，第40页。
⑤ ［元］戴良撰：《九灵山房集》卷一三《禅海集序》，四部丛刊，第83页。
⑥ 李小荣：《〈宗镜录〉宋元明清传播接受史略论》，《东南学术》2020年第3期，第218页。

经》所参照。①

与敦煌在地缘上较近的黑水城也发现了不少宋元时期的禅宗文献，如俄藏汉文文献《摩诃波若波罗蜜多心经注》（TK116）、《慈觉禅师劝化集》（TK132）、《慈觉禅师劝化集宋崇宁三年朝请大夫孙振序》（TK132）、《真州长芦了和尚劫外录》（TK133、F19：W12）、《真州长芦了禅师劫外录宋宣和五年中乔居士吴敏序》（TK133）、《中华传心地禅门师资承袭图》（TK254）《禅定施食并神咒》A9.3 和《本尊禅定》（A9.4）、《佛印禅师心王战六贼出轮回表》（A20v.14）、《景德传灯录卷第十一》（Φ299v、Φ241v）及中国藏黑水城汉文文献《禅秘要法经》残页（M.1418）、《中华传心地禅门师资承袭图》（xix4.12-3-2、xixi4.12-3-3、xix4.12-3-5）等。还有一些文献陆续得到甄别，亦属禅宗文献，如 TK272《佛书残片》，实乃《佛印禅师心王战六贼出轮回表》残片②；Инв.No.1044《禅宗文献》应为《佛果圆悟神师碧岩录》卷一残片③；Инв.No.2010《禅宗文献》应为《中华传心地禅门师资承袭图》残片④等。

用西夏文书写的《诸说禅源集都序科文》（Or.12380-2239）、《禅源诸诠集都序》（Инв. No.735 和 Инв.No.800）、《六祖坛经》残片（B11·002、B21·004 B21·005、B21·006、B31·002）等多为宋元时期的禅宗文献。另有洪州宗的西夏文本《洪州宗师趣注开明要论》和《洪州宗师教仪》，⑤南阳慧忠大师的西夏文《新刻二十五问答》《唐忠国师住光宅众舍时、众人佛理别问二十五条集》等。由西夏文禅宗文献之流行，可以窥见中原禅风对西夏佛教之影响。⑥

---

① 杨富学、张田芳：《敦煌本回鹘文〈说心性经〉为禅学原著说》，《西南民族大学学报（人文社科版）》2018年第1期，第79~86页；张田芳：《敦煌本回鹘文〈说心性经〉探原》，兰州大学博士学位论文，2018年。

② 宗舜：《〈俄藏黑水城文献〉之汉文佛教文献续考》，《敦煌研究》2004年第5期，第92页。

③ 宗舜：《〈俄藏黑水城文献〉之汉文佛教文献拟题考辨》，《敦煌研究》2001年第1期，第91页。

④ 宗舜：《〈俄藏黑水城文献〉之汉文佛教文献续考》，《敦煌研究》2004年第5期，第93页。

⑤ K. J. Solonin, "The masters of Hongzhou in the Tangut State", *Manuscripta Orientalia*, I7/3, 1998, pp.10-5; K. J. Solonin, "Guifeng Zong-mi and Tangut Chan Buddhism", *Chung-hwa Buddhist Journal* 10, 1998, pp.363-423.

⑥ K. J. Solonin, "Concerning the Chan-Buddhist texts from the Tangut holdings of the St. Petersburg Branch of the Institute of Oriental Studies Russian Academyof Sciences", *St. Petersburg Journal of Oriental Studies* 7, 1995, pp.390-412；索罗宁：《南阳慧忠（？~775）及其禅思想——〈南阳慧忠语录〉西夏文本与汉文本比较研究》，载聂鸿音、孙伯君编《中国多文字时代历史文献研究》，北京：社会科学文献出版社，2010年，第17~40页。

　　无论是禅学底蕴深厚的敦煌还是黑水城，甚至是河西其他地区，都没有发现延寿的任何禅学著作，说明其禅学思想在河西一带并不流行。究其原因，除宋元时期《宗镜录》在传播上的局限性外，很重要的一点是南北佛教的差异，即南方重义理、北方重实践，《宗镜录》是对五代之前所有禅学义理的归纳总结，因此，不在西北流行也在情理之中。

　　然则，回鹘文《说心性经》中所涉之内容，不仅有敦煌禅宗之遗风，又具宋元禅宗之新风。首先，《说心性经》所述之"心性"，如"一切法生于心，又反过来依靠心""众生皆有清净佛性，凡圣一性""不执著于文字""注重内心的体证"等，所反映皆是禅宗"不立文字，教外别传；直指人心，见性成佛"的基本观点，只是在语言表达上按照回鹘的习惯将其进行改造。这些观点无论在敦煌还是在黑水城的禅宗文献中均有体现，可以说是当时最基本、最盛行的禅学思想。因此，在《说心性经》中发现了与敦煌禅宗写本《观心论》《修心要论》《般若波罗蜜多心经疏》及禅宗经典《圆觉经》《楞严经》《华严经》等佛典相同或相似的内容，因为很多禅宗文献的书写都在引用这些佛典，区别不过是文献引用的多寡而已。其次，《说心性经》对回鹘禅宗"心性"的论述，篇幅不大，但所引论著却多达十余种。重视考察和论证心性问题是两宋以来两大社会思潮，尤其是对心性问题的再探讨。延寿的心性论在两宋佛教史上占有重要地位，影响较大，同时也为两宋儒、道学者考察心性问题提供了便于查阅的资料。[①]儒释道三家对"心性"问题的再探讨进一步推动了心学的发展，蒙元时期回鹘文《说心性经》正是这一思潮的延续。

　　延寿针对当时禅宗发展的流弊，不惜从海外搜集各种禅宗文献，"集方等秘经六十部，西天此土、圣贤之语三百家"[②]，撰成巨著《宗镜录》，论证"一心为宗"的禅学思想。恰是这一思潮的开端，对后世影响颇大。尽管宋元时期延寿《宗镜录》多在教内传播，但《宗镜录》节本的流传和部分高僧大德对它的推崇从未间断，使得《宗镜录》在僧俗间有一定的影响力。回鹘文《说心性经》之书写特点，尤其是引经之广博上与《宗镜录》不无相似之处，尤有进者，该文献与延寿的《宗镜录》和《观心玄枢》关系甚密。可见，该文献除了在主体思想上吸收敦煌禅宗文献外，还融入了宋元时期禅宗的新内容，尤其是延寿"一

　　① 杨曾文著：《宋元禅宗史》，北京：中国社会科学出版社，2006年，第32页。
　　② ［宋］释惠洪撰，吕有祥点校：《禅林僧宝传》卷九《延寿传》，郑州：中州古籍出版社，2014年，第65页。

心为宗"的禅学思想。这一过程的吸收，离不开《宗镜录》在元代禅林的流布及对回鹘禅宗的影响。

第三节　元代禅宗对《宗镜录》的继承　与《说心性经》成书之关系

元代回鹘僧侣和佛教徒中修禅者为数不在少数，其中又以修临济宗者居多，其活动推动了元代汉地佛教的发展。从元顺帝赐《宗镜录》入藏一事看，元廷对《宗镜录》颇为重视。就中峰明本和惟则而言，其思想都曾受过延寿的影响。最为典型的是《永明四料简》在元代禅林的盛行。《永明四料简》初传于南宋末年，是佛教界假借永明延寿的名义作的，明大佑集《净土指归集》上《永明四料简》云：

> 一曰：有禅无净土，十人九蹉路。阴境若现前，瞥尔随他去。
> 二曰：无禅有净土，万修万人去。但得见弥陀，何愁不开悟。
> 三曰：有禅有净土，犹如戴角虎。现世为人师，来生作佛祖。
> 四曰：无禅无净土，铁床并铜柱。万劫与千生，没个人依怙。[1]

惟则在《净土或问》中假借某位"禅上人"之口提到"永明和尚作《四料拣偈》"，云：

> 窃闻永明寿和尚，禀单传之学于天台韶国师，是为法眼的孙。匡徒于杭之净慈，座下常数千指，其机辩才智，雷厉风飞，海内禅林推之为大宗匠。奈何说禅之外，自修净土之业，而且以教人复撰，拣示西方等文，广传于世，及作四料拣偈。其略曰："有禅无净土，十人九蹉路。无禅有净土，万修万人去。"看他此等语言，主张净土，壁立万仞，无少宽容，无乃（奈）自屈其禅，而过赞净土耶。[2]

---

① ［明］大佑集：《净土指归集》卷上《永明四料简》，载《卍续藏》第61册，No.1154，第397页 b。

② ［元］惟则撰：《净土或问》，载《卍续藏》第47册，No.1942，第229页 a。

柴田泰参照延寿的禅法思想，认为此偈颂绝非延寿所作，当是13世纪别人假借他的名义伪造的，反映出佛教界兴起禅、净双修的动向；并进一步认为此偈不仅在现存延寿著作中没有记载，而且思想上与延寿的思想也极端不一致。[①]明本曾多次论及《四料简》，且据"唯心净土，自性佛陀"之语，提出"禅净一致，禅净合一"的思想。明本、惟则等禅林高僧对《永明四料简》的推崇和论述，侧面反映出延寿禅学思想对宋元禅林的地位。而且，与《天目中峰和尚广录》同时入藏的，还有延寿所著《宗镜录》和契嵩所著《辅教编传正宗记》，这也足见《宗镜录》在元代教界和元廷内部的极大影响力。

与其他僧侣不同，延寿一生广读佛教经论，对儒、道两家思想与典籍也十分熟悉，对《法华经》尤甚。《景德传灯录》卷二六《延寿传》言其"行道余力，念《法华经》一万三千部"[②]，意指其一生读一万三千遍[③]。此外，他还常读《华严经》《摩诃般若经》《楞严经》《维摩经》《仁王般若经》《阿弥陀经》[④]等，志磐《佛祖统纪》载：

> （延寿）师以天台、贤首、慈恩三宗互有同异，乃馆其徒之知法者。博阅义海更相质难。师以心宗之衡以准平之，又集大乘经论六十部，两土贤圣三百家之言，证成唯心之旨，为书百卷，名曰《宗镜》。又述《万善同归集》《指归净土》，最得其要。[⑤]

《宗镜录》博大精深，其中不乏禅宗早期文献，如《宗镜录》卷九八《神秀语录》云：

> 神秀和尚云："一切非情，以是心等现故；染净随心，有转变故；无有

① 柴田泰「中國淨土教中唯心淨土思想的研究」『札幌大谷短期大学紀要』第22號，1991年，第50頁。

② ［宋］道原撰，妙音、文雄点校：《景德传灯录》卷二六《杭州永明寺延寿禅师》，成都：成都古籍出版社，第549页。

③ 杨曾文著：《宋元禅宗史》，北京：中国社会科学出版社，2006年，第25页。

④ ［宋］延寿撰，于德龙校注：《永明智觉禅师方丈实录》，载《永明延寿大师文集》，北京：九州出版社，2013年，第494～498页；王招国：《永明延寿传记之新资料——中国国家图书馆藏〈永明智觉禅师方丈实录〉》，载氏著《佛教文献论稿》，桂林：广西师范大学出版社，2017年，第350页。

⑤ ［宋］志磐：《佛祖统纪》卷二六，载《大正藏》第49册，No.2035，第264页b。

余性，要依缘故，谓缘生之法。皆无自性，空有不俱，即有情正有时，非情必空故，他即自故，何以故？他无性，以自作故，即有情修证，是非情修证也。"经云："其身周普，等真法界。"既等法界，非情门空，全是佛故。又，非情正有时，有情必空故，自即他故。何以故？自无性，以他作故，即非情无修无证，是有情无修无证也。善财观楼阁时，遍周法界，有情门空，全一阁故。经云："众生不违一切刹，刹不违一切众生。"虽云有无同时，分相斯在矣。①

这段文字，余威德认为不是大通神秀之语。②李帮儒则认为，此与"《观心论》中神秀的言论是一致的，并进一步推断延寿所记神秀语录之语当来自《观心论》，但不一定就是神秀的原话。③此说可以信从，延寿著作博古通今，深知五代禅宗之流弊，不惜从海外搜集各种资料，撰写《宗镜录》以正禅林之风，因此，它对早期禅宗文献必然是熟悉的。如《宗境录》卷九二中对《永嘉正道歌》"数他珍宝有何益，从来蹭蹬觉虚行"④的引用。该典故最早出自《华严经》："譬如贫穷人，日夜数他宝，自无半钱分，多闻亦如是。"⑤后来为禅宗所吸收，用以阐明禅宗"不假外求"之思想。最早见于唐玄觉所撰《永嘉正道歌》："数他珍宝有何益，从来蹭蹬觉虚行。"⑥敦煌所出《禅门秘要决》亦有此句。《禅门秘要决》见于敦煌写本 P.2104v、P.2105 和 S.4037，最为完整者 P.2104 首题："禅门秘要诀，招觉大师一宿觉。"其内容与今传世的《永嘉证道歌》几无出入。P.2105 和 S.4037 仅存首部。一宿觉为玄觉之别号。玄觉为浙江温州府永嘉县人，字明道，俗姓戴，号真觉，谥号"无相大师"，世称"永嘉大师"，故《禅门秘要决》被后世称为《永嘉证道歌》，此歌简明扼要地阐释佛性，

---

① ［宋］延寿撰，刘泽亮点校：《宗镜录》卷九八，载《永明延寿禅师全书》，北京：宗教文化出版社，2008年，第1492页。

② 余威德：《唐代北宗发展研究——以玉泉神秀为主》，台北：慈济大学宗教与文化研究所硕士学位论文，2004年，第34页。

③ 李帮儒：《神秀研究》，郑州大学历史学院博士论文，2010年，第109页。

④ ［宋］延寿撰，刘泽亮点校：《宗镜录》卷九二，载《永明延寿禅师全书》，北京：宗教文化出版社，2008年，第1240页。

⑤ ［东晋］佛驮跋陀罗译：《大方广佛华严经》卷五《菩萨明难品第六》，载《大正藏》第9册，No. 278，第428页 c。

⑥ ［唐］玄觉撰：《永嘉证道歌》，载《大正藏》第48册，No. 2014，第397页 a。

其中提及西天二十八祖和六代传衣。[①] 其后在诸多的禅宗文献中多有引用，有的是直接引用，有的虽个别字有所不同，但文义未变。宋释道元《景德传灯录》卷二〇诗歌《生死不二》云："自己元无一钱，日夜数他珍宝。恰似无智愚人，弃却真金担草。"[②]《续传灯录》卷一五《黄龙慧南禅师法嗣》云："如今人多是外求，盖根本自无所悟，一向客作，数他珍宝。"[③] 回鹘文《说心性经》也有类似的语句，如第399~400行言："adïn-lar-nïng ärdini-sin sanamaq üzä özingä nätäg yoqmasar（数别人的财宝仍然是空空如也）。"[④] 与《永嘉证道歌》的内容、意思完全一致。除了这一典故，《说心性经》引用的还有出自《观心玄枢》的"压砂出油"和"于麻出油"[⑤] 两个典故。

《宗镜录》还反映出蒙元时期有影响的文人雅士对禅宗的推崇，如赵孟頫（1254~1322年），原属宋皇室后裔，在元廷官至翰林院学士承旨、荣禄大夫，[⑥] 曾多次向明本寻求禅法。再如对元廷政局变动颇有影响的高丽贵族王璋（1275~1325年），虔信佛教，元仁宗延祐六年（1319年）九月，因慕明本之名，特地南下，在江浙官员簇拥之下先到普陀山朝拜观音菩萨，然后到天目山参本，请其升座为众普说，并请得法名"胜光"，别名"真际"，为此特在山亭记其事。[⑦]《天目中峰和尚广录》卷五有《示海印居士》，卷六有《答沈王书》，可见他们一直有书信往来。以《宗镜录》在朝鲜的影响力来看，王璋作为长期信奉佛教的高丽王族，他对《宗镜录》不会不了解，再加之王璋自己长期与蒙元

① 徐文明：《〈永嘉证道歌〉与二十八祖说的缘起》，载吴言生主编《中国禅学（第1卷）》，北京：中华书局，2002年，第127~138页；徐俊：《关于〈禅门秘要诀〉——敦煌释氏歌偈写本三种合校》，载潘重规等编《庆祝吴其昱先生八秩华诞敦煌学特刊》，台北：文津出版社，2000年，第221~242页；钟书林：《〈禅门秘要诀〉校补》，《敦煌学辑刊》2006年第1期，第133~138页。

② ［宋］释道元撰，妙音、文雄点校：《景德传灯录》卷二九《十四科颂》，成都：成都古籍出版社，2000年，第623页。

③ 《续传灯录》卷一五《黄龙慧南禅师法嗣》，载《大正藏》第51册，No. 2077，第565页a。

④ Ş. Tekin, *Buddhistische Uigurica aus Der Yüan-Zeit, Teil I: HSIN Tozin oqidtaci Nom*, Budapest, 1980, S.53, 91；张铁山：《回鹘文佛教文献〈说心性经〉译释》，载《中国少数民族文学与文献论集》，沈阳：辽宁民族出版社，1997年，第358、369页。

⑤ 张田芳、杨富学：《回鹘文〈说心性经〉取材〈观心玄枢〉考辨》，载《佛教中国化的历史经验与现实途径论文集》（未刊），2022年，第481~493页。

⑥ 元世祖中统元年（1260年）七月，以金末状元王鄂为翰林院学士承旨元代兼修国史，当时未立官署。中统二年（1261年）七月初立"翰林国史院"，至元元年（1264年）正式设立。院首为翰林院学士承旨，秩正三品，后提升为从二品。主要负责编修国史、译写经书等。见李峰：《元代的史官制度与国史编纂》，《史学史研究》2009年第4期，第18~24页。

⑦ ［元］虞集：《道园学古录》卷四八《智觉禅师塔铭》，上海：中华书局，1936年，第333页。

统治者保持密切的关系。蒙古征服高丽后，从王璋开始，一直互通婚姻，因此，极有可能存在朝鲜禅宗在元代回传的情况。有趣的是，宋人和元人对《宗镜录》入朝一事都有记载，但距离这一事件甚远的元人记载更为详细。如熙仲集《历朝释氏资鉴》卷九云：

> 戊辰，开宝元年，高丽国上书，闻求明寺延寿禅师名，遣僧问道，叙弟子礼。奉金丝伽黎、水晶数珠、金澡瓶等物。仍令彩画中国图本，僧三十员，受法相继归国，各化一方。其国主玉徽，常看《华严经》，愿生中国。一夜梦到中华，所历堺界，皆如其图。觉而述偈曰：恶业因缘近契丹，一年朝贡几多般；梦中忽到中华地，可借中宵漏滴残。①

这段文字不仅记录了高丽国王派学僧拜延寿为师学习禅法这一历史事件，更是对高丽国王常读《华严经》和对中土禅法无比向往之情，抒写栩栩如生，为宋代文献所未见记载者，尤其是他梦中所作的四句偈，当来源有自。蒙元时期部分文人、贵族的禅修活动，势必会影响到蒙古上层贵族，进而借由禅林在贵族、文人阶层传播，从而增进对《宗镜录》的认知，为《说心性经》的形成创造了条件。

结　论

综上所述，宋元时期延寿著作主要在教内传播，在敦煌、黑水城出土的文献中不曾出现，但元朝政治经济文化中心——大都（今北京）当不在此限。敦煌本回鹘文《说心性经》的形成，当与《宗镜录》在大都的流布有很大的关系。

回鹘文《说心性经》的撰写者智泉（Čisön）精通佛教，且生前曾组织人力翻译《阿弥陀经》《华严经》《观音经》《七有经》《八阳经》《般若经》《金光明经》《金刚经》《法华经》《圆觉经》等十部佛经，②应是与安藏、胜光法师和必兰纳识里齐名的回鹘高僧，在大都享有很高的地位，其译经场所应在极具

---

① ［元］熙仲集《历朝释氏资鉴》卷九《宋上》，载《卍续藏》第76册，No.1517，第218页c。
② 阿依达尔·米尔卡马力著：《回鹘文诗体注疏和新发现敦煌本韵文研究》，上海：上海古籍出版社，2015年，第169页。

盛名的皇家寺院——大护国仁王寺中。^① 文献中虽然没有明言智泉法师生前信奉禅宗，但借由回鹘文《说心性经》，不难窥见其禅学之深邃。与之齐名的回鹘喇嘛僧必兰纳识里曾随明本参禅悟道，因缺乏记载，难明智泉法师之禅学渊源。

《说心性经》对禅学的叙述与延寿《宗镜录》等著作极为相似，皆善引经据典，旨在论述"万法归于一心"之思想。尽管回鹘文《说心性经》内容不长，只有405行文字，却征引了十余种佛典。回鹘文《说心性经》自发现以来，虽研究者众，但其来源却莫衷一是，原因盖出乎此。回鹘佛教又一重要特点，就是对"中土所撰"特别偏爱，《说心性经》之撰就，究其实，也是回鹘佛教偏爱汉传佛教的一种体现。"中土所撰"乃佛教在中国化的结果之一，行文通俗易懂，内容接近生活，更容易被普通大众所接受。

---

① 杨富学、张田芳：《回鹘文〈说心性经〉作者身份考》，《中国边疆学》2017年第1期，第192~199页。

参考文献

一、基本典籍（按音序）

《巴西邓先生文集》，［元］邓文原撰，北京：书目文献出版社，2000年。

《拔协》，［唐］拔塞囊著，佟锦华、黄布凡译，成都：四川民族出版社，1990年。

《般若波罗蜜多心经》，（罽宾）般若共利言等译，《大正藏》第8册。

《北涧居简禅师语录》，［宋］北涧居简撰，大观编，《卍续藏》第69册。

《北山录》，［唐］神清撰，《大正藏》第52册。

《本草纲目》，［明］李时珍著，北京：人民卫生出版社，1975年。

《宾头卢突罗阇为优陀延王说法经》，［南朝宋］求那跋陀罗译，《大正藏》第32册。

《禅林僧宝传》，［宋］释惠洪撰，吕有祥点校，郑州：中州古籍出版社，2014年。

《禅秘要法经》，［后秦］鸠摩罗什译，《大正藏》第15册。

《禅源诸诠集都序》，［唐］宗密撰，邱高兴校释，郑州：中州古籍出版社，2008年。

《朝鲜禅教考》，（朝鲜）朴永善辑，《大正藏》第87册。

《程钜夫集》，［元］程钜夫著，长春：吉林文史出版社，2009年。

《出三藏记集》，［梁］释僧佑撰，苏晋仁、萧炼子点校，北京：中华书局，1995年。

《楚石梵琦禅师语录》，［元］释文斌述，《卍续藏》第71册。

《慈觉大师在唐送进录》，（日）圆仁撰，《大正藏》第55册。

《大般涅槃经》，［北凉］昙无谶译，《大正藏》第12册。

《大般若波罗蜜多经》，［唐］玄奘译，《大正藏》第6册。

《大宝积经》，［唐］菩提流支译，《大正藏》第11册。

《大乘入楞伽经》，[唐]实叉难陀译，《大正藏》第16册。

《大乘无生方便门》，[唐]神秀，《大正藏》第85册。

《大乘义章》，[隋]慧远，《大正藏》第44册。

《大方广佛华严经》，[东晋]佛驮跋陀罗译，《大正藏》第9册。

《大方广圆觉修多罗了义经略疏注》，[唐]宗密，《大正藏》第39册。

《大佛顶如来密因修证了义诸菩萨万行首楞严经》，[唐]般剌蜜帝译，《大正藏》第19册。

《大唐内典录》，[唐]道宣，《大正藏》第55册。

《大智度论》，（印）龙树菩萨造，[后秦]鸠摩罗什译，《大正藏》第25册。

《道园学古录》，[元]虞集，四部备要本，上海：中华书局，1936年。

《东维子文集》，[元]杨维桢，四部丛刊本。

《东域传灯目录》，（日）永超，《大正藏》第55册。

《梵网经菩萨戒序》，《卍续藏》第38册。

《佛垂般涅槃略说教诫经》，[后秦]鸠摩罗什译，《大正藏》第12册。

《佛祖历代通载》，[元]念常集，《大正藏》第49册。

《佛祖统纪》，[宋]志磐，《大正藏》第49册。

《付法藏因缘传》，[北魏]吉迦夜、昙曜译，《大正藏》第50册。

《高僧传》，[梁]释慧皎撰，汤用彤校注，北京：中华书局，1992年。

《谷乡集》，[元]释善住著，载明复法师主编《禅门逸书初编》第6册，台北：明文书局，1981年。

《观心玄枢》，[宋]延寿，《卍续藏》第65册。

《圭斋文集》，[元]欧阳玄撰，汤锐校点整理，成都：四川大学出版社，2010年。

《黄檗断际禅师宛陵录》，[唐]裴休，《大正藏》第48册。

《解深密经》，[唐]玄奘译，《大正藏》第16册。

《金刚般若波罗蜜经》，[后秦]鸠摩罗什译，《大正藏》第8册。

《金刚经集注》，[明]朱棣，上海：上海古籍出版社，1984年。

《金史》，[元]脱脱等撰，北京：中华书局，1975年。

《景德传灯录》，[宋]释道元著，妙音、文雄点校，成都：成都古籍书店，2000年。

《净土或问》，[元]惟则，《卍续藏》第47册。

《净土指归集》，[明]大佑，《卍续藏》第61册。

《净业痛策》，［清］空灵，《续藏经》第62册。

《九灵山房集》，［元］戴良，四部丛刊。

《旧唐书》，［五代］刘昫，北京：中华书局，1975年。

《筠溪集》，［宋］李弥逊，编修汪如藻家藏本。

《开元释教录》，［唐］智昇撰，《大正藏》第55册。

《乐邦文类》，［宋］宗晓编，《大正藏》第47册。

《楞伽阿跋多罗宝经》，［南朝宋］求那跋陀罗译，《大正藏》第16册。

《历朝释氏资鉴》，［元］熙仲集，《卍续藏》第76册。

《六祖大师法宝坛经》，［元］宗宝编，《大正藏》第48册。

《六祖坛经：敦煌〈坛经〉读本》，［唐］惠能著，邓文宽校注，沈阳：辽宁教育出版社，2005年。

《龙树菩萨传》，［后秦］鸠摩罗什译，《大正藏》第50册。

《洛阳伽蓝记》，［北魏］杨衒之撰，韩结根注，济南：山东友谊出版社，2001年。

《民国新纂云南通志》，［元］李源道，南京：凤凰出版社等，2019年。

《岷州志校注》，岷州志编纂委员会办公室编印，1988年。

《摩诃般若波罗蜜经》，［后秦］鸠摩罗什译，《大正藏》第8册。

《摩诃止观》，［隋］智者，《大正藏》第46册。

《南屏净慈寺志》，［元］释大壑，刘士华、袁令兰点校，杭州：杭州出版社，2006年。

《欧阳玄集·圭斋文集》，［元］欧阳玄著，魏崇武、刘建立点校，长春：吉林文史出版社，2009年。

《普曜经》，［西晋］竺法护译，《大正藏》第3册。

《乾道四明图经》，［宋］张津编，《续修四库全书》第704册，上海：上海古籍出版社。

《侨吴集》，［元］郑元祐著，《北京图书馆古籍珍本丛刊》95集部·元别集类，北京：书目文献出版社，1987年。

《全宋文》，曾枣庄、刘琳主编，上海：上海辞书出版社、合肥：安徽教育出版社，2006年。

《全唐文》，［清］董诰等编，上海：上海古籍出版社，1990年。

《人天宝鉴》，［宋］释昙秀辑，《卍续藏》第87册。

《人天眼目》，［宋］智昭集，《大正藏》第48册。

《入楞伽经》，［三国魏］菩提留支译，《大正藏》第16册。

《释氏要览》，［宋］释道诚辑，《大正藏》第54册。

《宋高僧传》，［宋］赞宁撰，范祥雍点校，北京：中华书局，1987年。

《太平广记》，［宋］李昉等，北京：中华书局，1961年。

《坛经校释》，［唐］惠能著，郭朋校释，北京：中华书局，1983年。

《天目中峰和尚广录》，［元］明本撰，慈寂编，《大藏经补编》第25册，台北：华宇出版社，1981年。

《天目中峰和尚广录序》，［元］揭傒斯，蓝吉富主编《大藏经补编》第25册，台北：华宇出版社，1981年。

《天如惟则禅师语录》，［元］天如，《大日本续藏经》第1辑第2编第27套第5册。

《土观宗派源流（讲述一切宗派源流和教义善说晶镜史）》，［清］土观·罗桑却吉尼玛著。

《维摩诘所说经》，［三国吴］支谦译，《大正藏》第14册。

《五灯会元》，［南宋］普济著，苏渊雷点校，北京：中华书局，1984年。

《希叟和尚广录》，［宋］侍者、普和、希革等编，《卍续藏》第70册。

《修行地道经》，［西晋］竺法护译，《大正藏》第15册。

《虚堂和尚语录》，［宋］释妙源编，《大正藏》第47册。

《续传灯录》，《大正藏》第51册。

《续高僧传》，［唐］道宣撰，郭绍林点校，北京：中华书局，2014年。

《一切经音义》，［唐］释慧琳、［辽］释希麟撰，台北：台湾大通，1951年。

《一字奇特佛顶经》，［唐］不空译，《大正藏》第19册。

《永嘉证道歌》，［唐］玄觉撰，《大正藏》第48册。

《永明延寿禅师全书》，［宋］延寿著，刘泽亮点校，北京：宗教文化出版社，2008年。

《永明延寿大师文集》，［宋］延寿著，于德龙校注，北京：九州出版社，2013年。

《瑜伽师地论》，［唐］玄奘译，《大正藏》第30册。

《元史》，［明］宋濂撰，北京：中华书局，1976年。

《圆觉经大疏钞》，［唐］宗密著，邱高兴校释，《卍续藏》第9册。

《云林石谱》，[宋]杜绾，《知不足斋丛书》本。

《杂阿含经》，[南朝宋]求那跋陀罗译，《大正藏》第2册。

《增壹阿含经》，[东晋]瞿昙僧伽提婆译，《大正藏》第2册。

《肇论新疏》，[元]释文才述，《大正藏》第45册。

《止观义例纂要》，[宋]从义，《卍续藏》第56册。

《中华传心地禅门师资承袭图》，[唐]宗密著，《中华佛教丛书·禅宗编》第1册，南京：江苏古籍出版社，1993年。

《注石门文字禅》，[宋]释惠洪著，（日）释廓门贯彻注，张伯伟等点校，北京：中华书局，2012年。

《祖堂集》，[南唐]静筠禅僧编，张华点校，郑州：中州古籍出版社，2006年。

《坐禅三昧经》，[后秦]鸠摩罗什译，《大正藏》第15册。

二、论著（按音序）

阿不都热西提·亚库甫著：《古代维吾尔语赞美诗和描写性韵文的语文学研究》，上海：上海古籍出版社，2015年。

（日）阿部肇一著，关世谦译：《中国禅宗史——南宗禅成立以后的政治社会史的考证》，台北：东大图书公司，1991年。

阿里木·玉苏甫：《论回鹘文〈说心性经〉来源》，载张定京、阿不都热西提·亚库甫编《突厥语文学研究——耿世民教授八十华诞纪念文集》，北京：中央民族大学出版社，2009年。

阿依达尔·米尔卡马力著：《回鹘文诗体注疏和新发现敦煌本韵文研究》，上海：上海古籍出版社，2015年。

阿依达尔·米尔卡马力：《回鹘佛经翻译家 Čisuin Tutung 其人》，《西域研究》2016年第3期。

安家瑶：《中国的早期玻璃器皿》，《考古学报》1984年第4期。

安忠义：《吐蕃攻陷沙州城之我见》，《敦煌学辑刊》1992年第1~2期合刊。

白冰：《隋唐高僧道信"一行三昧"思想论析》，《宗教学研究》2015年第4期。

白光：《〈六祖坛经〉版本及其注解研究概述》，《中国社会科学报》2015年12月23日。

班班多杰著：《藏传佛教思想史纲》，上海：上海三联书店，1992年。

[法]伯希和著，耿昇译：《伯希和敦煌石窟笔记》，兰州：甘肃人民出版

社，2007年。

布顿·仁钦珠著，郭和卿译：《布顿佛教史》，台北：华宇出版社，1988年。

才让：《从〈五部遗教〉看禅宗在吐蕃的传播和影响》，《西藏研究》2002年第1期。

才让：《法藏敦煌藏文本P.T.449号〈般若心经〉研究》，《敦煌学辑刊》2012年第2期。

陈福维、刘兆桢：《试析惠能〈坛经〉的哲学思想》，《韶关学院学报》1982年第3期。

陈高华：《元代大都的皇家寺庙》，载杨曾文、镰田茂雄编《中日佛教学术会议论文集》，北京：中国社会科学出版社，1997年。

陈国灿：《唐朝吐蕃陷落沙州城的时间问题》，《敦煌学辑刊》1985年第1期。

陈践、王尧编注：《敦煌本藏文文献》，成都：四川民族出版社，1983年。

陈年高：《敦博本〈坛经〉的人称代词》，《淮阴师范学院学报》2001年第2期。

陈年高：《敦博本〈坛经〉的被动句》，《淮阴师范学院学报》2010年第6期。

陈盛港：《从〈六祖能禅师碑铭〉的观点再论荷泽神会》，《中华佛学研究》（台）第6期，2002年。

陈士强：《禅籍导读之一——〈楞伽师资记〉游意》，《法音》1989年第1期。

陈士强：《〈历代法宝记〉考原》，《法音》1989年第9期。

陈士强撰：《佛典精解》，上海：上海古籍出版社，1993年。

陈文庆：《〈宗镜录〉成书新探》，《福建师范大学学报（哲学社会科学版）》2018年第3期。

陈铁民：《〈敦煌写本《历代法宝记》所见岑参事迹考〉求疵》，《文学遗产》2001年第2期。

陈艳玲：《略论无遮大会的传入及其变化——以萧梁、李唐为中心》，《历史教学问题》2014年第5期。

陈寅恪：《敦煌本唐梵对字音般若波罗密多心经跋》，《清华研究院·国学论丛》第2卷第2号，1930年。

陈寅恪著：《金明馆丛稿二编》，上海：上海古籍出版社，1980年。

陈祚龙：《中世敦煌与成都之间的交通路线——敦煌学散策之一》，《敦煌学》第1辑，1974年。

陈祚龙：《敦煌古抄中世诗歌一续》，载王寿南、陈水逢主编《敦煌学海探珠》，台北：商务印书馆，1979年。

陈祚龙：《杜朏应该不是朏法师——中华佛教散策之一》，《海潮音》第62卷第11期，1981年。

陈祚龙著：《敦煌学要籥》，台北：新文丰出版公司，1982年。

褚俊杰：《敦煌古藏文本〈般若心经〉研究——同藏文大藏经本、梵文本和汉文本的语词比较》，载中国民族古文字研究会编《中国民族古文字研究》第3集，天津：天津古籍出版社，1991年。

（德）茨默著，杨富学、朱满良译：《一件敦煌禅文献在吐鲁番回鹘语中的音转与翻译》，载杨富学编著《回鹘学译文集新编》，兰州：甘肃教育出版社，2015年。

（法）戴密微著，耿昇译：《吐蕃僧净记》，兰州：甘肃人民出版社，1984年。

党燕妮：《宾头卢信仰及其在敦煌的流传》，《敦煌学辑刊》2005年第1期。

邓文宽：《英藏敦煌本〈六祖坛经〉通借字刍议》，《敦煌研究》1994年第1期。

邓文宽：《英藏敦煌本〈六祖坛经〉的河西特色——以方音通假为依据的探索》，载氏著《敦煌吐鲁番学耕耘录》，台北：新文丰出版公司，1996年。

邓文宽、荣新江录校：《敦博本禅籍录校》，南京：江苏古籍出版社，1998年。

杜斗城：《敦煌写本〈历代法宝记〉与蜀地禅宗》，《敦煌学辑刊》1993年第1期。

杜斗城：《敦煌本〈历代法宝记〉的传衣说及其价值》，《社科纵横》1993年第5期。

杜斗城、杨富学：《嵩山与律学高僧》，载释永信主编《少林寺与中国律宗》，郑州：少林书局，2003年。

杜继文、魏道儒著：《中国禅宗通史》，南京：江苏古籍出版社，1993年。

敦煌研究院编：《敦煌莫高窟供养人题记》，北京：文物出版社，1986年。

敦煌研究院编：《敦煌石窟内容总录》，北京：文物出版社，1996年。

敦煌研究院编:《敦煌遗书总目索引新编》,北京:中华书局,2000年。

敦煌研究院、甘肃省博物馆编:《武威天梯山石窟》,北京:文物出版社,2000年。

俄罗斯科学院东方研究所圣彼得堡分所、俄罗斯科学出版社东方学部、上海古籍出版社编:《俄藏敦煌文献》,上海:上海古籍出版社,1992~2001年。

樊锦诗、马世长、关友惠:《敦煌莫高窟北朝洞窟的分期》,载敦煌文物研究所编《敦煌研究文集》,兰州:甘肃人民出版社,1982年。

方广锠:《关于〈禅藏〉与敦煌禅籍的若干问题》,载方广锠主编《藏外佛教文献》第1辑,北京:宗教文化出版社,1995年。

方广锠:《大梵寺音——敦煌莫高窟〈坛经〉读本(评介)》,《敦煌研究》1998年第1期。

方广锠:《敦煌本〈坛经〉》,载氏著《敦煌文献论集》,沈阳:辽宁人民出版社,2001年。

方广锠:《敦煌本〈坛经〉校释疏义》,方广锠主编《藏外佛教文献》第11、12辑,北京:宗教文化出版社,2008年。

方广锠编纂:《般若心经译注集成》,上海:上海古籍出版社,1994年。

方广锠、许培玲:《敦煌遗书中的佛教文献及其价值》,《西域研究》1995年第1期。

冯焕珍:《从〈楞伽经〉印心到〈金刚经〉印心》,《中山大学学报(社会科学版)》2014年第5期。

伏俊琏、龚心怡:《敦煌佛教诗偈〈心海集〉孤本研究综述》,《法音》2022年第5期。

付义《〈坛经〉版本管窥》,《宗教学研究》2005年第1期。

甘肃藏敦煌文献编委会、甘肃人民出版社、甘肃省文物局编:《甘肃藏敦煌文献》,兰州:甘肃人民出版社,1999年。

高令印著:《中国禅学通史》,北京:宗教文化出版社,2004年。

高永霄:《〈六祖坛经〉研究略见》,《香港佛教》第92期,1968年。

高增良:《六祖坛经中所见的语法成分》,《语文研究》1990年第4期。

葛兆光:《记忆、神话以及历史的消失——以北齐僧稠禅师的资料为例》,《东岳论坛》2005年第4期。

耿世民:《回鹘文亦都护高昌王世勋碑研究》,《考古学报》1980年第4期。

耿世民编：《古代维吾尔诗歌选》，乌鲁木齐：新疆人民出版社，1982年。

耿世民著：《敦煌突厥回鹘文书导论》，台北：新文丰出版公司，1994年。

龚方震：《粟特文》，载中国民族古文字研究会编《中国民族古文字图录》，北京：中国社会科学出版社，1990年。

龚隽著：《禅史钩沉》，北京：生活·读书·新知三联书店，2006年。

郭朋：《坛经校释》，北京：中华书局，1983年。

哈磊：《德异本〈坛经〉增补材料之文献溯源考证》，《宗教学研究》2015年第4期。

（法）哈密顿著，耿昇译：《回鹘文尊号阇梨和都统考》，《甘肃民族研究》1988年第3~4期合刊。

韩昇：《〈坛经〉管窥》，《六祖惠能思想研究》，学术研究杂志社，1997年。

郝春文著：《唐后期五代宋初敦煌僧尼的社会生活》，北京：中国社会科学出版社，1998年。

何燕生：《柳田圣山与中国禅宗史研究——深切怀念柳田圣山先生》，《普门学报》第37期，2007年。

何照清：《〈坛经〉研究方法的反省与拓展——从〈坛经〉的版本考证谈起》，载吴言生主编《中国禅学（第二卷）》，北京：中华书局，2003年。

河南省古代建筑保护研究所编：《宝山灵泉寺》，郑州：河南人民出版社，1991年。

贺世哲：《莫高窟北朝石窟与禅观》，《敦煌学辑刊》第1集，1980年。

贺世哲：《从供养人题记看莫高窟部分洞窟的营建年代》，载敦煌研究院编《敦煌莫高窟供养人题记》，北京：文物出版社，1986年。

贺世哲：《莫高窟莫高窟第285窟西壁内容考释》，载段文杰主编《1987年敦煌石窟研究国际讨论会文集（石窟考古编）》，沈阳：辽宁美术出版社，1990年。

贺世哲：《读莫高窟〈难陀出家图〉》，《敦煌研究》1997年第2期。

洪修平：《关于〈坛经〉若干问题的研究》，《世界宗教研究》1999年第2期。

洪修平著：《中国禅学思想史》，北京：中国人民大学出版社，2007年。

洪修平：《"一行三昧"与东山法门》，《河北学刊》2015年第4期。

洪修平、徐长安：《东山法门与禅宗初创》，载萧蓬父、黄钊主编《"东山法门"与禅宗》，武汉：武汉出版社，1996年。

（日）忽滑谷快天撰，朱谦之译：《中国禅学思想史》，上海：上海古籍出版社，2002年。

（日）忽滑谷快天著，郭敏俊译：《禅学思想史2·中国部1》，台北：大千出版社，2003年。

胡适：《新校定的敦煌写本神会和尚遗著两种》，载《"中央研究院"历史语言研究所所集刊》第29本，台北："中央研究院"历史语言研究所，1958年。

胡适：《神会和尚遗集序》，载（日）柳田聖山主编《胡适校敦煌写本神会和尚遗集》，上海：亚东图书馆，1930年［收入（日）柳田聖山主编《胡适禅学案》，台北：正中书局，1990年，第144~152页］。

胡适：《荷泽大师神会传》，载《神会和尚遗集》，上海：亚东图书馆，1930年（收入潘平、明立志编《胡适说禅》，北京：东方出版社，1993年）。

胡适：《神会和尚语录的第三个敦煌写本〈南阳和尚问答杂徵义·刘澄集〉》，载《"中央研究院"历史语言研究所集刊·庆祝董作宾先生六十五岁论文集》，台北："中央研究院"历史语言研究所，1960年。

胡适校编：《神会和尚遗集》，台北：胡适纪念馆，1968年。

胡适：《禅学古史考》，载张曼涛主编《禅宗史实考辨》，台北：大乘文化出版社，1977年。

胡适：《胡适校敦煌唐写本神会和尚遗集》，台北：胡适纪念馆，1982年。

（日）柳田圣山主编：《胡适禅学案》，台北：正中书局，1990年。

胡适：《楞伽宗考》，载潘平、明立志编《胡适说禅》，北京：东方出版社，1993年。

胡适：《坛经考》，载潘平、明立志编《胡适说禅》，北京：东方出版社，1993年。

黄德远：《"〈坛经〉考"质疑——读胡适〈坛经考之一〉》，《中国人民大学学报》1993年第2期。

黄连忠《敦煌写本〈六祖坛经〉的发现与文字校对方法刍议》，《法鼓佛学学报》第1期，2007年。

黄连忠：《敦博本〈六祖坛经〉文字校正与白话译释的方法论》，《敦煌学辑刊》2007年第4期。

黄连忠：《敦煌三本六祖坛经校释》，台北：万卷楼图书股份有限公司，

2021年。

　　黄青萍：《敦煌北宗文本的价值及其禅法——禅籍的历史性与文本性》，台湾师范大学博士学位论文，2007年。

　　黄青萍：《敦煌禅籍的发现对中国禅宗史研究的影响》，《成大宗教与文化学报》第8期，2007年。

　　黄夏年主编：《近代著名学者佛学文集·胡适集》，北京：中国社会科学出版社，1995年。

　　黄心川：《隋唐时期中国与朝鲜佛教的交流——新罗来华佛教僧侣考》，《世界宗教研究》1989年第1期。

　　黄燕生：《唐代净众——保唐禅派概述》，《世界宗教研究》1989年第4期。

　　黄燕生：《读〈历代法宝记〉》，《禅学研究（第一辑）》，南京：江苏古籍出版社，1992年。

　　黄永武主编：《敦煌宝藏》，台北：新文丰出版公司，1981~1986年。

　　黄永武编：《敦煌遗书最新目录》，台北：新文丰出版公司，1986年。

　　霍旭初：《"无遮大会"考略》，载氏著《考证与辩析——西域佛教文化论稿》，乌鲁木齐：新疆美术摄影出版社，2002年。

　　霍旭初著：《西域佛教考论》，北京：宗教文化出版社，2009年。

　　戢斗勇：《论黄梅禅风》，载萧萐父、黄钊主编《"东山法门"与禅宗》，武汉：武汉出版社，1996年。

　　季羡林主编：《敦煌学大辞典》，上海：上海辞书出版社，1998年。

　　江腾灿：《胡适禅学研究公案》，《当代》1994年第101期。

　　姜伯勤：《论禅宗在敦煌僧俗中的流传》，载氏著《敦煌艺术宗教与礼乐文明》，北京：中国社会科学出版社，1996年。

　　姜伯勤：《敦煌本〈坛经〉所见惠能在新州的说法》，载《六祖惠能思想研究》，学术研究杂志社，1997年。

　　姜伯勤：《普寂与北宗禅风西旋敦煌》，载王尧主编《佛教与中国传统文化》，北京：宗教文化出版社，1997年。

　　饶宗颐主编：《敦煌邈真赞校录并研究》，台北：新文丰出版公司，1994年。

　　姜义华主编：《胡适学术文集·中国佛学史》，北京：中华书局，1997年。

　　蒋宗福：《敦煌本〈坛经〉相关问题考辨》，《宗教学研究》2007年第4期。

　　蒋宗福：《敦煌写本校理臆说——以敦煌本〈坛经〉为例》，载《百年敦煌文献整理研究国际学术讨论会论文集（下册）》，杭州，2010年。

（朝）金九经：《畺园丛书》，奉天，1934年。

（韩）金敏镐（Kim Myung-Ho）：《〈坛经〉思想及其在后世的演变与影响研究》，南京大学博士学位论文，2011年。

（韩）金知见著、金宽宏译：《敦煌〈坛经〉随想录——反省与展望》，载《禅与东方文化》，北京：商务印书馆，1996年。

兰甲云、周银：《唐代神会和尚教授法及其影响》，《船山学刊》2021年第3期。

劳政武著：《佛教戒律学》，北京：宗教文化出版社，1999年。

李帮儒：《神秀研究》，郑州大学历史学院博士论文2010年。

李昌颐：《坛经思想的源流》，《华冈佛学学报》1983年第6期。

李峰：《元代的史官制度与国史编纂》，《史学史研究》2009年第4期。

李嘉言：《六祖坛经德异刊本之我见》，《清华学报》1936年第10卷第2期。

李靖：《敦煌本〈坛经〉语言研究》，上海师范大学硕士学位论文，2010年。

李林杰：《〈坛经〉心性论及其研究方法与湘赣农禅之心境并建》，湖南大学博士学位论文，2012年。

李尚全：《敦煌本〈修心要论〉刍议》，《兰州学刊》1991年第3期。

李尚全：《敦煌本〈修心要论〉：禅宗创立的文献根据》，《南京晓庄学院学报》2014第1期。

李申：《三部敦煌〈坛经〉校本读后》，《禅学研究（第三辑）》，南京：江苏古籍出版社，1998年。

李申合校，方广锠简注：《敦煌坛经合校简注》，太原：山西古籍出版社，1999年。

李小荣：《〈宗镜录〉宋元明清传播接受史略论》，《东南学术》2020年第3期。

李玉昆：《敦煌遗书〈泉州千佛新著诸祖师颂〉研究》，《敦煌学辑刊》1995年第1期。

李玉梅：《〈坛经〉与现象学》，载《六祖惠能思想研究》，学术研究杂志社，1997年。

梁红：《〈楞伽师资记〉校释及研究》，兰州大学硕士学位论文，2003年。

梁红、宫炳成：《〈楞伽师资记〉作者净觉禅师考》，《敦煌研究》2006年第2期。

刘慧达：《北魏石窟与禅》，《考古学报》1978年第3期。

刘军峰：《荷泽神会"无念"禅法思想之探讨》，《中国佛学》2018年第2期。

刘永明：《散见敦煌历朔闰辑考》，《敦煌研究》2002年第6期。

刘元春：《神会及其"荷泽宗"禅法评析》，载《觉群·学术论文集》第2辑，北京：商务印书馆，2002年。

（日）柳田圣山著，李薇扬译：《胡适先生博士与中国初期禅宗史的研究》，载柳田聖山主（编）『胡適禪學案』京都：中文出版社，1981年。

（日）柳田圣山著，杨曾文译：《〈六祖坛经诸本集成〉解题》，《世界宗教研究》1984年第2期。

（日）柳田圣山撰，刘方译：《敦煌禅籍总说》，《敦煌学辑刊》1996年第2期。

龙晦：《敦煌与五代两蜀文化》，《敦煌研究》1990年第2期。

罗香林：《〈坛经〉之笔受问题》，载氏著《唐代文化史研究》，上海：商务印书馆，1933年。

罗义俊：《当代关于〈坛经〉作者的一场争论——兼评胡适禅宗研究方法上的若干失误》，《世界宗教研究》1986年第4期。

罗炤：《小南海及香泉寺石窟刻经与僧稠学行——"南朝重义理，北朝重修行"论驳议兼及净土宗祖师》，载孙英明主编《石窟寺研究》第8辑，北京：科学出版社，2018年。

罗振玉：《补唐书张议潮传》，载氏著《丙寅稿》，收入《罗雪堂合集》，杭州：西泠印社出版社，2004年。

吕澂：《敦煌写本唐释净觉［注］般若波罗蜜多心经（附说明）》，《现代佛学》1961年第4期。

吕澂著：《中国佛学源流略讲》，北京：中华书局，1979年。

吕澂编：《新编汉文大藏经目录》，济南：齐鲁书社，1980年。

吕建福：《〈六祖坛经〉"净土说"辨析》，《法音》2004年第12期。

麻天祥著：《中国禅宗思想发展史》，武汉：武汉大学出版社，2007年。

马德：《沙州陷蕃年代再探》，《敦煌研究》1985年第5期。

马德著：《敦煌莫高窟史研究》，兰州：甘肃教育出版社，1996年。

马德：《敦煌册子本〈坛经〉之性质及抄写年代试探》，载《敦煌吐鲁番研究》第9卷，北京：中华书局，2006年。

马格侠：《敦煌〈付法藏传〉与禅宗祖师信仰》，《敦煌学辑刊》2007年第3期。

马君武：《胡适校敦煌唐写本〈神会和尚遗集〉序》，上海：亚东图书馆，1930年。

梅林：《"何法师窟"的创建与续修——莫高窟第196窟年代分论》，载《艺术史研究》第8辑，广州：中山大学出版社，2006年。

妙峰主编：《曹溪禅研究》第1~3卷，北京：中国社会科学出版社，2003~2005年。

（韩）闵永珪著，李千石译：《楞伽宗的头陀行》，《宗教学研究》1994年第Z1期。

聂清：《神会与宗密》，《中国哲学史》2000年第3期。

牛宏：《日本学者对敦煌藏文禅宗文献的研究状况及意义》，载敦煌研究院编《敦煌吐蕃文化学术研讨会论文集》，兰州：甘肃民族出版社，2009年。

潘桂明著：《中国禅宗思想历程》，北京：今日中国出版社，1992年。

潘平、明立志编：《胡适说禅》，北京：东方出版社，1993年。

潘重规：《敦煌六祖坛经读后管见》，《敦煌学》第19辑，1992年。

潘重规校订：《敦煌坛经新书》，台北：财团法人佛陀教育基金会，1994年。

潘重规校订：《敦煌坛经新书附册》，台北：佛陀教育基金会，1995年。

彭楚珩：《关于神会和尚生卒年代的改定》，《新时代杂志》第1卷第6期，1961年（收入《六祖坛经研究论集》，台北：大乘文化出版社，1976年）。

彭金章、王建军主编：《敦煌莫高窟北区石窟》，北京：文物出版社，2000~2004年。

恰白·次旦平措著，郑堆、丹增译：《简析新发现的吐蕃摩崖石文》，《中国藏学》1988年第1期。

钱穆：《神会与坛经》，《东方杂志》1945年第41卷第14号。

屈大成著：《中国佛教思想史中的顿渐观念》，台北：文津出版社，2000年。

屈大成：《〈历代法宝记〉的二十九祖说与菩提达摩多罗》，载《国学研究》第19卷，北京：北京大学出版社，2007年。

（日）松文文三郎著，许洋主译：《六祖坛经之研究》，载《一九八〇年佛学研究论文集》，高雄：佛光出版社，1994年。

冉云华：《〈稠禅师意〉的研究》，《敦煌学》第6辑，1983年。

冉云华：《敦煌卷子中的两份北宗禅书》，《敦煌学》第8辑，1984年。

冉云华：《北宗禅籍拾遗——记寂和尚偈》，《敦煌学》第10辑，1985年。

冉云华：《〈南宗赞〉小记》，《敦煌学》第15辑，1989年。

冉云华：《敦煌文献与僧稠的禅法》，载《中国禅学研究论集》，台北：东初出版社，1990年。

冉云华编：《永明延寿年表》，台北：东大图书公司，1999年。

饶宗颐：《神会门下摩诃衍之入藏兼论禅门南北宗之调和问题》，载香港大学中文系编《香港大学五十周年纪念论文集》（上册），香港：香港大学中文系编印，1964年。

饶宗颐：《论敦煌陷于吐蕃之年代——依〈顿悟大乘正理决〉考证》，《东方文化》1971年第9卷第1期。

饶宗颐：《王锡〈顿悟大乘政理决〉序说并校记》，载《选堂集林·史林》，香港：中华书局香港分局，1982年。

饶宗颐：《谈六祖惠能出生地（新州）及其传法偈》，载北京大学中古史研究中心编《纪念陈寅恪先生诞辰百年学术论文集》，北京：北京大学出版社，1989年。

饶宗颐：《惠能及〈六祖坛经〉的一些问题》，载《六祖惠能思想研究》，学术研究杂志社，1997年。

任继愈：《敦煌〈坛经〉写本跋》，载《1983年全国敦煌学术讨论会文集（文史·遗书编）》，兰州：甘肃人民出版社，1987年。

任继愈：《神秀北宗禅法》，《中国社会科学》1990年第2期。

任继愈：《弘忍与禅宗》，《佛学研究》1994年第3期（收入萧萐父、黄钊主编《"东山法门"与禅宗》，武汉：武汉出版社，1996年）。

任继愈主编：《中国佛教丛书·禅宗编》，南京：江苏古籍出版社，1993年。

任树民：《从〈岷州广仁禅院碑〉看河陇吐蕃佛教文化的特色》，《西藏大学学报》2003年第2期。

荣新江：《有关敦煌本禅籍的几个问题》，《敦煌学辑刊》1994年第2期。

荣新江：《敦煌本禅宗灯史残卷拾遗》，载白化文等编《周绍良先生欣开九秩庆寿文集》，北京：中华书局，1997年。

荣新江：《有关敦煌本〈历代法宝记〉的新资料——积翠轩文库旧藏"略

出本"校录》，载戒幢佛学研究所编《戒幢佛学·第二卷》，长沙：岳麓书社，2002年。

荣新江：《盛唐长安与敦煌——从俄藏〈开元廿九年（741）授戒牒〉谈起》，《浙江大学学报》2007年第3期。

阮氏美仙（NGUYEN THI MYTIEN）：《〈坛经〉心理道路研究》，华中师范大学博士学位论文，2014年。

商务印书馆编：《敦煌遗书总目索引》，北京：中华书局，1983年。

商志醰：《敦煌唐写本神会著述综录》，载叶万松主编《洛阳考古四十年——1992年洛阳考古学术研讨会论文集》，北京：科学出版社，1996年。

上海古籍出版社、法国国家图书馆编：《法藏敦煌西域文献》（第1~34册），上海：上海古籍出版社，1994~2005年。

石硕著：《吐蕃政教关系史》，成都：四川人民出版社，2000年。

拾文：《〈敦煌写本坛经〉是"最初"的〈坛经〉吗？》，《法音》1982年第2期。

史苇湘：《论敦煌佛教艺术的世俗性——兼论〈金刚经变〉在莫高窟的出现与消失》，《敦煌研究》1985年第3期。

释惠敏：《道信禅师的禅法与东山门下的流变——以《入道安心要方便》为中心》，《中华佛学研究所论丛》（一），台北：东初出版社，1989年。

释惠敏等著：《中华佛学研究所论丛》，台北：东初出版社，1990年。

释慧严：《中国禅宗在西藏》，《中华佛学学报》第7期，1994年。

释圣严：《六祖坛经的思想》，《中华佛学学报》第3期，1990年。

释圣严撰：《菩萨戒指要》，台北：法鼓文化事业，1997年。

（日）松本文三郎著，许洋主译：《六祖坛经之研究》，载《一九八〇年佛学研究论文集》，高雄：佛光出版社，1994年。

苏莹辉：《论唐时敦煌陷蕃的年代》，《大陆杂志》1961年第23卷第11期。

隋树森编：《全元散曲》，北京：中华书局，1964年。

孙修身：《敦煌石窟中的观无量寿经变相》，载《1987敦煌石窟研究国际讨论会文集（石窟考古编）》，沈阳：辽宁美术出版社，1990年。

索罗宁：《南阳慧忠（？~775）及其禅思想——〈南阳慧忠语录〉西夏文本与汉文本比较研究》，载聂鸿音、孙伯君编《中国多文字时代历史文献研究》，北京：社会科学文献出版社，2010年。

索仁森著，李吉和译：《敦煌汉文禅籍特征概观》，《敦煌研究》1994年第1期。

宿白：《〈李君莫高窟佛龛碑〉合校》，载姜亮史、郭在贻等编《敦煌吐鲁番学研究论文集》，上海：汉语大词典出版社，1990年，第48页。

汤惠生：《青海玉树地区唐代佛教摩崖考述》，《中国藏学》1998年第1期。

唐德刚译：《胡适口述自传》，北京：华文出版社，1992年。

唐耕耦、陆宏基编：《敦煌社会经济文献真迹释录》第4辑，北京：全国图书馆文献缩微复制中心，1990年。

陶敏：《〈历代法宝记〉、杜诗及其他》，《文学遗产》2001年第2期。

田青青著：《永明延寿心学研究》，成都：巴蜀书社，2010年。

（日）田中良昭著，杨富学译：《敦煌汉文禅籍研究略史》，《敦煌学辑刊》1995年第1期。

（日）田中良昭著，程正译：《神会研究与敦煌遗书》，载吴言生主编《中国禅学（第二卷）》，北京：中华书局，2003年。

通然：《神会的开法活动及其影响——以南阳龙兴寺时期和洛阳荷泽寺时期为中心》，《佛学研究》2019年第2期。

佟德富：《试论禅宗在吐蕃社会的传播及其影响》，《内蒙古社会科学》1999年第3期。

王邦维：《禅宗所传祖师世系与印度佛教付法藏的传说》，载《学人·第10辑》，南京：江苏文艺出版社，1996年。

王红梅：《元代畏兀儿翻译家安藏考》，《敦煌学辑刊》2008年第4期。

王惠民：《敦煌壁画〈十六罗汉图〉榜题研究》，《敦煌研究》1993年第1期。

王惠民：《古代印度宾头卢信仰的产生及其东传》，《敦煌学辑刊》1995年第1期。

王惠民：《唐东都敬爱寺考》，《唐研究》第12卷，北京大学出版社，2006年。

王惠民：《祖师传承及其在中国的流行》，载李振刚主编《龙门石窟研究文集·2004年龙门石窟国际学术研讨会文集》，郑州：河南人民出版社，2006年。

王冀青：《榎一雄与英藏敦煌文献摄影——纪念榎一雄先生诞辰九十周年暨英藏敦煌文献缩微胶卷摄影五十周年》，《敦煌学辑刊》2003年第2期。

王森著：《西藏佛教发展史略》，北京：中国社会科学出版社，1987年。

王书庆、杨富学:《〈历代法宝记〉所见达摩祖衣传承考辨》,《敦煌学辑刊》2006年第3期。

王书庆、杨富学:《敦煌莫高窟禅窟的历史变迁》,吴言生主编《中国禅学(第四卷)》,北京:中华书局,2006年。

王学斌:《〈坛经〉思想研究》,华东师范大学硕士学位论文,2009年。

王学成:《惠能〈坛经〉心性思想略论》,《禅学研究(第三辑)》,南京:江苏古籍出版社,1998年。

王尧:《藏族翻译家管·法成对民族文化交流的贡献》,《文物》1980年第7期。

王招国:《永明延寿传记之新资料——中国国家图书馆藏〈永明智觉禅师方丈实录〉》,载氏著《佛教文献论稿》,桂林:广西师范大学出版社,2017年。

王震:《敦煌本〈坛经〉为"传宗简本"考》,兰州大学硕士学位论文,2015年。

王振国:《河南沁阳悬谷山隋代千佛洞石窟》,《敦煌研究》2000年第4期。

王振国:《地论学派与少林寺》,载释永信主编《少林寺与中国律宗》,郑州:少林书局,2003年。

王振国:《关于龙门擂鼓台中洞与看经寺的罗汉问题》,载敦煌研究院编《2004年石窟研究国际学术会议论文集》,上海:上海古籍出版社,2006年。

魏德东、黄德远:《法衣与〈坛经〉——从传宗形式的演变看禅宗的中国化历程》,《云南民族学院学报》1993年第3期。

温玉成:《禅宗北宗初探》,《世界宗教研究》1983年第2期。

温玉成:《记新出土的荷泽大师神会塔铭》,《世界宗教研究》1984年第2期。

文正义:《略论道信及其禅宗思想》,载《觉群·学术论文集》,北京:商务印书馆,2001年。

吴立民:《禅宗史上的南北之争及当今禅宗复兴之管见》,载萧萐父、黄钊主编《"东山法门"与禅宗》,武汉:武汉出版社,1996年。

吴立民主编:《禅宗宗派源流》,北京:中国社会科学出版社,1998年。

吴平:《〈坛经〉成书是与非——作者与版本》,载氏著《禅宗祖师——惠能》,南昌:江西人民出版社,1995年。

吴其昱:《荷泽神会传研究》,载《"中央研究院"历史研究所集刊》第59

本第4分，台北："中央研究院"历史语言研究所，1988年。

吴士田：《敦煌写本〈坛经〉中的书写符号》，《河北青年管理干部学院学报》2009年第2期。

吴言生著：《禅宗思想渊源》，北京：中华书局，2002年。

吴言生主编：《中国禅学》第一至四卷，北京：中华书局，2002~2005年。

伍先林：《试论惠能〈坛经〉的不二思想》，《佛学研究》2010年第19期。

伍先林：《东山法门的禅法思想特征》，《佛学研究》2015年第1期。

武守志：《漫说〈坛经〉——丝路佛教文化现象研究之五》，《西北师范大学学报》1993年第3期。

向达：《罗叔言〈补唐书张议潮传〉补正》，载氏著《唐代长安与西域文明》，北京：生活·读书·新知三联书店，1957年。

向达著：《唐代长安与西域文明》，北京：生活·读书·新知三联书店，1957年。

向群：《敦煌本〈坛经〉中若干名相试探》，载《六祖惠能思想研究》，学术研究杂志社，1997年。

项楚著：《敦煌歌词总编匡补》，成都：巴蜀书社，2000年。

项楚著：《敦煌诗歌导论》，成都：巴蜀书社，2001年。

（日）小田寿典著，刘同起译：《回鹘的都统称号及其范围》，《新疆文物》1991年第1期。

谢稚柳著：《敦煌艺术叙录》，上海：古典文学出版社，1955年。

谢重光：《吐蕃占领时期与归义军时期的敦煌僧官制度》，《敦煌研究》1991年第3期。

邢东风著：《禅悟之道·南宗禅学研究》，台北：圆明出版社，1995年。

邢东风：《认知与般若——从神会禅学的"知"看般若的意义》，载氏著《禅宗与"禅学热"》，北京：宗教文化出版社，2006年。

熊安余：《五祖弘忍是中国禅宗的创始人》，载萧萐父、黄钊主编《"东山法门"与禅宗》，武汉：武汉出版社，1996年。

须藤弘敏：《禅定比丘图像与敦煌285窟》，载段文杰主编《1987年敦煌石窟研究国际讨论会文集（石窟考古编）》，沈阳：辽宁美术出版社，1990年。

徐俊纂辑：《敦煌诗集残卷辑考》，北京：中华书局，2000年。

徐俊：《关于〈禅门秘要诀〉——敦煌释氏歌偈写本三种合校》，载潘重规

敦煌写本禅籍研究

等著《庆祝吴其昱先生八秩华诞敦煌学特刊》，台北：文津出版社，2000年。

徐文明：《禅宗第八代北宗弘正大师》，《敦煌学辑刊》1999年第2期。

徐文明：《〈永嘉证道歌〉与二十八祖说的缘起》，载吴言生主编《中国禅学（第一卷）》，北京：中华书局，2002年。

杨富学著：《回鹘之佛教》，乌鲁木齐：新疆人民出版社，1998年。

杨富学、李吉和辑校：《敦煌汉文吐蕃史料辑校·第1辑》，兰州：甘肃人民出版社，1999年。

杨富学、赵崇民：《柏孜克里克石窟第20窟的供养图与榜题》，《新疆艺术》1992年第6期。

杨富学：《敦煌本〈历代法宝记·弘忍传〉考论》，载《华林（第一卷）》，北京：中华书局，2001年。

杨富学著：《中国北方民族历史文化论稿》，兰州：甘肃人民出版社，2001年。

杨富学、王书庆：《从敦煌文献看道信禅法》，载《敦煌学与中国史研究论集——纪念孙修身先生逝世一周年》，兰州：甘肃文化出版社，2001年。

杨富学：《禅宗与回鹘》，载《曹溪禅研究》第3辑，北京：中国社会科学出版社，2003年。

杨富学、王书庆：《东山法门及其对敦煌禅修的影响》，载吴言生主编《中国禅学（第二卷）》，北京：中华书局，2003年。

杨富学、王书庆：《关于摩诃衍禅法的几个问题》，载杜文玉主编《唐史论丛（第十辑）》，西安：三秦出版社，2008年。

杨富学、王书庆：《蜀地禅宗之禅法及其特点——以敦煌写本〈历代法宝记〉为中心》，载白化文主编《周绍良先生纪念文集》，北京：北京图书馆出版社，2006年。

杨富学：《论汉传佛教对回鹘的影响》，载束迪生、李肖、娜仁高娃主编《高昌社会变迁及宗教演变》，乌鲁木齐：新疆人民出版社，2010年。

杨富学：《摩诃衍禅法对吐蕃佛教的影响》，载波波娃、刘屹主编《敦煌学：第二个百年的研究视角与问题（*Dunhuang Studies：prospects and problems for the coming second century of research*）》，圣彼得堡：俄罗斯科学院东方研究所圣彼得堡分所，2012年。

杨富学、张田芳：《回鹘文〈说心性经〉作者身份考》，载邢广程主编《中国边疆学》第7辑，北京：社会科学文献出版社，2017年。

杨富学、张田芳：《敦煌本〈秀禅师劝善文〉考释》，《世界宗教文化》2017年第2期。

杨富学、张田芳：《敦煌本回鹘文〈说心性经〉为禅学原著说》，《西南民族大学学报（人文社科版）》2018年第1期。

杨富学、叶凯歌、胡蓉：《敦煌回鹘语头韵诗及其格律特征》，《敦煌研究》2021年第2期。

杨建文：《喜读〈“东山法门”与禅宗〉》，《佛教文化》1996年第6期。

杨维中：《唐代僧官制度考述》，《佛学研究》2014年总23期。

杨曾文：《禅宗文献研究在日本》，载《佛典研究续编》（《世界佛学名著译丛》28），台北：华宇出版社，1984年。

杨曾文：《中日的敦煌禅籍研究和敦博本〈坛经〉、〈南宗定是非论〉等文献的学术价值》，《世界宗教研究》1988年第1期。

杨曾文：《神秀所著〈观心论〉及其禅法思想》，载隋唐佛教学术讨论会编《隋唐佛教研究论文集》，西安：三秦出版社，1990年。

杨曾文：《敦博本〈坛经〉及其学术价值》，载《佛光山国际禅学会议实录》，高雄：佛光出版社，1990年。

杨曾文：《〈六祖坛经〉诸本的演变和惠能的禅法思想》，《中国文化》1992年第6期。

杨曾文校写：《敦煌新本六祖坛经》，上海：上海古籍出版社，1993年。

杨曾文编校：《神会和尚禅话录》，北京：中华书局，1996年。

杨曾文著：《唐五代禅宗史》，北京：中国社会科学出版社，1999年。

杨曾文：《〈唐同德寺无名和尚塔铭并序〉的发现及其学术价值》，《佛学研究》2000年第9期。

杨曾文：《天台宗的史前期——从慧文到慧思》，载黄心川主编《光山净居寺与天台宗研究》，香港：天马图书有限公司，2001年。

杨曾文：《敦煌本〈坛经〉的佛经引述及其在惠能禅法中的意义》，载戒幢佛学研究所编《戒幢佛学·第二卷》，长沙：岳麓书社，2002年（收入白化文主编《周绍良先生纪念文集》，北京：北京图书馆出版社，2006年）。

杨曾文：《入道安心要方便法门——取自〈楞伽师资记〉》，《法音》2006年第2期。

杨曾文著：《宋元禅宗史》，北京：中国社会科学出版社，2006年。

伊吹敦：《早期禅宗史研究之回顾和展望》，载吴言生主编《中国禅学（第二卷）》，北京：中华书局，2003年。

印顺：《神会与坛经——评胡适禅宗史的一个重要问题》，载张曼涛主编《六祖坛经研究论集》，台北：大乘文化出版社，1976年；后收入氏著《妙云集》下编之七，正闻出版社，2000年。

印顺撰：《精校敦煌本坛经〈敦煌本坛经校戡记〉》，新竹：正闻出版社，1993年。

印顺著：《中国禅宗史》，南昌：江西人民出版社，1999年。

游祥洲：《论印顺法师对坛经之研究》，载《佛光山国际禅学会议实录》，高雄：佛光出版社，1993年。

余梅：《〈坛经〉偏正结构研究》，西南大学硕士学位论文，2010年。

余威德：《唐代北宗禅发展研究——以双泉寺神秀为主》，台北：慈济大学宗教与文化研究所硕士论文，2004年。

袁德领：《敦煌本〈导凡趣圣心决〉录文及作者略考》，《禅》2000年第3期。

袁德领：《莫高窟第196窟前室北壁上部内容考辨》，《敦煌学辑刊》2002年第2期。

袁德领：《龙门石窟擂鼓台中洞之研究》，《敦煌研究》2003年第4期。

湛如：《论敦煌佛寺禅窟兰若的组织及其他》，载敦煌研究院编《段文杰敦煌研究五十年纪念文集》，北京：世界图书出版公司，1996年。

湛如：《敦煌菩萨戒仪与菩萨戒牒之研究》，《敦煌研究》1997年第2期。

湛如：《简论〈六祖坛经〉的无相忏悔——兼谈唐代禅宗忏法体系的形成》，载《六祖惠能思想研究》，学术研究杂志社，1997年（又刊《法音》1997年第3期）。

张广达：《唐代禅宗的传入吐蕃及有关的敦煌文书》，载中华书局编辑部编《学林漫录三集》，北京：中华书局，1981年。

张广达、荣新江：《有关西州回鹘的一篇敦煌汉文文献——S.6551讲经文的历史学研究》，《北京大学学报》1989年第2期。

张国一：《荷泽神会的心性思想》，《圆光佛学学报》（台）2002年第7期。

张铁山：《回鹘文佛教文献〈说心性经〉译释》，载《中国少数民族文学与文献论集》，沈阳：辽宁民族出版社，1997年，第359~369页。

张田芳：《回鹘文〈说心性经〉探原》，兰州大学博士学位论文，2018年。

张田芳、杨富学：《高梁河与元大都畏兀儿佛教》，《宗教学研究》2020年第2期。

张田芳、杨富学：《回鹘文〈说心性经〉取材〈观心玄枢〉考辨》，载《佛教中国化的历史经验与现实途径论文集》，北京：研究出版社，2022年。

张锡厚主编：《全敦煌诗》，北京：作家出版社，2005年。

张小艳：《敦煌疑伪经四种残卷缀合研究》，《宗教学研究》2015年第4期。

张新民：《"獦獠作佛"公案与东山禅法南传——读敦煌写本〈六祖坛经〉刻记》，《中华佛学学报》2003年第16期。

张秀清：《敦煌文献断代研究例》，《古籍整理研究学刊》2007年第3期。

张亚莎：《吐蕃时期的禅宗传承》，《西藏民族学院学报》2004年第1期。

张勇：《敦煌写本〈六祖坛经〉校读琐记》，载《六祖惠能思想研究》，学术研究杂志社，1997年。

张勇：《俄藏Дх 00201A号残卷考——兼评达照〈金刚经赞研究〉及其序》，《敦煌学》第25辑，2004年。

张子开：《敦煌写本〈六祖坛经〉校读拾零》，《四川大学学报》1998年第1期。

张子开：《唐代成都府净众寺历史沿革考》，《新国学》1999年第1期。

张子开：《敦煌写本〈历代法宝记〉研究述评》，《中国史研究动态》2000年第2期。

张子开：《敦煌写本〈历代法宝记〉所见岑参事迹考》，《文学遗产》2000年第6期。

张子开：《略析敦煌文献中所见的念佛法门》，《慈光禅学学报》2001年第2期。

张子开：《敦煌本〈六祖坛经〉的修辞》，《敦煌研究》2003年第1期。

张子开：《是"集""撰"还是"述"：唐五代禅宗的著作观念——以敦煌写本〈楞伽师资记〉为考察中心》，载郑炳林、樊锦诗、杨富学主编《敦煌佛教与禅宗学术讨论会文集》，西安：三秦出版社，2007年。

郑炳林、郑怡楠辑释：《敦煌碑铭赞辑释（增订本）》，上海：上海古籍出版社，2019年。

（韩）郑茂焕（性本）：《敦煌本六祖坛经与心地法门》，《普门学报》2003年第13期。

（日）中嶋隆藏：《〈楞伽师资记・道信传〉管窥》，《佛学研究》1994年第3期。

中国国家图书馆编：《国家图书馆藏敦煌遗书》，北京：北京图书馆出版社，2005~2012年。

中国社会科学院历史研究所、中国敦煌吐鲁番学会敦煌古文献编辑委员会、英国国家图书馆、伦敦大学亚非学院合编：《英藏敦煌文献（汉文佛经以外部分）》，成都：四川人民出版社，1990~1995年。

钟书林：《〈禅门秘要诀〉校补》，《敦煌学辑刊》2006年第1期。

周绍良：《敦煌本〈六祖坛经〉是惠能的原本——〈敦煌本禅籍校录〉序》，载香港中华文化促进会等编《敦煌吐鲁番研究》第1卷，北京：北京大学出版社，1996年。

周绍良：《原本〈坛经〉之考定》，载《六祖惠能思想研究》，学术研究杂志社，1997年。

周绍良编著：《敦煌写本坛经原本》，北京：文物出版社，1997年。

朱凤玉：《敦煌劝善类白话诗歌初探》，《敦煌学》第26辑，2005年。

朱凤玉：《敦煌文献中的佛教劝善诗》，载白化文主编《周绍良先生纪念文集》，北京：北京图书馆出版社，2006年。

朱丽霞：《8~9世纪流传于吐蕃的禅宗派别考——兼论宁玛派与禅宗的思想渊源》，《西藏研究》2004年第2期。

宗舜：《〈俄藏黑水城文献〉汉文佛教文献拟题考辨》，《敦煌研究》2001年第1期。

宗舜：《〈俄藏黑水城文献〉之汉文佛教文献续考》，《敦煌研究》2004年第5期。

三、外文资料

Arat, R. R., *Eski Türk Şiiri*, Ankara, 1965.

Clauson, G., *An Etymological Dictionary of Pre-Thirteenth-Century Turkish*, Oxford, 1972.

De. Jong, J. W., Review to S. Tekin, Buddhistische Uigurica aus der Yüan-Zeit, *Indo-Iranian Journal* Vol. 25, 1983.

Demiéville, Paul, *Le Concile de Lhasa*, Paris, 1952.

Demiéville, Paul, Recents stravaux sur Touen-houang, *T'oung Pao* xli, 1970.

Demiéville, Paul, *Deux documents de Touen-houang sur le Dhyana chinois*,『冢本博士颂寿纪念佛教史学论集』京都：塚本博士頌壽紀念會，1961年。

E. H. S., "Essays in Zen Buddhism. By Daisetz Teitaro Suzuki", *The Times Literary Supplemen*, August, 25th, 1927.

Gimello, Robert M.- Peter N. Gregory (eds.), *Studies in Chan and Hua-yen*, Honololo：University of Hawaii Press, 1983.

Gernet, Jacques, Biographiedu Maitre de Dhyana Chen-houei du Ho-tso (668-760)：Contributional' histoire de l' ecole du Dhyana, *Journal Asiatique* T. 239, 1951.

Guenther, Herbert V., 'Meditation' Trends in Early Tibet, Walen Lai - Lewis R. Lancaste (ed.), *Early Ch'an in China and Tibet*, Berkeley：Asian Humanities Press, 1983.

Hamilton, J., Les titres shäli et tutung en ouïgour, *Journal Asiatique* CCLXXII, 1984.

Heinich, Dumoulin, *The Development of Chinese Zen*, New York：The First Zen Institute Of America, Inc., 1953.

Guenther, Herbert V., *Tibetan Buddhism in Western Perspective*：*Collected Articles of Herbert V. Guenther*, California：Dharma Publishing, 1977.

Imaeda, Y., Documents tibétains de Touen-houang concernant le Concile de Tibet, *Journal Asiatique* tome 263, Paris, 1975.

Lai, Whalen, The Formless Mind Verse of Shen-hsiu—Reconstructing the Northern Ch'an Position, *Journal of Oriental Studies* 22, 1984.

Laut, J. P., Berwetung der buddhisische Uigurica aus der Yüan-Zeit, *Zeitschrift der Deutschen Morgenlandischen Gesellschaft*, Bd. 134, 1984.

Leigh, AdamekWendi, *Issues in Chinese Buddhist Transmission as Seen through the»Lidaifabaoji»* (*Record of the Dharma-Jewel through the Age*), Ph. D., 1998.

McRae, JohnR., *The Northern School and the Formation of Early Ch'an Buddhism*, Honolulu：UniversityofHawaiiPress, 1986.

McRae, John R., Shien-hui and the Teaching of Sudden Enlightenment in Early Ch' an Buddhism, *Sudden and Gradual–Approaches to Enlightement in Chinese*

Thought, University of Hawaii Press, 1987.

Ruben, W., Bir Uygur filozofu hakkinda, *III*, *Turk Tarih Kongresi*, Ankara, 1948.

Schlütter, Morten, Transmission and Enlightment in Chan Buddhism Seen Through the Platform Sūtra, *Chung-hwa Buddhist Journal* 20, 2007.

Seizan, Yanagida, The "Recorded Sayings" Texts of Chinese Ch'an BuddhismL, Langaster Lai (ed.), *Early Ch'an in China and Tibet*, Berkeley: Asian Humanities Press, 1983.

Seizan, Yanagida, The Li-tai fa-bao chi and the Ch'an Doctrine of Sudden Awakenning, Whalen Lai and Lewis Lancaster (ed.), *Early Ch'an in China and Tibet*, Berkeley: Asian Humanities Press, 1983.

Shimin, Geng - Hamilton, J., L'inscription ouïgoure de la stèle commémorative des Iduq qut de Qočo, *Turcica* Tome XIII, 1981.

Solonin, K. J., "Guifeng Zong-mi and Tangut Chan Buddhism", *Chung-hwa Buddhist Journal* 10, 1998.

Solonin, K. J., "The masters of Hongzhou in the Tangut State", *Manuscripta Orientalia*, I7/3, 1998.

Solonin, K. J., "Concerning the Chan-Buddhist texts from the Tangut holdings of the St. Petersburg Branch of the Institute of Oriental Studies Russian Academyof Sciences", *St. Petersburg Journal of Oriental Studies* 7, 1995.

Sørensen, Henrik H., Observation on the Characteristics Chinese Chan Manuscripts from Dunhuang, *Studies in Central & East Asian Religions* Vol. 2, 198.

Suzuki, Daisetz Teitaro, *Essays in Zen Buddhism* –First Series, 1927.

Suzuki, Daisetz Teitaro, *Studies in the Lankāvatāra Sūtra*, London, 1930.

Tanaka, Ryōshō , Relations between the Buddhist Sects in the T'ang Dynasty through the Ms. P.3913, Journal Asiatique, t. cclxix, 1981.

Tanaka, Ryōshō , A Historical Outline of Japanese Research on the Chinese Chan Writing from Dunhuang, Studies in Central & East Asian Religions, Vol.2, 1989.

Tekin, Ş., Buddhistische Uigurica aus Der Yüan-Zeit, Teil I: HSIN Tozin oqidtaci Nom, Budapest, 1980.

Tezcan, Senih., Das uigurische Insadi-sūtra (=Berliner Turfantexte Ⅲ), Berlin, 1974.

Tucci, G., *Minor Buddhist Texts*, I-Ⅱ, Roma, 1958.

Yakup, Abdurishid., Uigurica from the Northern Grottoes of Dunhuang, *A Festschrift in Honour of Professor Masahiro Shōgaito's Retirement: Studies on Eurasian Languages*, Kyoto, 2006.

Yampolsky, Philip B., *The Platform Sutra of the Sixth Patriarch: The Text of the Tun-Huang Manuscript*. New York: Columbia University Press, 2012.

Yukiyo Kasai, *Die Uigurischen Buddhistischen Kolophone* (Berliner Turfantexte XXVI), Turnhout, 2008.

Zieme, P., *Die Stabreimtexte der Uiguren von Turfan und Dunhuang. Studien zuralttürkischen Dichting*. Budapest, 1991.

Zieme, P., *Religion und Gesellschaft im Uigurischen Königreich von Qočo. Kolophone und Stifter des alltürkischen buddhistischen Schrifttums aus Zentralasien*, Opladen: Westdt. Verl., 1992.

Zieme, P., The "Sutra of Complete Enlightenment" in Old Turkish Buddhism, *Collection of Essays 1993. Buddhism Across Boundaries-Chinese Buddhism and the Western Regions*, Taipei, 1999.

Zieme, P., A Chinese Chan text from Dunhuang in Uigur transcription and in translation from Turfan, Irina Popova& Liu Yi (eds.), *Dunhuang Studies: Prospects and Problems for the Coming Second Century of Research*, St. Petersburg, 2012.

阿部肇一『中國禪宗史の研究』東京: 誠信書房, 1963年。

百濟康義「ウイグル譯『圓覺經』とその注譯」『龍穀紀要』第14卷1號, 1992年。

柴田泰「中國淨土教中唯心淨土思想的研究」『札幌大穀短期大學紀要』第22號, 1991年。

池田溫（編）『講座敦煌3敦煌の社會』東京: 大東出版社, 1980年。

池田溫『中國古代寫本識語集錄』東京: 東京大學東洋文化研究所, 1990年。

沖本克己「チベット譯『二入四行論』について」『印度學仏教學研究』第

24巻2期，1976年。

　　沖本克已「摩訶衍の思想」『花園大學研究紀要』第8期，1977年。

　　沖本克己「『楞伽師資記』の研究——藏漢テキストの校訂および藏文和
譯1」『花園大學研究紀要』第9期，1978年。

　　沖本克己「『楞伽師資記』の研究——藏漢テキストの校訂および藏文和
譯2」『花園大學研究紀要』第9期，1978年。

　　沖本克己「敦煌出土のチベット文禪宗文獻の内容」，篠原壽雄、田中良昭
（編）『講座敦煌8敦煌仏典と禪』東京：大東出版社，1980年。

　　沖本克己「大乘無分別修習義・序文——ぺりオ九九六について」『花園大
學研究紀要』第25期，1993年。

　　沖本克已「『頓悟大乘正理決』序文について」『花園大學研究紀要』第27
號，1995年。

　　沖本克己『禪思想形成史の研究』花園大學國際禪學研究所『研究報告』
第五冊，1997。

　　川崎ミチコ「通俗詩韻・雜詩文類」篠原壽雄、田中良昭『講座敦煌8敦
煌佛典と禪』東京：大東出版社，1980年。

　　道瑞良秀『唐代仏教史の研究』京都：法藏館，1957年。

　　方廣錩撰，神野恭行譯「敦煌『壇經』新出殘片跋」『禪學研究』第76號，
1998年。

　　岡部和雄「禪僧の注抄と疑偽經典」『講座敦煌8敦煌仏典と禪』東京：大
東出版社，1980年。

　　公田連太郎、鈴木大拙校訂『敦煌出土荷澤神會禪師語錄』東京：森江書
店，1934年。

　　公田連太郎、鈴木大拙校訂『敦煌出土六祖壇經』東京：森江書店，
1934年。

　　公田連太郎、鈴木大拙校訂『興聖寺本六祖壇經』東京：森江書店，
1934年。

　　公田連太郎、鈴木大拙校訂『敦煌出土神會禪師語錄解說及目次』東京：
森江書店，1934年。

　　公田連太郎、鈴木大拙校訂『敦煌出土六祖壇經解說及目次』東京：森江
書店，1934年。

公田連太郎、鈴木大拙校訂『興聖寺本六祖壇經解說及目次』東京：森江書店，1934年。

關口真大「達摩大師研究序言」『達摩大師研究』彰國社，1957年。

関口真大『達磨の研究』東京：岩波書店，1967年。

関口真大『達摩大師の研究』東京：春秋社，1969年。

河合泰弘「『北宗五方便』とその周邊」『駒澤大學佛教學部論集』第24號，1993年。

忽滑穀快天『禪學思想史』東京：玄黃社，1925年。

榎一雄（編）『講座敦煌2敦煌の歷史』東京：大東出版社，1980年。

鈴木大拙『敦煌出土荷澤神會禪師語錄』東京：森江書店，1934年。

鈴木大拙『敦煌出土少室逸书』，1935年。

鈴木大拙『校戡少室逸書及解說』大阪：安宅佛教文庫，1936年。

鈴木大拙「達摩『觀心論』『破相論』互校」氏著『校戡少室逸書解說附錄』大阪：安宅佛教文庫，1936年。

鈴木大拙『禪思想史研究第一』（鈴木大拙全集』卷一），東京：岩波書店，1951年。

鈴木大拙『禪思想史研究第二』（『鈴木大拙全集』卷二），東京：岩波書店，1968年。

鈴木大拙『禪思想史研究第三』（『鈴木大拙全集』卷三），東京：岩波書店，1968年。

鈴木大拙『鈴木大拙全集』別卷一，東京：岩波書店，1971年。

鈴木哲雄『唐五代禪宗史』東京：山喜房佛書林，1985年。

鈴木大拙『鈴木大拙全集』卷五，東京：岩波書店，2000年。

鈴木大拙「『達摩觀心論』『破相論』五種對校」『鈴木大拙全集』第32卷，東京：岩波書店，2000年。

柳田聖山『初期禪宗史書の研究』京都：法藏館，1967年。

柳田聖山『達摩の語錄』東京：築摩書房，1969年。

柳田聖山『初期の禪史Ⅰ−禪の語錄2−歷代法寶記』東京：築摩書房，1969年。

柳田聖山『初期の禪史Ⅰ−禪の語錄2−楞伽師資記、傳法寶記』東京：築摩書房，1971年。

柳田聖山「總說」，篠原壽雄、田中良昭（編）『講座敦煌 8 敦煌仏典と禪』東京：大東出版社，1980 年。

柳田聖山（編）『胡適禪學案』京都：中文出版社，1981 年。

柳田聖山『禪仏教の研究』京都：法藏館，1999 年。

木村德隆「敦煌出土のチベット文禪宗文獻の性質」，篠原壽雄、田中良昭（編）『講座敦煌 8 敦煌仏典と禪』東京：大東出版社，1980 年。

山口瑞鳳「チベット仏教と新羅の金和尚」『新羅仏教研究』東京，1973 年。

山口瑞鳳「中國禪とチベット仏教」，篠原壽雄、田中良昭（編）『講座敦煌 8 敦煌仏典と禪』東京：大東出版社，1980 年。

山口瑞鳳「摩訶衍の禪」，篠原壽雄、田中良昭（編）『講座敦煌 8 敦煌仏典と禪』東京：大東出版社，1980 年。

山口瑞鳳「吐蕃支配時代」，榎一雄（編）『講座敦煌 2 敦煌の歷史』東京：大東出版社，1980 年。

上山大峻「敦煌出土チベット文マハエン禪師遺文」『印度學仏教學研究』第 19 卷 2 期，1971 年。

上山大峻「敦煌出土チベット文禪資料の研究——Pelliot.116 とその問題點」『龍穀大學仏教文化研究所紀要』第 13 期，1974 年。

上山大峻「チベット譯『頓悟真宗要決』の研究」『禪文化研究所紀要』第 8 期，1976 年。

上山大峻『禪文獻の諸層』「敦煌佛教の研究」京都：法藏館，1990 年。

上山大峻『敦煌仏教の研究』京都：法藏館，1990 年。

神田喜一郎「仏蘭西の國民圖書館に藏する敦煌古寫經に就いて」『書苑』第 2 卷第 3 期，1938 年。

神尾弌春「觀心論私考」『宗教研究』新 915 號，1932 年。

石井公成「『二入四行論』的再探討」『平井俊榮博士古稀紀念論集　三論教學和佛教諸思想』東京：春秋社，2000 年。

石井修道「荷澤神會以降敦煌禪宗史文獻之性質」『戒幢佛學』第 2 卷，長沙：嶽麓書社，2002 年。

矢吹慶輝『三階教の研究』東京：岩波書局，1927 年。

矢吹慶輝「スタイン氏蒐集敦煌出土支那古寫本の調査」『宗教研究』新第

5卷第1號，1928年。

　矢吹慶輝『鳴沙餘韻──敦煌出土未傳古逸仏典開寶』東京：岩波書店，1930年。

　矢吹慶輝「六祖壇經書志學研究」『禪學研究』第17、18號，1932年。

　矢吹慶輝「神尾氏の觀心論私考後記」『宗教研究』第9期第5號，1932年。

　矢吹慶輝「敦煌出土支那古禪史並に古禪籍關係文獻に就いて」矢吹慶輝（編）『鳴沙餘韻解說──敦煌出土未傳古逸仏典開寶』東京：岩波書店，1933年。

　矢吹慶輝「鳴沙餘韻解說後記──スタイン氏搜集敦煌出土支那古寫本の調査」『鳴沙餘韻解說──敦煌出土未傳古逸仏典開寶』東京：岩波書店，1933年。

　矢吹慶輝『鳴沙餘韻解說──敦煌出土未傳古逸仏典開寶』東京：岩波書店，1933年。

　藤枝晃，上山大峻「チベット譯の『無量壽宗要經〉の敦煌寫本』『ビブリア』第23號，1962年。

　藤枝晃「敦煌千佛洞の中興」『東方學報』第35冊，1964年。

　田中良昭「禪宗祖統說改變考」『宗教研究』第47卷3輯，1974年。

　田中良昭『敦煌禪宗文獻の研究』東京：大東出版社，1983年。

　田中良昭『禪學研究入門』東京：大東出版社，1994年。

　田中良昭「敦煌の禪籍」『禪学研究入門』東京：大東出版社，1994年。

　田中良昭博士古稀記念論集刊行會『禪學研究の諸相──田中良昭博士古稀記念論集』東京：大東出版社，2003年。

　土肥義和「莫高窟千仏洞と大寺と蘭若と」，池田溫（編）『講座敦煌3敦煌の社會』東京：大東出版社，1980年。

　王翠玲「『宗境錄』の成立」『印度學佛教學研究』第48卷第1號，1999年。

　王翠玲『永明延壽の研究──『宗境錄』を中心として』東京大學人文社會系研究科博士學位論文，2000年。

　西口芳男「敦煌寫本七種對照『觀心論』校注」『禪學研究』第74卷，1996年。

　小川隆「初期禪宗形成史の一側面─普寂と嵩山法門」『駒澤大學佛教部論

文』第20號，1989年。

小田壽典「ウイグルの稱號トウトウングとその周邊」『東洋史研究』第46卷第1號，1987年。

小畠宏允「藏傳達摩多羅禪師考」『印度學仏教學研究』第24卷1期，1979年。

篠原壽雄「北宗禪與南宗禪」『講座敦煌8 敦煌仏典と禪』東京：大東出版社，1980年。

伊吹敦「『北宗五方便』の諸本につて——文獻の變遷に見る北宗思想の發展」《南都佛教》第65號，1991年。

伊吹敦「法如派について」『印度學仏教學研究』第40卷1號，1991年。

伊吹敦：「禅の历史」京都：法藏馆，2001年。

宇井伯壽『禪宗史研究』東京：岩波書店，1939年。

宇井伯壽『第二禪宗史研究』東京：岩波書店，1941年。

宇井伯壽『第三禪宗史研究』東京：岩波書店，1943年。

宇井伯壽『宇井伯壽著作選集』東京：大東出版社，1967年。

齋藤智寬「『傳法寶記』の精神」『集刊東洋學』第85期，2001年。

中村健太郎「14世紀前半のウイグル語印刷仏典の奧書に現れる「könčög イドゥククト王家」をめぐって」『内陸アジアの研究』XXIV，大阪，2009年。

中島志郎「神會與宗密—頓悟漸修說なめぐつ—」『2006年韓國仏教學結集大會論文』，2006年。

中島志郎「神會與宗密—思想史的方法の試み—」『禪學研究』第85號，2007年。

竺沙雅章「敦煌の僧官制度」『東方學報』（京都）第31冊，1961年。

竺沙雅章『中國佛教社會史研究』東京：同朋舍，1982年。

庄垣内正弘「ウイグル語寫本・大英博物館藏Or.8212-108について」『東洋學報』第57卷第1—2號，1976年。

椎名宏雄「禪宗燈史の成立と發展」『講座敦煌8 敦煌仏典と禪』東京：大東出版社，1980年。

Боровков, Н. А. - В. НаДеляев - Д. Насилов - Э. Тенишев - А. Щербак, Древнетюркский Словарь, ЛенинграД: Наука, 1969.

后　记

　　由我和张田芳、王书庆两位同仁合作完成的《敦煌写本禅籍辑校》和《敦煌写本禅籍研究》两书，在大家的共同努力下，马上就要由文物出版社正式出版了，心中充满了惬意与感激之情。

　　如前文《自序》所言，《敦煌写本禅籍辑校》和《敦煌写本禅籍研究》两书缘起于杨曾文先生主编的《中国禅宗典籍丛刊》。受杨先生之命，我和敦煌研究院同事王书庆对敦煌禅籍《历代法宝记》《楞伽师资记》《传法宝纪》三本书进行辑录与校注，后被敦煌研究院列为院级项目，以"敦煌禅史禅法与禅籍研究"为题，并于2008年顺利结项。但由于当时的录文工作主要依据缩微胶卷等，效果不尽如人意，一直被束之高阁，未及在《中国禅宗典籍丛刊》中刊出。2015年以后，张田芳女士跟随本人攻读敦煌学博士学位，主要做回鹘禅学研究，敦煌汉文禅籍成为首要参考资料，于是，对敦煌汉文禅籍的整理研究工作得以延续。经过张田芳博士数年的努力，文献得到增补，加上高清照片的获得，校对质量大有提高，篇幅也比原来增加了三分之一以上。就全书的工作量而言，杨富学完成全书工作量的50%、张田芳30%、王书庆20%。在图书出版过程中，西北师范大学岳亚斌博士、上海道友王磊在文献释读和书稿校对等方面付出了不少心血，在此致以诚挚的谢意。负责两书编辑工作的许海意认真负责，不仅修改了原稿中存在的不少错误，还提出了许多有益的修改建议，使两书得以顺利出版，质量亦有所提高。在此一并致以崇高的敬意。

杨富学

2024年3月11日